Die Autoren

Hubert Hunscheidt
Ernst Engels
Kirsten Posautz

Hubert Hunscheidt, Ernst Engels, Kirsten Posautz, Roland Dreyer

Reiseführer Augsburg – Augsburger Land – Wittelsbacher Land

erschienen im:
Reise-Idee Verlag Roland Dreyer
Klostersteige 15, D-87435 Kempten
Tel.:   +49 (0)8 31/9 90 78 15 oder 5 40 64 33
Fax: +49 (0)32 12/1 41 04 63
Mobil: +49 (0)179/7 07 64 29
Internet: www.reise-idee.de
E-Mail: redaktion@reise-idee.de

Redaktionelle Leitung, Koordination und Gesamtkonzept der Reihe Reiseführer im Reise-Idee Verlag: Roland Dreyer

Gestaltung, Layout und Umbruch: Bernd Helmbrecht, Claus Helmbrecht

Gesamtherstellung:
Holzer Druck und Medien GmbH + Co. KG, D-88171 Weiler im Allgäu

ISBN 978-3-934739-54-3
Printed in Germany, Herbst 2017
1. Auflage

Inhaltsverzeichnis

Inhaltsverzeichnis

Inhaltsverzeichnis

Inhaltsverzeichnis/Ortsverzeichnis

A - Z

Augsburg

Augsburger Land

Wittelsbacher Land

Ausflugsziele

Inhaltsverzeichnis

Landsberger Altstadt
(BildTourismusverband Ammersee-Lech)

Dampfer auf dem Ammersee
(Bild Tourismusverband Ammersee-Lech)

Ortsverzeichnis

Kissinger Heide
(Bild Wikipedia, Andreas Kunze CCBY03)

A - Z

Anreise

Mit der Bahn

Der Bahnhof verbindet Augsburg mit vielen Städten in Deutschland und Europa. Er liegt an der Bahnstrecke Paris – Stuttgart – München – Budapest.

Mit dem Auto

Augsburg liegt an der Autobahn A8 von Stuttgart nach München. Die Bundesstraßen 2 und 17 verbinden Augsburg mit Nürnberg im Norden sowie Garmisch-Partenkirchen und Füssen im Süden.

Öffentlicher Personennahverkehr

Zahlreiche Buslinien verbinden Augsburg mit den Orten im Augsburger und Wittelsbacher Land.

Mit dem Flugzeug

Der 90 Kilometer entfernte Flughafen München verbindet die Region mit Flughäfen in aller Welt.

Einreise

Deutschland ist Teil der EU und Mitgliedsstaat des Schengenabkommens. Bürger der EU und der Schweiz können mit ihrem gültigen Reisepass oder Personalausweis ohne Probleme einreisen und sich dort für bis zu drei Monaten aufhalten.

Mietwagen

Sixt Autovermietung

Halderstr. 29, D-86150 Augsburg
Tel. +49 (0)180 6666666

Waldblick zwischen Oberschönenfeld Döpshofen
(Bild Landratsamt Augsburg)

**Europcar
Autovermietung**

Stadtberger Strasse 99, Sheridan
Center, D-86157 Augsburg
Tel. +49 (0)821 346510
Pannenhilfen

**Pongratz GmbH Abschlepp- und
Pannendienst**

Donauwörther Str. 169, D-86154
Augsburg-Oberhausen
Tel. +49 (0)821 579031

Feiertage

1. Januar Neujahr
6. Januar Dreikönigstag
März/April Ostern
1. Mai Tag der Arbeit
Mai/Juni Christi Himmelfahrt, Pfingsten, Fronleichnam
8. August Friedensfest nur in Augsburg
15. August Mariä Himmelfahrt
3. Oktober Tag der Deutschen Einheit
1. November Allerheiligen
25.12. Erster Weihnachtsfeiertag
26.12. Zweiter Weihnachtsfeiertag

Krankenhaus

Klinikum Augsburg

Stenglinstr. 2, D-86156 Augsburg
Tel. +49 (0)821 400 01

Notruf

Notruf 112 ohne Vorwahl aus jedem
Netz

Tourismusverbände

Regio Augsburg Tourismus GmbH

Schießgrabenstraße 14
D-86150 Augsburg
Tel. +49 (0)821 50207 0
Fax +49 (0)821 50207 45
tourismus@regio-augsburg.de
www.augsburg-tourismus.de

Landratsamt Augsburger Land

Prinzregentenplatz 4
D-86150 Augsburg
Tel. +49 (0)821 3102 0
Fax +49 (0)821 3102 2209
info@lra-a.bayern.de
www.landkreis-augsburg.de

Landratsamt Aichach-Friedberg

Münchener Str. 9, D-86551 Aichach
Tel. +49 (0)8251 92 0
Fax +49 (0)8251 92 371
poststelle@lra-aic-fdb.de
www.lra-aic-fdb.de

Wo gibt´s was – kurz gefasst

Tipps und Orientierungshilfen

Sehenswürdigkeiten Augsburg

Fuggerei

Ein Spaziergang durch die älteste Sozialsiedlung der Welt Rundgang gleicht einer Zeitreise durch 500 Jahre Geschichte. Fürstlich und Gräflich Fuggersche Stiftungen, Fuggerei 56, D-86152 Augsburg, Tel. +49 (0)821 31 98 810, Fax +49 (0)821 31 98 81 12, www.fugger.de, https://www.facebook.com/fuggeraugsburg/ (siehe Seite 122)

H2 – Zentrum für Gegenwartskunst im Glaspalast / Staatsgalerie Moderne Kunst

In einer ehemaligen Baumwollspinnerei, dem Glaspalast, sind das H2 als Zentrum für Gegenwartskunst sowie die Staatsgalerie Moderne Kunst untergebracht. Die Neue Galerie im Höhmannhaus präsentiert in einem historischen Gebäude der Maximilianstraße aktuelle zeitgenössische Projekte. H2 – Zentrum für Gegenwartskunst im Glaspalast / Staatsgalerie Moderne Kunst, Beim Glaspalast 1, D-86153 Augsburg, Tel. +49 (0)821 32 44 169, www.kunstsammlungen-stadt.augsburg.de (siehe Seite 116)

Brechthaus

Von zwei Lechkanälen umflossen und mit einer knallroten Brecht-Stele vor dem Eingang ist das Brechthaus – das Geburtshaus von Bertold Brecht nicht zu übersehen. Brechthaus, Auf dem Rain 7 , D-86152 Augsburg, Tel. +49 (0) 821 454 08 15, sales@regio-augsburg.de, www.kunstsammlungen-stadt.augsburg.de, www.augsburg.de (siehe Seite 113

Maximilianmuseum

Im historischen Zentrum der Stadt gelegen, präsentiert das Maximilianmuseum herausragende Werke der Goldschmiede- und Bronzekunst sowie eine bedeutende Uhrensammlung. Die Modellkammer, in der technische Modelle der Stadt präsentiert werden, rundet das Museumsangebot ab.. Maximilianmuseum, Fuggerplatz 1, D-86150 Augsburg, Tel. +49 (0)821 32 44 102, kunstsammlungen.stadt@?augsburg.de, www.kunstsammlungen-stadt.augsburg.de (siehe Seite 112)

Mozarthaus

Im Geburtshaus von Leopold Mozart, dem Vater des weltberühmten Wolfgang Amadé, ist das Museum der Mozartfamilie untergebracht. Mozarthaus, Frauentorstraße 30, D-86152 Augsburg, Tel. +49 (0) 821 450 79 45, mozarthaus@regio-augsburg.de, www.kunstsammlungen-stadt.augsburg.de (siehe Seite 114)

Römerlager im Zeughaus

Um den ältesten und längsten Zeitraum der Geschichte kreist das Römische Museum mit seinen Beständen. Römerlager im Zeughaus, Zeugplatz 4, D-86150 Augsburg, Tel- +49 (0) 821

324 41 31, Tel. +49 (0) 821 324 39 83 (Kasse/Shop) www.kunstsammlungen-stadt.augsburg.de (siehe Seite 115)

Kunstsammlungen und Museen Augsburg

Das alte Patrizierhaus in der Maximilianstraße, das Schaezlerpalais, beherbergt Gemäldesammlungen und Sehenswürdigkeiten. Gleich daneben, in der Katharinenkirche, ist die Staatsgalerie Alte Meister beheimatet. Ebenfalls daneben liegt das Höhmannhaus, in dem das Grafische Kabinett seine Heimat gefunden hat, in dem grafische Kunst des Barock und Rokoko präsentiert wird. Kunstsammlungen und Museen Augsburg, Maximilianstraße 46, D-86150 Augsburg, Tel. +49 (0)821 32 44 102, kunstsammlungen.stadt@augsburg.de, www.kunstsammlungen-stadt.augsburg.de (siehe Seite 110)

Parktheater im Kurhaus Göggingen

Das Parktheater im Kurhaus Göggingen darf zu Recht als ein Baujuwel bezeichnet werden. Das einzige in Europa erhaltene Multifunktionstheater in einer Glas-Eisen-Konstruktion aus dem 19. Jahrhundert wurde von Merian zu den 200 bedeutendsten Kultur-Highlights Deutschlands gekürt. Parktheater im Kurhaus Göggingen, Klausenberg 6, D-86199 Augsburg, Tel. 0821 9062211, Fax +49 (0)821 9062241, info@parktheater.de, www.parktheater.de (siehe Seite 142)

Jüdisches Kulturmuseum Augsburg-Schwaben

Die einmalige Gelegenheit mit einem Museumsbesuch den Blick in eine Synagoge zu werfen, genießt der Besucher im Jüdischen Kulturmuseum Augsburg-Schwaben, Halderstr. 6-8, 86150 Augsburg, Tel +49 (0)821 51 36 58, Fax +49 (0)821 51 36 26, www.jkmas.de (siehe Seite 120)

Bahnpark Augsburg

Zu einem der größten Kultur- und Museumsprojekte in Bayern gehört der Bahnpark Augsburg, in dem die Geschichte der Eisenbahn gezeigt wird. Bahnpark Augsburg gGmbH, Firnhaberstr. 22c, D-86159 Augsburg, Tel. +49 (0)821 45 04 47 100, Fax +49 (0)821 45 04 47 109, service@bahnpark-augsburg.eu, www.bahnpark-augsburg.eu (siehe Seite 136)

Botanischer Garten Augsburg

Über 3.000 heimische und exotische Pflanzenarten wachsen und gedeihen im Botanischen Garten in Augsbug – von der Rose über den Farn bis hin zur Bananenstaude. Botanischer Garten Augsburg, Dr.-Ziegenspeck-Weg 10, 86161 Augsburg, Tel. 0821 324-6038 (Kasse), agnf@augsburg.de, www.facebook.de/botanischer-gartenaugsburg (siehe Seite 160)

Naturmuseum Augsburg

Zu einer spannenden Expedition in die Naturgeschichte lädt das Naturmuseum der Stadt Augsburg mit zahlreichen Ausstellungsexponaten ein. Naturmuseum Augsburg, Ludwigstr. 14, D-86152 Augsburg, Tel +49 (0)821 324 6740, Fax +49 (0)821 324 6741, naturmuseum.stadt@augsburg.de, www.augsburg.de/naturmuseum (siehe Seite 126)

Sparkassen-Planetarium

Im Sparkassen-Planetarium Augsburg reisen die Besucher auf unterhaltsame und informative Weise zu den Planeten, durch die Milchstraße und in die Tiefen des Alls. Sparkassen-Planetarium, Ludwigstrasse 14, 86152 Augsburg, Tel. +49 (0)821 324 67 40, www.s-planetarium.de (siehe Seite 128)

Haus Sankt Ulrich

In unmittelbarer Nachbarschaft der Basilika St. Ulrich und Afra mit den Grabstätten der beiden Heiligen befindet sich das vom renommierten Architekten Alexander Freiherr von Branca erbaute Tagungshotel Haus Sankt Ulrich, Kappelberg 1, D-86150 Augsburg, Tel. +49 (0)821 3152 0, Fax +49 (0)821 3152 263, info@haus-st-ulrich.de, www.haus-st-ulrich.de (siehe Seite 182)

Mazda Classic – Automobilmuseum Frey

Bis zu 50 Automodelle des japanischen Herstellers sind in einmaligem Rahmen in Augsburg zu sehen. Liebevoll präsentiert sich die Modellpalette von Mazda, die seit den 1930er-Jahren auf den Straßen unterwegs ist. Mazda Classic – Automobilmuseum Frey, Wertachstr. 29 b, D-86153 Augsburg, Tel. +49 (0)821 42 06 07 30, info@mazda-classic-frey.de, www.mazda-classic-frey.de (siehe Seite 138)

König von Flandern

Den Braumeistern über die Schulter schauen, während feine Biersorten entstehen. Dies und eine Exkursion in die Jahrhunderte alte Tradtion des Bierbrauens, in der man in die Geheimnisse des Handwerkes eingeweiht wird sind im König von Flandern möglich. König von Flandern, Karolinenstr. 12, D-86150 Augsburg, Tel. +49 (0)821 15 80 50, info@koenigvonflandern.de, www.koenigvonflandern.de (siehe Seite 190)

Sehenswürdigkeiten Augsburger Land

Biberbach

Wallfahrtskirche St. Jakobus

Ein barockes Baujuwel, das sich lohnt, besucht zu werden. Katholisches Pfarramt St. Jakobus maj., Am Kirchberg 24, D-86485 Biberbach, Tel. +49 (0)8271 22936, Fax +49 (0)8271 427270, st.jakobus.biberbach@bistum-augsburg.de (siehe Seite 236)

Gessertshausen

Zisterzienserinnenabtei Oberschönenfeld

Das im Mittelalter gegründete Kloster liegt im Naturpark „Augsburg Westliche Wälder" rund 20 Kilometer südwestlich von Augsburg. Am Kloster vorbei führen die Jakobus-Pilgerwege. Die Gebäude der Abtei wirken vor allem durch ihre Größe und Proportionen, nicht durch aufwendigen Schmuck oder pompöse Architektur, was den Geist der Schlichtheit und Ordnung des Ordens widerspiegelt. Zisterzienserinnenabtei Ober-schönenfeld, Oberschönenfeld 1, D-86459 Gessertshausen/Bayern, Tel. +49 (0)8238 96250, abtei@abtei-oberschoenenfeld.de, www.ober-schoenenfeld.de (siehe Seite 278)

Klosterlechfeld

Wallfahrtskirche Maria Hilf

Die beiden runden Seitenkapellen verleihen der Wallfahrtskirche Maria Hilf ihr eigentümlich „osteuropä-isches" Aussehen. Das Gotteshaus gilt als eines der bedeutendsten Se-henswürdigkeiten auf dem Lechfeld. Pfarrei Maria Hilf, Franziskanerplatz 6, DE-86836 Klosterlechfeld, Tel. +49 (0)8232 96 490, info@bistum-augsburg.de, www.bistum-augsburg.de (siehe Seite 298)

Sehenswürdigkeiten Wittelsbacher Land

Aichach

Sisi-Schloss Unterwittelsbach

Das einst von Herzog Max als Som-merresidenz genutzte, idyllische Was-serschloss mit seiner stilvollen Park-anlage beherbergt heute wechselnde Sonderausstellungen rund um Kaiserin Elisabeth und die Wittelsbacher. Sisi-Schloss Unterwittelsbach, Klausenweg 1, D-86551 Aichach, Tel. +49 (0)8251 8918 69, wasserschloss@aichach.de, www.aichach.de/tourismus/sehenswer-tes/sisi_schloss (siehe Seite 444)

Schloss Blumenthal

Schloss Blumenthal liegt idyllisch am Fluss Ecknach zwischen dem Aicha-cher Ortsteil Klingen und der Ge-meinde Sielenbach mit dem bayeri-schen Wallfahrtsort Maria Birnbaum (siehe Seite …). 1296 wurde die Anlage, die als vierflügeliges Wasser-schloss im Stil der Renaissance mit einem großen Wirtschaftshof ange-legt worden war, erstmals urkundlich erwähnt. Schloss Blumenthal, Blu-menthal 1, D-86551 Aichach, info@ schloss-blumenthal.de, www.schloss-blumenthal.de (siehe Seite 446)

Apokalypse-Museum

Die historischen Mauern eines alten Bauernhauses beherbergen das Apo-kalypse-Museum, in dem 128 präch-tige Farbtafeln die „Apokalypse", die „geheime Offenbarung des Johannes" dokumentieren. Apokalypse-Muse-um, Zellerstr. 9, D-86551 Aichach-Sulzbach, Tel. +49 (0)821 60 17 97, georg-martin.ziegler@t-online.de, www.objekt-design-ziegler.de (siehe Seite 450)

Friedberg

Wallfahrtskirche Herrgottsruh

Die Wallfahrtskirche Herrgottsruh in Friedberg ist ein Rokoko-Juwel, das nach aufwendiger Renovierung seit 2007 wieder in voller Pracht und Herrlichkeit erstrahlt. Zu den beson-deren Sehenswürdigkeiten gehört das Hochaltarfresko des berühmten Barockmalers und Architekten Cosmas Damian Asam. Wallfahrtskirche Herrgottsruh, Herrgottsruhstraße 29, 86316 Friedberg/Bayern, Telefon 0821-60 15 11, Fax 0821-60 80 411, wallfahrt.herrgottsruh@pallottiner.org, www.herrgottsruh.de (siehe Seite 492)

Wallfahrtskirche St. Afra im Felde

In schlichtem Barock präsentiert sich die Wallfahrtskirche St. Afra auf dem Felde südwestlich von Friedberg. Über einem Marmoraltar findet sich eine Skulptur der Heiligen Afra, die der Weßlinger Bildhauer Georg Chorherr schuf. Katholisches Stadtpfarramt Sankt Jakob, Eisenberg 2, D-86316 Friedberg, Tel. +49 (0)821 58 86 80 info@sankt-jakob-friedberg.de, www.sankt-jakob-friedberg.de (siehe Seite 494)

Inchenhofen

Wallfahrtskirche St. Leonhard

Ein Besuch der prachtvoll ausgestatteten Kirche ist überaus lohnend und hinterlässt einen überwältigenden Eindruck. Pfarrgemeinde St. Leonhard, Zisterzienserplatz 1, D-86570 Inchenhofen, Tel. +49 (0)8257 1220, st.leonhard.inchenhofen@bistumaugsburg.de, www.pfarrei-inchenhofen.de (siehe Seite 508)

Sielenbach

Wallfahrtskirche Maria Birnbaum

Ein Schmuckstück der bayerischen Baukunst und einer der ersten Kup-

pelbauten nördlich der Alpen. Wallfahrtskirche Maria Birnbaum, Maria-Birnbaum-Straße 51-53, D-86577 Sielenbach, Tel. 08258-9985230, Fax 08258-998510, maria-birnbaum@deutscher-orden.de, www.maria-birnbaum.de (siehe Seite 550)

Sehenswürdigkeiten Ausflugsziele

Furthmühle

Ein einmaliges technisches Museum erwartet die Besucher in Egenhofen. Dort bieten die Gebäude der Getreide- und Schneidmühle Furthmühle Einblick in die Technik sowie die Lebens- und Arbeitsbedingungen des 19. Jh. Furthmühle Egenhofen, Furthmühle 1, 82281 Egenhofen, Tel +49 (0)8134 99 191, Fax +49(0)8134 99 193, info@furthmuehle.de, www.furthmuehle.de (siehe Seite 558)

Kunst und Kultur Augsburg

Fuggerei

In der Fuggerei spürt man die Welt Jakob Fuggers und zugleich, wie modern und vorbildlich die Idee einer solchen Sozialsiedlung gerade heute ist. Fürstlich und Gräflich Fuggersche Stiftungen, Fuggerei 56, D86152 Augsburg, Tel. +49 (0)821 31 98 810, Fax +49 (0)821 31 98 81 12, www.fugger.de, https://www.facebook.com/fuggeraugsburg/ (siehe Seite 122)

H2 – Zentrum für Gegenwartskunst im Glaspalast / Staatsgalerie Moderne Kunst

Das H2 als Augsburgs städtisches Museum für zeitgenössische Kunst präsentiert im Glaspalast zahlreiche Sonderausstellungen. Daneben findet sich dort mit der Staatsgalerie Moderne Kunst auch eine Zweiggalerie der Pinakothek der Moderne München. In einem historischen Gebäude in der Maximilianstraße ist die Neue Galerie im Höhmannhaus eine Plattform für aktuelle, zeit- und situationsbezogene Projekte. H2 – Zentrum für Gegenwartskunst im Glaspalast / Staatsgalerie Moderne Kunst, Beim Glaspalast 1, D-86153 Augsburg, Tel. +49 (0)821 32 44 169, www.kunstsammlungen-stadt.augsburg.de (siehe Seite 116)

Brechthaus

Mit zahlreichen Exponaten und Installationen zum Leben und Wirken von Berold Brecht, dem brerühmten Dichter und Dramatiker, lädt das Brechhaus im Lechviertel der Augsburger Altstadt ein. Brechthaus, Auf dem Rain 7 , D-86152 Augsburg, Tel. +49 (0) 821 454 08 15, sales@regio-augsburg.de, www.kunstsammlungen-stadt.augsburg.de (siehe Seite 113)

Maximilianmuseum

Das Maximilianmuseum ist das Stammhaus der Kunstsammlungen und Museen Augsburgs und ist das älteste kommunale Museum Bayerns. Maximilianmuseum, Fuggerplatz 1, D-86150 Augsburg, Tel. +49 (0)821 32 44 102, kunstsamm-lungen.stadt@?augsburg.de, www.kunstsammlungen-stadt.augsburg.de (siehe Seite 112)

Mozarthaus

Mit der Geschichte der berühmten schwäbischen Komponistenfamilie Mozart beschäftigt sich das Mozarthaus, Frauentorstraße 30, D-86152 Augsburg, Tel. +49 (0) 821 450 79 45, mozarthaus@regio-augsburg.de, www.kunstsammlungen-stadt.augsburg.de (siehe Seite 114)

Römerlager im Zeughaus

Auf die Geschichte Augsburgs zu Zeiten der Römer zeigt das Römische Museum. Funde und Ausgrabungsergebnisse von der Steinzeit über die Römerzeit und das Mittelalter bis in die jüngste Geschichte runden den Fundus ab. Römerlager im Zeughaus, Zeugplatz 4, D-86150 Augsburg, Tel. +49 (0) 821 324 41 31, Tel. +49 (0) 821 324 39 83 (Kasse/Shop), kunst-sammlungen.stadt@?augsburg.de, www.kunstsammlungen-stadt.augsburg.de (siehe Seite 115)

Kunstsammlungen und Museen Augsburg

Im Schaezlerpalais, einem aus dem 18. Jh. stammenden privaten Wohn- und Geschäftshaus, werden heute Gemäldesammlungen und Sehenswürdigkeiten der Öffentlichkeit präsentiert. Gleich nebenan, befindet sich in der Katharinenkirche die Staatsgalerie Alte Meister und das Grafische Kabinett in den Ausstellungsräumen des Höhmannhauses. Kunstsammlungen und Museen Augsburg, Maximilianstraße 46, D-86150 Augsburg, Tel. +49 (0)821 32 44 102, kunstsammlungen.stadt@?augsburg. de, www.kunstsammlungen-stadt. augsburg.de (siehe Seite 110)

Diözesanmuseum St. Afra

Das Museum an der Nordseite des Augsburger Doms beherbergt über 200 Objekte in der Dauerausstellung und veranstaltet regelmäßig Sonderausstellungen. Ein Erlebnis ist bereits der Museumsbau selbst, der einen modernen Neubau mit Räumen aus den 50er und 60er Jahren sowie dem romanischen Kapitelsaal des alten Domklosters, der spätgotischen Ulrichskapelle und dem Kreuzgang harmonisch vereint. Das Museum ist Dienstag bis Samstag von 10 bis 17 Uhr und an Sonn- und Feiertagen von 12 bis 18 Uhr geöffnet. Diözesanmuseum St. Afra, Kornhausgasse 3-5, D-86152 Augsburg, Tel. +49 (0)821 31 66 88 33, Fax +49 (0)821 31 66 88 39, museum.st.afra@bistum-augsburg.de, www.museum-st-augsburg. de (siehe Seite 118)

Staatliches Textil- und Industriemuseum Augsburg

Im 2010 eröffneten Staatlichen Textil- und Industriemuseum Augsburg (tim) lässt sich die spannende Geschichte der Textilindustrie vom Rohstoff bis zum fertigen Kleidungsstück und vom Handwebstuhl bis zur Hightech-Webmaschine erleben. Staatliches Textil- und Industriemuseum Augsburg (tim), Provinostraße 46, D-86153 Augsburg, Tel. +49 (0)821-8100150, Fax +49 (0)821 81001531, info@tim.bayern.de, www.timbayern. de (siehe Seite 132)

Architekturmuseum in der Buchegger-Villa

In der repräsentativen Villa, dem früheren Wohn- und Geschäftshaus des Architekten Sebastian Buchegger ist das Architekturmusem Schwaben beheimatet. Angeschlossen ist ein Archiv mit den Nachlässen schwäbischer Architekten. Architekturmuseum in der Buchegger-Villa, Thelottstr. 11, D-86150 Augsburg, Tel. +49 (0)821 22 81 830, ams@architekturmuseum. de, www.architekturmuseum.de (siehe Seite 134)

Parktheater im Kurhaus Göggingen

Das einzige in Europa erhaltene Multifunktionstheater in einer Glas-Eisen-Konstruktion aus dem 19. Jahrhundert wurde von Merian zu den 200 bedeutendsten Kultur-Highlights Deutschlands gekürt. Parktheater im Kurhaus Göggingen, Klausenberg 6, D-86199 Augsburg, Tel. 0821 9062211, Fax +49 (0)821 9062241, info@parktheater.de, www.parktheater.de (siehe Seite 142)

Augsburger Puppenkiste

Das eindrückliche Erlebnis der Aufführung eines Puppentheaters und des Besuchs eines Puppentheatermuseums bietet die Augsburger Puppenkiste und „die Kiste" - Das Augsburger Puppentheatermuseum, Spitalgasse 15, D-86150 Augsburg, Tel. +49 (0)821 450345 0, info@ diekiste.net, www.puppenkiste.com (siehe Seite 144)

**Botanischer Garten
Augsburg**

Wer durch die Eingangspforte geht, taucht in eine ganz besondere Welt ein: Über 3.000 heimische und exotische Pflanzenarten wachsen und gedeihen im Botanischen Garten – von der Rose über den Farn bis hin zur Bananenstaude. Botanischer Garten Augsburg, Dr.-Ziegenspeck-Weg 10, 86161 Augsburg, Tel. 0821 324-6038 (Kasse), agnf@augsburg.de, www.facebook.de/botanischergartenaugsburg (siehe Seite 160)

Kunst und Kultur
Augsburger Land

Biberbach

Wallfahrtskirche St. Jakobus

Ein barockes Baujuwel, das sich lohnt, besucht zu werden. Katholisches Pfarramt St. Jakobus maj., Am Kirchberg 24, D-86485 Biberbach, Tel. +49 (0)8271 22936, Fax +49 (0)8271 427270, st.jakobus.biberbach@bistum-augsburg.de (siehe Seite 236)

Gessertshausen

**Zisterzienserinnenabtei
Oberschönenfeld**

Sehenswert ist die Oberschönenfelder Barockkirche mit ihrer Zwiebelkuppel, die trotz Stuck und Fresken eine erhabene Einfachheit ausstrahlt.

Im Inneren wurde sie im Augsburger Rokokostil durch Künstler aus dem Umfeld der Feichtmayr und Verhelst gestaltet. Kirchenführungen werden nach vorheriger Absprache angeboten. Zisterzienserinnenabtei Oberschönenfeld, Oberschönenfeld 1, D-86459 Gessertshausen/Bayern, Tel. +49 (0)8238 96250, abtei@abtei-oberschoenenfeld.de, www.oberschoenenfeld.de (siehe Seite 278)

Klosterlechfeld

Wallfahrtskirche Maria Hilf

Zur Blüte der Wallfahrt war Klosterlechfeld nach Altötting die zweitgrößte Wallfahrtsstätte Bayerns. Heute zählt sie mit ihrer Ausstattung im Rokokostil zu einer der bedeutendsten Kirchen in der Region. Pfarrei Maria Hilf, Franziskanerplatz 6, D-86836 Klosterlechfeld, Tel. +49 (0)8232 96 490, info@bistum-augsburg.de, www.bistum-augsburg.de (siehe Seite 298)

Langweid

Wasserkraftwerk Langweid

Jeden ersten Sonntag im Monat kann man Lechmuseum in Langweid mit vielfältigen Informationen über den Lech besichtigen. Wasserkraftwerk Langweid, Lechwerkstraße 19, D-86462 Langweid, Tel. +49 (0)821 328 1658, Fax +49 (0)821 328 1660, lechmuseum@lew.de, www.lechmuseum.de (siehe Seite 336)

Thierhaupten

Klostermühlenmuseum Thierhaupten

Über 500 Jahre Mühlegeschichte wird anschaulich im Klostermühlenmuseum in Thierhaupten demonstriert. Klostermühlenmuseum Thierhaupten, Franzengasse 21, Tel. 0 82 71-17 69 (Mühle), info@klostermuehlenmuseum.de, www.klostermuehlenmuseum.de (siehe Seite 380)

Kunst und Kultur Wittelsbacher Land

Aichach

Stadtmuseum Aichach

Ein Gewinn für Auge und Verstand. Durch zahlreiche Exponate und verschiedene Tonstationen erhält der Interessierte wertvolle Informationen rund um die Geschichte der Stadt im Wittelsbacher Land. Das barrierefrei zugängliche Museum ist von Dienstag bis Sonntag, jeweils von 14 bis 17 Uhr geöffnet. Stadtmuseum Aichach, Schulstr. 2, D-86551 Aichach, Tel. +49 (0)8251 82 74 72, stadtmuseum@aichach.de, www.stadtmuseum-aichach.de (siehe Seite 440)

Wittelsbacher Museum

Die frühe Besiedelungsgeschichte des Landkreises Aichach-Friedberg und Ausgrabungen der Burg Wittelsbach werden anschaulich im Wittelsbacher Museum dargestellt. Wittelsbacher Museum, Stadtplatz 2, D-86551 Aichach, Tel. +49 (0)8251 82 7471, wittelsbachermuseum@aichach.de, www.aichach.de/Freizeit/Museen/Wittelsbacher-Museum (siehe Seite 442)

Sisi-Schloss Unterwittelsbach

Das Leben einer unbeschwerten Kindheit der Kaiserin von Österreich und Königin von Ungarn, Sisi, ist in wechselnden Ausstellungen von Mai bis Oktober im Sisi-Schloss nachgezeichnet. Sisi-Schloss Unterwittelsbach, Klausenweg 1, D-86551 Aichach, Tel. +49 (0)8251 8918 69, wasserschloss@aichach.de, ww.aichach.de/tourismus/sehenswertes/sisi_schloss (siehe Seite 444)

Schloss Blumenthal

Auf Schloss Blumenthal gibt es das ganze Jahr über Konzerte, Festivals, Theateraufführungen, Kurse und Workshops. Spannende Unterhaltung bieten die Krimidinner zum Mitspielen mit dem Titel „Mord in Schloss Blumenthal". Aktuelle Termine im Internet. Schloss Blumenthal, Blumenthal 1, D-86551 Aichach, info@schloss-blumenthal.de, www.schloss-blumenthal.de (siehe Seite 446)

Apokalypse-Museum

Ein Museum, das seinesgleichen sucht stellt das Apokalypse-Museum in Sulzbach dar. 128 große Farbtafeln dokumentieren die „Geheime Offenbarung des Johannes", die „Apokalypse", aus dem Neuen Testament. Apokalypse-Museum, Zellerstr. 9, D-86551 Aichach-Sulzbach, Tel. +49 (0)821 60 17 97, georg-martin.ziegler@t-online.de, www.objekt-design-ziegler.de (siehe Seite 450)

Friedberg

Wallfahrtskirche Herrgottsruh

Die Wallfahrtskirche Herrgottsruh in Friedberg ist ein Rokoko-Juwel, das nach aufwendiger Renovierung seit 2007 wieder in voller Pracht und Herrlichkeit erstrahlt. Zu den besonderen Sehenswürdigkeiten gehört das Hochaltarfresko des berühmten Barockmalers und Architekten Cosmas Damian Asam. Wallfahrtskirche Herrgottsruh, Herrgottsruhstraße 29, 86316 Friedberg/Bayern, Telefon 0821-60 15 11, Fax 0821-60 80 411, wallfahrt.herrgottsruh@pallottiner.org, www.herrgottsruh.de (siehe Seite 492)

Wallfahrtskirche St. Afra im Felde

St. Afra im Felde, südwestlich von Friedberg gelegen, ist die älteste Wallfahrtskirche nördlich der Alpen. Katholisches Stadtpfarramt Sankt Jakob, Eisenberg 2, D-86316 Friedberg, Tel. +49 (0)821 58 86 80 info@sankt-jakob-friedberg.de, www.sankt-jakob-friedberg.de (siehe Seite 494)

Inchenhofen

Wallfahrtskirche St. Leonhard

Die Wallfahrtskirche St. Leonhard in Inchenhofen ist eine der größten dem heiligen Leonhard geweihten Kirchen und der wohl bedeutendste Wallfahrtsort des Heiligen in Deutschland. Pfarrgemeinde St. Leonhard, Zisterzienserplatz 1, D-86570 Inchenhofen, Tel. +49 (0)8257 1220, st.leonhard.

inchenhofen@bistum-augsburg.de, www.pfarrei-inchenhofen.de (siehe Seite 508)

Kühbach

TyroToys und Maislabyrinth

Über 5.000 Modelle aus der Land-, Forst- und Bauwirtschaft warten im Museum darauf, bestaunt zu werden. Die detailgetreuen Nachbildungen der großen Maschinen faszinieren nicht nur Modellbauer und solche, die es werden wollen, sondern auch Menschen, die sich für die Detailtreue von Miniaturen begeistern können. TyroToys und Maislabyrinth, Raiffeisenstr. 14, D-86556 Kühbach-Radersdorf, Tel. +49 (0)8257 660, mail@tyrotoys.de, www.tyrotoys.de, www.maislabyrinth-radersdorf.de (siehe Seite 520)

Sielenbach

Wallfahrtskirche Maria Birnbaum

Die Deutschordens- und Wallfahrtskirche „Unserer Lieben Frau im Birnbaum" in Sielenbach im Landkreis Aichach-Friedberg gilt als außergewöhnliches Schmuckstück der bayerischen Baukunst des 17. Jahrhunderts. Mit ihrer Kuppel erinnert sie an das Pantheon in Rom und ist zugleich der erste größere barocke Zentralbau in Bayern sowie einer der ersten Kuppelbauten nördlich der Alpen. Wallfahrtskirche Maria Birnbaum, Maria-Birnbaum-Straße 51-53, D-86577 Sielenbach, Tel. 08258-9985230, Fax

08258-998510, maria-birnbaum@ deutscher-orden.de, www.maria-birnbaum.de (siehe Seite 550)

Kunst und Kultur
Ausflugsziele

Kloster Andechs

Das Kloster Andechs gilt als Juwel des Rokoko, das zumeist hauptsächlich vondem bekannten Maler und Stukkateur des Barock Johann Baptist Zimmermann um 1755 geschaffen wurde. Kloster Andechs, Bergstr. 2, D-82346 Andechs, Tel. +49 (0)8152 3760, Fax +49 (0)8152 37 61 43, info@andechs.de, www.andechs.de (siehe Seite 580)

Das Tänzelfest in Kaufbeuren

Das Tänzelfest in Kaufbeuren ist nicht nur das älteste Kinderfest Bayerns, es ist ein Fest für die ganze Familie. Tradition wird hier über Generationen hinweg weitergegeben und nur wer das Fest und seine besondere Atmosphäre selbst erlebt hat, kann erahnen, wie tief verwurzelt die Kaufbeurer mit ihrer Geschichte und ihrem Tänzelfest sind. Tänzelfestverein e.V. Kaufbeuren, Spitaltor 5, D-87600 Kaufbeuren, Tel. +49 (0)8341 28 28, Fax +49 (0)8341 10 11 78, info@ taenzelfest.de, www.taenzelfest.de (siehe Seite 616)

Altusrieder Freilichtspiele

Bekannt ist Altusried vor allem durch seine Theaterleidenschaft, die von Generation zu Generation weitergegeben wird und die Altusried nicht

mehr loslässt. Seit 1879 haben die Freilichtspiele ihren festen Platz. Die 1999 neu gebaute Freilichttribüne – eine imposante Holzkonstruktion mit geschwungenem Dach – ist ein architektonisches Schmuckstück und eine Attraktion weit über das Allgäu hinaus. Gästeinformation/Kulturamt Altusried, Hauptstr. 18, D-87452 Altusried, Tel .+49 (0)8373 7051, Fax +49 (0)8373 7054, gaesteinformation@altusried.de, www.altusried.de (siehe Seite 620)

Einkaufen
Augsburg

Schönegger Käsealm

Auf den Wochenmärkten der Region in und um Augsburg finden Feinschmecker die köstlichen Käsespezialitäten aus reiner Heumilch von der Schönegger Käsealm. (siehe Seite 86)

Weinkellerei Bayerl

Hochwertige europäische Weine und Spirituosen in reicher Auswahl kauft man in der Weinkellerei Bayerl GmbH & Co. KG, Milchberg 15, D-86150 Augsburg, Tel. +49 (0)821 34655 0, Fax +49 (0)821 34655 55, info@wein-bayerl.de, www.wein-bayerl.de (siehe Seite 200)

Augsburger Puppenkiste

Liebhaber der Augsburger Puppenkiste finden vieles, was das Sammlerherz höher schlagen lässt im Fan-Shop der Augsburger Puppenkiste und „die Kiste" - Das Augsburger Puppentheatermuseum, Spitalgasse 15, D-86150

Augsburg, Tel. +49 (0)821 450345 0, info@diekiste.net, www.puppenkiste. com (siehe Seite 144)

Riegele BrauWelt

Allerlei Kurioses, Nützliches und Dekoratives rund um den edlen Gerstensaft findet der Bierliebhaber in dem BierLaden der Riegele BrauWelt. Daneben sind etliche Spezialitäten und Raritäten edlen Gerstensaftes erhältlich. Riegele BrauWelt, Frölichstr. 26, D-86150 Augsburg, Tel. +49 (0)821 32 090, Fax +49 (0)821 32 09 80, info@riegele.de, www.riegele.de (siehe Seite 198)

Einkaufen
Augsburger Land

Gessertshausen

Zisterzienserinnenabtei Oberschönenfeld

Im Klosterladen der Abtei finden sich besondere Produkte wie Spritz-

gebäck nach Hildegard von Bingen und der Kräuterlikör „Vom schönen Feld". Das Oberschönenfelder Holzofenbrot wird nach alter Tradition aus reinem Natursauerteig in eigener Herstellung gebacken und im Brotladen verkauft. Zisterzienserinnenabtei Oberschönenfeld, Oberschönenfeld 1, D-86459 Gessertshausen/Bayern, Tel. +49 (0)8238 96250, abtei@abtei-oberschoenenfeld.de, www.oberschoenenfeld.de (siehe Seite 278)

Königsbrunn

Chocolaterie Café Müller

Mit über 30 verschiedenen Sorten liegt dem Genießer hier die Welt der Pralinen und handgeschöpften Schokolade zu Füßen. Chocolaterie Café Müller, Bgm.-Wohlfahrt-Str. 62, D-86343 Königsbrunn, Tel. +49 (0)8231 31979, Fax +49 (0)8232 95 98 865, info@cafemueller.com, www. cafemueller.com (siehe Seite 316)

Bauernmarkt
(Bild Stadt Aichach)

Kutzenhausen

Brauerei Rapp

Alle 14 Tage beliefert die Brauerei Rapp ihre Kunden im süddeutschen Raum mit köstlichen Bierspezialitäten und Erfrischungsgetränken. Brauerei Rapp, Augsburger Str. 14, D-86500 Kutzenhausen, Tel. Heimdienst +49 (0)8238 30 91 11, heimdienst@brauerei-rapp.de, www.brauerei-rapp.de (siehe Seite 222)

Langeringen

Sedlmeirs Trachtenhof

Dirndl, Lederhosen, Trachtenaccessoires und Festagsbekleidung für jeden Anlass findet man in dem kleinen Weiler Schwabaich zwischen Wertach und Lech. Sedlmeirs Trachtenhof, Schwabaich 3, D-86853 Langerringen, Tel. +49 (0)8248 1306, Fax +49 (0)8248 7144, info@sedlmeir-trachtenhof.de, www.sedlmeir-trachtenhof.de (siehe Seite 330)

Schwabmünchen

Schöffel Sportbekleidung GmbH

Bekleidung für den Winter-, Wander- und Bergsport mit gutem Feuchtigkeitsmanagement zeichnen die Outdoormode des Weltmarktführers in Gore-Tex-Bekleidung aus. Schöffel Sportbekleidung GmbH, Ludwig-Schöffel-Str. 15, D-86830 Schwabmünchen, Tel. +49 (0)8232 50 060, Fax +49 (0)8232 72 780, mail@schoeffel.com, www.schoeffel.com (siehe Seite 80)

Wehringen

Sin-Gold Brand GmbH

Edle Whiskysorten, frisch gerösteteten Kaffee und Zigarren aus den beliebtesten Anbaugebieten findet man in der Sin-Gold Brand GmbH, Germanenstr. 1, D-86517 Wehringen, Tel. +49 (0)8234 99 86 541, Fax +49 (0)8234 99 86 542, info@sin-gold.de, www.sin-gold.de (siehe Seite 84)

Einkaufen Wittelsbacher Land

Dasing

Fred Rai Western-City Dasing

Vom Cowboyhut über Reitzubehör und den Karl May-Festspiel-DVDs gibt es in der Western-City und auch im Fred-Rai-Online-Shop alles, was das Cowboyherz begehrt. Fred Rai Western-City, Neulwirth 3, 86453 Dasing bei Augsburg, Tel. 08205-225, Fax 08205-1084, info@western-city.de, www.western-city.de (siehe Seite 464)

Jimmy's Funpark

Für ein Andenken oder Mitbringsel nach einem ereignisreichen Tag lohnt ein Abstecher in den Kinder-Mode- und Bücher-Shop oder die Geschenkboutique von Jimmy's Funpark. Jimmy's Funpark, Laimeringer Straße 1, D-86453 Dasing, Tel. 08205-969492, info@jimmys-funpark.de, www.jimmys-funpark.de (siehe Seite 468)

Bauernmarkt Dasing

Das bäuerliche Direktvermarktungskonzept des Bauernmarktes Dasing bietet Einkauf von regionalen Lebens- und Nahrungsmitteln an 364 Tagen im Jahr, täglich von 8 bis 20 Uhr. Bauernmarkt Dasing Betriebs-GmbH & Co.KG, An der Brandleiten 6, D-86453 Dasing, Tel. +49 (0)8205 95 99 10, Fax +49 (0)8205 95 99 120, info@bauernmarkt-dasing.de, www.bauernmarkt-dasing.de (siehe Seite 460)

Friedberg

Altstadtcafé Weißgerber „Kleinigkeiten"-Laden

Zusätzlich zu den leckeren Mitbringseln aus dem Altstadtcafé Weißgerber gibt es im „Kleinigkeiten"-Laden vis-à-vis auf 100 Quadratmetern eine Auswahl an Geschenken. Kleinigkeiten von Weißgerbers, Bahnhofstraße 2, D-86316 Friedberg, Tel. +49 (0)821 6080224, www.kleinigkeiten-friedberg.de, Öffnungszeiten: Montag - Freitag 10 - 13 Uhr und 14 - 18 Uhr, Samstag 10 - 13 Uhr (siehe Seite 500)

Kühbach

TyroToys und Maislabyrinth

Für Modellsammler eine in Europa einzigartige Adresse ist der Hersteller TyroToys in Kühbach-Radersdorf. Hier wird eine Vielzahl von Miniaturen im Maßstab 1:16 bis 1: 128 aus eigener Herstellung und aus der Produktion vieler Markenhersteller zum Kauf angeboten. TyroToys, Raiffeisenstr. 14, D-86556 Kühbach-Radersdorf, Tel. +49 (0)8257 660, mail@tyrotoys.de, www.tyrotoys.de, www.maislabyrinth-radersdorf.de (siehe Seite …)

Brauerei Kühbach

Regionale Bierspezialitäten, Erfrischungsgetränke und ein großes Weinsortiment erhält man im Getränkemarkt der Brauerei Kühbach, Großhausener Str. 2, D-86556 Kühbach, Tel.+49 (0)8251 89 660, Fax +49 (0)8251 89 66 99, webmaster@brauereikuehbach.de, www.brauerei-kuehbach.de (siehe Seite 418)

Einkaufen Ausflugsziele

LEGOLAND® Deutschland

Im LEGOLAND® Deutschland Freizeitpark in Günzburg kann man auch super einkaufen. In der LEGO® Fabrik findet man die europaweit größte Auswahl an LEGO Einzelsteinen. LEGOLAND Deutschland Freizeitpark GmbH, LEGOLAND Allee, D-89312 Günzburg, Tel. +49 (0) 1806 700 757 01*, info@LEGOLAND.de, LEGOLAND.de, *20 Cent pro Anruf, Mobilfunk max. 60 Cent pro Anruf; Auslandsgebühren variieren je nach Betreiber (siehe Seite 592)

Freizeit und Sport
Augsburg

Augsburger Verkehrs- und Tarifverbund (AVV)

Ein Netz – ein Ticket – ein Tarif:
Der Augsburger Verkehrs- und Tarifverbund (AVV) bei dem man ein Netz, ein Ticket und einen Tarif hat, zählt mit seinem Einzugsgebiet von über 680.000 Einwohnern zu den größten und leistungsfähigsten in Bayern. Augsburger Verkehrs- und Tarifverbund (AVV), Kundencenter am Hauptbahnhof, Halderstraße 29, D-86150 Augsburg, Tel. +49 (0) 821/ 157 000 kundencenter@avv-augsburg.de, www.avv-augsburg.de (siehe Seite 76)

Bahnpark Augsburg

Historische Dampfloks und die Geschichte der Eisenbahn ist in einem der größten Kultur- und Museumsprojekte in Bayern zu sehen. Bahnpark Augsburg gGmbH, Firnhaberstr. 22c, D-86159 Augsburg, Tel. +49 (0)821 45 04 47 100, Fax +49 (0)821 45 04 47 109, service@bahnpark-augsburg.eu, www.bahnpark-augsburg.eu (siehe Seite 136)

Botanischer Garten Augsburg

Spazierwege, lauschige Plätze, eine große Wiese und ein Spielplatz machen den Besuch des Botanischen Gartens in Augsburg zu einem Natur- und Freizeiterlebnis für die ganze Familie. Botanischer Garten Augsburg, Dr.-Ziegenspeck-Weg 10, 86161 Augsburg, Tel. 0821 324-6038 (Kas-se), agnf@augsburg.de, www.face-book.de/botanischergartenaugsburg (siehe Seite 160)

Zoologischer Garten Augsburg

Der Augsburger Zoo liegt nahe am Stadtzentrum am Siebentischwald. Die beschauliche Parkanlage mit altem Baumbestand und zahlreichen Teichen lädt zur Erholung ein. Zoologischer Garten Augsburg GmbH, Brehmplatz 1, D-86161 Augsburg, Tel. +49 (0)821 567149 0, Fax +49 (0)821 567149 13, info@zoo-augsburg.de, www.zoo-augsburg.de (siehe Seite 159)

Augsburger Puppenkiste

Das eindrückliche Erlebnis der Aufführung eines Puppentheaters und des Besuchs eines Puppentheatermuseums bietet die Augsburger Puppenkiste und „die Kiste" - Das Augsburger Puppentheatermuseum, Spitalgasse 15, D-86150 Augsburg, Tel. +49 (0)821 450345 0, info@diekiste.net, www.puppenkiste.com (siehe Seite 144)

*Augsburger Dom
(Bild Christine Pemsl,
Regio Augsburg Tourismus GmbH)*

Ballonfahrten
Augsburg

Eine Ballonfahrt ist die eleganteste Art, sich am Himmel zu bewegen. Das Team von Ballonfahrten Augsburg verwirklicht diesen Traum. Ballonfahrten Augsburg, Julius-Spokojny-Weg 2, D-86153 Augsburg, Tel. +49 (0)821 44 95 55 02, www.A-Ballon. de (siehe Seite 162)

Augsburger Kahnfahrt

Die Augsburger Kahnfahrt hat vierzehn Ruderboote, drei Elektroboote und fünf Kajaks, die von Ostern bis Ende September am Ufer des „Äußeren Stadtgrabens" liegen und für halbstündige, einstündige oder längere Fahrten geliehen werden können. Augsburger Kahnfahrt, Riedlerstr. 11, D-86152 Augsburg, Tel. +49 (0)821 35516, info@restaurant-zur-kahn-fahrt.de (siehe Seite 186)

Freizeit und Sport
Augsburger Land

Gersthofen

Ballonmuseum Gersthofen

Die Geschichte der Ballonfahrt hautnah erleben. Öffnungszeiten: Montag und Dienstag geschlossen, Mittwoch: 13 – 17 Uhr, Donnerstag: 10 – 19 Uhr, Freitag: 13 – 17 Uhr, Samstag, Sonntag und Feiertage: 10 – 17 Uhr, Geschlossen: 24./25./31.12. und 01.01., Ballonmuseum Gersthofen, Bahnhofstraße 12, D-86368 Gersthofen, Tel. +49 (0)821 2491 506, Fax +49(0)821 2491 509, ballonmuseum@gersthofen.de, www.ballonmuseum-gersthofen.de (siehe Seite 270)

Neusäß

Titania Neusäß

Mit einem vielfältigen Angebot lockt das Titania in Neusäß: Badespass, Sauna, Freizeiteinrichtungen und eine verlockende Gastronomie lassen den Besuch zu einem Erlebnis werden. Titania Neusäß, Birkenallee 1, D-86356 Neusäß, Tel. (0821) 650 603-0, info@titania-neusaess. de, www.titania-neusaess.de (siehe Seite 358)

Freizeit und Sport
Wittelsbacher Land

Dasing

Fred Rai Western-City Dasing

„Komm hol das Lasso raus, wir spielen Cowboy und Indianer ...", heißt es im bekannten Schlager von Olaf Henning. In der Fred Rai Western-City in Dasing macht man dies und vieles mehr, denn auf dem weitläufigen Areal befindet sich eine filmreife Western-Welt. Fred Rai Western-City, Neulwirth 3, D-86453 Dasing bei Augsburg, Tel. 08205-225, Fax 08205-1084, info@western-city.de, www.western-city.de (siehe Seite 464)

Jimmy's Funpark

Rennen, Hüpfen, Toben, Klettern, Balancieren – davon bekommen Kinder nie genug. Ein Paradies für abenteuerlustige Kids und ihre Eltern ist Jimmy's Funpark, Laimeringer Straße 1, D-86453 Dasing, Tel. 08205-969492, info@jimmys-funpark.de, www.jimmys-funpark.de (siehe Seite 468)

Friedberg

Gasthof zum Schloss

Eine modern eingerichtete Kegelbahn sorgt im Gasthof zum Schloss für sportlichen und unterhaltsamen Zeitvertreib. Gasthof zum Schloss, Pfarrer-Bezler-Str. 7, D-86316 Friedberg-Stätzling, Tel. +49 (0)821 78 34 84, gasthofzumschloss@t-online.de, www.gasthof-zum-schloss.de (siehe Seite 496)

Kühbach

TyroToys und Maislabyrinth

Zunächst ein Museumsbesuch der sehenswerten Modellausstellung von Land- und Baumaschinen und danach während der Sommermonate ab in die Natur: In das Maislabyrinth mit Abenteuerspielplatz und vielfältigen Beschäftigungsmöglichkeiten. So präsentiert sich TyroToys und Maislabyrinth, Raiffeisenstr. 14, D-86556 Kühbach-Radersdorf, Tel. +49 (0)8257 660, mail@tyrotoys.de, www.tyrotoys.de, www.maislabyrinth-radersdorf.de (siehe Seite 520)

Freizeit und Sport Ausflugsziele

LEGOLAND® Deutschland

Zahlreiche Attraktionen für Groß und Klein bietet das LEGOLAND® Deutschland Resort in Günzburg, das zu familienfreundlichem Spaß und kurzweiliger Unterhaltung einlädt. LEGOLAND Deutschland Freizeitpark GmbH, LEGOLAND Allee, D-89312 Günzburg, Tel. +49 (0) 1806 700 757 01*, info@LEGOLAND.de, LEGOLAND.de, *20 Cent pro Anruf, Mobilfunk max. 60 Cent pro Anruf; Auslandsgebühren variieren je nach Betreiber (siehe Seite 592)

Freizeitpark Mammendorf

Der Freizeitpark Mammendorf hat einiges zu bieten: Badesee, beheiztes Freibad, eine Riesenrutsche sowie Kinderparadies und einen Jugendzeltplatz. Freizeitpark Mammendorf, Freibad 3, D-82291 Mammendorf, info@fzp-mammendorf.de, www.fzp-mammendorf.de (siehe Seite 556)

Jexhof

Die Seele baumeln lassen. Der Jexhof, das auf einer Waldlichtung im Naturschutzgebiet Wildmoos gelegene Bauernhofmuseum des Landkreises Fürstenfeldbruck, lädt zum Verweilen und zum Wandern in herrlicher Natur ein. Das Museum ist vom Palmsonntag-Wochenende an täglich außer Montag geöffnet. Bauernhofmuseum Jexhof, D-82296 Schöngeising, Tel. +49 (0)8153 9325 0, Fax +49 (0)8153 9325 25, info@jexhof.de, www.jexhof.de (siehe Seite 560)

Schongauer Märchenwald

Im Schongauer Märchenwald laden Restaurant und Terrasse zum Verweilen ein. Die Räumlichkeiten bieten sich auch an für Betriebs- und Familienfeiern und natürlich für einen märchenhaften Kindergeburtstag. Schongauer Märchenwald Susanne Hallmann (Inhaberin), Dießener Str. 6, 86956 Schongau, Tel. 08861 7527, Fax 08861 200509, info@ schongauer-maerchenwald.de, www.schongauer-maerchenwald.de (siehe Seite 562)

ild Tourismusverband Ammersee-Lech

Allgäu Skyline Park

Zahlreiche Fahrgeschäfte, eine ausgezeichnete Gastronomie und viele Highlights kennzeichnen den schon von weitem sichtbaren Freizeitpark im Allgäu. Allgäu Skyline Park, Skyline-Park-Straße 1, D-86871 Rammingen, Tel. +49 (0)8245 96 690, Fax +49 (0)8245 96 69 12, service@ skylinepark.de, www.skylinepark.de (siehe Seite 564)

Oberstdorf/Kleinwalsertal Bergbahnen

Im Winter ein Skiparadies und im Sommer ein Eldorado für Naturliebhaber – das bieten die Oberstdorfer und Kleinwalsertaler Bergbahnen mit Erlebniswelten für große und kleine Gäste in der 2-Länder-Region. Oberstdorf/Kleinwalsertal Bergbahnen, D-87651 Oberstdorf/ A-6991 Riezlern, Tel. +49 (0)8322 96 000, Fax +49 (0)8322 96 00 30 01, info@ das-hoechste.com, www.das-hoechste.com (siehe Seite 622)

Essen und Trinken
Augsburg

Steigenberger Hotel Drei Mohren

Neben dem „Gourmet Restaurant Sartory" mit seiner herausragenden Küche bietet das „Restaurant MAXIMILIAN'S", das den Gästen den freien Blick in die Frontküche gewährt, kulinarische Höhepunkte in der Fuggerstadt. Die „Bar 3M"ist zu einem Treffpunkt in der City geworden, genießt man hier den Aperitif und den Cocktail zu später Stunde. Steigenberger Hotel Drei Mohren, Maximilianstr. 40, D-86150 Augsburg, Tel +49 (0)821 50 360, Fax +49 (0)821 50 36 777, augsburg@steigenberger.de, www.augsburg.steigenberger.de (siehe Seite 186)

Hotel Alpenhof

Gleich zwei hochwertige Restaurants finden sich im Patchworkhotel Alpenhof. Im „Schnürschuh" lernt der Gast die Küche Bayerisch-Schwabens kennen und die „Wilde13" bietet hochwertige Gourmetmenüs. Hotel Alpenhof, Donauwörther Str. 233, D-86154 Augsburg, Tel. +49 (0)821 42 040, Fax +49 (0)821 42 04 200, info@alpenhof-hotel.de, www.alpenhof-hotel.de (siehe Seite 176)

Bio Hotel Bayerischer Wirt

In der Küche des Bio Hotel Bayerischer Wirt heißt das Motto: Gesund und frisch. Die Zutaten stammen aus nachhaltiger und biologischer Landwirtschaft und sind überwiegend Bioland-zertifiziert. Im stilvollen und gemütlichen À-la-carte-Restaurant sind auch externe Gäste willkommen. Bio Hotel Bayerischer Wirt, Neuburger Str. 122, D-86167 Augsburg, Tel. +49 (0)821 7909750, Fax +49 (0)821-79097550, info@bayerischer-wirt.de, www.bayerischer-wirt.de (siehe Seite 180)

Bahnpark Augsburg

Bar, Restauration oder Lounge im Bahnpark Augsburg laden zu Kaffee und Kuchen, zu heißen und kalten Getränken ein und sind ein idealer Rahmen für private Feiern und Firmenevents. Bahnpark Augsburg gGmbH, Firnhaberstr. 22c, D-86159 Augsburg, Tel. +49 (0)821 45 04 47 100, Fax +49 (0)821 45 04 47 109, service@bahnpark-augsburg.eu, www.bahnpark-augsburg.eu (siehe Seite 136)

Hasenbräuhaus Kälberhalle

Historische Industriearchitektur und Braukessel inmitten der Wirtsstube – so präsentiert sich die Kälberhalle, in der die Gäste mit bayerisch-schwäbischen Schmankerln verwöhnt werden. Hasenbräuhaus Kälberhalle, Berliner Allee 36, D-86153 Augsburg, Tel. +49 (0)821 65 07 07 70, info@kaelberhalle.de, www.kaelberhalle.de (siehe Seite 192)

König von Flandern

Umgeben von den Braukesseln, in dem der köstliche Gerstensaft entsteht, genießt man in uriger Atmosphäre bayerisch-schwäbische Schmankerl. König von Flandern, Karolinenstr. 12, D-86150 Augsburg, Tel. +49 (0)821 15 80 50, info@koenigvonflandern.de, www.koenigvonflandern.de (siehe Seite 190)

Zeughaus Stuben

Mit bayerisch-schwäbischen Schmankerln wird man in den Zeughausstuben verwöhnt, dessen historische Mauern für ein einmaliges Ambiente sorgen. Zeughaus Stuben, Zeugplatz 4, D.86150 Augsburg, Tel. +49 (0)821 50 80 504, info@zeughausstuben.de, www.zeughausstuben.de (siehe Seite 188)

Kulturhaus Kresslesmühle

Köstliche vegane Kochkunst und eine liebevoll zusammengestellte Getränkeauswahl erwartet die Gäste inmitten historischer Mauern der "Dreizehn" - der Gastronomie im Kulturhaus Kresslesmühle, Barfüßerstr.4, D-86150 Augsburger, Tel. +49 (0)821 37 170, Fax +49 (0)821 51 67 23, kresslesmuehle@augsburg.de, www.kresslesmuehle.de (siehe Seite 146)

zeit.los restaurant I café I lounge

Im zeit.los treffen sich Menschen, die feine regionale Küche mit freundlichem Service und modernes Ambiente schätzen. zeit.los restaurant I café I lounge, Frölichstr. 13, D-86150 Augsburg Tel. 0821-31606321, info@zeitlos-augsburg. de, www.zeitlos-augsburg.de (siehe Seite 175)

Brauhaus 1516

Bayerisch-schwäbische Küche zu günstigen Preisen und edle Bierspezialitäen werden im Augsburger Hauptbahnhof serviert: Brauhaus 1516, Viktoriastr. 1, D-86150 Augsburg, Tel. +49 (0)821 45 40 480, info@1516-augsburg.de, www.brauhaus1516-augsburg.de (siehe Seite 196)

Haus Sankt Ulrich

Sich von der Gourmet-Küche des Hauses verwöhnen lassen kann man im Haus Sankt Ulrich, Kappelberg 1, D-86150 Augsburg, Tel. +49 (0)821 3152 0, Fax +49 (0)821 3152 263, info@haus-st-ulrich.de, www.haus-st-ulrich.de (siehe Seite 182)

Café & Restaurant der Augsburger Puppenkiste

Besucher der Augsburger Puppenkiste können sich stärken im Café & Restaurant der Augsburger Puppenkiste und „die Kiste" - Das Augsburger Puppentheatermuseum, Spitalgasse 15, D-86150 Augsburg, Tel. +49 (0)821 450345 0, info@diekiste. net, www.puppenkiste.com (siehe Seite 145)

ANNA Café

Regionale Schmankerl mit mediterranen Einflüssen genießt man inmitten der Stadt. ANNA Café, Im Annahof 4, D-86150 Augsburg, Tel. +49 (0)821 45 50780, genuss@das-anna.de, www.das-anna.de (siehe Seite 203)

Restaurant Zur Kahnfahrt

Zentrumsnah und dabei idyllisch inmitten der Natur liegt die Augsburger Kahnfahrt mit dem Restaurant Zur Kahnfahrt. Unter dem Motto „wild & lecker" werden im Restaurant ganzjährig klassisch-saisonale Gerichte und neu interpretierte Wildspezialitäten serviert. Augsburger Kahnfahrt, Riedlerstr. 11, D-86152 Augsburg, Tel. +49 (0)821 35516, info@restaurant-zur-kahnfahrt.de (siehe Seite 186)

Zum bayrischen Herzl

Zünftig speisen nach altbayrischer Tradition kann man im Restaurant Zum bayrischen Herzl, Spitalgasse 8, D-86150 Augsburg, Tel. +49 (0)821 37911, info@zum-bayrischen-herzl. de, www.zum-bayrischen-herzl.de (siehe Seite 194)

Riegele BrauWelt

Rund um den edlen Gerstensaft dreht sich alles in der Riegele BrauWelt. Die Räumlichkeiten des Riegele Wirts-Hauses und der BierAkademie stehen für private wie geschäftliche Veranstaltungen zur Verfügung, die von einer erstklassigen bayerischen Küche, edlem Biergenuss und dem aufmerksamen Service begleitet werden. Riegele BrauWelt, Frölichstr. 26, D-86150 Augsburg, Tel. +49 (0)821 32 090, Fax +49 (0)821 32 09 80, info@riegele.de, www.riegele.de (siehe Seite 198)

Gasthaus Settele

Schwäbisch-bayerische Küche für Fein-schmecker genießt man im Gasthaus Settele, Martinistraße 29, D-86179 Augsburg, Tel. +49 (0)821 84086. info@gasthaus-settele.de, www.gast-haus-settele.de (siehe Seite 202)

Essen und Trinken Augsburger Land

Gersthofen

Wirtshaus zum Strasser

Bayerische Schmankerl, die aus fri-schen und hochwertigen Produkten aus der Region zu köstlichen Speisen veredelt werden, findet man im Her-zen von Gersthofen. Wirtshaus zum Strasser, Augsburger Str. 1, D-86368 Gersthofen, Tel. +49 (0)821 747 30 818, info@wirtshaus-zum-strasser.de, www.wirtshaus-zum-strasser.de (sie-he Seite 272)

Horgau

Flairhotel
Zum Schwarzen Reiter

Eine traditionelle Küche, die für die Zubereitung hochwertige regionale Zutaten verwendet verwöhnt die Gä-ste im Flairhotel Zum Schwarzen Rei-ter, Hauptstr. 1, D-86497 Horgau, Tel.

+49 (0)8294 86 080, info@flairhotel-platzer.de, www.flairhotel-platzer.de (siehe Seite 290)

Königsbrunn

Restaurant ZELLER

Frisch und mit vielseitigen Gerichten werden die Gäste im Restaurant ZEL-LER verwöhnt. Mehrere Räumlichkei-ten, mit unterschiedlicher Thematik, bieten den Gästen eine angenehme Atmosphäre. Restaurant ZELLER, Bgm.-Wohlfahrt-Str. 78, D-86343 Königsbrunn, Tel. +49 (0)8231 996 0, Fax +49 (0)8231 996 222, hotelzel-ler@hotelzeller.de, www.hotelzeller.de (siehe Seite 309)

Chocolaterie Café Müller

Feinste Kuchen und frische Torten, Gebäck und Desserts stehen hier inmitten von Königsbrunn ebenso für den Genuss bereit wie Köstlich-keiten aus der Küche für hungrige Gäste. Chocolaterie Café Müller, Bgm.-Wohlfahrt-Str. 62, D-86343 Kö-nigsbrunn, Tel. +49 (0)8231 31979, Fax +49 (0)8232 95 98 865, info@cafemueller.com, www.cafemueller.com (siehe Seite 316)

CreativCatering S&T

Neben dem Catering für Veranstal-tungen aller Art kann beim Creativ-Catering in Königsbrunn auch ein Home-Service angefordert werden, der einem ein exklusives Buffet in die eigenen vier Wände liefert. Crea-tivCatering S&T, Stransky u. Treutler GmbH & Co.KG, Messerschmittstr.

34, D-86343 Königsbrunn, Tel. +49 (0)8231 96 110, Fax +49 (0)8231 96 11 28, info@creativcatering-st.de, www.creativcatering-st.de (siehe Seite 221)

L'ItalianoRistorante-Pizzeria

Italienische Speisen vom Feinsten und eine Holzofenpizza aus dem einzigen Holzofen Königsbrunns genießt man in gemütlicher Atmosphäre im L'Italiano Ristorante-Pizzeria, Rosenstr. 2b, D-86343 Königsbrunn, Tel. +49 (0)8231 40 16 741, Fax +49 (0)8231 40 16 744 (siehe Seite 315)

Restaurant Ludwigshof

Echte Hausmannskost nach bayerisch-schwäbischer Art genießt man im Restaurant Ludwigshof, Dornierstr. 5, D-86348 Königsbrunn, Tel. +49 8231 95 98 41, www.facebook.com/LudwigshofKoenigsbrunn (siehe Seite 312)

Hotel Krone

Mit schwäbisch-bayerischen Schmankerln werden die Gäste im eigenen Restaurant des Hotels in der Stadtmitte von Königsbrunn verwöhnt. Hotel Krone, Bgm.-Wohlfahrt-Str. 44, 86343 Königsbrunn, Tel +49 (0)8231 96 620, Fax +49 (0)8231 96 62 17, info@krone-hotel-restaurant.de, www.krone-hotel-restaurant.de (siehe Seite 314)

Langweid

Gasthaus Zur Sonne

Leckere Speisen aus gut bürgerlicher und italienischer Küche erhält man im Gasthaus Zur Sonne, Dillinger Straße 1, D-86462 Langweid, Tel. +49 (0)8230 690322, Fax +49 (0)8230 700013 (siehe Seite 339)

Schwabmünchen

Gasthaus und Pension Zur Wertachau

Mit gut bürgerlicher Küche und feinen bayerisch-schwäbischen Schmankerln wird man an der Wertach verwöhnt. Gasthaus und Pension zur Wertachau, Wertachweg 2, D-86830 Schwabmünchen, Tel. +49 (0)8232 99 65 980, Fax +49 (0) 8232 99 65 981, info@zurwertachau.de, www.zurwertachau.de (siehe Seite 372)

Essen und Trinken Wittelsbacher Land

Aichach

Schloss Blumenthal

Im gepflegten Ambiente des Gasthaus Blumenthal können die Gäste nach Herzenslust schlemmen und genießen – von der zünftigen Brotzeit über fantasievolle Fleisch- und Fischgerichte bis hin zu leichter vegetarischer und veganer Kost. Öffnungszeiten Sommer: Mo-Fr 15 bis 22 Uhr; Sa, So, Feiertag 11-22 Uhr, Winter: Mo-Fr 18-22 Uhr; Sa, So, Feiertag 11-22 Uhr, Schloss Blumenthal, Blumenthal 1, D-86551 Aichach, info@schloss-blumenthal.de, www.schloss-blumenthal.de (siehe Seite 446)

Dasing

Fred Rai Western-City Dasing

Vom Frühstück über Westernspezialitäten im Longhorn-Saloon bis hin zum Westernbuffet auf dem Stadtplatz – in der Fred Rai Western-City Dasing ist Essen ein filmreifes Erlebnis. Fred Rai Western-City, Neulwirth 3, D-86453 Dasing bei Augsburg, Tel. +49 (08205-225, Fax 08205-1084, info@)western-city.de, www.western-city.de (siehe Seite 464)

Jimmy's Funpark

Da Spielen hungrig und durstig macht, gibt es im Restaurant von Jimmy's Funpark eine Auswahl an leckeren Speisen, Desserts und erfrischenden Getränken. Bei schönem Wetter geht es raus in den Biergarten. Jimmy's Funpark, Laimeringer Straße 1, D-86453 Dasing, Tel. +49 (0)8205-969492, info@jimmys-funpark.de, www.jimmys-funpark.de (siehe Seite 468)

Bauernmarkt Dasing

In der Gastronomie des Bauernmarktes Dasing wird man mit der deftigen Brotzeit ebenso verwöhnt wie mit einem herzhaften Tellergericht oder einem stärkenden Frühstücksbuffet. Bauernmarkt Dasing Betriebs-GmbH & Co.KG, An der Brandleiten 6, D-86453 Dasing, Tel. +49 (0)8205 95 99 10, Fax +49 (0)8205 95 99 120, info@bauernmarkt-dasing.de, www.bauernmarkt-dasing.de (siehe Seite 460)

Friedberg

Gasthof zum Schloss

Bayerisch-Schwäbische Spezialitäten finden sich auf der Karte der Gasthofs in Friedberg-Stätzling. Gasthof zum Schloss, Pfarrer-Bezler-Str. 7, D-86316 Friedberg-Stätzling, Tel. +49 (0)821 78 34 84, gasthofzumschloss@t-online.de, www.gasthof-zum-schloss.de (siehe Seite 496)

Landgasthof Zum Herzog Ludwig

Ob klassisch und bodenständig oder ein mehrgängiges Gourmetmenü – im Landgasthof Zum Herzog Ludwig findet jeder Geschmack die passenden Speisen und Getränke. Landgasthof Zum Herzog Ludwig, Ringstr. 9, D-86316 Friedberg-Harthausen, Tel. +49 (0)8205 96 96 938, info@zumherzogludwig.de, www.zumherzogludwig.de (siehe Seite 498)

Altstadtcafé Weißgerber

Das Altstadtcafé Weißgerber in der Friedberger Altstadt lässt keine süßen Wünsche offen. Genießer finden hier eine umfangreiche Auswahl an hochwertigen Konditoreierzeugnissen – zum Mitnehmen, zum Verschenken oder zum Verzehr vor Ort in Kombination mit einer Kaffee- oder Teespezialität. Altstadtcafé Weißgerber, Ludwigstraße 10, D-86316 Friedberg, Tel. +49 (0)821-6080222 , cafe-weissgerber@t-online.de, www.cafe-weissgerber.de, (siehe Seite 500)

Kühbach

Bräustüberl Peterhof

Bayerische Schmankerl und die köstlichen Biere der Brauerei Kühbach werden im Bräustüberl Peterhof, serviert. Aichacher Str. 1, D-86656 Kühbach, Tel. +49 (0)8251 3488, Fax +49 (0)8251 894506, peterhof-kuehbach@gmx.de (siehe Seite 518)

Pöttmes

Ochsnwirt

Bayerische Spezialiäten und feinstes Ochsenfleisch findet man auf der Karte des Ochsnwirt, Georg Krammer, Augsburger Str. 20, D-86554 Pöttmes, Te.l +49 (0)8253 253, Fax +49 (0)8253 6487, info@ochsnwirt.de, www.ochsnwirt.de (siehe Seite 538)

Sielenbach

Klostergaststätte
Wallfahrtskirche Maria Birnbaum

Wallfahrtskirche Maria Birnbaum, Maria-Birnbaum-Straße 51-53, D-86577 Sielenbach, Tel. 08258-9985230, Fax 08258-998510, maria-birnbaum@ deutscher-orden.de, www.maria-birnbaum.de (siehe Seite 550)

Essen und Trinken
Ausflugsziele

Kloster Andechs

Bayerische Schmankerl und Brotzei-ten aus dem Andechser Bräustüberl harmonieren wunderbar mit den süffigen Klosterbieren. Kloster Andechs, Bergstr. 2, D-82346 Andechs, Tel. +49 (0)8152 3760, Fax +49 (0)8152 37 61 43, info@andechs.de, www.andechs.de (siehe Seite 580)

Furthmühle

Das „Café Mahlgang" in der Furthmühle in Egenhofen bietet seinen Besuchern feine hausgemachte Torten und Kuchen mit vielerei Kaffeespezialitäten, die im Sommer im idyllischen Cafégarten serviert werden. (Das Café ist vom ersten Sonntag im April bis zum Sonntag vor dem 1. Advent Sonn- und Feiertags von 13.30 bis 17.30 Uhr geöffnet). Furthmühle Egenhofen, Furthmühle 1, 82281 Egenhofen, Tel +49 (0)8134 99 191, Fax +49(0)8134 99 193, info@furthmuehle.de, www.furthmuehle.de (siehe Seite 558)

LEGOLAND® Deutschland

In den Restaurants im LEGOLAND® erwartet die Besucher ein außergewöhnliches Ambiente und nationale sowie internationale Speisen und Getränke. LEGOLAND Deutschland Freizeitpark GmbH, LEGOLAND Allee, D-89312 Günzburg, Tel. +49 (0) 1806 700 757 01*, info@LEGOLAND.de, LEGOLAND.de, *20 Cent pro Anruf, Mobilfunk max. 60 Cent pro Anruf; Auslandsgebühren variieren je nach Betreiber (siehe Seite 592)

Gasthof Lutz

Italienische Küche und hochwertige Weine aus Italien serviert man im Restaurant „Sapori d'Italia" im Gasthof Lutz inmitten von Rain. Gasthof Lutz, Hauptstr. 52, D-88641 Rain, Tel. +49 (0)9090 70 57 100, Fax +49 (0)9090 70 57 10 39, info@gasthof-lutz.de, www.gasthof-lutz.de (siehe Seite 608)

Rennbahn, Restaurant – Vinothek – Festsaal – Bar

Saisonal und regional ist die Küche in der Neuburger Rennbahn, in der man sich in gepflegtem Ambiente und einem angenehmen Service verwöhnen lassen kann. Rennbahn, Restaurant – Vinothek – Festsaal – Bar, Pfalzstr. 63, D-86633 Neuburg an der Donau, Tel. +49 (0)8431 90 78 100, info@rennbahn-neuburg.de, www.rennbahn-neuburg.de (siehe Seite 614)

Gartenterrassen Augsburg

ANNA Café

Bei schönem Wetter lässt man sich auf der großzügig gestalteten Terrasse des ANNA Cafés inmitten historischer Gebäude aus der Reformationszeit mit Leckereien aus Küche und Keller und Köstlichkeiten aus einer der traditionsreichsten Konditoreien Augsburgs verwöhnen. ANNA Café, Im Annahof 4, D-86150 Augsburg, Tel. +49 (0)821 45 50780,genuss@das-anna.de, www. das-anna.de (siehe Seite 203)

Hasenbräuhaus Kälberhalle

Im Schatten alter geschützter Bäume schmeckt es während der warmen Jahreszeit nochmal so gut: Im Biergarten des Hasenbräuhaus Kälberhal-

Botanischer Garten
(Bild Stadt Augsburg)

le werden die Gäste mit Köstlichkeiten aus Küche und Keller verwöhnt. Hasenbräuhaus Kälberhalle, Berliner Allee 36, D-86153 Augsburg, Tel. +49 (0)821 65 07 07 70, info@kaelberhalle.de, www.kaelberhalle.de (siehe Seite 192)

Zeughaus Stuben

Traditionell geht es in dem einen Teil des Biergartens der Zeughausstuben zu, wo man noch seine Brotzeit selber mitbringen darf und das Bier gereicht wird. In dem anderen Teil des unter alten Bäumen liegenden Biergartens werden die Köstlichkeiten des Hauses serviert. Zeughaus Stuben, Zeugplatz 4, D-86150 Augsburg, Tel. +49 (0)821 50 80 504, info@zeughausstuben.de, www.zeughausstuben.de (siehe Seite 188)

Riegele WirtsHaus

Eine Sonnenterasse und einen Biergarten im traditionell bayerischen Stil findet man beim Riegele Wirts-Haus. Die offizielle Saison beginnt hier Anfang Mai und unter Schatten spendenden Bäumen genießt man die bayerischen Schmankerl und das frische Bier, direkt aus der Brauerei.

Riegele WirtsHaus, Frölichstraße 26, D-86150 Augsburg, Tel. +49 (0)821) 4552550, Fax +49 (0)821 4552551, info@riegele-wirtshaus.de, www.riegele-wirtshaus.de (siehe Seite 198)

zeit.los restaurant I café I lounge

Die großzügige Sonnenterrasse des zeit.los befindet sich in einem Innenhof und ist von einem Apothekergarten mit Brunnen umgeben. Der perfekte Ort für eine Pause bei Kaffee und hausgemachtem Kuchen. zeit.los restaurant I café I lounge, Frölichstr. 13, D-86150 Augsburg Tel. 0821-31606321, info@zeitlos-augsburg.de, www.zeitlos-augsburg.de (siehe Seite 175)

Augsburger Kahnfahrt

Von Frühling bis Herbst ist der Biergarten des Restaurants mit Bootsverleih ein beliebter Treffpunkt. Passend zur warmen Jahreszeit stehen dann leichte Gerichte auf der Speisekarte. Augsburger Kahnfahrt, Riedlerstr. 11, D-86152 Augsburg, Tel. +49 (0)821 35516, info@restaurant-zur-kahnfahrt.de (siehe Seite 186)

Zum bayrischen Herzl

Einen Biergarten mit besonderem Flair bietet das Restaurant Zum bayrischen Herzl, Spitalgasse 8, D-86150 Augsburg, Tel. +49 (0)821 37911, info@zum-bayrischen-herzl.de, www.zum-bayrischen-herzl.de (siehe Seite 194)

Gasthaus Settele

Ein kühles Bier und einen schattigen Platz unter alten Kastanien findet man im Sommer im Gasthaus Settele, Martinistraße 29, D-86179 Augsburg, Tel. +49 (0)821 84086, info@gasthaus-settele.de, www.gasthaus-settele.de (siehe Seite 202)

Gartenterrassen Augsburger Land

Gersthofen

Wirtshaus Zum Strasser

Ein gemütlicher Biergarten am Rathausplatz in Gersthofen – so präsentiert sich die Außenfläche vor dem Wirtshaus Zum Strasser, Augsburger Str. 1, D-86368 Gersthofen, Tel. +49 (0)821 747 30 818, info@wirtshaus-zum-strasser.de, www.wirtshaus-zum-strasser.de (siehe Seite 272)

Horgau

Flairhotel Zum Schwarzen Reiter

Während der Sommerzeit lässt sich der Gast im Biergarten des Flairhotel Zum Schwarzen Reiter, Hauptstr. 1, D-86497 Horgau, Tel. +49 (0)8294 86 080, info@flairhotel-platzer.de, www.flairhotel-platzer.de mit den Köstlichkeiten aus Küche und Keller verwöhnen. (siehe Seite 290)

Königsbrunn

Restaurant ZELLER

Was gibt es Schöneres, als bei angenehmen Temperaturen unter freiem

Himmel Speisen und Getränke zu genießen? Auf der geschützten Innenhof-Terrasse des Restaurant ZELLER in Königsbrunn verweilt man gerne. Restaurant ZELLER, Bgm.-Wohlfahrt-Str. 78, D-86343 Königsbrunn, Tel. +49 (0)8231 996 0, Fax +49 (0)8231 996 222, hotelzeller@hotelzeller.de, www.hotelzeller.de (siehe Seite 309)

Restaurant Ludwigshof

Bei schönem Wetter bieten die Biergärten im Ludwigshof schattige Plätze unter alten Weinreben, während die Gäste sich an den Köstlichkeiten des Hauses erfreuen können. Restaurant Ludwigshof, Dornierstr. 5, D-86348 Königsbrunn. Tel. +49 8231 95 98 41, www.facebook.com/Ludwigshof-Koenigsbrunn (siehe Seite 312)

Hotel Krone

Bei schönem Wetter ist die Gartenterrasse des Hotel Krone die richtige Adresse für eine Auszeit im Zentrum von Königsbrunn. Hotel Krone, Bgm.-Wohlfahrt-Str. 44, 86343 Königsbrunn, Tel +49 (0)8231 96 620, Fax +49 (0)8231 96 62 17, info@krone-hotel-restaurant.de, www.krone-hotel-restaurant.de (siehe Seite 314)

L'Italiano Ristorante-Pizzeria

Was gibt es Schöneres, als bei warmen Temperaturen im Freien italienische Spezialitäten und den köstlichen Wein zu genießen, der unter südlicher Sonne gereift ist. Da empfiehlt sich doch ein Besuch der Gartenterrasse vom L'Italiano, Ristorante-Pizzeria, Rosenstr. 2b, D-86343 Königsbrunn, Tel. +49 (0)8231 40 16 741, Fax +49 (0)8231 40 16 744 (siehe Seite 315)

Schwabmünchen

Gasthaus und Pension Zur Wertachau

Ein Ort der Ruhe ist die Gartenterrasse des Gasthauses zur Wertachau, wo man mit feinen Sachen aus Küche und Keller oder mit Kaffee und Kuchen verwöhnt wird. Gasthaus und Pension zur Wertachau, Wertachweg 2, D-86830 Schwabmünchen, Tel. +49 (0)8232 99 65 980, Fax +49 (0) 8232 99 65 981, info@zurwertachau.de, www.zurwertachau.de (siehe Seite 372)

Luitpoldpark Schwabmünchen
(Bild Landratsamt Augsburg)

Gartenterrassen Wittelsbacher Land

Aichach

Schloss Blumenthal

Im Sommer ist der Biergarten von Schloss Blumenthal zu empfehlen – einer der schönsten der Region: Unter den schattigen Kastanien schmeckt die zünftige Brotzeit und die Speisen in Bioqualität nochmal so gut; die Kinder toben sich in Sichtweite auf dem Spielplatz aus. Öffnungszeiten Sommer: Mo-Fr 15 bis 22 Uhr; Sa, So, Feiertag 11-22 Uhr. Schloss Blumenthal, Blumenthal 1, D-86551 Aichach, info@schloss-blumenthal.de, www.schloss-blumenthal.de (siehe Seite 446)

Dasing

Jimmy's Funpark

Bei schönem Wetter können Eltern und ihre Kinder im Biergarten von Jimmy's Funpark Sonne tanken und entspannen. Jimmy's Funpark, Laimeringer Straße 1, D-86453 Dasing, Tel. 08205-969492, info@jimmys-funpark.de, www.jimmys-funpark.de (siehe Seite 468)

Bauernmarkt Dasing

Terrasse und Biergarten des Bauernmarkts Dasing haben sich zu einem beliebten Treffpunkt während des Sommerhalbjahres entwickelt, in dem man mit Köstlichkeiten aus Küche und Keller verwöhnt wird. Bauernmarkt

Dasing Betriebs-GmbH & Co.KG, An der Brandleiten 6, D-86453 Dasing, Tel. +49 (0)8205 95 99 10, Fax +49 (0)8205 95 99 120, info@bauernmarkt-dasing.de, www.bauernmarkt-dasing.de (siehe Seite 460)

Friedberg

Gasthof zum Schloss

Schatten spendet ein Ahornbaum dem Biergarten und die Gäste genießen während des Sommers das frisch gezapfte Bier und die bayerisch-schwäbischen Gaumenfreuden. Gasthof zum Schloss, Pfarrer-Bezler-Str. 7, D-86316 Friedberg-Stätzling, Tel +49 (0)821 78 34 84, gasthofzumschloss@t-online.de, www.gasthof-zum-schloss.de (siehe Seite 496)

Landgasthof Zum Herzog Ludwig

Bei schönem Wetter ist der Wirtsgarten der geeignete Ort, um sich mit Speisen und Getränken an der frischen Luft verwöhnen zu lassen. Landgasthof Zum Herzog Ludwig, Ringstr. 9, D-86316 Friedberg-Harthausen, Tel. +49 (0)8205 96 96 938, info@zumherzogludwig.de, www.zumherzogludwig.de (siehe Seite 498)

Altstadtcafé Weißgerber

Ein Highlight in der warmen Jahreszeit ist das zum Altstadtcafé Weißgerber gehörende Freiluft-Café in der Friedberger Altstadt. Vor der malerischen Kulisse der Stadtpfarrkirche und im Schatten der Bäume werden

Frühstücksvariationen, warme und kalte Gerichte, Snacks, Kaffee und Kuchen sowie hausgemachtes Eis serviert. Altstadtcafé Weißgerber, Ludwigstraße 10, D-86316 Friedberg, Tel. +49 (0)821-6080222 , cafe-weissgerber@t-online.de, www.cafe-weissgerber.de, (siehe Seite 500)

Kühbach

Biergarten im Schlosspark

Weit über 100 Jahre sind die Bäume alt, unter denen man die Speisen und Getränke im größten Biergarten der Region genießen kann. Biergarten im Schlosspark, Großhausener Str. 3, D-86556 Kühbach (siehe Seite 516)

Bräustüberl Peterhof

Einen schönen Wirtsgarten, der zum Verweilen einlädt, und in dem Köstliches aus Küche und Keller serviert wird, befindet sich hinterhalb des Bräustüberls Peterhof, Aichacher Str. 1, D-86656 Kühbach, Tel. +49 (0)8251 3488, Fax +49 (0)8251 894506, peterhof-kuehbach@gmx.de (siehe Seite 518)

Sielenbach

Klostergaststätte Wallfahrtskirche Maria Birnbaum

Wallfahrtskirche Maria Birnbaum, Maria-Birnbaum-Straße 51-53, D-86577 Sielenbach, Tel. 08258-9985230, Fax 08258-998510, maria-birnbaum@deutscher-orden.de, www.maria-birnbaum.de (siehe Seite 550)

Gartenterrassen Ausflugsziele

Kloster Andechs

Von der Terrasse des Andechser Bräustüberls genießen die Gäste einen atemberaubenden Blick auf die oberbayerische Voralpenlandschaft. Kloster Andechs, Bergstr. 2, D-82346 Andechs, Tel. +49 (0)8152 3760, Fax +49 (0)8152 37 61 43, info@andechs.de, www.andechs.de (siehe Seite 580)

Freizeitpark Mammendorf

Der Kiosk „Seeblick" im Freizeitpark Mammendorf empfängt seine Gäste zu erfrischenden Getränken, Snacks sowie warmen und kalten Speisen mit einer herrlichen Gartenterrasse. Freizeitpark Mammendorf, Freibad 3, D-82291 Mammendorf, info@fzp-mammendorf.de, www.fzp-mammendorf.de (siehe Seite 556)

Furthmühle

Ein idyllischer Gastgarten erwartet die Besucher des „Café Mahlgang" in der Furthmühle in Egenhofen, wo bei Sommerwetter feine Kuchen und Torten mit Kaffeespezialitäten serviert werden. Furthmühle Egenhofen, Furthmühle 1, 82281 Egenhofen, Tel +49 (0)8134 99 191, Fax +49(0)8134 99 193, info@furthmuehle.de (siehe Seite 558)

Rennbahn, Restaurant – Vinothek – Festsaal – Bar

Eine grüne Oase im Herzen der Stadt ist der „Hopfengarten" im Innenhof der Rennbahn, wo man deren köstliche bayerisch-mediterrane Küche den ganzen Sommer über genießen kann. Rennbahn, Restaurant – Vinothek – Festsaal – Bar, Pfalzstr. 63, D-86633 Neuburg an der Donau, Tel. +49 (0)8431 90 78 100, info@rennbahn-neuburg.de, www. rennbahn-neuburg.de (siehe Seite 614)

Biergarten – bayerisch und mediterran

Echtes bayerisches Flair bietet hingegen der Biergarten des „Hofgartens". Unter großen Sonnenschirmen können sich hier die Gäste die bayerische Küche und die Bierspezialitäten der Brauerei Kühbach schmecken lassen. Rennbahn, Restaurant – Vinothek – Festsaal – Bar, Pfalzstr. 63, D-86633 Neuburg an der Donau, Tel. +49 (0)8431 90 78 100, info@rennbahn-neuburg.de, www.rennbahn-neuburg.de (siehe Seite 614)

Altstadtkanal in Augsburg
(Bild Friedrich Stettmayer,
Regio Augsburg Tourismus GmbH)

Veranstaltungen Augsburg

Brauhaus 1516

Vom Frühschoppen mit volkstümlicher Musik bis zum Rockkonzert werden im Augsburger Hauptbahnhof geboten: Brauhaus 1516, Viktoriastr. 1, D-86150 Augsburg, Tel. +49 (0)821 45 40 480, info@1516-augsburg.de, www.brauhaus1516-augsburg.de (siehe Seite 196)

Veranstaltungen Augsburger Land

Gersthofen

Wirtshaus Zum Strasser

Einen äußerst stilvollen Festsaal für bis zu 250 Personen und einen rustikalen Gewölbekeller für bis zu 80 Personen steht im Strasser für Familienfeiern und Firmenevents zur Verfügung Wirtshaus Zum Strasser, Augsburger Str. 1, D-86368 Gersthofen, Tel. +49 (0)821 747 30 818, info@wirtshaus-zum-strasser.de, www.wirtshaus-zum-strasser.de (siehe Seite 272)

Restaurant Ludwigshof

Verschiedenste Räumlichkeiten, die für jeden Geschmack etwas zu bieten haben, stehen im Ludwigshof in Königsbrunn für private Feiern oder Firmenevents zur Verfügung – stets begleitet von der bayerisch-schwäbischen Hausmannskost und dem professionellen Service des Hauses.

Restaurant Ludwigshof, Dornierstr. 5, D-86348 Königsbrunn, Tel. +49 8231 95 98 41, www.facebook.com/LudwigshofKoenigsbrunn (siehe Seite 312)

Übernachten
Augsburg

Steigenberger Hotel Drei Mohren

Das Hotel direkt an der prachtvollen Maximilianstraße bietet zeitlos moderne Eleganz in Zimmern und Suiten. Steigenberger Hotel Drei Mohren, Maximilianstr. 40, D-86150 Augsburg, Tel. +49 (0)821 50 360, Fax +49 (0)821 50 36 777, augsburg@steigenberger.de, www.augsburg.steigenberger.de (siehe Seite 168)

Hotel Augusta

In stilvollem Ambiente übernachten die Gäste des Hotel Augusta nah an den Sehenswürdigkeiten der Stadt. Hotel Augusta, Ludwigstr. 2 / Eingang Kesselmarkt, 86152 Augsburg, Tel +49 (0)821 50 140, reception@hotelaugusta.de, www.hotelaugusta.de (siehe Seite 170)

Hotel Ibis Augsburg Hauptbahnhof

Das neue Schlafkomfortkonzept der Ibis-Hotels sorgen für eine entspannende Nachtruhe direkt in der Augsburger City wo Sehenswürdigkeiten, Einkaufserlebnis und Nachtleben locken. Hotel Ibis Augsburg Hauptbahnhof, Halderstr. 25, D-86150 Augsburg, Tel. +49 (0)821 50160, Fax +49 (0)821 50 16 150, H1438@accor.com, www.ibis.com (siehe Seite 172)

hotel am alten park

Übernachten mit Wohlfühleffekt inmitten der Fuggerstadt. hotel am alten park, Frölichstr. 17, D-86150 Augsburg, Tel. 0821-450510, willkommen@hotel-am-alten-park.de, www.hotel-am-alten-park.de (siehe Seite 174)

Hotel Alpenhof

Auf drei Häuser aufgeteilt sind die Zimmer im Alpenhof. Mit seinem individuellen Charme überrascht das Haus und hebt sich wohltuend vom Einheitslook der Standardhotels ab. Hotel Alpenhof, Donauwörther Str. 233, D-86154 Augsburg, Tel. +49 (0)821 42 040, Fax +49 (0)821 42 04 200, info@alpenhof-hotel.de, www.alpenhof-hotel.de (siehe Seite 176)

Dom Hotel Augsburg

Übernachten in familiärer Atmosphäre mitten in der Augsburger Innenstadt kann man im Dom Hotel Augsburg, Frauentorstraße 8, D-86152 Augsburg, Tel. +49 (0)821 343930, Fax +49 (0)821 34393200, info@domhotel-augsburg.de, www.domhotel-augsburg.de (siehe Seite 178)

Bio Hotel Bayerischer Wirt

Im Bio Hotel Bayerischer Wirt im Augsburger Stadtteil Lechhausen werden die Gäste nach biologischen Prinzipien rundum verwöhnt. In den baubiologisch renovierten Biozimmern mit Vollholzmöbeln herrscht ein besonders angenehmes Raumklima; in den Salzzimmern ruhen die Gäste in einem Naturholzbett. Umgeben von drei Salzwänden atmet man die gesunde Luft ein und regeneriert den Körper quasi im Schlaf.Bio Hotel Bayerischer Wirt, Neuburger Str. 122, D-86167 Augsburg, Tel. +49 (0)821 7909750, Fax +49 (0)821-79097550, info@bayerischer-wirt.de, www.bayerischer-wirt.de (siehe Seite 180)

Haus Sankt Ulrich

Mitten in Augsburg kann man komfortabel übernachten im Tagungshotel Haus Sankt Ulrich, Kappelberg 1, D-86150 Augsburg, Tel. +49 (0)821 3152 0, Fax +49 (0)821 3152 263, info@haus-st-ulrich.de, www.haus-st-ulrich.de (siehe Seite 182)

Jugendherberge & Hostel SLEPS

Übernachtungskomfort in angenehm gestalteten Räumlichkeiten und mit allem ausgestattet, was man für eine Städtereise, den Aktivurlaub oder eine Tagung braucht, findet sich in der Jugendherberge Augsburg sowie dem Hostel SLEPS. Jugendherberge & Hostel SLEPS, Unterer Graben 6, D-86152 Augsburg, Tel. +49 (0)821 78 08 890 Fax +49 (0)821 78 08 89 29, info@augsburg-jugendherberge. de, www.augsburg-jugendherberge. de, www.sleps.de (siehe Seite 184)

Übernachten Augsburger Land

Altenmünster

Maria Ward Haus

Die Seele baumeln lassen und zur Ruhe kommen kann man im idyllischen Gästehaus des Maria Ward Haus, Beate Janisch, Eppishofer Straße 18, D-86450 Altenmünster, Tel. +49 (0)8295 3350 058, maria-ward-haus@web.de, www. maria-ward-haus.de (siehe Seite 234)

Gessertshausen

Zisterzienserinnenabtei Oberschönenfeld

Für Übernachtungsgäste stehen in der Abtei 13 Einzel- und 14 Doppelzimmer sowie ein Speisesaal zur Verfügung. Für Seminare und Workshops gibt es vier mit Tagungszubehör eingerichtete Gruppenräume. Zisterzienserinnenabtei Oberschönenfeld, Oberschönenfeld 1, D-86459 Gessertshausen/ Bayern, Tel. +49 (0)8238 96250, abtei@abtei-oberschoenenfeld.de, www. oberschoenenfeld.de (siehe Seite 278)

Horgau

Flairhotel Zum Schwarzen Reiter

Gemütlich und komfortabel eingerichtete Gästezimmer erwarten Aktiv- und Kurzurlauber ebenso wie Geschäftsreisende und Tagungsgäste im Flairhotel Zum Schwarzen Reiter, Hauptstr. 1, D-86497 Horgau, Tel. +49 (0)8294 86 080, info@flairhotel-platzer.de, www. flairhotel-platzer.de (siehe Seite 290)

Königsbrunn

BEST Hotel ZELLER

Hell und freundlich eingerichtete Hotelzimmer finden sich im Herzen von

Königsbrunn im BEST Hotel ZELLER, Bgm.-Wohlfahrt-Str. 78, D-86343 Königsbrunn, Tel. +49 (0)8231 99 60, Fax +49 (0)8231 996 222, hotelzeller@hotelzeller.de, www.hotelzeller.de (siehe Seite 310)

Best Western Hotel am Europaplatz

Mit allem Komfort ausgestattete Zimmer erwarten den Gast in Königsbrunn am Europaplatz. Best Western Hotel am Europaplatz, Rathausstr. 2, D-86343 Königsbrunn, Tel. +49 (0)8231 30 195 0, info@hotel-europaplatz.bestwestern.de, www.hotel-europaplatz.bestwestern.de (siehe Seite 311)

Hotel Krone

Modern eingerichtete Zimmer bietet das Hotel Krone inmitten von Königsbrunn. Hotel Krone, Bgm.-Wohlfahrt-Str. 44, 86343 Königsbrunn, Tel +49 (0)8231 96 620, Fax +49 (0)8231 96 62 17, info@krone-hotel-restaurant.de, www.krone-hotel-restaurant.de (siehe Seite 314)

Schwabmünchen

Gasthaus und Pension Zur Wertachau

Ruhig gelegene und gediegen eingerichtete Gästezimmer tragen zum Übernachtungskomfort ebenso bei wie das vielseitige und abwechslungsreiche Frühstücksbuffet am Morgen danach. Gasthaus und Pension Zur Wertachau, Wertachweg 2, D-86830 Schwabmünchen, Tel. +49 (0)8232 99 65 980, Fax +49 (0) 8232 99 65

981, info@zurwertachau.de, www.zurwertachau.de (siehe Seite 372)

Untermeitingen

Lechpark Hotel

Verkehrsgünstig und stadtnah gelegen präsentiert sich das Lechpark Hotel mit modern eingerichteten Zimmern, die mit allem Komfort ausgestattet sind. Lechpark Hotel, Lagerlechfelder Str. 28, D-86836 Untermeitingen, Tel. +49 (0)8232 99 80, Fax +49 (0)8232 99 81 00, info@lechpark-hotel.de, www.lechpark-hotel.de (siehe Seite 384)

Übernachten Wittelsbacher Land

Aichach

Schloss Blumenthal

Historischer Charme und moderne Lebensart. Die Lage könnte malerischer nicht sein: Schloss Blumenthal liegt am Fluss Ecknach zwischen dem Aichacher Ortsteil Klingen und der Gemeinde Sielenbach mit dem bayerischen Wallfahrtsort Maria Birnbaum (Querverweis) im Landkreis Aichach-Friedberg. Öffnungszeiten Sommer: Mo-Fr 15 bis 22 Uhr; Sa, So, Feiertag 11-22 Uhr, Winter: Mo-Fr 18-22 Uhr; Sa, So, Feiertag 11-22 Uhr, Schloss Blumenthal, Blumenthal 1, D-86551 Aichach, info@schlossblumenthal.de, www.schloss-blumenthal.de (siehe Seite 446)

Bild Landratsamt Augsburg

Dasing

Fred Rai Western-City Dasing

In der Fred Rai Western-City Dasing wird stilecht in rustikalen Block-häusern mit Blick auf die Pferde-koppeln übernachtet. Die Doppel-zimmer sind mit Fernseher, Dusche, WC und Heizung ausgestattet. Fred Rai Western-City, Neulwirth 3, D-86453 Dasing bei Augsburg, Tel. 08205-225, Fax 08205-1084, info@ western-city.de, www.western-city. de (siehe Seite 464)

Kühbach

Gästehaus Peterhof

Das Gästehaus bietet 14 behaglich eingerichtete und komfortabel ausge-

stattete Fremdenzimmer in Kühbach. Das Thema: natürlich Kühbacher Bier. Gästehaus, Aichacher Str. 1, D-86656 Kühbach, Tel. +49 (0)8251 3488, Fax +49 (0)8251 894506, peterhof-kueh-bach@gmx.de (siehe Seite 518)

Pöttmes

Ochsnwirt

Gemütlich eingerichtete Zimmer die komfortabel ausgestattet sind, ste-hen den Gästen des Ochsnwirt in Pöttmes zur Verfügung. Ochsnwirt, Georg Krammer, Augsburger Str. 20, D-86554 Pöttmes, Tel. +49 (0)8253 253, Fax +49 (0)8253 6487, info@ ochsnwirt.de, www.ochsnwirt.de (siehe Seite 538)

Übernachten Ausflugsziele

LEGOLAND® Deutschland

Wer schon immer mal in einem Burg-zimmer oder einem Campingfass über-nachten wollte, ist im LEGOLAND Fe-riendorf gut aufgehoben. LEGOLAND Deutschland Freizeitpark GmbH, LEGOLAND Allee, D-89312 Günz-burg, Tel. +49 (0) 180 6 22 5789*, info@LEGOLANDHolidays.de, LE-GOLANDHolidays.de, *20 Cent pro Anruf, Mobilfunk max. 60 Cent pro Anruf; Auslandsgebühren variieren je nach Betreiber (siehe Seite 592)

Gasthof Lutz

Die Gästezimmer im Gasthof Lutz überraschen mit individuellem Charakter und bilden einen angenehmen Kontrast zum Einheitslook von Standardhotels. Gasthof Lutz, Hauptstr. 52, D-88641 Rain, Tel. +49 (0)9090 70 57 100, Fax +49 (0)9090 70 57 10 39, info@gasthof-lutz.de, www. gasthof-lutz.de (siehe Seite 608)

Wohnmobil-Stellplatz

Freizeitpark Mammendorf

Vier Wohnmobile finden im Freizeitpark Mammendorf eine ruhige Übernachtungsgelegenheit, die mit einer Ver- und Entsorgungsstation ausgestattet ist. Freizeitpark Mammendorf, Freibad 3, D-82291 Mammendorf, info@fzp-mammendorf.de, www.fzp-mammendorf.de (siehe Seite 556)

Tagungsmöglichkeiten Augsburg

Steigenberger Hotel Drei Mohren

Neben dem legendären Ballsaal, der „Teehalle" mit seiner Glaskuppel, bieten verschiedenste Räumlichkeiten einen eleganten Rahmen für private Feiern und geschäftliche Veranstaltungen. Steigenberger Hotel Drei Mohren, Maximilianstr. 40, 86150 Augsburg, Tel. +49 (0)821 50 360, Fax +49 (0)821 50 36 777, augsburg@steigenberger.de, www. augsburg.steigenberger.de (siehe Seite 168)

Parktheater im Kurhaus Göggingen

Das Parktheater im Kurhaus Göggingen bietet mit seinen pracht-

vollen Salons und Räumlichkeiten einen ganz besonderen Rahmen für Festlichkeiten, Tagungen und Firmen-Events. Parktheater im Kurhaus Göggingen, Klausenberg 6, D-86199 Augsburg, Tel. +49 (0)821-9062215, vermietung@parktheater. de, www.parktheater.de (siehe Seite 142)

hotel am alten park

Mit Blick ins Grüne, weit weg vom Alltag, eingebettet in den alten Park - das sind beste Voraussetzungen für gelingende Tagungen, Konferenzen, Seminare, Workshops und Meetings. hotel am alten park, Frölichstr. 17, D-86150 Augsburg, Tel. 0821-450510, willkommen@hotel-am-alten-park.de, www.hotel-am-alten-park.de (siehe Seite 174)

Hotel Alpenhof

16 Tagungsräume stehen im Hotel Alpenhof für private Feierlichkeiten oder geschäftliche Anlässe wie Tagungen, Seminare und Präsentationen zur Verfügung. Hotel Alpenhof, Donauwörther Str. 233, D-86154 Augsburg, Tel. +49 (0)821 42 040, Fax +49 (0)821 42 04 200, info@ alpenhof-hotel.de, www.alpenhof-hotel.de (siehe Seite 176)

Haus Sankt Ulrich

Ein erstklassiges Tagungshotel mit modernster Ausstattung ist das Haus Sankt Ulrich, Kappelberg 1, D-86150 Augsburg, Tel. +49 (0)821 3152 0, Fax +49 (0)821 3152 263, info@haus-st-ulrich.de, www.haus-st-ulrich.de (siehe Seite 182)

Bio Hotel Bayerischer Wirt

Durch seine Lage und Ausrichtung bietet das Bio Hotel Bayerischer Wirt den idealen Rahmen für Veranstaltungen aller Art. In den flexiblen und voll ausgestatteten Tagungsräumen mit Blick ins Grüne lassen sich Firmenseminare ebenso organisieren wie Workshops, Vorträge mit 100 Personen und Bankette. Bio Hotel Bayerischer Wirt, Neuburger Str. 122, D-86167 Augsburg, Tel. +49 (0)821 7909750, Fax +49 (0)821-79097550, info@bayerischer-wirt.de, www.bayerischer-wirt.de (siehe Seite 180)

Riegele BrauWelt

In zentral erreichbarer Lage liegt die BierAkademie der Riegele Brauerei. Das im Jugendstil erbaute Brauhaus bietet heute einen charmanten Rahmen für eine geschäftliche Veranstaltung, für eine Tagung oder ein Seminar. Räumlichkeiten bis zu 200 Personen werden ebenso angeboten, wie die organisatorische Ausstattung mit Beamer, Flipchart usw. Riegele BrauWelt, Frölichstr. 26, D-86150 Augsburg, Tel. +49 (0)821 32 090, Fax +49 (0)821 32 09 80, info@riegele.de, www.riegele.de (siehe Seite 198)

Mazda Classic – Automobilmuseum Frey

Ein außergewöhnlicher Ort für die private oder geschäftliche Veranstaltung ist das Automobilmuseum Frey, dem sich eine 700 m² große Eventfläche anschließt. Das ehemalige, behutsam restaurierte Straßenbahndepot mit der ständigen Ausstellung von 50 historischen Mazdamodellen liefert den unvergesslichen Rahmen eines Events. Mazda Classic – Automobilmuseum Frey, Wertachstr. 29 b, D-86153 Augsburg, Tel. +49 (0)821 42 06 07 30, info@mazda-classic-frey.de, www.mazda-classic-frey.de (siehe Seite 138)

Staatliches Textil- und Industriemuseum Augsburg

Für Veranstaltungen bis 800 Teilnehmer bietet das tim mit seinen vielfältigen Räumlichkeiten den passenden Rahmen. Events lassen sich mit Museumsführungen kombinieren. Für Firmen stehen mit moderner Technik ausgestattete Seminar- und Tagungsräume zur Verfügung. Staatliches Textil- und Industriemuseum Augsburg (tim), Provinostraße 46, D-86153 Augsburg, Tel. +49 (0)821-8100150, Fax +49 (0)821 81001531, info@tim.bayern.de, www.timbayern.de (siehe Seite 132)

Tagungsmöglichkeiten Augsburger Land

Altenmünster

Maria Ward Haus

Ein breit gefächertes Seminarprogramm mit Themen aus dem Bereich Gesundheit, Selbsterfahrung, Psychologie und vielem mehr sowie Räume für Seminargruppen bietet das Maria Ward

Haus, Beate Janisch, Eppishofer Straße 18, D-86450 Altenmünster, Tel. +49 (0)8295 3350 058, maria-ward-haus@web.de, www.maria-ward-haus.de (siehe Seite 234)

Horgau

Flairhotel Zum Schwarzen Reiter

Ob Firmenevent oder private Feier – im Flairhotel Zum Schwarzen Reiter tragen die Räumlichkeiten zu einer gelungenen Veranstaltung bei, die von dem gastfreundlichen Service und den kulinarischen Köstlichkeiten aus der Küche begleitet wird. Flairhotel Zum Schwarzen Reiter, Hauptstr. 1, D-86497 Horgau, Tel. +49 (0)8294 86 080, info@flairhotel-platzer.de, www.flairhotel-platzer.de (siehe Seite 290)

Königsbrunn

Best Western Hotel am Europaplatz

Repräsentative Räumlichkeiten für bis zu 120 Personen bieten einer privaten Feier oder einem geschäftlichen Event wie Tagung oder Seminar den passenden Rahmen. BEST Hotel ZELLER, Bgm.-Wohlfahrt-Str. 78, D-86343 Königsbrunn, Tel +49 (0)8231 996 0, Fax +49 (0)8231 996 222, hotelzeller@hotelzeller.de, www.hotelzeller.de (siehe Seite 311)

Hotel Krone

Für bis zu 100 Personen Platz bieten die Räumlichkeiten im Hotel Krone in Königsbrunn, die, umrahmt von dem professionellen Service des Hauses, ein Seminar oder eine Tagung zu einem erfolgreichen Ereignis machen. Hotel Krone, Bgm.-Wohlfahrt-Str. 44, 86343 Königsbrunn, Tel +49 (0)8231 96 620, Fax +49 (0)8231 96 62 17, info@krone-hotel-restaurant.de, www.krone-hotel-restaurant.de (siehe Seite 314)

Schwabmünchen

Gasthaus und Pension Zur Wertachau

Die Räumlichkeiten im Gasthaus zur Wertachau sind für Familienfeiern ebenso geeignet wie für geschäftliche Veranstaltungen. Gasthaus und Pension zur Wertachau, Wertachweg 2, D-86830 Schwabmünchen, Tel. +49 (0)8232 99 65 980, Fax +49 (0) 8232 99 65 981, info@zurwertachau.de, www.zurwertachau.de (siehe Seite 372)

Untermeitingen

Lechpark Hotel

Für geschäftliche Anlässe ob Seminar oder Tagung ist man im Lechpark Hotel mit seinen großzügig und professionell ausgestatteten Tagungsräumen bestens aufgehoben. Lechpark Hotel, Lagerlechfelder Str. 28, D-86836 Untermeitingen, Tel. +49 (0)8232 99 80, Fax +49 (0)8232 99 81 00, info@lechpark-hotel.de, www.lechpark-hotel.de (siehe Seite 384)

Fürmetzhof, Maximilianmuseum
(Bild Stadt Augsburg)

Tagungsmöglichkeiten Wittelsbacher Land

Aichach

Schloss Blumenthal

Für Tagungen, Seminare und festliche Veranstaltungen stehen auf Schloss Blumenthal helle, professionell ausgestattete Räume zur Verfügung, die traditionell oder modern eingerichtet sind und somit für jeden Anlass das passende Ambiente bieten. Das Tagungshaus Remise liegt ebenerdig und ist auch für Behinderte gut zugänglich. Schloss Blumenthal, Blumenthal 1, D-86551 Aichach, info@schloss-blumenthal.de, www.schloss-blumenthal.de (siehe Seite 446)

Friedberg

Gasthof Zum Schloss

Für geschäftliche und private Feste und Veranstaltungen bilden die Räumlichkeiten im Gasthof zum Schloss den passenden Rahmen, während die Gäste mit bayerisch-schwäbischer Hausmannskost verwöhnt werden. Gasthof Zum Schloss, Pfarrer-Bezler-Str. 7, D-86316 Friedberg-Stätzling, Tel. +49 (0)821 78 34 84, gasthofzumschloss@t-online.de, www.gasthof-zum-schloss.de (siehe Seite 496)

Landgasthof Zum Herzog Ludwig

Für Veranstaltungen jeglicher Art von 10 bis 200 Personen bietet der Landgasthof inmitten von Harthausen die geeigneten Räumlichkeiten. Landgasthof Zum Herzog Ludwig, Ringstr. 9, D-86316 Friedberg-Harthausen, Tel. +49 (0)8205 96 96 938, info@zumherzogludwig.de, www.zumherzogludwig.de (siehe Seite 498)

Pöttmes

Ochsnwirt

Ein großes Festsaal und die urigen Gaststuben des Ochsnwirt bilden für private und geschäftliche Veranstaltungen den passenden Rahmen, der mit den Köstlichkeiten aus Küche und Keller ergänzt wird. Ochsnwirt, Georg Krammer, Augsburger Str. 20, D-86554 Pöttmes, Tel. +49 (0)8253 253, Fax +49 (0)8253 6487, info@ochsnwirt.de, www.ochsnwirt.de (siehe Seite 538)

Tagungsmöglichkeiten Ausflugsziele

Gasthof Lutz

Der Festsaal im Gasthof Lutz bietet für Veranstaltungen jeder Art von bis zu 180 Personen den passenden Rahmen. Die über fünf Meter Raumhöhe und die elegant geschwungene Galerie verleihen dem Saal einen ganz besonderen Charme. Gasthof Lutz, Hauptstr. 52, D-88641 Rain, Tel. +49 (0)9090 70 57 100, Fax +49 (0)9090 70 57 10 39, info@gasthof-lutz.de, www.gasthof-lutz.de (siehe Seite 608)

Rennbahn, Restaurant – Vinothek – Festsaal – Bar

Für 80 bis 250 Personen ist der „Festsaal" die richtige Adresse für eine Veranstaltung in Neustadt an der Donau. Rennbahn, Restaurant – Vinothek – Festsaal – Bar, Pfalzstr. 63, D-86633 Neuburg an der Donau, Tel. +49 (0)8431 90 78 100, info@rennbahn-neuburg.de, www.rennbahn-neuburg.de (siehe Seite 614)

Bildungseinrichtungen Augsburg

Universität Augsburg

Die Universität Augsburg wurde im Jahre 1970 gegründet. Sie gehört zu den jungen, modernen Universitäten in Bayern. Auf bislang sieben Fakultäten – eine achte, medizinische kommt derzeit hinzu – verteilt sich ein breites Spektrum von mehr als 80 Studiengängen in Geistes- und Sozialwissenschaften, Wirtschafts- und Rechtswissenschaften sowie Natur- und Technikwissenschaften und Informatik. Universität Augsburg, Universitätsstraße 2, D-86159 Augsburg, Tel. (0)821 59 80, Fax (0)821 59 85 505, info@uni-augsburg.de, www.uni-augsburg.de (siehe Seite 80)

Kulturhaus Kresslesmühle

Als Beratungshaus und für einen Ort der Begegnung wird die Stadt Augsburg die denkmalgeschützte Kresslesmühle im Augsburger Lechviertel einrichten. Kulturhaus Kresslesmühle, Barfüßerstr.4, D-86150 Augsburger, Tel. +49 (0)821 37 170, Fax +49 (0)821 51 67 23, kresslesmuehle@augsburg.de, www.kresslesmuehle.de (siehe Seite 146)

Gasthaus Settele

Interessierte Hobbyköche lernen in der Kochschule beim Meisterkoch Stefan Settele im Gasthaus Settele, Martinistraße 29, D-86179 Augsburg, Tel. +49 (0)821 84086, info@gasthaus-settele.de, www.gasthaus-settele.de (siehe Seite 202)

Bildungseinrichtungen Augsburger Land

Wat Phra Dhammakaya Bavaria

Zu buddhistischer Meditation und Zeremonien sind Interessierte eingeladen, die in die Welt des Buddhismus eintauchen möchten. Wat Phra Dhammakaya Bavaria, Heinkelstr. 1, D-86343 Königsbrunn, Tel. +49

(0)8231 95 74 530, info@watbavaria.net, www.watbavaria.net (siehe Seite 318)

Wellness Augsburg

Bio Hotel Bayerischer Wirt

Auf die positive Wirkung von Wasser und Salz setzt das Gesundheitszentrum im Bio Hotel Bayerischer Hof. Neben der Salzgrotte, in der mehr als 25 Tonnen Himalaya-Kristallsalz ihre heilende Kraft entfalten, und einer Salzsauna finden die Gäste Entspannung in der Finnischen Sauna und der Infrarotkabine. Bio Hotel Bayerischer Wirt, Neuburger Str. 122, D-86167 Augsburg, Tel. +49 (0)821 7909750, Fax +49 (0)821-79097550, info@bayerischer-wirt.de, www.bayerischer-wirt.de (siehe Seite 180)

Wellness Augsburger Land

Altenmünster

Maria Ward Haus

Ein umfangreiches therapeutisches Kur- und Heilangebot mit z.B. ein- bis zweiwöchige Ayurvedakuren sowie Wellnessmöglichkeiten findet man im Maria Ward Haus, Beate Janisch, Eppishofer Straße 18, D-86450 Altenmünster, Tel. +49 (0)8295 3350 058, maria-ward-haus@web.de, www.maria-ward-haus.de (siehe Seite 234)

Horgau

Flairhotel Zum Schwarzen Reiter

Ein Wellnessbereich mit Sauna, Dampfbad, Duschgarten und Behandlungsräumen für wohltuende Massagen steht den Gästen des Flairhotel Zum Schwarzen Reiter, Hauptstr. 1, D-86497 Horgau, Tel. +49 (0)8294 86 080, info@flairhotel-platzer.de, www.flairhotel-platzer.de zur Verfügung. (siehe Seite 290)

Lechauen
(Bild Stadtwerke Augsburg)

Diözesanmuseum Augsburg
siehe Seite 118

Synagoge Augsburg
siehe Seite 120

Architekturmuseum Augsburg
siehe Seite 134

Botanischer Garten Augsburg
siehe Seite 160

TOP-Ziele

Augsburg, Maximiliansstraße
(Bild Reinhard Paland)

Parktheater im Kurhaus
Augsburg, siehe Seite 142

tim, Staatliches Textil- und
Industriemuseum, Augsburg
siehe Seite 132

Mazda Classic -
Automobil Museum Fey
Augsburg, siehe Seite 138

Fuggerei Augsburg
siehe Seite 122

TOP-Ziele

*Die Reihenfolge stellt
keine Bewertung dar!*

TOP-Ziele

Bahnpark Augsburg
siehe Seite 136

Augsburger Puppenkiste
siehe Seite 144

Kulturhaus Kresslesmühle
Augsburg, siehe Seite 146

Schwäbisches Handwerkermuseum
Augsburg, siehe Seite 130

Botanischer Garten Augsburg
(Bild Botanischer Garten)

Sisi-Schlossmuseum, Aichach
siehe Seite 444

Schloss Blumenthal, Aichach
siehe Seite 448

Ballonmuseum Gersthofen
siehe Seite 270

Fred Rai Westerncity, Dasing
siehe Seite 464

TOP-Ziele

*Die Reihenfolge stellt
keine Bewertung dar!*

Günzburg/Legoland
siehe Seite 590

Tänzelfest, Kaufbeuren
siehe Seite 616

Oberstdorf/Kleinwalsertal
Bergbahnen, siehe Seite 622

Skyline Park Allgäu, Bad Wörishofen
siehe Seite 564

Furthmühle, Fürstenfeldbruck
siehe Seite 558

Abendstimmung am Ammersee
(Bild Toursmusverband Ammersee-Lech)

Landsberg/Ammersee
siehe Seite 566

Klosterbrauerei Andechs
siehe Seite 580

Freilichtbühne Altusried
siehe Seite 620

Märchenwald Schongau
siehe Seite 562

Bauerhofmuseum Jexhof
Schöngeising, siehe Seite 560

*Die Reihenfolge stellt
keine Bewertung dar!*

Wallfahrtskirche Maria Hilf
Klosterlechfeld, siehe Seite 298

Wallfahrtskirche Herrgottsruh
Friedberg, siehe Seite 492

Wallfahrtskirche St. Jakobus
Biberbach, siehe Seite 236

Wallfahrtsstätten

Wallfahrtskirche Maria Birnbaum
Sielenbach, siehe Seite 550

Kloster Oberschönenfeld im Augsburger Land
(Bild Gemeinde Gessertshausen)

Wallfahrtskirche St. Afra im Felde
Friedberg, siehe Seite 494

Wallfahrtsbild Maria Knotenlö-
serin, St. Peter am Perlach Augs-
burg, siehe Seiten 100/106

Wallfahrtskirche St. Leonhard
Inchenhofen, siehe Seite 508

Museum Lutherstiege
St. Anna Kirche, Augsburg
siehe Seite 106

Wallfahrtsstätten

Die Reihenfolge stellt
keine Bewertung dar!

Unterwegs an fünf Flüssen

Die Lech-Reporter

Seit alters her zieht es die Menschen an den Fluss. Wie Lebensadern ziehen sie sich auch durch unsere Heimat. Wir nutzen sie als Transportwege, zur Gewinnung von Energie oder einfach als Freizeitziel. Die Lech-Reporter Julia, Martin und Michael haben sich aufgemacht und die fünf Flüsse Iller, Wertach, Günz, Lech und Donau erkundet. Jeder auf seine Weise. Herausgekommen sind dabei die Fluss-Touren. Schöne Ausflugsziele, interessante Menschen und Orte mit den Geschichten, die dahinter stehen.

Die fünf Flüsse sind nicht nur die größten in der Region Bayerisch-Schwaben. Die LEW-Gruppe erzeugt in 36 Wasserkraftwerken an Lech, Wertach, Iller, Günz und Donau über eine Milliarde kWh Strom im Jahr. Ein guter Grund für die Lech-Reporter, auf große Fluss-Tour zu gehen und ihre Erfahrungen in fünf kurzen Videos zusammenzufassen. Die meisten Routen entlang der Flüsse lassen sich mit dem Fahrrad erkunden – noch leichter natürlich mit dem E-Bike. Die Lech-Reporter erzählen spannende Geschichten aus der Region. Unterhaltsam und informativ – und immer mit einer Verbindung zum Thema Energie.

Auch wenn Martin diesmal nicht mit dem Rad unterwegs war, ist der Abschnitt der Donau, den er erkundet hat, für Pedalritter ein echter Klassiker. Vielleicht auch, weil auf den 127 Kilometern des Donau-Radwegs in Bayerisch-Schwaben zwischen Ulm und Donauwörth kaum mit nennenswerten Steigungen zu rechnen ist. Schmucke kleine Städte sowie weite Auwälder und üppige Wiesen bilden die Kulisse in dieser Gegend. Alles ist sehr beschaulich und ruhig.

Julia schaut sich um – von Thierhaupten bis Landsberg. Faszinierend ist vor allem seine Farbe: von hellblau-türkis bis jadegrün. Das Farbspiel des Lechs liegt an zwei Dingen. Zum einen an dem hohen Gehalt an Mineralien und zum anderen an seiner niedrigen Temperatur. Das macht es für planktonartiges Leben schwer. Nach der Wertach-Mündung bei Augsburg ist aber Schluss damit: die Wertach schiebt sich mit ihrem grünbraunen Wasser darüber.

Klein, aber oho – mit circa 55 Kilometern ist die Günz zwar der kleinste Kandidat auf der Fluss-Tour, aber erleben kann man auch hier einiges. Michael präsentiert seine Ziele von Lauben bis Günzburg. Nach dem Zusammenfluss der östlichen und westlichen Günz schlängelt sich der Fluss fast schon zu unauffällig durch die wunderschöne Landschaft des Günztals. Oft kaum zu erkennen, versteckt sie sich hinter hohen Büschen und Bäumen.

Martin entdeckt die Wertach – von Augsburg bis Schwabmünchen Früher war die Wertach ein typischer Gebirgsfluss der Voralpen, mit einem sich ständig verlagernden Flussbett. So ursprünglich findet man sie allerdings nur noch in ihrem Oberlauf. Spätestens ab Marktoberdorf ist mit der Wild-flussromantik seit dem Ende des 19. Jahrhunderts Schluss.

Julia frägt sich von Illerbeuren bis Altusried durch. Man glaubt es kaum, wenn man an einem schönen Tag entlang dieses Teils der Iller unterwegs ist. Trügerisch idyllisch schlängelt sie sich durch die hügelige Landschaft. Einst war sie ein unberechenbarer und wilder Gebirgsfluss. Doch die Menschen haben gelernt, sie etwas zu zähmen, mit ihr zu leben – ihre Kraft zu nutzen. Alle Videos der Lech-Reporter zu den fünf Flüssen in Bayerisch-Schwaben gibt es zum Lesen, Schauen und Herunterladen. Mehr dazu erfahren Sie unter https://www.lechreporter.de/fluss-touren/

Lechwerke AG

https://www.lechreporter.de/fluss-touren/

Standort Stadt Augsburg

Wirtschaftliches Zentrum in Bayerisch-Schwaben

Die Stadt Augsburg

Die Fuggerstadt im Herzen Bayerisch-Schwabens blickt auf 2000 Jahre Geschichte zurück und heute machen sie die knapp 290.000 Einwohner zur drittgrößten Stadt Bayerns. In Augsburg leben Menschen aus über 170 Ländern friedlich zusammen. Fast 50 % der Bevölkerung hat einen Migrationshintergrund. Damit hat Augsburg einen der höchsten Anteil von Migrantinnen und Migranten bundesweit.

Augsburg beeindruckt durch seine Vielfalt. Die wirtschaftliche Stärke der Stadt resultiert aus Innovation. Zahlreiche Global Player und kleine bis mittelständische Produktionsbetriebe sorgen für ein reichhaltiges Arbeitsplatzangebot während die Handelsbetriebe die Versorgung der Menschen sichern. Leben und Arbeiten – in Augsburg paart sich schwäbischer Fleiß mit bayerischer Gemütlichkeit und italienischer Lebensfreude. In Augsburg vereinen sich Tradition und

kulturhistorische Bedeutung mit Innovation und Fortschritt, modernes Großstadtleben mit ländlicher Idylle, hohe Lebensqualität mit einem hervorragenden Bildungsangebot zu dem sich eine dynamische Unternehmenskultur gesellt.

Mit erstklassigen Verkehrsanbindungen ist die Stadt sowohl national als auch international schnell erreichbar und bietet hervorragende Ausflugsmöglichkeiten zu den attraktiven Zielen der bayerischen und schwäbischen Alpenwelt. Zu den bayerischen Königsschlössern sind es nur etwa 100 Autokilometer und in die bayerische Landeshauptstadt München nur 80, wo auch der nächst gelegene internationale Flughafen zu finden ist.

Augsburg liegt an der wichtigen Nord-Süd-Verbindung, der „Romantischen Straße", die von Würzburg nach Füssen führt Die Autobahn A8 von Stuttgart und München verläuft nur wenige Kilometer nördlich der Stadt.

Ein dichtes Nahverkehrsnetz sorgt für schnelle, regionale Verbindungen in der Stadt und seinem Umland. Über das Schienennetz ist Augsburg national und international gut angebunden. Über die Magistrale für Europa Paris/Bratislava/Budapest und die ICE-Strecke Nürnberg/Würzburg nach Berlin/Hamburg ist Augsburg sowohl in das deutsche als auch in das europäische Eisenbahn-Hochgeschwindigkeitsnetz gut integriert.

Die Unternehmerstadt

Schon in den vergangenen Jahrhunderten war Augsburg ein herausragender Wirtschaftsstandort in der Region und bedeutendes Handelszentrum. Heute sind an dem produktionsstarken Standort namhafte Unternehmen zuhause. Faserverbund, Mechatro-

nik, Automation, Informations- und Kommunikationstechnologie sowie Umwelt und Logistik sind die Kernkompetenzen des Wirtschaftsraumes geworden. Alle fünf Technologiefel-

der haben sich zum Ziel gesetzt, den Verbrauch von Energie, Material und Kapital zu senken und gleichzeitig die Produktivität zu steigern. Hiermit hat sich Augsburg zu einem Vorreiter entwickelt, der das Zukunftsthema Ressourceneffizienz fördert und weiter entwickelt.

Zahlreiche Unternehmen haben die Vorteile des attraktiven Standortes Augsburg erkannt und sich hier angesiedelt. Die prosperierende Wirtschaft, ein flexibler Arbeitsmarkt, das herausragende Bildungsangebot und die hohe Lebensqualität zeichnen Augsburg aus.

Die Bildungsstadt

Augsburg hat im weiten Umkreis einen ausgezeichneten Ruf als Bildungsstadt und seine Bildungseinrichtungen sind für die hervorragende Qualität bekannt. So bieten die Universität und die Hochschule Augsburg auf ihrem jeweiligen modernen Campus sämtliche Fachbereiche an, die für die Kompetenzfelder Augsburgs von Bedeutung sind. Sehr bewusst haben sich daher auch die Institute der Fraunhofer Gesellschaft und des Deutschen Zentrums für Luft-

und Raumfahrt (DLR) für ihren Sitz in Augsburg entschieden.

Die Stadt arbeitet eng mit den Wirtschaftskammern und dem Bayerischen Bildungsministerium zusammen, um den Nachwuchs frühzeitig an die Arbeitswelt heranzuführen.

Und da das Wissen ein Grundstein für den Erfolg im Leben ist, können die Augsburger Schüler zwischen 10 Gymnasien und einer internationalen Schule wählen. Daneben stehen neun Realschulen, 42 Grund- und Hauptschulen sowie 13 Förderschulen zur Verfügung. Viele Freie Schulen runden das vielfältige Angebot ab.

Die Lebensstadt

Augsburg, die Großstadt im Grünen, gilt als eine der sichersten in Deutschland. Die medizinische Versorgung, das Bildungsangebot und die Seniorenbetreuung runden das umfängliche Angebot ab, den Familienalltag angenehm zu gestalten.

Sich in der Großstadt wohl zu fühlen fällt in Augsburg nicht schwer. Weitläufige Parkanlagen, idyllische Ruheoasen inmitten der Stadt und ausgedehnte Naherholungsgebiete stehen den Menschen für entspannende Momente zur Verfügung. Und während man auf den Prachtstraßen Augsburgs flaniert und die mächtigen Renaissancebauten passiert, lernt man das südländische Flair der Stadt kennen, wozu auch der gemütliche Plausch in einem der zahlreichen Straßencafés gehört.

Die Erlebnisstadt

Augsburg bietet eine Fülle von Freizeitmöglichkeiten. Kulturhistorisch Interessierte finden in der Stadt zahlreiche Sehenswürdigkeiten und Museen. Das

kulturelle Zentrum präsentiert eine einzigartige Vielfalt mit hochwertigen kulturellen Veranstaltungen, mit Theatern und Konzerten. Der Veranstaltungskalender bietet außerdem ein buntes Programm mit sportlichen Veranstaltungen, mit Festlichkeiten und Messen.

Augsburg besticht durch eine bunte Mischung bei den kulinarischen Angeboten der Gastronomiebetriebe. In den Abendstunden locken Kinos, zahlreiche Bars und stilvolle Clubs zum Ausgehen.

Shoppingerlebnisse bietet die Neue Augsburger Innenstadt, die mit der Kampagne „Augsburg City" immer attraktivere Einkaufsmöglichkeiten bereit hält. Die zweimal im Jahr stattfindende „Augsburger Dult" ist der traditionelle Jahrmarkt, der schon seit mehr als 1000 Jahren im Frühjahr und Herbst zum gemütlichen Bummeln einlädt.

Standortförderung

Als Motor der Wirtschaft in Bayerisch-Schwaben hat die Stadt Augsburg große wirtschaftliche Bedeutung. Unternehmen aller Branchen finden

hier beste Rahmenbedingungen für eine erfolgreiche Unternehmensentwicklung. Die Standortberatung der Stadt Augsburg unterstützt zukünftige Unternehmer und Unternehmerinnen durch einen umfangreichen Maßnahmenkatalog und hat sich als Anlaufstelle für gewerbliche Ansiedlungen etabliert. Für ansässige Unternehmen bietet der Unternehmerservice den Dialog der Gewerbetreibenden mit der Stadtverwaltung und die Konzepte für die Entwicklung des Einzelhandels erreichen eine weit über die Region hinausgehende Ausstrahlung.

Darüber hinaus bietet die hervorragende Infrastruktur mit dem Angebot des Öffentlichen Personennahverkehrs (ÖPNV), Breitbandanbindung und die Messe mit Kongress- und Tagungszentrum Anreize für die Unternehmensentwicklung. Und – die Wertschätzung von Unternehmen äußert sich auch durch eine Ehrung durch die Stadt Augsburg, die Global Player wie auch kleine und mittelständische Unternehmen mit „Made in Augsburg" auszeichnet und mit der Unternehmensgründung, Innovation und Fortschritt belohnt werden.

Wichtige Adressen und Telefonnummern

Stadt Augsburg Wirtschaftsförderung
Rathausplatz 1
D-86150 Augsburg
Tel. +49 (0)821 324-0
Fax +49 (0)821 32 41 577
augsburg@augsburg.de
www.wirtschaft.augsburg.de

Notfallnummern

Internationaler Notruf 112
Polizei 110
Feuerwehr 112
Rettungsdienst 112
Giftinfos +49 (0)89 19240

Stadtverwaltung Stadt Augsburg

+49 (0)821 324-0
www.augsburg.de

Bürgerbüro

+49 (0)821 324-9999
www.augsburg.de/buergerservice-
rathaus/buergerservice/buergerbueros

Kulturamt

+49 (0)821 324-3251
www.augsburg.de/buergerservice-
rathaus/buergerservice/aemter-be-
hoerden/staedtische-dienststellen/k/
kulturamt/

Schulverwaltungsamt

+49 (0)821 324-6911
www.augsburg.de/buergerservice-
rathaus/buergerservice/aemter-be-
hoerden/staedtische-dienststellen/s/
schulverwaltungsamt/
http://bildung.augsburg.de

Sport- und Bäderamt

+49 (0)821 324-9702
www.augsburg.de/buergerservice-
rathaus/buergerservice/aemter-be-
hoerden/staedtische-dienststellen/s/
sport-und-baederamt

Stadtwerke Augsburg (SWA) Energie

+49 (0)821 6500-0
www.sw-augsburg.de

Zentralklinikum Augsburg

+49 (0)821 400-01
www.klinikum-augsburg.de

Hessingpark Clinic

+49 (0)821 9099000
www.hessingpark-clinic.de

Hessing Stiftung

+49 (0)821 909-0
www.hessing-stiftung.de

Josefinum

+49 (0)821 2412-0
www.josefinum.de

Evangelische Diakonissenanstalt

+49 (0)821 3160-0
www.diako-augsburg.de

Vincentinum

+49 (0)821 3167-0
www.klinik-vincentinum.de

Ärztesuche Bayern

www.arzt-bayern.de

Stadtwerke Augsburg

+49 (0)821 6500-5888
www.sw-augsburg.de/fahrgaeste

Augsburger Verkehrs- und Tarifverbund

+49 (0)821 157000
www.avv-augsburg.de

Tourismus

+49 (0)821 50207-0
www.augsburg-tourismus.de

Einfach mobil in Augsburg und der Region unterwegs

Augsburger Verkehrs- und Tarifverbund (AVV)

In die Mitte der 1970er Jahre reichen die Anfänge des öffentlichen Nahverkehrs in Augsburg zurück: Vier Gesellschafter wie die Stadt Augsburg und die Landkreise Augsburg, Aichach-Friedberg sowie Dillingen a.d.Donau gaben die Erstellung eines Gesamtverkehrsplans in Auftrag. 1985 startete der AVV den Verbundbetrieb im Raum Bobingen – Schwabmünchen – Königsbrunn – Klosterlechfeld und konnte bereits im Jahr 1995 den AVV-Gemeinschaftstarif für den gesamten Verbundraum einführen.

Heute zählt der Augsburger Verkehrs- und Tarifverbund (AVV) mit einem Einzugsgebiet von über 680.000 Einwohnern zu den größten und leistungsfähigsten in Bayern. Die Stadt Augsburg und die Landkreise Augsburg, Aichach-Friedberg und Dillingen konnten sich durch ihre zentrale Lage zwischen Ulm, Nürnberg und München zu einem interessanten Wohn- und Lebensraum für die Menschen entwickeln.

Zigtausende Bürgerinnen und Bürger in der Stadt Augsburg und ihrer Region nutzen täglich wie selbstverständlich im 3.200 km langen AVV-Liniennetz die Stadt- und Regionalbusse, Straßenbahnen und Regionalzüge mit nur einem Ticket und einem Fahrplan. Dass der AVV mit diesem Mobilitätsangebot einen entscheidenden Beitrag zu der hohen Lebensqualität in der Region leistet, versteht sich von selbst. Schließlich ist ein funktionierender öffentlicher Nahverkehr eine der Säulen einer attraktiven Region.

Fast 80 Millionen Fahrten werden jährlich mit den Verkehrsmitteln im AVV getätigt. Die Partner im AVV – der Stadtverkehr Augsburg (swa) sowie der regionale Schienenverkehr und der AVV-Regionalbusverkehr modernisieren, erweitern und verbessern ihr Angebot

kontinuierlich und nachfrageorientiert: Sei es durch Schaffung neuer Linien um den Nachfrageströmen gerecht zu werden, Schließung von Taktlücken, Ausweitungen der Bedienzeiten. Doch auch die Qualität und damit der Komfort des Öffentlichen Nahverkehrs soll die Fahrgäste zum Mitfahren einladen: Moderne klimatisierte Fahrzeuge, die Möglichkeit das Ticket direkt aus den Apps auf das Handy zu laden oder bereits zu Hause in den Online-Shop der Partner zu kaufen, freies Fahrgast-WLAN im Stadtverkehr Augsburg und AVV-Regionalbussen sind nur einige Angebote.

Im Sinne der Gesellschafter gestaltet der AVV den öffentlichen Personennahverkehr kundenorientiert. Zukunftsweisend denkt man an die Einführung innovativer Technologien wie das E-Ticketing, an Online-Fahrplanauskünfte mit Echtzeitdaten oder auch an moderne Fahrgastinformationstechnik mit dem Ziel, den Nahverkehrsraum Augsburg zukunftsfähig zu erhalten.

Augsburger Verkehrs- und Tarifverbund (AVV)

Kundencenter am Hauptbahnhof
Halderstraße 29
D-86150 Augsburg
Tel. +49 (0) 821/ 157 000
kundencenter@avv-augsburg.de
www.avv-augsburg.de

Nahverkehrsraum Augsburg

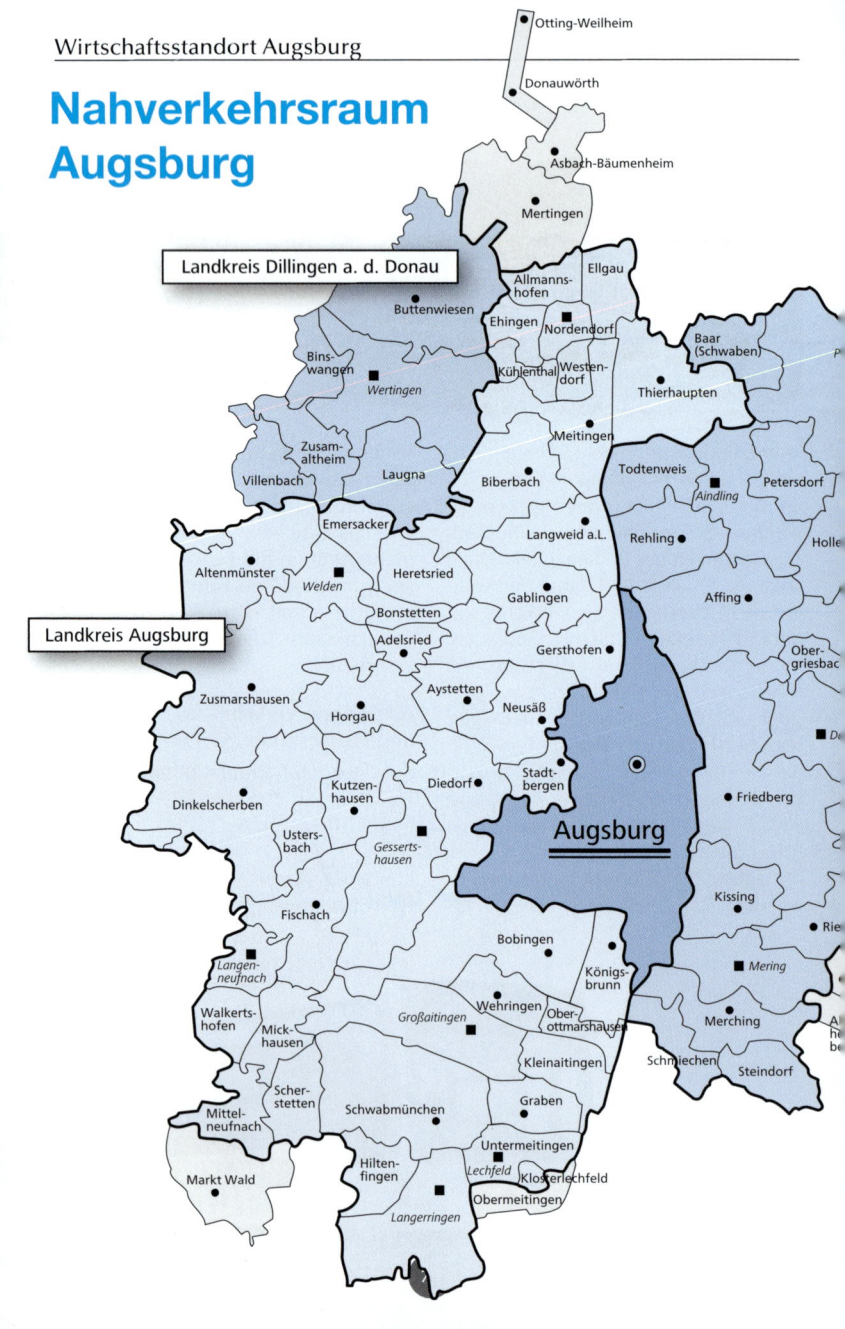

Otting-Weilheim

Donauwörth

Asbach-Bäumenheim

Mertingen

Landkreis Dillingen a. d. Donau

Allmanns-
hofen

Ellgau

Buttenwiesen

Ehingen

Nordendorf

Baar
(Schwaben)

Bins-
wangen

Kühlenthal

Westen-
dorf

Thierhaupten

Wertingen

Zusam-
altheim

Meitingen

Villenbach

Laugna

Biberbach

Todtenweis

Petersdorf

Emersacker

Langweid a.L.

Aindling

Holle

Altenmünster

Welden

Heretsried

Rehling

Bonstetten

Gablingen

Affing

Landkreis Augsburg

Adelsried

Gersthofen

Ober-
griesbac

Zusmarshausen

Horgau

Aystetten

Neusäß

De

Kutzen-
hausen

Diedorf

Stadt-
bergen

Dinkelscherben

Usters-
bach

*Gessherts-
hausen*

Friedberg

Augsburg

Fischach

Kissing

Ri

Bobingen

*Langen-
neufnach*

Königs-
brunn

Mering

Walkerts-
hofen

Mick-
hausen

Großaitingen

Wehringen

Ober-
ottmarshausen

Merching

A
h
be

Kleinaitingen

Schmiechen

Steindorf

Scher-
stetten

Graben

Mittel-
neufnach

Markt Wald

Schwabmünchen

Hilten-
fingen

Untermeitingen

Lechfeld

Klosterlechfeld

Obermeitingen

Langerringen

Landkreis Aichach - Friedberg

Kühbach

Schiltberg

...hach

Sielenbach

Odelzhausen

Pfaffenhofen
a.d. Glonn

Augsburg   Sitz der Regierung von Schwaben
Aichach   Sitz eines Landratsamtes
⊙   Kreisfreie Stadt
●   Kreisangehörige Gemeinde
             (Einheitsgemeinde)
■   Sitz einer Verwaltungsgemeinschaft
Mering   Name einer Verwaltungsgemeinschaft

——   Grenzen der kreisfreien Stadt Augsburg
             und der Landkreise
▢   In den Regionalverkehr einbezogene
             Räume außerhalb des Nahverkehrs-
             raums

Jung, offen, international

Universität Augsburg

Der Campus der Universität Augsburg gehört zu den angenehmsten Orten, an denen man in Deutschland studieren kann. Nahe am Zentrum Augsburgs liegt das großzügige, in humanen Dimensionen gestaltete Gelände. Moderne, zugleich funktionale und architektonisch reizvolle Gebäude fügen sich in eine Parklandschaft mit Grünflächen, einem See, mit Brunnen und zahlreichen Skulpturen zeitgenössischer Künstler.

Die örtliche Konzentration der akademischen Einrichtungen erleichtert den Studienalltag und fördert die Kommunikation. Die Fakultäten, die Verwaltung, Mensa, Cafeterien, Kneipen, die Bibliotheken – alles liegt nahe beieinander. Hier wird studiert, gelehrt, geforscht und gelebt. Man spürt „Universität": die Gemeinschaft, die Kooperation und die Solidarität zwischen den Lehrenden und Forschenden einerseits und Studierenden andererseits, denen in der Lehre die Teilhabe an der Forschung zugute kommt.

Die Universität Augsburg wurde im Jahre 1970 gegründet. Sie gehört zu den jungen, modernen Universitäten in Bayern. Trotz inzwischen über 20.000 Studierenden ist sie überschaubar geblieben. Ihre Anziehungskraft reicht weit über die Region hinaus. Etwa 10 Prozent der Studentinnen und Studenten kommen aus dem Ausland. Auf bislang sieben Fakultäten – eine achte, medizinische kommt derzeit hinzu – verteilt sich ein breites Spektrum von mehr als 80 Studiengängen in Geistes- und Sozialwissenschaften, Wirtschafts- und Rechtswissenschaften sowie Natur- und Technikwissenschaften und Informatik.

Die Universität Augsburg pflegt Partnerschaften mit ca. 280 Universitäten auf allen Kontinenten. Ausländische Wissenschaftler und Studierende werden unter dem Motto „Willkommen an den Augsburger Hochschulen" mit offenen Armen begrüßt und professionell beraten. Schon vor oder gleich bei der Ankunft können sie sich an ein speziell für sie geschaffenes Büro wenden. Alle Fragen des Aufenthaltsrechts (Visum) und der Organisation des praktischen Lebens werden dort gelöst.
Studentinnen und Studenten aus dem Ausland werden in speziellen Kursen auf das Studium vorbereitet.

Wer hier studiert oder geforscht hat und wieder in sein Heimatland zurückkehrt, bleibt mit der Universität Augsburg in Kontakt: Das Netzwerk „Augsburg Alumni International" kommt allen Augsburger Studierenden zugute, denen bei einem Auslandsstudium fast überall auf der Welt ehemalige „Augsburger" als Ansprechpartner vermittelt werden können.

Universität Augsburg
Universitätsstr. 2, D-86159 Augsburg
Tel. (0)821 59 80
Fax (0)821 59 85 505
info@uni-augsburg.de
www.uni-augsburg.de

Nichts wie raus in die Natur

Schöffel

„Hier arbeiten zu dürfen, ist wie ein Sechser im Lotto. Und das jeden Tag ..." erklärt voller Stolz ein Mitarbeiter eines der ältesten Familienunternehmen in Bayern. Im Jahr 1804 vom Urgroßvater Georg Schöffel als Textilhandel gegründet, ist der Outdoorspezialist in Schwabmünchen heute ein europaweit gefragter Partner, wenn es um wetterfeste, wasserdichte und atmungsaktive Bekleidung geht. Was aus einem ambulanten Handel mit Strümpfen, Socken, Nachthauben und Zipfelmützen werden kann, zeigt sich an dem Familienbetrieb in vorbildlicher Form. Heute bereits in der siebten Generation von Peter Schöffel geführt, stellt der innovative Traditionsbetrieb in Schwabmünchen mit etwa 200 Mitarbeitern Sportbekleidung her.

Der Fokus der Outdoor-Bekleidung liegt auf der hohen Qualität der Schnitte und Materialien für den Winter-, Wander- und Bergsport. Sanfte, angenehme Farben und funktionelle Eigenschaften sowie ein sehr gutes Feuchtigkeitsmanagement zeichnen die Bekleidung aus.

Eckig und kantig war der über 200 Jahre lange Weg der Schöffels hin zum Weltmarktführer in Gore-Tex-Bekleidung. Mit Beginn der Wirtschaftswunderjahre fertigte man mit der Bundhose das passende Outfit zur in Mode

gekommenen Wanderfreude. Auch die Idee, die Skihose über dem Stiefel zu befestigen erblickte als Jethose in Schwabmünchen das Licht der Welt. Seit Ende der 1970er Jahre boomt die Verwendung von GORE-TEX® als wind- und wasserdichtem, aber atmungsaktivem Material.

Gleichzeitig hat die Zusammenarbeit von Schöffel mit dem amerikanischen Unternehmen Gore einen wahren Siegeszug angetreten, um der Outdoor-bewegung den unbeschwerten Genuss der Natur bei Wind und Wetter zu ermöglichen.

Weltweit läßt das Unternehmen seine Produkte fertigen und ist seit 2011 Mitglied der Fair Wear Foundation (FWF) – einer Organisation, die sich für die Verbesserung der Arbeitsbedingungen in der nähenden Industrie einsetzt.

Außerdem sind alle Lieferanten des Unternehmens verpflichtet, sich an den strengen Richtlinien des Ökotex-Standards zu halten. So wird darauf geachtet, die Umwelt möglichst schonend zu behandeln, keine echten Pelze und keine Daunen aus Lebendrupf zu verwenden. Außerdem wird ein Großteil der Schöffel Kollektion aus PFC-freien Materialien hergestellt.

Schöffel Sportbekleidung GmbH
Ludwig-Schöffel-Str. 15
D-86830 Schwabmünchen
Tel. +49 (0)8232 50 060
Fax +49 (0)8232 72 780
mail@schoeffel.com
www.schoeffel.com

Schon der Name verspricht abenteuerliche Genüsse

Sin-Gold Brand

Eigentlich verbindet man mit edlem Whisky Länder wie Schottland und Irland. Doch auch aus Bayerisch-Schwaben kommen leckere Single Malt und Single Grain Whiskys, die die Gaumen der Genießer umschmeicheln. Doch was macht die Güte eines guten Whiskys aus? Die Rohstoffe wie die Gerste kommen aus Bayern und das Wasser, das für die Herstellung verwendet wird, stammt aus den Stauden im Naturpark Westliche Wälder, der bekannt ist für sein reines Wasser in hoher Güte. Nach dem Brennen darf der Whisky in Bourbon- und Portweinfässern zu seiner vollendeten Reifung kommen. Und schon der Name des Whiskys verrät

seine regionale Herkunft und Zusammensetzung: Sin-Gold nach dem gleichnamigen Flüsschen zwischen Buchloe und Augsburg.

Ein Paradies für Genießer

Es sind aber nicht nur die regionalen Whiskysorten, die in Wehringen angeboten werden. Hier hat sich ein wahres Eldorado für die Geschmacksnerven von Feinschmeckern entwickelt. Neben der Whiskybrennerei, in der höchstens 50 Fässer im Jahr produziert werden, ist das Kaminzimmer für Zigarrenraucher einen Besuch wert.

84

Hochklassige Sorten warten auf die Genießer, die in gemütlicher Runde ihrer Leidenschaft nachgehen können, begleitet von einem reichhaltigen Sortiment offener Whiskysorten. Abgerundet wird das Angebot durch Zigarrenkurse. Darin bringt man dem Neuling die vielfältigen Geschmacksnuancen näher.

Aber auch Kochkurse, in denen kulinarische Genießer in Begleitung eines professionellen Gastronoms in die hohe Kochkunst eingeführt werden stehen auf dem Programm und wer auf den Geschmack gekommen ist, kann – nach einer theoretischen Einleitung – seinen eigenen Whisky brennen. Und um den Gaumen der Genussmenschen noch mehr zu schmeicheln, findet sich bei SinGold auch eine Kaffeerösterei, die einem den individuellen Kaffee frisch zusammenstellt. Dass dieses Refugium in Wehringen auch zu Festtagen wie Weihnachten eine beliebte Anlaufstelle ist, braucht nicht erwähnt zu werden. Schließlich finden sich hier ausgefallene Geschenkideen, mit denen man sicherlich die Freude und Dankbarkeit der Beschenkten auf seiner Seite hat.

Sin-Gold Brand GmbH

Germanenstr. 1
D-86517 Wehringen
Tel. +49 (0)8234 99 86 541
Fax +49 (0)8234 99 86 542
info@sin-gold.de
www.singold-whisky.de

Eat by Su
Bohnenschmiede
Tabak Pfeffer

Käsespezialitäten vom Wochenmarkt

Schönegger Käsealm

Bereits seit 1988 steht die Schönegger Käsealm für Qualität und die Reinheit ihrer Produkte. Im bayerischen Pfaffenwinkel ansässig, produziert sie nur Molkereiprodukte aus reiner Heumilch. Rund 500 regional ansässige Milchbauern zwischen dem bayerischen Pfaffenwinkel und dem Allgäu, zwischen Tirol und dem Bregenzerwald liefern die reine Heumilch für feinste Käsespezialitäten. Den bewussten Verzicht auf Gentechnik schmeckt der Käseliebhaber und Feinschmecker, denn dies ist das Geheimnis der milden sowie würzigen Käsesorten, die man in der Schönegger Käsealm bekommt. Auf einigen Wochenmärkten in und um Augsburg sind die feinen Käseköstlichkeiten erhältlich.

Vom würzigen Bergkäse bis zum Schnitt- und Weichkäse, vom Frischkäse bis hin zu Butter und Joghurt verwöhnen die Spezialisten der Schönegger Käsealm die Gaumen der Feinschmecker.

Märkte in und um Augsburg

Mittwoch:

8–12 Uhr in 86163 Augsburg-Hochzoll Süd (Münchner Str. an der Kirche "Zwölf Apostel") ;
10–12 Uhr in 86836 Klosterlechfeld (vor der Wallfahrtskirche);
14–16 Uhr in 86836 Graben (Rathausplatz)

Donnerstag:

8–12 Uhr in
86199 Augsburg-Göggingen
(Platz an der Bgm.-Miehle-Str.);
9.30–19 Uhr an der Citygalerie Augsburg (Eingang Stadtplatz, Amagasakiallee);
8–13 Uhr in 86529 Schrobenhausen (am Lenbachplatz vor dem Rathaus);
10–12 Uhr in 86510 Ried-Baindlkirch (Rettenbachstr. 11, "Weißwurstessen");
14–17 Uhr in 86438 Kissing (Kornstr.1, Getränkecenter Ehrenreich).

Freitag:

7–12 Uhr in
86316 Friedberg-Marienplatz;
13–16.30 Uhr in
86167 Augsburg-Lechhausen
(Widderstr. - Am Schlössle);
8–16 Uhr in Augsburg,
Pfersee-Park (Franz-Kobinger-Str.).

Samstag:

7–12 Uhr in 86343 Königsbrunn (Rathausplatz);
7–12 Uhr in 86368 Gersthofen (Rathausplatz).

Innenstadtfest Augsburg
(Bild Stadt Augsburg Wirtschaftsförderung)

Drittgrößtes Versorgungsunternehmen in Bayern

Stadtwerke Augsburg

Die Stadtwerke Augsburg beschäftigen rund 1.800 Mitarbeiterinnen und Mitarbeiter und versorgen insgesamt etwa 350.000 Menschen im Raum Augsburg mit Strom, Erdgas, Fernwärme und Trinkwasser. Außerdem bieten sie bequeme Mobilität mit Bussen, Straßenbahnen, Rad und Carsharing. Im Interesse der Kunden, der heimischen Wirtschaft sowie der Arbeitsplätze setzen die Stadtwerke Augsburg bei all ihrem Handeln auf ein ausgewogenes Verhältnis von Umweltfreundlichkeit, Versorgungssicherheit und Wirtschaftlichkeit. Diese Linie wird auch in Zukunft konsequent weiter verfolgt. Dazu haben sich die Stadtwerke u. a. auch mit der freiwilligen Teilnahme am Umweltpakt Bayern dem Staat gegenüber verpflichtet.

Unser Wasser ist unsere Zukunft

„Seit Jahrhunderten haben die Augsburger Flächen erworben, um die Quellen ihres Trinkwassers vor Verunreinigungen zu schützen", berichtet Roland Leuthe von den Stadtwerken Augsburg (swa). „Wir sehen uns in dieser Tradition und haben während der vergangenen 30 Jahre in großem Umfang investiert, um diesen Schutz auszuweiten und die Wasserqualität dauerhaft zu sichern." Das heißt: Schon lange, bevor das Thema „Sauberes Trinkwasser" in der Öffentlichkeit behandelt wurde, haben sich die swa aktiv darum gekümmert, diesen

Augsburger Bodenschatz langfristig und nachhaltig zu sichern. Die Güte des Augsburger Trinkwassers gilt seit langem als eines der Besten in ganz Europa. Mit hohen Investitionen konnte der Nitratwert so gering gehalten werden, dass es sogar für Kleinstkinder bestens geeignet ist. Außerdem wird das Trinkwasser regelmäßig auf Pflanzenschutzmittel, Medikamentenrückstände sowie hormonähnliche Substanzen überprüft, mit dem durchschlagenden Erfolg, dass diese nicht nachweisbar sind.

Strom aus Wasserkraft

Mit swa Strom Regenio leisten die Stadtwerke Augsburg einen wichtigen Beitrag zur Schonung endlicher Ressourcen wie Erdöl oder Kohle. Mit ihrem Stromangebot, das zu 100% aus Wasserkraft gewonnen wird, leisten die Stadtwerke und ihre Kunden einen wichtigen Beitrag zum Klima- und Umweltschutz.

Augsburg in Bewegung

Mehr als 60 Millionen Fahrgäste nutzen jährlich das Angebot der Stadtwerke Augsburg. Mit Bus und Tram bietet die swa einen umweltfreundlichen Personennahverkehr, der die Fahrgäste bequem, komfortabel und sicher ans Ziel bringt. Mit dem swa Carsharing können Privat- und Geschäftsleute die Fahrzeugflotte der Stadtwerke nutzen. Sechs verschiedene Fahrzeugklassen warten an über 40 Standorten zu günstigen

Konditionen auf Autofahrer, die das Teilen für sich entdeckt haben. Außerdem stehen für Einkaufsbummel oder Besichtigung an ebenfalls 30 Stationen 175 swa Fahrräder zur Verfügung. Mit diesem Angebot bieten die Stadtwerke zu interessanten Preisen flexible Mobilität, wo sie sich der Kunde wünscht.

Gesellschaftliches Engagement vor Ort

Als Motor der Stadt und der Region zählt das gesellschaftliche Engagement zum Leistungsversprechen der Stadtwerke Augsburg und ist Teil der Unternehmenspolitik. So wird in den Ausbau erneuerbarer Energie investiert, außerdem bildet das Unternehmen über 100 junge Menschen in qualifizierten Berufen aus. Neben dem Einsatz modernen Umwelt-Managements fördern die swa Kultur, Sport, Soziales, Ökologie und Bildung.

Stadtwerke Augsburg Holding GmbH

Hoher Weg 1
86152 Augsburg
Tel. (0)821 6500-6500
info@sw-augsburg.de
www.sw-augsburg.de

In der digitalen Welt durch die Stadt

„swa City"-App

In der „analogen Welt" Augsburgs ist die swa allgegenwärtig: Ob als Mobilitätsanbieter in Form von Straßenbahnnen, Bussen, Carsharing-Fahrzeugen oder Rädern, als Anbieter von Energie – und Trinkwasserdienstleistungen oder als Ansprechpartner in einem der Kundencenter. Ab sofort begleiten die swa auch in der „digitalen Welt" durch die Stadt. Die App steht sowohl im Google Play Store als auch im App Store (iOS) für alle frei zum Download.

swa bringt starke Partner zusammen

In der innovativen „swa City"-App wird verbunden, was Augsburger, aber auch Touristen, brauchen. Die App bietet einen übersichtlichen und detaillierten Eventkalender an, der unter anderem von der Neuen Szene mit Inhalten gefüllt wird. Das heißt: nie wieder eine spannende Veranstaltung verpassen!

Die Events sind zugleich mit der smarten „Locations"-Funktion verknüpft. Diese interaktive Karte hält Informationen, wie beispielsweise Öffnungszeiten, zu allen wichtigen Lokalitäten in und um Augsburg bereit. Zudem ermöglicht sie direkt den Absprung in die Anreise-Planung, egal ob mit dem privaten PKW, swa Carsharing, zu Fuß oder dem Öffentlichen Nahverkehr.

Im „News"-Bereich der App stehen, in Zusammenarbeit mit der Augsburger Allgemeinen und der Stadt Augsburg, Nachrichten aus Augsburg und der Region zur Verfügung. Das Beste daran ist, dass sich jeder seinen eigenen News-Bereich einrichten kann

Ausserdem dient sie als digitale Stempelkarte, die du vielerorts in Augsburg einsetzen kannst.

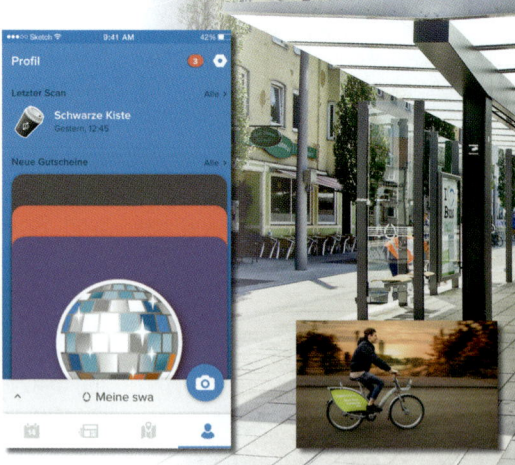

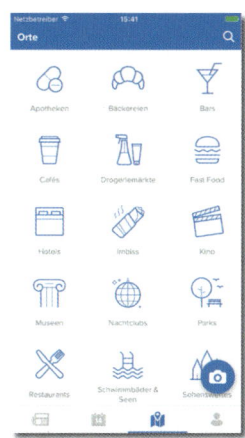

mit Nachrichten, die ihn interessieren. Besonders spannend für Augsburger und Einzelhändler ist das integrierte, digitale Bonussystem. Bei vielen Partnern, wie aktuell der Schwarzen Kiste, können Badges gesammelt und diese anschließend in einen attraktiven Bonus eingelöst werden. Der Kunde muss nun nicht mehr zig Stempelkarten mit sich rumschleppen und der Händler hat eine digitale Plattform, um sein Bonusprogramm zu präsentieren.

Natürlich soll auch ein Mehrwert für die Kunden der swa geschaffen werden. Die können nun bequem von Ihrem Smartphone aus Zählerstände melden und „Mein Konto" pflegen.

Der Nutzer im Fokus

„All diese Entwicklungen sind aus dem engen Dialog mit unseren Kunden entstanden", erklärt Matthias Reder, im Marketing der swa, verantwortlich für die neue Online-Welt. Die App soll leben und auch mit dem Feedback der Nutzer ständig weiterentwickelt werden.

Stadtwerke Augsburg Holding GmbH

Hoher Weg 1, D-86152 Augsburg
Tel. +49 (0)821 65 00-65 00
E-Mail: info@sw-augsburg.de
www.sw-augsburg.de

Augsburg

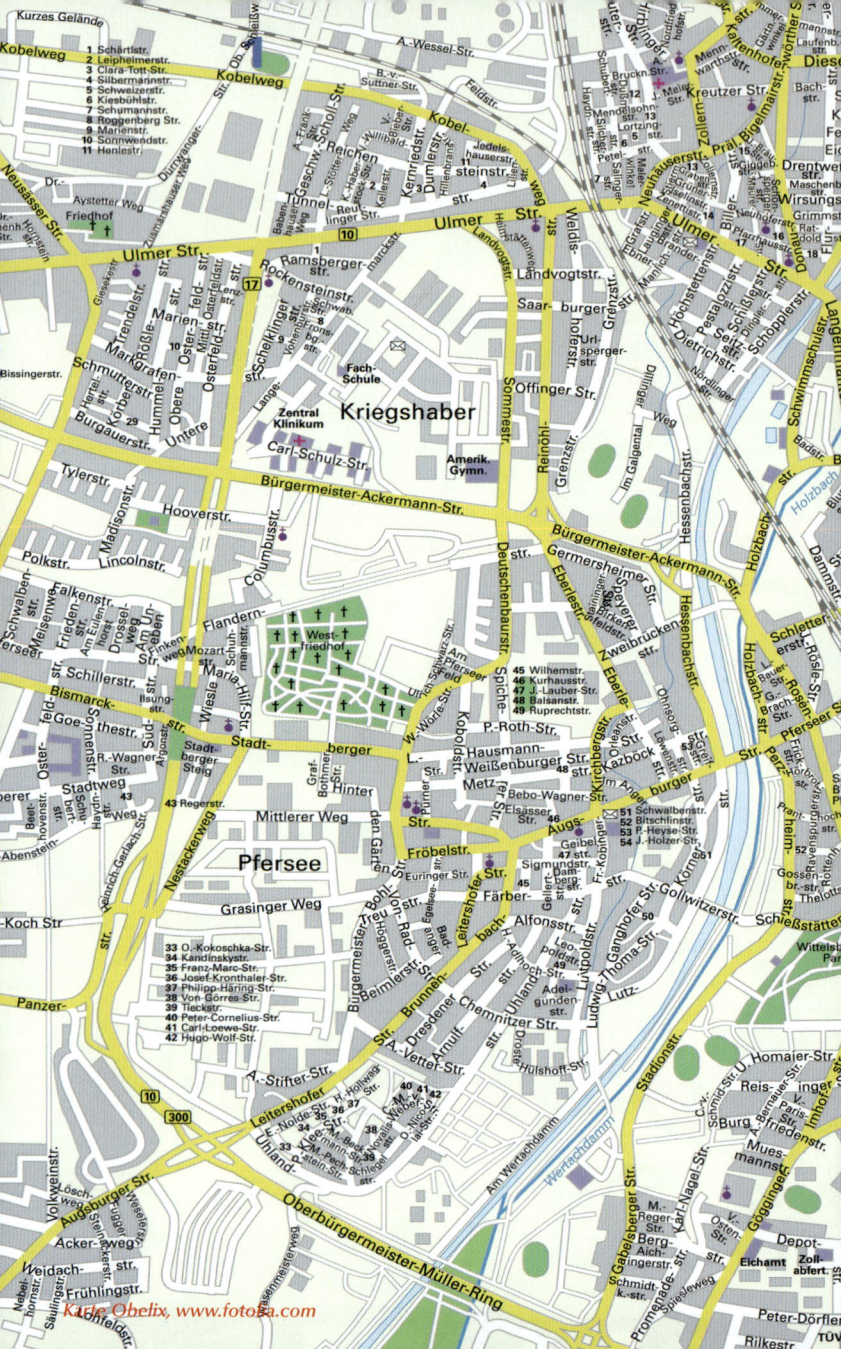

Kriegshaber

Pfersee

1 Schärtlstr.
2 Leipheimerstr.
3 Clara-Tott-Str.
4 Silberammerstr.
5 Schweizerstr.
6 Kiesbühlstr.
7 Schurmannstr.
8 Roggenberg Str.
9 Marienstr.
10 Sonnwendstr.
11 Henlestr.

33 O.-Kokoschka-Str.
34 Kandinskystr.
35 Franz-Marc-Str.
36 Josef-Kronthaler-Str.
37 Philipp-Häring-Str.
38 Von-Görres-Str.
39 Tieckstr.
40 Peter-Cornelius-Str.
41 Carl-Loewe-Str.
42 Hugo-Wolf-Str.

43 Regerstr.

45 Wilhemstr.
46 Kurhausstr.
47 J.-Lauber-Str.
48 Balsanstr.
49 Ruprechtstr.

51 Schwalbenstr.
52 Bitschlinsstr.
53 P.-Heyse-Str.
54 J.-Holzer-Str.

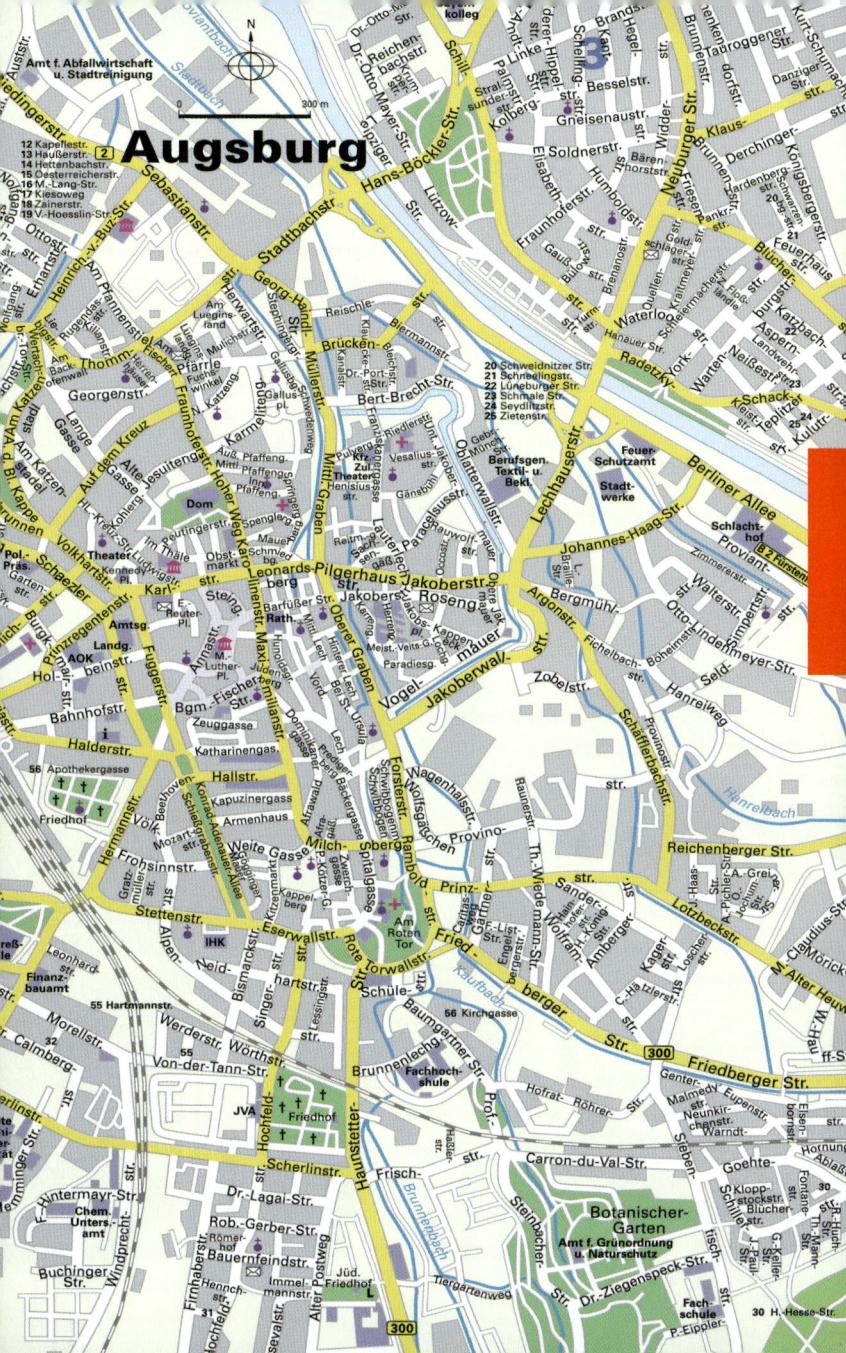

Augsburg
Geprägt von Fuggern und Welsern

Das über 2000 Jahre alte Augsburg ist mit seinen rund 293.000 Einwohnern die drittgrößte Stadt in Bayern nach den Städten München und Nürnberg. Augsburg liegt im Südwesten Bayerns, zwischen den Alpenflüssen Lech und Wertach, ist Regierungssitz Schwabens und seit 1972 Universitätsstadt. Die Gesamtfläche von 147 qkm gliedert sich auf in etwa gut 1/3 Siedlungsgebiet, 1/3 Landwirtschaft und fast 1/3 Wälder, durchzogen von Rad- und Wanderwegen. Die landschaftlich reizvolle Lage zwischen Lech und Wertach auf 490 m ü.M. und die zentrumsnahen Erholungsangebote wie z.B. Wittelsbacher Park, Hofgarten, Kuhsee und Kanu-Slalomstrecke der Olympischen Sommerspiele von 1972 werden sowohl von den Bürgern als auch Gästen als „grüne Lunge" hoch geschätzt. Kein Wunder, dass Augsburg als erste deutsche Stadt die Auszeichnung

Rathaus mit Blick in die Maximilianstraße
(Bild Felix Hartmann, Regio Augsburg Tourismus GmbH)

„grünste und lebenswerteste Stadt" erhielt. Im Süden zählen die Lechtalheiden zusammen mit dem Augsburger Stadtwald zu den artenreichsten Lebensräumen Mitteleuropas. Im Westen lockt der „Naturpark Westliche Wälder" als wichtigstes Naherholungsgebiet Augsburgs mit mehr als 2000 km markierten Rad- und Wanderwegen, Naturerlebnispfaden, Nordic-Walking-Strecken, im Winter auch Langlauf-Loipen.

Die sehenswerte Altstadt mit ihren vielen Wasserkanälen, engen Gässchen und Winkeln hat herrlich südländisches Flair. Mit dem Thema Wasser bewirbt sich Augsburg als Unesco-Welterbe und hat mit seinen historischen Wassertürmen sehr gute Chancen. Seit Jahrhunderten durchziehen rauschende Lechkanäle das frühere Handwerkerviertel - zunächst als Antrieb für Wasserräder und später Turbinen für Handwerk und Industrie – heute immer öfter genutzt für kleine private Stromkraftwerke. Viele liebevoll ausgestattete Geschäfte, Cafés, Antiquariate, Galerien und Restaurants laden zum Schauen, Kaufen und Relaxen ein.

97

Kurzer Blick ins Geschichtsbuch

Augsburg leitet sich vom Namen des römischen Kaisers Augustus ab. Seine Stiefsöhne Drusus und Tiberius eroberten für ihn die Länder nördlich der Alpen, besiegten die hier am Zusammenfluss von Lech und Wertach siedelnden Kelten und gründeten etwa 15 v. Chr. die spätere römische Provinzhauptstadt Augusta Vindelicum. Schon die Römer nutzten die günstige Lage Augsburgs als Schnittpunkt wichtiger Verkehrsverbindungen, sowohl auf dem Wasser – Lech-Donau durch Flöße als auch auf den Straßen, wie z.B. der Via Claudia von Süd nach Nord oder der Via Julia von West nach Ost. Während der Lech durch seine vielen Staustufen nicht mehr „floßbar" ist, sind die Straßen in Teilen noch vorhanden und werden heute touristisch genutzt.

Seit dem Sieg der Alemannen über die Römer ist Augsburg Bischofsstadt. Unter Bischof St. Ulrich wurden 955 in einer Entscheidungsschlacht die Magyaren auf dem Lechfeld besiegt. Die Bürger forderten immer mehr Unabhängigkeit vom Bischof, bekamen 1156 Stadtrecht, 1276 den Status einer reichsfreien Stadt unter den Habsburger Kaisern, der 500 Jahre lang andauern sollte. Das Stadtwappen besteht aus den Bischofsstadtfarben rot/weiß, in der Mitte fügte die Stadt das römische Fruchtbarkeitssymbol, den grünen Pinienzapfen, ein. Die römischen Straßen wurden weiterhin als wichtige Handelswege genutzt und hatten gro-

ße Bedeutung für die Entwicklung der Stadt zu einer der reichsten Handelsmetropolen im Heiligen Römischen Reich deutscher Nation.

Die seefahrenden Welser und das Großhandels- und Bankhaus Fugger erhoben im 15./16. Jh. Augsburg zur Weltstadt. Die Reichstage, also die Versammlungen der Reichsstände, brachten im Gefolge oft auch Groß-

Kartentisch im Fugger und Welser Erlebnismuseum
(Bild Julia Groß,
Regio Augsburg Tourismus GmbH)

aufträge für Maler wie Holbein, Dürer und Tizian, Bildhauer wie Hubert Gerhart, Adriaen de Vries und Georg Petel, Musiker wie H.L.Haßler, O. di Lasso und die Mozarts. Zentrale Ereignisse der Reformationsgeschichte fanden in Augsburg statt: Wärend des Reichstags 1518 traf Martin Luther in den Fuggerhäusern am Weinmarkt den päpstlichen Legaten Cajetan, der ihn vergeblich drängte, seine Thesen zu widerrufen. 1530 wurde die „Confessio Augustana" vor Karl V. im Kapitelsaal des Doms verlesen. Im Jahr 1555 wurde sie im Augsburger Religionsfrieden als zweite Konfession neben der katholischen reichsrechtlich zugelassen. Nach dem Ende des 30-jährigen Krieges wurde mit dem Hohen Friedensfest in Augsburg bekräftigt, dass wieder Frieden zwischen den Konfessionen herrschen solle. Noch heute feiert Augsburg jährlich am 8. August diesen Gedenktag – als Fest des Friedens zwischen den Völkern und Tag der religiösen Toleranz. Alle drei Jahre verleiht Augsburg einen Friedenspreis.

Der rasante Aufstieg der Textilindustrie und des Maschinenbaus im 19 Jh., nicht zuletzt durch die günstige Energielieferung durch Wasserkraft, führte Augsburg zu großer Blüte. 1897 entwickelt Rudolf Diesel bei MAN seinen Motor. Heute noch gehen von hier aus Schiffsmotoren in die ganze Welt. Piccard stieg von Augsburg aus mit einem Ballon in die Stratosphäre. Die Messerschmittwerke starteten von hier aus das schnellste Propellerflugzeug und den ersten Düsenjäger der Welt. Trotz immenser Bombenschäden im 2. Weltkrieg erreichte Augsburg durch Restaurierung, Wiederaufbau und neu Geschaffenem wieder große Anziehungskraft und wirtschaftliche Bedeutung. Über 2000 Jahre in den verschiedensten Stilepochen prägen heute ein Stadtbild in architektonischer Harmonie und Vielfalt, die es in deutschen Großstädten nur selten zu sehen gibt.

Sehenswürdigkeiten

Perlachturm

Als Wahrzeichen der Stadt gilt der Perlachturm. Er wurde ab dem 10. Jahrhundert als Wachturm erbaut. In den Jahren 1614 bis 1616 wurde der Turm neben dem Rathaus von Stadtbaumeister Elias Holl auf 70 m erhöht. Zur selben Zeit erbaute er unter dem Einfluss italienischer Architektur das danebenstehende Rathaus und passte den Perlachturm dieser Stilrichtung an. 260 Stufen führen hinauf zur Aussichtsplattform, von der man bei guter Witterung bis zu den Alpen sehen kann. Der Perlachturm dient auch als Kirchturm der im 12. Jh. angebauten Wallfahrtskirche St. Peter mit dem Gnadenbild „Madonna Knotenlöserin".

Rathaus

Das Rathaus, erbaut in den Jahren 1615 bis 1620 von Elias Holl, gilt als bedeutendster Profanbau der Renaissance nördlich der Alpen. Elias Holl bezeichnete seinen majestätische wirkenden Bau mit den riesigen Zwiebeltürmen als eine „weltliche Kathedrale". Den Giebel krönt

Rathaus und Perlachturm
(Bild Regio Augsburg Tourismus GmbH)

100

Maximiliansstraße
(Bild Christine Pemsl, Regio Augsburg Tourismus GmbH)

Augsburgs Wahrzeichen: ein 4 m großer Pinienzapfen aus Bronze, auf Augsburgerisch: die „Augschburger Zirbelnuss". Als Prachtstück des Rathauses gilt der über drei Stockwerke reichende Goldene Saal mit einer Fläche von 567 qm vergoldeter Kassettendecke, Schnitzereien, Wandmalereien und Deckengemälden.

Maximilianstraße

Eine der interessantesten Straßenzüge Europas ist die Maximilianstraße. In den Gebäuden zu beiden Seiten der Straße spiegeln sich über 2000 Jahre der Augsburger Stadtgeschichte. Einträchtig stehen die Bauten von der Gotik über Renaissance und Rokoko bis zur Nachkriegszeit nebeneinander. Augsburg gehört zu den brunnenreichsten Städten Deutschlands.

Auf der „Kaisermeile", wie Augsburgs Prachtstraße auch genannt wird, stehen die drei majestätischen Renaissance-Brunnen, die dem Kaiser, dem Handel und dem Handwerk gewidmet sind.

Goldener Saal im Rathaus
(Bild Siegfried Kerpf, Stadt Augsburg)

Augustus-Brunnen

Dem römischen Kaiser Augustus, in dessen Namen Augsburg 15 v. Chr. gegründet wurde, ist dieser Brunnen gewidmet. Er wurde 1594 von Hubert Gerhard geschaffen und von Peter Wagner in Bronze gegossen. Ein Lorbeerkranz schmückt den Kopf des 2,50 m großen und 27 Zentner wiegenden Kaisers, die Hand erhoben zur feierlichen Ansprache an sein Heer, umlagert von den Symbolfiguren der Flüsse Lech und Wertach, Singold und Brunnenbach.

Merkur-Brunnen

Am Moritzplatz steht Merkur, der römische Gott des Handels und der Kaufleute; ihm zu Füßen Amor, der Gott der Liebe, der dem Götterboten die Flügelsandale bindet. Erschaffen hat ihn 1599 der geniale niederländische Bildhauer Adrian de Vries, gegossen wurde er von dem Augsburger Wolfgang Neidhart.

Herkules-Brunnen

Ebenfalls von Adrian de Vries stammt der 1602 geschaffene Herkules-Brunnen vor dem Schaezler-Palais. Der mächtige

Augustusbrunnen
(Bild Regio Augsburg Tourismus GmbH)

römische Halbgott besiegt das siebenköpfige Wassermonster Hydra mit der Feuerkeule. Symbolisch wird hier auf Kunst und Können des Handwerks hingewiesen und den Sieg des Menschen über die wilde Kraft des Wassers und die Macht des Feuers.

Fuggerei

„Die Fuggerei" ist die älteste bestehende Sozialsiedlung der Welt und wurde 1521 von Jakob Fugger und auch im Namen seiner Brüder gestiftet. Noch heute wohnen in den 142 Wohnungen bedürftige katholische Augsburger Bürger für eine Jahreskaltmiete von 0,88 Euro. Bis zum heutigen Tag wird die Siedlung aus dem Stiftungsvermögen unterhalten. Die „Stadt in der Stadt", wie sie auch genannt wird, hat eine Kirche, eine Stadtmauer und drei Tore. (siehe Seite 122)

Besuchergruppe in der Fuggerei
(Bild Friedrich Stettmayer, Regio Augsburg Tourismus GmbH)

Sehenswerte Kirchen in Augsburg

St. Moritz-Kirche

Moritz-Kirche
(Bild Gilbert McCarragher)

Die Kirche an der Maximilianstraße gilt als eine der ältesten Kirchenbauten Augsburgs, gegründet 1019 vom Augsburger Bischof Bruno zu Ehren des Ritterpatrons St. Moritz. Zu den wertvollsten Kunstwerken zählen die Skulpturen von Georg Petel, der die eindrucksvolle Christus-Figur im Altarraum sowie St. Sebastian und St. Christopherus an der Westwand geschaffen hat. Nach der Neugestaltung 2013 unter dem englischen Architekten John Pawson erstrahlt die Kirche ganz in Weiß, selbst die Fenster bestehen aus weißem Onyxstein, der wie Atlasseide schimmert. Kontrast geben dunkles Eichenholz und lebensgroße Holzskulpturen von Ehrgott Bernhard Bendel.

Basilika St. Ulrich und Afra- und Ulrichskirche

Die Päpstliche Basilika, Wallfahrts- und Stadtpfarrkirche war bis 1802 Abteikirche eines Benediktinerklosters und dominiert eindrucksvoll den südlichen Abschluss der Maximili-

anstraße. Das Langhaus wurde unter Burkhard Engelbert gebaut und von Kaiser Maximilian im Jahr 1500 eingeweiht. Der weithin sichtbare 93 m hohe Turm wurde erst um 1600 fertiggestellt. Zur bedeutenden Ausstattung zählen neben den Grabkapellen der Bistumsheiligen Afra, Simpert und Ulrich die prachtvollen Altäre des Weilheimer Schnitzers Hans Degler von 1607 sowie die Fuggerkapellen. Die kleinere Evangelische Ulrichskirche erstaunt durch ihre ungewöhnlich flach gewölbte Decke mit feinstem Stuck der Régence-Zeit: Öllampe, Tauben, Anker und Leidenswerkzeug symbolisieren Glaube, Liebe, Hoffnung und Geduld. Das malerische Architektur-Ensemble der beiden baulich vereinten Kirchen bildet ein für Augsburg typisches Bild des paritätischen Miteinanders beider christlicher Konfessionen.

St. Ulrich
(Bild Friedrich Stettmayer, Regio Augsburg Tourismus GmbH)

Augsburger Dom

Der Dom „Mariae Heimsuchung" wurde 1065 unter Bischof Embriko als romanische Basilika geweiht.1320 erfolgte der Umbau im gotischen Stil, das Langhaus bekam zwei weitere Seitenschiffe und einen Ostchor, der Heinrich Parler aus Schwäbisch Gmünd zugeschrieben wird. Die Türme des 113 m langen und 40 m breiten Doms wurden auf 62 m erhöht.

Die wertvolle Bronzetür des Doms aus dem 11. Jh. ist im benachbarten Diözesanmuseum zu sehen. Fünf Glasgemälde aus dem 12. Jh. gehören zu den ältesten der Welt. Dargestellt sind fünf Propheten aus dem alten Testament: Jonas, Daniel, Hosea, David und Moses. Von Hans Holbein d. Ä., der seine Werkstatt im Augsburger Lechviertel hatte, befinden sich an den vier vorderen Säulen Gemälde mit der Darstellung des Lebens der

Dom zu Augsburg, Ostchor
(Bild Regio Augsburg Tourismus GmbH)

Jungfrau Maria. Der Dom ist die Kathedrale des Bistums Augsburg. Seine Ursprünge gehen bis auf das 8. Jh. zurück. Von besonderer Bedeutung ist der spätgotische Kreuzgang aus dem Jahr 1470 durch seine ungewöhnlich große Anzahl erhaltener Grabplatten: 401 Monumente von bedeutenden Meistern der schwäbischen Spätgotik und Renaissance. Der Bestand gilt als der reichhaltigste Deutschlands. Die archaisch anmutende Hochaltargruppe aus Bronze wurde 1962 von Josef Henselmann aus München geschaffen. An der Nordseite des Doms befindet sich das Diözesanmuseum. Es ist über den Kreuzgang zugänglich. (siehe auch Seite 118)

St.-Anna-Kirche

St. Anna geht auf ein Kloster der Karmeliter aus dem 14. Jahrhundert

St.-Anna-Kirche
(Bild Friedrich Stettmayer,
Regio Augsburg Tourismus GmbH))

zurück. Das Reformations-Museum „Lutherstiege" berichtet über die bedeutende Rolle Augsburgs als Ausgangspunkt der Reformation. Martin Luther wohnte hier während des Reichstages im Oktober 1518. Von der Annastraße aus gelangt man unter einem Bogen in den Annahof und in die Kirche durch einen im Kern noch erhaltenen gotischen Kreuzgang. Der Kirchenraum bietet zahlreiche Stilrichtungen: Gotik, Renaissance, Barock bis zur Gegenwart. Die 1518 geweihte Grabkapelle der Fugger, die den Westchor ausfüllt, ist das erste Baudenkmal der Renaissance nördlich der Alpen. Im Ostchor befinden sich Gemälde von Lukas Cranach d. Ä. und Jörg Breu d. Ä. Die Deckengemälde stammen von Johann Georg Bergmüller.

Tipp: Jeden Samstag 11:30 Uhr ca. 30 Minuten „Orgelmusik zur Marktzeit". Kostenlose Kirchenführungen von Ostersonntag bis 31. Oktober und 1. Advent bis 6. Januar täglich 15 Uhr, außer an gesetzlichen Feiertagen.

St. Peter am Perlach

In einer der ältesten Kirchen Augsburgs ist das Wallfahrtsbild der Maria Knotenlöserin zu besichtigen, das dem Maler Johann Georg Melchior Schmidtner (1625 – nach 1707) zugeschrieben wird.

Synagoge

Die in den Kriegsjahren 1914-1917 erbaute Synagoge in der Halderstraße stammt von den Münchner Architekten Lömpel und Landauer. Der majestätisch anmutende Tempel beeindruckt mit einer 29 m hohen Kuppel aus Eisenbeton, der innen mit grünem, teilweise goldglänzendem Mosaik verkleidet ist. Konzipiert nach byzantinischen Vorbildern und ausgerichtet im Jugendstil gehört die Synagoge zu den bedeutendsten Synagogen Deutschlands. Im westlichen Seitentrakt ist das Jüdische Kulturmuseum untergebracht. Ausgestellt sind Kult- und Ritual-Gegenstände aus dem Gebrauch und Leben jüdischer Familien. Von hier aus gelangt man auf die Frauenempore, von der sich ein über-

wältigender Einblick in die Synagoge bietet. Der eindrucksvolle Monumentalbau aus dem Anfang des 20. Jh. ist ein Zeugnis für die deutsch-jüdische Kultur und ein herausragendes Dokument jüdischer Geschichte in Bayern. Die Synagoge ist Dienstag, Mittwoch und Donnerstag von 9 bis 18 Uhr, Freitag von 9 bis 16 Uhr und an Sonn- und Feiertagen jeweils von 10 bis 17 Uhr geöffnet. Jeden 1. Mittwoch um 18 Uhr und jeden 3. Sonntag um 15 Uhr finden öffentliche Führungen statt. (siehe auch Seite 120)

ISRAELITISCHE   KULTUSGEMEINDE

Synagoge
(Bild   Augsburg Tourismus GmbH)

Kurzübersicht Museen

Glaspalast

Der Glaspalast aus dem Jahr 1910 ist eine ehemalige Baumwollspinnerei. Nach dem Verkauf im Jahr 1999 wurde er umgebaut und versteht sich seitdem als Zentrum für moderne Kunst. Seit 2002 beherbergt das Gebäude das H2-Zentrum für Gegenwartskunst sowie die Staatsgalerie der Moderne, das Kunstmuseum Walter und die Galerie Noah. (siehe Seite 116)

Geburtshäuser Leopold Mozart und Bertolt Brecht

In den beiden Geburtshäusern der berühmten Söhne der Stadt, Leopold Mozart und Bertolt Brecht, sind heute Museen untergebracht, die deren Leben und Wirken dokumentieren. (siehe Seite 113 und 114)

Staatliches Textil- und Industriemuseum tim

In einer der ersten Fabriken Bayerns dokumentiert das „tim" mit Maschinen, Mustern und einem „Laufsteg der Modegeschichte" die einst europaweite Bedeutung der Industriestadt Augsburg. (siehe Seite 132)

Fugger und Welser Erlebnismuseum

Im Herbst 2014 wurde das neue Museum im aufwendig sanierten Renaissancegebäude eröffnet. In diesem Haus wird der Einfluss erfahrbar, den Augsburgs Patrizier-Familien im frühen 16. Jahrhundert im europäischen und weltweiten Wirtschaftsgeschehen hatten. (siehe Seite 122)

Puppentheatermuseum in der Augsburger Puppenkiste

Seit Oktober 2001 gibt es das Puppentheatermuseum der weltberühmten Augsburger Puppenkiste. Es ist im ersten Stock des Heilig-Geist-Spitals, direkt über dem Theater der Augsburger Puppenkiste, eröffnet worden. (siehe Seite 144)

Römerlager

Aufgrund von Sanierungsarbeiten in der Dominikanerkirche St. Magdalena ist derzeit im Augsburger Zeughaus eine Interimsausstellung zu sehen. In der Toskanischen Säulenhalle sieht man die Sonderpräsentation „Römerlager. Das römische Augsburg in Kisten", in der die Glanzstücke der Sammlungen der Öffentlichkeit zugänglich sind. (siehe Seite 115)

Schwäbisches Handwerkermuseum

Durch den Innenhof hinter der Puppenkiste gelangt man zum Handwerksmuseum. Idyllisch angeschmiegt an die alte Stadtmauer am Roten Tor zeigt das historische Brunnenmeisterhaus alte Werkstätten u. a. von zum Teil ausgestorbenen Berufen. (siehe Seite 130)

Maximilianmuseum

Das Museum dokumentiert die Bedeutung der Reichsstadt Augsburg als europäische Kulturmetropole anhand kunstvollem Handwerk, Skulpturen, wissenschaftlichen Instrumenten, Fayencen, Goldschmiedekunst und Architekturmodellen. (siehe Seite 112)

Wassertürme am Roten Tor

Bis 1879 versorgte das „Obere Werk" am Roten Tor Augsburg mit Trinkwasser. Dieses europaweit einzigartig komplett erhaltene Ensemble besteht aus drei Wassertürmen sowie aus dem Oberen und Unteren Brunnenmeisterhaus. Innenbesichtigung im Rahmen von Führungen möglich: www.augsburg-tourismus.de

Museum Lutherstiege

Einen Überblick über wesentliche Ereignisse und Entwicklungen der Reformationsgeschichte, die in Augsburg bis heute eine wichtige Rolle spielt, erleben Besucher im Museum Lutherstiege. Beim Rundgang durch die historischen Räume erschließen sich in moderner medialer Inszenierung viele thematische Großkapitel der Reformation.

Schaezlerpalais

Das Schaezlerpalais entstand 1770 nach Plänen des Münchener Hofbaumeisters Karl Albert von Lespilliez für einen reichen Bankier und Silberhändler. Berühmt durch seinen Spiegelsaal und die beeindruckenden Zimmerfluchten gilt es als eines der bedeutendsten Gebäude des Rokoko. (siehe Seite 110)

Architekturmuseum in der Buchegger-Villa

In der repräsentativen Villa, dem früheren Wohn- und Geschäftshaus des Architekten Sebastian Buchegger ist das Architekturmusem Schwaben beheimatet. (siehe Seite 134)

Diözesanmuseum St. Afra

Das Museum an der Nordseite des Augsburger Doms beherbergt über 200 Objekte in der Dauerausstellung und veranstaltet regelmäßig Sonderausstellungen. (siehe Seite 118)

Jüdisches Kulturmuseum Augsburg-Schwaben

Die einmalige Gelegenheit mit einem Museumsbesuch den Blick in eine Synagoge zu werfen, genießt der Besucher im Jüdischen Kulturmuseum Augsburg-Schwaben. (siehe Seite 120

Mazda Classic – Automobilmuseum Frey

Bis zu 50 Automodelle des japanischen Herstellers sind in einmaligem Rahmen in Augsburg zu sehen. (siehe Seite 138)

Sparkassen-Planetarium

Im Sparkassen-Planetarium Augsburg reisen die Besucher auf unterhaltsame und informative Weise zu den Planeten, durch die Milchstraße und in die Tiefen des Alls. (siehe Seite 128)

Naturmuseum Augsburg

Zu einer spannenden Expedition in die Naturgeschichte lädt das Naturmuseum der Stadt Augsburg mit zahlreichen Ausstellungsexponaten ein. (siehe Seite 126)

Bahnpark Augsburg

Historische Dampfloks und die Geschichte der Eisenbahn ist in einem der größten Kultur- und Museumsprojekte in Bayern zu sehen. (siehe Seite 136)

Eine Perle des Rokoko

Schaezlerpalais und Staatsgalerie Katharinenkirche

An der Stelle eines alten Patrizierhauses aus dem Spätmittelalter findet sich heute direkt am Herkulesbrunnen in der Maximilianstraße das Schaezlerpalais. Augsburgs bedeutendstes und das am besten erhaltenes private Wohn- und Geschäftshaus aus dem 18. Jahrhundert beherbergt zahlreiche Gemäldesammlungen und Sehenswürdigkeiten. Darunter die Deutsche Barockgalerie, die Karl und Magdalene Haberstock-Stiftung sowie die Grafische Sammlung und den berühmten Rokokofestsaal.

Beeindruckend präsentiert sich der Festsaal mit dem Deckengemälde, das das Herzstück des 1765 bis 1770 errichteten Schaezlerpalais bildet. Ein Großteil der Oberflächen des Raumes ist noch original erhalten, was den Saal zu einem einzigartigen Dokument des süddeutschen Rokoko macht.

In der zweiten Etage des Gebäudes präsentieren die Kunstsammlungen und Museen Augsburgs mehrmals im Jahr Sonderausstellungen zu breit gefächerten Themenbereichen und ein gemütlich eingerichtes Café lädt zu entspannenden Stunden in historischer Umgebung ein. Der Rokokogarten des Schaezlerpalais ist heute ein idealer Ruhepol inmitten der Stadt geworden und bildet eine grandiose Kulisse für Hochzeitsempfänge und Gartenfeste. Die Staatsgalerie Katharinenkirche, die über das Schaezlerpalais erreichbar ist, ist die älteste Filialgalerie der Bayerischen Staatsgmäldesammlun-

Rokokogarten des Schaezlerpalais, © Kunstsammlungen und Museen Augsburg, Foto: Felix Weinol

gen. Gemälde der Augsburger und schwäbischen Schule des Mittelalters und der Frührenaissance sind dort zu finden. Darunter auch viele Werke, die im Auftrag von Patrizierfamilien für Kirchen und Klöster der alten Reichsstadt geschaffen wurden.

Mehr als 40.000 Arbeiten auf Papier und damit eine der wichtigsten Sammlungen zur grafischen Kunst des Barock und des Rokoko bilden die Ausstat-

Schaezlerpalais, Speisezimmer, © Bea Breunig

Rokokofestsaal des Schaezlerpalais, © KAchim Bunz

tung der Grafischen Sammlung. Die direkt neben dem Schaezlerpalais gelegenen Ausstellungsräume des Grafischen Kabinetts im Höhmannhaus fungieren als deren Schaufenster, in dem in wechselnden Ausstellungen die unzähligen Facetten der Zeichen- und Druckkünste, die einst in Augsburg zur Blüte gelangten, gezeigt werden.

**Schaezlerpalais/
Deutsche Barockgalerie**
Maximilianstraße 46
D-86150 Augsburg
Tel. +49 (0)821 32 44 102
kunstsammlungen.stadt@
augsburg.de
www.kunstsammlungen-stadt.
augsburg.de

Herausragende Werke aus reichsstädtischer Zeit
Maximilianmuseum

Im Jahr 2007 mit dem Bayerischen Museumspreis ausgezeichnet, bietet das Stammhaus der Kunstsammlungen und Museen Augsburg eine einzigartige Fülle an herausragenden Werken der Gold- und Silberschmiedekunst vom 16. bis ins 19. Jh. Außerdem finden sich Exponate der Bronzegießerei wie die Originale der Augsburger Prachtbrunnen, die aus der Spätrenaissance stammen.

Wissenschaftliche Instrumente, Uhren und Automaten, historische Modelle und Objekte der Stadtgeschichte sowie Kunstgewerbe runden die Sammlung ab, die Augsburg zu Zeiten präsentiert, als die Stadt noch als die Kunstmetropole Deutschlands galt. Außerdem findet sich eine Vielzahl technischer Modelle, wertvolle Meisterstücke Augsburger Kistler und Zimmerleute. Der bis heute erhaltene Bestand der Modellkammer ist kulturgeschichtlich bedeutend steht auf der Liste des national wertvollen Kulturguts.

Nach dem bayerischen König Maximilian II. benannt, ist das Maximilianmuseum das älteste kommunale Museum Bayerns.

Foto © Karsten Kronas

Sammlung Hofrat Röhrer, Foto © Andreas Brücklmair

Abteilung Stadtgeschichte. Foto © Andreas Brücklmair

Maximilianmuseum
Fuggerplatz 1, D-86150 Augsburg, Tel. +49 (0)821 32 44 102
kunstsammlungen.stadt@ augsburg.de, www.kunstsammlungen-stadt.augsburg.de

Dem Dichter und Dramatiker auf der Spur
Brechthaus

Mitten in der Augsburger Altstadt, im sogenannten Lechviertel, findet sich das Geburtshaus von Bertolt Brecht. Das Gebäude, ein typisches Handwerkerhaus aus dem frühen 18. Jahrhundert, wird an Vorder- und Rückseite von zwei Lechkanälen umflossen. Es ist seit 1985 eine Gedenkstätte. Hier taucht man in das Leben und Werk des Dichters und Dramatikers ein.

Im Obergeschoss des kleinen Hauses kam Eugen Berthold Friedrich Brecht am 10. Februar 1898 zur Welt. Auf den Geburtsort des weltberühmten Dichters, den Schöpfer nicht nur der „Mutter Courage" und der „Dreigroschenoper", weisen die knallrote Brecht-Stele vor dem Eingang und die Gedenktafel an der Fassade hin. Die Ausstellung im Brechthaus zeigt Exponate und Installationen zu Kindheit und Jugend, zum Lebenslauf und zu Werken Bert Brechts: Erstausgaben, ein Bühnenbild von 1949, Lebend- und Totenmasken sowie das Schlafzimmer von Mutter Brecht. Im Erdgeschoss informiert eine Videoinstallation mit Dokumentarfilmen, und die Leselounge lädt mit einer Präsenzbibliothek zum ungestörten Schmökern in Brechts Œuvre ein.

Li. Bild: Fritz Cremer, Bertolt Brecht, 1956, Bronze; re. Bild: Das Schlafzimmer der Mutter Brechts; Bild oben: Die Dreigroschenoper, Erstausgabe 1928/Elisabeth Hauptmann, ca. 1925; Fotos © Felix Weinol

Brechthaus
Auf dem Rain 7, D-86152 Augsburg, Tel. +49 (0) 821 454 08 15
sales@regio-augsburg.de, www.kunstsammlungen-stadt.augsburg.de

Die schwäbischen Wurzeln der Mozartfamilie

Mozarthaus

Die Mozarts sind eine schwäbische Familie, deren berühmtestes Mitglied der Komponist Wolfgang Amadé Mozart werden sollte. Anlässlich des 250. Geburtstags von Leopolds Sohn Wolfgang Amadé Mozart (1756–1791), wurde das Geburtshaus von Leopold Mozart (1719-1787) in der Frauentorstraße zu einem Museum, in dem sich auf drei Etagen die Geschichte der berühmten Musikerfamilie widerspiegelt. Da das Museum zwei Komponisten und Musikern gewidmet ist, wird der Inhalt über einen dreisprachigen Audioguide (deutsch, englisch und japanisch) vermittelt, der auch zahlreiche Musikeinspielungen bietet. Neben der Einführung in die Familiengeschichte entdeckt der Besucher die Entwicklung Leopold Mozarts als Komponist und selbstständiger Unternehmer. Im Mittelpunkt der Präsentation steht seine, für die Musikpädagogik wegweisende „Gründliche Violinschule" von 1756. Im Steinraum befindet sich mit dem originalen Hammerflügel von Johann Andreas Stein (1728–1792) das wertvollste Exponat. Hier finden auch regelmäßig Konzerte statt. In der zweiten Etage sind mehrere Räume den Reisen der Komponisten Leopold und Wolfgang Amadé gewidmet, die für den Sohn sowohl der Bildung als auch der Ausbildung als Komponist sowie der Steigerung des internationalen Ruhms dienten.

Mozarthaus

Frauentorstraße 30, D-86152 Augsburg, Tel. +49 (0) 821 450 79 45
mozarthaus@regio-augsburg.de, www.kunstsammlungen-stadt.augsburg.de

Linkes Bild: Bronzeskulptur im Garten des Mozarthauses: Franz Hämmerle, Leopold Mozart, 2009;
Bild oben: Historische Exemplare von Leopold Mozarts „Versuch einer gründlichen Violinschule, Augsburg";
Rechtes Bild: Steinsaal mit dem originalen Hammerfügel von Johann Andreas Stein (1728–1792)
sowie seinem Porträt (um 1780); Fotos: © Felix Weinold

Auf den Spuren der Römer
Römerlager im Zeughaus

Ausstellungsansichten, Fotos © Kunstsammlungen und Museen Augsburg

In der Toskanischen Säulenhalle im Zeughaus führen die sechs Themen Stadtgründung, Militär, Handel, Verkehr, Götter, Zivilleben und Abschied den Besucher durch das Römische Augsburg. In Sonderbereichen werden Skulpturen aus Privatsammlungen gezeigt, ebenso Gemmen – kleine Schmucksteine mit eingeschnittenen Bildmotiven. Ein Monitor mit Touchscreen lädt dazu ein, sich diese kleinsten Exponate der Ausstellung groß und im Detail anzuschauen.

Neu in Szene gesetzt wurde auch die Tabula Peutingeriana. Die Vorlage für diese Karte entstand im 11./12. Jh. und ist wiederum die einzige erhaltene Abzeichnung eines römischen Originals aus dem 3./4. Jh. Sie zeigt die Ausdehnung des Römischen Reiches mit Straßen, Städten, Völkern, Meeren und Flüssen. Da die Karte für heutige Verständnisse nicht ganz einfach zu lesen ist, wurde sie an einigen wichtigen Stellen mit aufklappbaren Platten versehen, die es dem Besucher erleichtern, die antike Welt zu erkunden. Das Römische Museum und die Stadtarchäologie kümmern sich mit ihren Beständen um den ältesten und längsten Zeitraum der Geschichte Augsburgs. Mit Funden und Ausgrabungsergebnissen von der Steinzeit über die Römerzeit, das Mittelalter bis in die jüngste Gegenwart sind diese Institutionen das entscheidende Sacharchiv zur historischen Erforschung der Stadt. Viele Exponate haben herausragende wissenschaftliche Bedeutung und werden regelmäßig auch an national und international bedeutende Museen und Ausstellungen ausgeliehen.

Eine Auswahl bedeutender Exponate werden derzeit im Zeughaus in der Ausstellung „Römerlager – Das römische Augsburg in Kisten" präsentiert.

Römerlager im Zeughaus
Zeugplatz 4, D-86150 Augsburg, Tel. +49 (0) 821 324 41 31
Tel. +49 (0) 821 324 39 83 (Kasse/Shop), kunstsammlungen.stadt@augsburg.de
www.kunstsammlungen-stadt.augsburg.de

H2

Zentrum für Gegenwartskunst

Im Glaspalast ist Augsburgs städtisches Museum zeitgenössischer Kunst untergebracht. Es ist in einer ehemaligen Baumwollspinnerei im Augsburger Textilviertel, die 1910 von Philipp Jakob Manz erbaut wurde, untergebracht. Nach dreijähriger Planungs- und Realisierungsphase wurde das H2 als Zentrum für Gegenwartskunst im Jahr 2006 eröffnet. Seitdem werden dort im Wechsel Sonderausstellungen und der eigene Bestand an zeitgenössischer Kunst präsentiert. Außerdem finden dort Künstlergespräche statt, werden Konzerte, Tagungen und Gastveranstaltungen abgehalten.

Staatsgalerie
Moderne Kunst im Glaspalast

In der Zweiggalerie der Pinakothek der Moderne, München, stehen sich zwei Generationen deutscher Künstler der Nachkriegszeit mit Hauptwerken aus den Sammlungsbeständen der Pinakothek der Moderne gegenüber. Was sie vereint, ist die Tendenz zur figürlichen Malerei, die weder persönliche noch politische Kommentare ausklammert und damit den Ansätzen der Concept- und Minimal Art der sechziger Jahre begegnet.

Neue Galerie im Höhmannhaus

Ein weiteres Forum für zeitgenössische Kunst in Augsburg liegt direkt neben

Glaspalast, Foto © Clara Diepold

H2, Innenansicht, Foto © Karsten Kronas

dem Schaezlerpalais in einem historischen Gebäude der Maximilianstraße. Das viergeschossige Patrizierhaus aus dem 17. Jh. geht auf den Stadtbaumeister Elias Holl zurück.

Dr. Ruth Höhmann (1915 bis 2004), deren Eltern das Haus 1934 erworben hatten, vermachte das Gebäude den Kunstsammlungen und Museen der Stadt Augsburg. Seit seiner Eröffnung im Jahr 1996 bietet die Neue Galerie im Höhmannhaus Künstlerinnen und Künstlern eine experimentelle Plattform, um aktuelle, zeit- und situationsbezogene Projekte und Werkkomplexe zu präsentieren. Damit bieten sich Einblicke in die künstlerische Entwicklung des jeweils ausstellenden Künstlers, aber auch auf den aktuellen Stand der Augsburger Kunstszene.

H2 – Zentrum für Gegenwartskunst im Glaspalst Staatsgalerie Moderne Kunst

Beim Glaspalast 1
D-86153 Augsburg
Tel. +49 (0)821 32 44 169
www.kunstsammlungen-stadt.
augsburg.de

Neue Galerie im Höhmannshaus

Maximilianstr. 48
86150 Augsburg
Tel. +49 (0)821 32 44 169
www.kunstsammlungen-stadt.
augsburg.de

H2 Innenansicht,
Foto © Kunstsammlungen und Museen Augsburg

Neue Galerie im Höhmannshaus,
Foto © Felix Weinold

Schätze entdecken – Kunst erleben

im Diözesanmuseum St. Afra

Siebzehn Jahrhunderte Augsburger Geschichte und Kunst erleben: Ausgrabungen der Römerzeit, kostbare mittelalterliche Textilien, gotische und barocke Schätze aus Augsburger Kirchen und der Umgebung bis hin zu zeitgenössischen Werken von Augsburger Künstlern laden zur Zeitreise durch das Bistum des heiligen Ulrich ein.

Das Museum an der Nordseite des Augsburger Doms beherbergt über 200 Objekte in der Dauerausstellung und veranstaltet regelmäßig Sonderausstellungen. Ein Erlebnis ist bereits der Museumsbau selbst, der einen modernen Neubau mit Räumen aus den 50er und 60er Jahren sowie dem romanischen Kapitelsaal des alten Domklosters, der spätgotischen Ulrichskapelle und dem Kreuzgang harmonisch vereint.

Abwechslungsreich informiert das Museum über den Augsburger Dom und die Geschichte des Bistums, die stets eng mit der Stadtgeschichte, lokalen Legenden und Traditionen verknüpft war. Hier trifft man auf die Bistumspatrone Ulrich, Afra und Simpert und erfährt mehr über die Lechfeldschlacht oder das Leben zu römischer Zeit in der Provinzhauptstadt Augusta Vindelicorum. Die spannende und wechselvolle Geschichte von Kirche, Konfession und Kunst in der Friedensstadt Augsburg lebt durch die ausgestellten Kunstwerke weiter. Eindrucksvoll wird so die Rolle der Kirche als einer der wichtigsten Auftraggeber und Förderer von Kunst und Kunsthandwerk zwischen Tradition und Innovation vermittelt.

Neben regionalen Highlights werden in der Ausstellung auch Kunstwerke von europäischer Bedeutung präsentiert. Die Ulrichsgewänder aus dem 10. Jahrhundert stehen beispielhaft für seltene mittelalterliche Textilkunst, die einzigartigen Funeralwaffen von Kaiser Karl V. erinnern an die Blüte und Bedeutung der freien Reichsstadt Augsburg als Kultur- und Handelszentrum. Besonders beeindruckend ist zweifellos das monumentale ottonische Bronzeportal des Domes aus dem 11. Jahrhundert, eines der bedeutendsten Kunstdenkmäler des frühen Mittelalters in Deutschland und ein Muss für jeden Besucher. Mit seinem umfangreichen Bestand an wertvollen Augs-

Foto: Siegfried Wameser

118

Foto: Siegfried Wameser

burger Goldschmiedearbeiten nimmt das Museum auch die Funktion einer Domschatzkammer wahr. Das Diözesanmuseum ist auch vom Dom aus über den Kreuzgang zugänglich. Informationen über aktuelle Sonderausstellungen, Führungen und Veranstaltungen sowie Öffnungszeiten an Feiertagen erhält man hier: www.museum-st-afra.de

Öffnungszeiten

Das Museum ist Dienstag bis Samstag von 10 bis 17 Uhr und an Sonn- und Feiertagen von 12 bis 18 Uhr geöffnet.

Diözesanmuseum St. Afra

Kornhausgasse 3-5
D-86152 Augsburg
Tel. +49 821 31 66 88 33
Fax +49 821 31 66 88 39
museum.st.afra@bistum-augsburg.de
www.museum-st-afra.de

Fotos (2): Jürgen Bartenschlager

Mit dem Blick in die Synagoge

Jüdisches Kulturmuseum Augsburg-Schwaben

Ereignisreich ist die Geschichte der jüdischen Gemeinde Augsburg-Schwabens. Sie hat tragische Zeiten der Verfolgung und Vertreibung ebenso gesehen wie glückliche Zeiten der Blüte, in denen sie das Leben der Stadt und des Landes aktiv mitgestaltete.

Bereits im frühen 13. Jh. ist eine jüdische Gemeinschaft erwähnt, deren Geschichte im Jüdischen Kulturmuseum lebendig und anschaulich erzählt wird. Im Westtrakt der eindrucksvollen Augsburger Synagoge wird in der 2006 neu konzipierten Dauerausstellung das Verhältnis von jüdischer Minderheit und christlicher Mehrheit aufgezeigt.

Sie präsentiert die jüdische Geschichte als einen integralen Teil der Augsburger und schwäbischen Vergangenheit vom 13. Jh. bis heute. Interaktive Medien und Hörstationen hauchen der Geschichte Leben ein. Auf die kleinen Museumsbesucher warten einige Kinderstationen.

Den Schwerpunkt der Dauerausstellung bilden Ritual- und Kultgegenstände aus dem 17. bis 20. Jh. Unter anderem präsentiert das Museum mehr als 20 Tora-Schilder als Leitobjekte. Die Exponate überraschen mit erstaunlichen Verflechtungen zwischen der jüdischen und christlichen Kultur. Die Silberarbeiten stammen meist aus jüdischen Gemeinden Schwabens und wurden von bekannten christlichen Goldschmieden der Stadt gefertigt. Die 1917 eingeweihte Augsburger Synagoge gehört zu

den herausragenden Baudenkmälern der Stadt. Der einhundert Jahre alte Monumentalbau zeigt sich als eindrucksvolles Zeugnis deutsch-jüdischer Kultur und ist heute wieder das Zentrum einer aktiven Kultusgemeinde. Als eines der wenigen Jüdischen Museen in Deutschland bietet das Kulturmuseum in Augsburg seinen Besuchern die Gelegenheit, von der Frauenempore der Synagoge einen Blick in den Zentralraum zu werfen. Dieser hat die Form eines byzantinischen Kreuzes mit vier tonnengewölbten Kreuzarmen, über denen sich die 29 Meter hohe Kuppel erhebt. Grüngoldenes Mosaik, aufwändige Maßwerkfenster und üppige Kugellampen tauchen die Synagoge in ein gedämpftes, mystisches Licht.

Im Augsburger Stadtteil Kriegshaber kann ein weiterer Synagogenbau besichtigt werden, den das Jüdische Kulturmuseum seit 2014 als Zweigstelle betreibt. In dem ältesten erhaltenen jüdischen Gotteshaus in Bayerisch-Schwaben begibt sich der Besucher auf eine eindrucksvolle Spurensuche der ereignisreichen Geschichte des Gebäudes und seiner vernichteten Gemeinde.

Jüdisches Kulturmuseum Augsburg-Schwaben

Halderstr. 6-8, D-86150 Augsburg
Tel. +49 (0)821 51 36 58
Fax +49 (0)821 51 36 26
www.jkmas.de
https://www.facebook.com/
juedischeskulturmuseum/

Einzigartig und herzberührend

Erlebnisbesuch in der Fuggerei

Seit fast 500 Jahren leben in der Fuggerei bedürftige Augsburger für einen Gulden Jahresmiete – das sind heute gerade einmal 88 Eurocent. Die älteste Sozialsiedlung der Welt ist nicht nur deshalb ein einzigartiges Ziel für Besucher von überall her. Auch die idyllische Stimmung zieht die Menschen magisch an.

Die Fuggerei ist ein liebenswerter, lebendiger Ort. Bewohner und Besucher begegnen sich in den historischen Gassen, sitzen gemeinsam beim Gebet in der fuggereieigenen Kirche St. Markus oder im Biergarten der Fuggerei. Ein Phänomen: Die besondere Atmosphäre der Fuggerei legt sich wie Balsam auf die Seele – vielleicht ein Ergebnis der jahrhundertealten Sorge für das Wohl der Bewohner. Die „Stadt in der Stadt", wie die Fuggerei auch genannt wird, wurde von Jakob Fugger dem Reichen 1521 als damals äußerst innovative und großzügige Reihenhaussiedlung gestiftet. Die Fuggerei ist ein lebendiges Denkmal, dennoch ist der Komfort in den Wohnungen ganz zeitgemäß. Heute leben um die 150 Menschen in der Siedlung: Senioren und Jüngere, Paare und Singles, Familien und Alleinerziehende.

Spaziergehen in der Fuggerei – Geschichte & Geschichten entdecken

67 Häuser säumen die hübschen Gassen. In jedem Haus gibt es eine Wohnung im Erdgeschoß und eine im Obergeschoß. Kleine, oft reich mit Blumen bepflanzte Gärten gehören zu jedem Haus.

Zu früheren Zeiten bauten die Bewohner dort Lebensmittel an oder hielten Kleintiere. Die Wohnungen wurden auch als Arbeitsstätten genutzt. Verarmte Handwerker und Tagelöhner sollten in ihrem

kostengünstigen Zuhause etwas verdienen können und wieder auf die Beine kommen – das war der Wille Jakob Fuggers.

Hilfe zur Selbsthilfe spielt auch heute noch eine wichtige Rolle in der Fuggerei. Hier zählen Gemeinschaft und Aufmerksamkeit für die Nöte des Einzelnen. Der Pfarrer der Fuggerei lebt auf dem Gelände und hat immer ein offenes Ohr für die Bewohner. Außerdem kümmern sich zwei Sozialarbeiterinnen und die Mitarbeiter in der Verwaltung um kleine und große Sorgen. Gerne wird auch gemeinsam gefeiert wie beispielsweise persönliche Jubeltage oder die Feste im Jahreskreislauf wie Ostern und Weihnachten. Der Glaube gehört für viele Bewohner zum Leben in der Fuggerei dazu – und das nicht nur bei den Gottesdiensten in der Markuskirche. Drei Gebete – ein Vaterunser, ein Ave Maria und ein Glaubensbekenntnis sollen die Bewohner nach dem Willen Jakob Fuggers täglich für den Stifter sprechen. Viele Fuggereibewohner folgen dieser Regel, auch wenn die Einhaltung natürlich nicht kontrolliert wird.

Geborgenheit –
das besondere Fuggerei-Gefühl

Seit Jahrhunderten ist die Fuggerei ein Ort der Geborgenheit inmitten einer unerbittlich fordernden Welt. Die Sicherheit, einfach bleiben zu können – in einer nahezu mietfreien Wohnung und in einer geordneten Umgebung – schenkt den Bewohnern Heimat und festen Boden unter den Füßen.

Dazu sind auch Regeln des Zusammenlebens wichtig. Manche gelten seit Jahrhunderten, wie etwa das Schließen der Tore in der Nacht – als Symbol für ein behütetes Leben. Besucher staunen oft über diese Tradition und über die unzähligen weiteren interessanten Details der Fuggerei. Besonders die einzigartige Atmosphäre wird gerühmt. „Hier möchte ich auch wohnen", ist häufig von Touristen zu hören und zwar ganz unabhängig von Geldbeutel oder Herkunft. Die Fuggerei begeistert aber auch mit historischen und kunsthistorischen Entdeckungen. Sehr empfehlenswert: ein Rundgang durch die kleinen Museen auf dem Gelände. Sie zeigen anschaulich, wie sich die Fuggerei in fünf Jahrhunderten entwickelt hat. Man spürt die Welt Jakob Fuggers und zugleich, wie modern und vorbildlich die Idee einer solchen Sozialsiedlung gerade heute ist. Und wer dem halben Jahrtausend noch paar weitere herrliche Momente hinzufügen will, lässt sich im Restaurant und Biergarten „Die Tafeldecker in der Fuggerei" verwöhnen – bei köstlichen bayerisch-schwäbischen Tapas, frisch und in vielen Varianten.

Fürstlich und Gräflich
Fuggersche Stiftungen
Fuggerei 56
D-86152 Augsburg
Tel. +49 (0)821 31 98 810
Fax +49 (0)821 31 98 81 12
https://www.facebook.com/
fuggeraugsburg/
www.fugger.de

Expedition in die Naturgeschichte

Naturmuseum Augsburg

In der Ludwigstraße mitten in der Fuggerstadt findet man das Naturmuseum, eines der beliebtesten Museen Augsburgs. Geprägt von einer langen Tradition präsentiert es mit einem modernen Konzept auf vier Etagen Sehenswertes aus den Bereichen Geowissenschaften und Biologie. Die Ausstellungen vermitteln den Besuchern auf anschauliche Weise vielfältige Einblicke in die spannende Naturgeschichte der Erde.

Durch eine Gegenüberstellung der heutigen Tier- und Pflanzenwelt mit den Fossilien aus der exotischen Welt des subtropischen Süddeutschlands vor Millionen Jahren bietet die sogenannte Molasse-Ausstellung interessante Einblicke in den erdgeschichtlichen Wandel der Natur. Molasse ist eine bis zu mehrere Hundert Meter mächtige Sedimentablagerung aus dem alpinen Liefergebiet, die den Untergrund eines großen Teils von Süddeutschland bildet. Das Naturmuseum Augsburg hat sich als eines der wenigen deutschen Museen mit seiner wissenschaftlichen

Ausrichtung auf diesen Bereich spezialisiert. Die erdgeschichtliche Zeitreise durch diese Abteilung zeigt, dass in den einst subtropischen Urwäldern Süddeutschlands auch Elefanten und Krokodile lebten. Mit dem Besuch der Videoshow "Molasse", welche mehrmals täglich gezeigt wird, können die gewonnenen Eindrücke vertieft werden.

Weitere Themenbereiche des Museums sind die Abteilungen: "Erdgeschichte" – mit außergewöhnlichen Exponaten zur Entwicklungsgeschichte unseres Planeten; "Mineralogie" – mit faszinierenden Mineralien, Tastob-

jekten und einer Vulkanismus – Video-show; "Ökologie" – mit zahlreichen Dioramen, in denen verschiedenste

Biotope Mitteleuropas detailliert nach-gebildet sind; "Zoologie" – mit ein-drucksvollen Präparaten von Tieren aus aller Welt und nicht zuletzt das attrak-tive "Vivarium" – mit lebenden Tieren in naturgetreu gestalteten Terrarien und Aquarien.

Über die Gestaltung der Ausstellungen hinaus besteht ein wichtiger Teil der Mu-seumsarbeit in der Dokumentation und Bewahrung von Naturobjekten in Form wissenschaftlicher Belegsammlungen. Unterschiedliche Forschungsvorhaben und Ausgrabungen runden das muse-ale Aufgabenspektrum ab. Ziel des Mu-seums ist die Förderung naturwissen-schaftlicher Bildung durch eine an-schauliche und ästhetisch ansprechende Darstellung verschiedener Naturthemen. Die Museumspädagogik bietet u. a. allgemeine und fachspezifische inter-aktive Führungen vor allem für Schul-klassen, aber auch für andere Besu-chergruppen an.

Die Dauerausstellungen des Museums werden durch ständig wechselnde Son-derausstellungen zu Themen aus den Bereichen Naturwissenschaften, Kultur und Kunst ergänzt.

Öffnungszeiten: Di. bis So. von 10 bis 17 Uhr geöffnet. Führungen nach Ver-einbarung. Öffnungszeiten an Feierta-gen siehe Homepage.

Tipp: Nutzen Sie das Kombi-Preis-angebot: Ein Eintrittspreis für zwei Attraktionen im **Naturmuseum & Planetarium – alles in einem Haus!**

Naturmuseum Augsburg
Ludwigstr. 14
D-86152 Augsburg
Tel +49 (0)821 324 6740
Fax +49 (0)821 324 6741
naturmuseum.stadt@augsburg.de
www.augsburg.de/naturmuseum

Reisen durch Raum und Zeit

Sparkassen-Planetarium Augsburg

Ein Besuch im S-Planetarium Augsburg führt den Besucher auf eine faszinierende und erlebnisreiche Reise durch das Universum. 70 bequeme Sessel laden zu einem Blick in den naturgetreuen Himmel mit Mond, Planeten und über 4000 Sternen ein.

Das S-Planetarium, eine Stiftung der Stadtsparkasse Augsburg, vermittelt astronomisches Wissen auf informative und unterhaltsame Art. Über ein hochauflösendes Video-Projektionssystem wird ein realistischer Sternenhimmel simuliert und ebenso wie kosmische Vorgänge über die gesamte Kuppel projiziert. Dadurch werden der Aufbau des Kosmos und die Bewegungen von Planeten, Sternen und Galaxien unmittelbar begreifbar. Durch die 360°-Projektion sitzt der Besucher mitten im Geschehen und – auch ohne 3D-Brille – verschwimmen die Grenzen zwischen Wirklichkeit und virtueller Realität. Bilder, Ton und Information verschmelzen zu einer multimedialen Sinneserfahrung.

Die Besucher reisen zu den Planeten und durch die Milchstraße, vorbei an leuchtenden Gaswolken und explodierenden Sternen. Das breite Spektrum der Shows bietet etwas für alle Altersstufen. Kinder erleben Abenteuer mit „Polaris – dem Weltraum-U-Boot", ergründen das „Geheimnis der „Papierrakete" oder suchen „Ein Sternbild für Flappi". Jugendliche und Erwachsene beobachten spannende Ereignisse in der „Zeitreise – vom Urknall zum Menschen" oder besuchen die „Planeten" in einer „Expedition ins Sonnensystem".

Weltraumhörspiele, Konzerte und Poesie runden das Programm ab.
Bei den Programmen im S-Planetarium bleiben keine Fragen offen. In einem live moderierten Teil, der die Programme ergänzt, wird der aktuelle Sternenhimmel erklärt und auf die Fragen der Besucher eingegangen. Die öffentlichen Vorstellungen sind in einem Spielplan terminiert, der auf der Homepage des Planetariums zu finden ist: www.s-planetarium.de. Als außerschulischer Lernort bietet das Planetarium für Schulklassen und Kindergärten ein nachhaltiges Lernerlebnis durch individuelle und fachspezifische Programme.

Geöffnet: Öffentliche Planetariumsvorstellungen täglich außer Montag nach Spielplan (www.s-planetarium.de), Information/Kasse tägl. 10 bis 17 Uhr (außer Montag) und während der Abendveranstaltungen. Reservierungen und Informationen unter 0821-3 24 67 40.

Sparkassen-Planetarium Augsburg
(im Naturmuseum)
Besuchereingang:
Ludwigstraße 14
D-86152 Augsburg
Info-Tel. +49 (0)821 324 67 40
www.s-planetarium.de

Tipp:
Nutzen Sie das Kombi-Preisangebot: Ein Eintrittspreis für zwei Attraktionen im **Planetarium & Naturmuseum – alles in einem Haus!**

Wahres Kleinod in Augsburgs Altstadt

Schwäbisches Handwerkermuseum

In diesem von der Handwerkskammer für Schwaben unterhaltenen Museum wird in detailgetreu nachgebildeten Werkstätten und handwerklichen Dokumentationen altes Handwerk wieder lebendig. Der tatkräftigen Unterstützung zahlreicher Handwerksbetriebe und dem Engagement vieler Innungen ist es zu verdanken, dass mit dem Schwäbischen Handwerkermuseum ein wahres Kleinod in Augsburgs Altstadt entstehen konnte.

Vom Bader bis zum Schuhmacher, vom Posamentierer bis zum Zimmermann lernt der Besucher Werkzeuge, Brauchtum und nicht zuletzt den Ehrenkodex früherer Handwerkergenerationen kennen. Eingebettet in die Stadtmauer und umgeben von historischen Wassertürmen und dem Heilig-Geist-Spital ist das Schwäbische Handwerkermuseum für den Besucher nicht leicht aufzuspüren. Doch wer den Weg durch den Handwerkerhof beschritten hat und

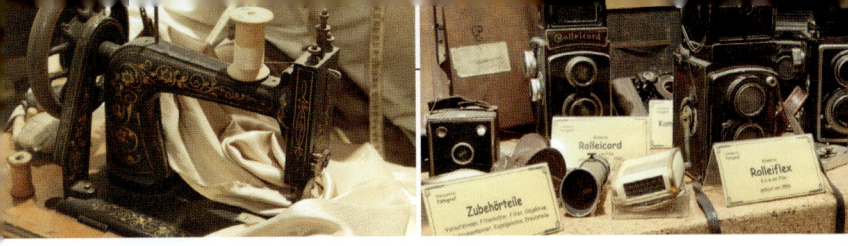

den Blick in das idyllisch gelegene Museumsensemble schweifen lässt, der wird belohnt. Inmitten von reich bepflanzten Grünanlagen lädt das Handwerkermuseum zum Verweilen ein.

Die Dauerausstellung des Handwerkermuseums zeigt historische Werkstätten alter, zum Teil ausgestorbener Handwerke oder wenig bekannter wie Bader, Sattler, Schuhmacher, Uhrmacher, Konditor, Buchbinder oder Posamentierer. Zu sehen sind originale Einrichtungen, Werzeuge, Arbeitsmaterialien etc. Ein eigener Teil des Museums ist den Zünften gewidmet. Hier sind unter anderem Zunftwappen, Zunftsteine oder Zunfttruhen zu sehen. Die Exponate des Museums wurden aus ganz Schwaben zusammengetragen.

Öffnungszeiten

Mo. und Di. von 9 bis 12 und Mo. bis Fr. von 13 bis 17 Uhr geöffnet. An Sonn- und Feiertagen jeweils von 10 bis 17 Uhr geöffnet. Von April bis Sept. jeden 1. Samstag im Monat von 10 bis 17 Uhr geöffnet.

Schwäbisches Handwerkermuseum

Beim Rabenbad 6, D-86150 Augsburg
Tel.: +49(0)821 3259-1207
michael.messer@hwk-schwaben.de

Industriegeschichte erleben mit den vier „M's"

tim – Staatliches Textil- und Industriemuseum Augsburg

Über eine Million Muster, prachtvolle Stoffe, leuchtende Farben und historische Maschinen: Im 2010 eröffneten Staatlichen Textil- und Industriemuseum Augsburg (tim) lässt sich die spannende Geschichte der bayerischen Textilindustrie vom Rohstoff bis zum fertigen Kleidungsstück und vom Handwebstuhl bis zur Hightech-Webmaschine erleben. Das tim ist das erste Landesmuseum in Bayerisch-Schwaben und wurde bereits mit zahlreichen Museums- und Designpreisen ausgezeichnet.

Schon der Standort repräsentiert ein Stück Industriegeschichte: Das tim ist im Kopfbau und in den benachbarten Shedhallen der Augsburger Kammgarnspinnerei untergebracht. 1836 vom Unternehmer Friedrich Merz gegründet, war sie der erste große Industriebetrieb der Stadt und zeitweise die größte Kammgarnspinnerei der Bundesrepublik. Geschichte erleben können die Besucher in der Dauerausstellung anhand der vier „M's": Mensch – Maschine – Muster – Mode. Dabei „begegnen" sie Menschen, deren Leben sich durch

das Industriezeitalter radikal verändert hat: Bankiers und Unternehmern ebenso wie Arbeitern. In den aus den 1950er-Jahren stammenden Shedhallen mit ihrer markanten Dachform rattern historische Webstühle neben modernen High-Tech-Maschinen. An zahlreichen Mit-Mach-Stationen können Besucher selbst aktiv werden und beispielsweise Wolle kämmen, einen Faden spinnen, weben oder drucken. Sehenswert ist zudem die einzigartige Musterbuchsammlung der Neuen Augsburger Kattunfabrik – über 200 Jahre Design und Mode made in Augsburg. Auf einem Laufsteg wird der Wandel der Mode anschaulich gemacht; der Bogen reicht vom Biedermeier- zum Strenesse-Kleid. Das tim richtet den Blick aber nicht nur zurück, sondern zeigt auch zukunftsweisende Weiterentwicklungen in der textilen Welt – von intelligenter Kleidung und künstlichen Muskeln bis hin zu Produkten aus Carbon. Neben der Dauerausstellung werden regelmäßig Sonderausstellungen, Vorführungen, Führungen sowie Workshops für Erwachsene und

Kinder (im E-Book Link zum Veranstaltungskalender einfügen: www.timbayern.de/veranstaltungen/) angeboten. Auch für Kindergeburtstage und exklusive Veranstaltungen mit bis zu 800 Teilnehmern bietet das tim mit seinen verschiedenen Räumen den passenden Rahmen. Im Museumsrestaurant nunó – eine schöne Location für Geburtstagsfeiern und Hochzeiten – gibt es eine umfangreiche Frühstücksauswahl, wechselnde Deli-Menue-Angebote, Snacks und Kuchen, vieles in Bio-Qualität.

Öffnungszeiten tim:
Dienstag bis Sonntag, 9 - 18 Uhr; Montag geschlossen.

Öffnungszeiten nunó:
Dienstag bis Sonntag, 10 - 17 Uhr; Montag geschlossen.
Telefon 0821-5081044
www.nuno-augsburg.de

Staatliches Textil- und Industriemuseum Augsburg (tim)
Provinostr. 46, D-86153 Augsburg
Tel. +49 (0)821 8100150
Fax +49 (0)821 81001531
info@tim.bayern.de
www.timbayern.de

Mitten in der ersten Gartenstadt Deutschlands

Architekturmuseum in der Buchegger-Villa

Fotos: (2) © Sigrun Lenk

Der Augsburger Architekt Sebastian Buchegger plante und baute in den Jahren 1905 bis 1929 im Augsburger Thelottviertel die erste Gartenstadt Deutschlands. Die aus Ein- und Mehrfamilienhäusern mit großzügigen Gärten bestehende Kolonie ist auch heute noch eine beliebte Wohngegend.

In der repräsentativen, denkmalgeschützten Buchegger-Villa, dem früheren Wohn- und Geschäftshaus des Architekten, ist seit 1995 das Architekturmuseum Schwaben beheimatet. Die Außenstelle des Architekturmuseums der Technischen Universität München widmet sich in zahlreichen Aus-

Skulptur von Jason Peters im Garten des Architekturmuseums Schwaben

Foto: © Barbara Wolf

stellungen und in mehr als 30 eigenständigen Publikationen den aktuellen und historischen Themen der Architektur, vorwiegend der Region Bayerisch-Schwabens.

Junge Architekten erhalten hier ein Forum zur Präsentation ihrer Arbeiten und international renommierte Architekten zeigen Bauten und Projekte, die als Anregung und Vorbild dienen sollen. Außerdem engagiert sich das Museum kritisch in aktuellen Diskussionen und avancierte zum Ort der Auseinandersetzung mit Architektur, die auch in der überregionalen Presse Beachtung findet.

Das Architekturmuseum Schwaben beherbergt ein Archiv mit den Nachlässen schwäbischer Architekten sowie mit Architektur verbundener Künstler und Fotografen. Damit sichert es architekturgeschichtlich wertvolle Dokumente. Der umfangreiche Bestand bietet eine Basis für zukünftige Forschungen, Ausstellungen und Publikationen. Das Archiv, dessen Bestände in einer Online-Datenbank erfasst werden, entwickelte sich im Verbund einer Spezialbibliothek zu einer wichtigen Forschungsstätte zur schwäbischen Architekturgeschichte.

Seit 21 Jahren hat sich das Architekturmuseum als fester Bestandteil des kulturellen Lebens etabliert, was sich auch in der Zusammenarbeit mit anderen Augsburger Kultur- und Bildungseinrichtungen zeigt.

Öffnungszeiten:
Während der Ausstellungen ist das Museum von Donnerstag bis Sonntag jeweils von 14 bis 18 Uhr geöffnet.

Architekturmuseum in der Buchegger-Villa

Thelottstr. 11, D-86150 Augsburg
Tel. +49 (0)821 22 81 830
ams@architekturmuseum.de
www.architekturmuseum.de

Eisenbahngeschichte erleben

Bahnpark Augsburg

Zu einem der größten Kultur- und Museumsprojekte in Bayern gehört die Anlage des Bahnpark Augsburg. Auf rund 20.000 m² Fläche ist die Geschichte der Eisenbahn in zwei denkmalgeschützten Gebäuden zu verfolgen.

Authentisch und realitätsnah
Das Museum ist im Aufbau. Es wird saniert und repariert. Doch schon jetzt ist die Faszination der Dampflok-Werkstatt zu spüren. Spannende Fragen rund um die Technik stellen sich: Wie wird aus Feuer und Wasser der Dampf, der für Energie und Bewegung sorgt? Betriebsfähige Dampflokomotiven aus den 1930er-Jahren geben Antworten darauf. In einem Bahnpostwagen aus dem Jahr 1926 erfährt man einiges über die Historie der „Postämter auf Rädern". Einzigartig ist das Projekt „Rundhaus Europa": Historische Botschafter-Lokomotiven aus vielen Ländern des Kontinents erzählen europäische Geschichte. Bereits jetzt haben sich im denkmalgeschützten Rundhaus neun legendäre Lokomotiven versammelt.

In dem ebenfalls denkmalgeschützten Luftschutzbunker auf dem Ausstellungsgelände wird über die Nacht zum 26. Februar 1944 aufgeklärt, als Bomben der Alliierten die Anlagen der Deutschen Reichsbahn und große Teile der Stadt Augsburg zerstörten.

Strahlende Kinderaugen
Kinder freuen sich über die „echte" Dampflok Emma aus der Geschichte von Jim Knopf und Lukas dem Lokomotivführer oder drehen ihre Runden auf der beliebten Mini-Bahn.
Eine große Modellbahnanlage in der „Spurweite G" findet sich im Ambiente der historischen Dampflokhalle, wo 100 Lokomotiven, 380 Wagen und 11 Triebwagen nach dem Vorbild der berühmten Rhätischen Bahn RhB in der Schweiz zu bewundern sind.
Auf einer über 500 m langen Strecke drehen mehrere Züge ihre Runden.

Historische Zugfahrten
An bestimmten Tagen fahren Museumszüge auf der Strecke der Augsburger Localbahn. Im Sommer verkehrt die Ammersee-Dampfbahn zwischen dem Bahnpark Augsburg und Utting am Ammersee. Die Reise führt von der Fuggerstadt Augsburg durch das idyllische obere Paartal und durch das oberbayerische Alpenvorland ans Ufer des Ammersees. In

der Gegenrichtung fahren die Dampf-
züge von Utting, Schondorf und Gelten-
dorf zu den Dampftagen im Bahnpark.
Informationen:
www.ammersee-dampfbahn.de

**Auch für Events
eine erstklassige Empfehlung**

Der Bahnpark Augsburg, in dem Bar,
Restauration oder Lounge zu Kaffee
und Kuchen oder heißen und kalten
Getränken einladen, kann auch für Anlässe aller Art, wie private Feiern oder
Unternehmensevents, genutzt werden,
um mit dem einmaligen Ambiente für
ein unvergessliches Erlebnis zu sorgen.

Bahnpark Augsburg gGmbH

Firnhaberstr. 22c
D-86159 Augsburg
Tel. +49 (0)821 45 04 47 100
Fax +49 (0)821 45 04 47 109
service@bahnpark-augsburg.eu
www.bahnpark-augsburg.eu

Das erste Mazda-Museum in Europa
Mazda Classic - Automobil Museum Frey

Was jahrzehntelange Sammelleiden-
schaft bewirkt, die mit einem legendären Mazda Cosmo in den 1970er
Jahren begann, zeigt sich an diesem
innovativen und bewegenden Muse-
umskonzept.

Der Gersthofener Mazda-
Händler, Walter Frey schuf
mit seinen Söhnen Joachim
und Markus ein Mekka für
die Freunde der Motoren-
schmiede aus dem japa-
nischen Hiroshima. Wer
kennt sie nicht, die Klassiker, die seit 50 Jahren auf
den deutschen Straßen un-
terwegs sind. Den Mazda
326 und 626 oder den MX
5 – Automodelle, die man-
chen seit seiner Jugendzeit
begleiten.

In Augsburg schufen die
Freys einen Ort, der Erinnerungen
aufleben lässt und die Geschichte
der einzigartigen Marke wachhält.
Liebevoll restaurierte Exponate präsentieren in regelmäßigem Wechsel
die Meilensteine des japanischen Au-
tobauers. So ist der Mazda Cosmo
Sport, der heute das Prunkstück der
Ausstellung bildet, ein Fahrzeug, das
Walter Frey 1980 im amerikanischen
New Jersey entdeckte. Auf 120 Maz-
das ist die Ausstellung angewachsen
und stellt heute die weltgrößte Sammlung an Mazda-Serienfahrzeugen dar,

deren Alter bis in die 1930er Jahre
zurückreicht. Bis zu 50 Fahrzeuge
werden ständig präsentiert. Der regelmäßige Wechsel verleiht der Ausstellung Spannung, doch der Mazda Cosmo Sport wird immer zu sehen sein.

**Außergewöhnliche Events –
exklusiv umrahmt.**

Für das Mazda Classic – Automobil
Museum Frey konnte eine herausragende Location gefunden werden.
Das alte Straßenbahndepot am Sen-
kelbach verleiht der Ausstellung
heute den historischen Charme, der
ihm gebührt. Das aus dem Jahr 1897
stammende Gebäude steht unter
Denkmalschutz.

Man restaurierte es behutsam und
heute ist das Automuseum ein beliebter Treffpunkt für Veranstaltungen

geworden. Jedes Event, ob für die private Feier oder die geschäftliche Veranstaltung, finden hier einen außergewöhnlichen Rahmen, der für unvergessliche Stunden sorgt.

Mazda Classic – Automobilmuseum Frey
Wertachstr. 29b, D-86153 Augsburg, Tel. +49 (0)821 42 06 07 30
info@mazda-classic-frey.de, www.mazda-classic-frey.de

Kurzübersicht
Theater in Augsburg

Parktheater

Jean Keller erbaute 1886 das damalige Kurhaustheater im Stil des Historismus. Im heutigen Parktheater stehen Musik, Schauspiel und vieles mehr auf dem Programm. Mit seiner luftigen Glas-Eisen-Architektur ist das Parktheater Europas einzige erhaltene Multifunktions-Bühne der Gründerzeit. Der wunderschöne kleine Park beherbergt in einem Turm das Tycho-Brahe Museum des berühmten dänischen Astronoms, der 1569/70 in Augsburg weilte. (siehe Seite 142)

Sensemble Theater

Augsburgs Bühne für zeitgenössisches Theater spielt vor allem aktuelle Stücke der Gegenwart und verschiedene Formate des Improvisationstheaters. Dazu kommen die monatliche Musikreihe, Literaturveranstaltungen und Festivals.

Augsburger Freilichtbühne

Während der Sommermonate bietet die Freilichtbühne ein besonderes Ambiente vor der mittelalterlichen Bastion am Roten Tor. Hier finden außergewöhnliche Aufführungen statt, die den Besuchern unvergessliche Stunden bereiten.

Freilichtbühne
(Bild Wikipedia CCBY2.0 Mattes)

Augsburger Puppenkiste

Bei einem Aufenthalt in Augsburg sollte man auf keinen Fall einen Besuch der bekannten Augsburger Puppenkiste versäumen. (siehe Seite 144)

Kulturhaus Kresslesmühle

Die Kresslesmühle ist seit Jahrzenten als Kulturhaus, Treffpunkt und Ort der interkulturellen Begegnung bekannt. Per »work in Progress« wird das Haus zur durchlässigen Schnittstelle zwischen städtischer Verwaltung, Kulturszene und Bürger*innen. Ganz gleich ob sie schon lange oder erst seit kurzem hier wohnen. (siehe Seite 146)

Stadtführungen

„Auf den Spuren der Fugger" ist eine Zeitreise durch das goldene Augsburg. Die deutsch- und englischsprachige Führung findet von April bis November täglich statt und dauert etwa zwei Stunden.

Eine außergewöhnliche Besichtigungstour bietet eine „Segway-Führung": Auf den mit Elektromotoren ausgestatteten Rollern wandelt man bequem unter der Anleitung eines Guides auf den Spuren der Fugger und kann so das über 2000 Jahre alte Augsburg erleben.

Weitere Führungsangebote findet man auf der Website der Regio Augsburg Tourismus GmbH unter: www. augsburg-tourismus.de

Parktheater im Kurhaus Göggingen
Erlebnis – Kultur – Genuss in Augsburg

Sakral anmutende Glasfenster, üppige Goldverzierungen und eine prächtige Kuppel, die sich majestätisch über dem Zuschauerraum wölbt: Das Parktheater im Kurhaus Göggingen darf zu Recht als Baujuwel bezeichnet werden. Prunkstück des Kurhaus-Ensembles ist der reich verzierte Theatersaal. Das einzige in Europa erhaltene Multifunktionstheater in einer Glas-Eisen-

Festen zu schaffen. Bis heute ist das Parktheater ein Ort der Begegnung und Unterhaltung. Das Gastspielhaus bietet ein vielfältiges Kulturprogramm mit rund 180 Terminen pro Jahr und kann darüber hinaus für private Feste und Firmen-Veranstaltungen gemietet und als Film- und Fotokulisse genutzt werden.

Konstruktion aus dem 19. Jahrhundert wurde von Merian zu den 200 bedeutendsten Kultur-Highlights Deutschlands gekürt. Erbauer war Friedrich Hessing, der als Pionier der Orthopädie in die Geschichte einging und mit Jean Keller einen berühmten Augsburger Architekten für sein Projekt engagierte. Hessings Ziel war es, einen gesellschaftlichen Treffpunkt für Augsburg und Umgebung mit kulturellen Vorführungen, Tanzveranstaltungen und

Wechselvolle Geschichte
Das Parktheater blickt auf eine lange und wechselvolle Geschichte zurück. 1886 wurde es feierlich mit einer Operette eröffnet, in den 1930er- und 1940er-Jahren hatte die leichte Muse Oberhand: Das Haus wurde für Tanzveranstaltungen und Kino-Aufführungen genutzt. Der 2. Weltkrieg hinterließ hier wie überall Spuren der Verwüstung. 1972 drohte ein Brand das architektonische Schmuckstück zu zer-

Fotos: (2) © Nik Schölzel

stören. Dabei gingen die nachträglich angebrachten Einbauten in Flammen auf, der Kuppelbau wurde freigelegt und rückte wieder ins Bewusstsein. 1973 wurde das Parktheater unter Denkmalschutz gestellt, später umfassend im Stil des Historismus rekonstruiert und 1996 in seiner vollen Pracht wiedereröffnet.

Kunstgenuss und Gaumenschmaus

Heute wird im Parktheater anspruchsvolles Unterhaltungstheater mit bekannten Darstellern geboten. Auf dem Spielplan (E-Book-Link www.parktheater.de/spielplan-nach-monaten) stehen Musik-Events in ganz verschiedenen Stilrichtungen, Festivals, Kleinkunst, Schauspiel, Klassik, Oper und Operette, Multivisions- und andere Live-Shows.
Abgerundet wird der Kunstgenuss durch das gastronomische Angebot. So können an der „Pause Plus-Bar" im Foyer vor Beginn der Vorstellung Speisen und

Getränke für die Pause vorbestellt werden. An der „Aperitivo-Bar" im Jean-Keller-Flügel gibt es ab 90 Minuten vor Veranstaltung warme und kalte Speisen sowie eine große Getränkeauswahl.

Besichtigungen nach telefonischer Anmeldung:
Tel. 0821-9062222

Führungen: Tel. 0821-9062215

Ticketservice Öffnungszeiten:
Werktags 9.00 - 18.00 Uhr
samstags 9.00 - 13.00 Uhr
Abendkasse ab 60 Minuten
vor Veranstaltungsbeginn

**Parktheater
im Kurhaus Göggingen**
Klausenberg 6
D-86199 Augsburg
Tel. 0821-9062211
Fax 0821-9062241
info@parktheater.de
www.parktheater.de

143

Alles unter einem Dach

Augsburger Puppenkiste

Bei einem Aufenthalt in Augsburg sollte man auf keinen Fall einen Besuch der bekannten Augsburger Puppenkiste im denkmalgeschützten Heilig-Geist-Spital in der Spitalgasse 15 versäumen. Hier ist nicht nur das Puppentheater untergebracht, sondern auch das Puppentheatermuseum, ein Fan-Shop und ein Café & Restaurant. Die Puppenkiste ist ein überaus beliebter Treffpunkt für Jung und Alt von nah und fern. Wer kennt nicht die berühmten Figuren aus den bezaubernden Marionettenfilmen „Urmel aus dem Eis" oder „Jim Knopf und Lukas, der Lokomotivführer".

Premiere für die Puppenkiste war der 26. Februar 1948 mit dem Märchen vom gestiefelten Kater. Der Leiter Walter Oehmichen und sein Ensemble zeigten im Lauf der Jahre liebevoll inszenierte Märchen und Opernspiele sowie eigene Stücke für Kinder und Erwachsene. Durch viele Fernsehsendungen wurden die Figuren bundesweit bekannt und beliebt.

Bevor ein neues Stück aufgeführt wird, liegt über ein Jahr Arbeit hinter dem Ensemble. Ein guter Stoff muss gefunden und für das Marionettenspiel adaptiert werden. Anschließend werden sowohl Geschöpfe als auch Bühnenbild von den Puppenbauern phantasiereich erschaffen und angefertigt.

Infos zum Spielplan unter:
http://www.puppenkiste.com/01-theater/03-spielplan/index.shtml

Das Museum der Puppenkiste ist mit 900.000 Besuchern inzwischen das erfolgreichste Puppentheatermuseum Eu-

ropas. Es zeigt auf 650 Quadratmetern alle berühmten Marionetten in ihrer „natürlichen Umgebung". Zu bewundern sind u. a. Kater Mikesch, Urmel, Jim Knopf, Lukas der Lokomotivführer, Kalle Wirsch und viele andere Puppenstars. Bühnenbilder und Kostümzeichnungen sind liebevoll zur Ansicht zwischen den Kisten ausgestellt. Puppenkistenfans können in aller Ruhe die fantasievollen Details studieren und in der Welt der Puppen versinken. Besucher

falls im Foyer können sich die Besucher im Café & Restaurant stärken, für die Kleinen gibt es eine spezielle Puppenkisten-Kinderkarte.

Auch für Feiern wie Kindergeburtstag eignet sich die Puppenkiste. Ein Nebenraum für Gesellschaften bis zu 45 Personen seht zur Verfügung. Das Team des Hauses berät und unterstützt gern in allen Fragen der Gestaltung.

erfahren auch viel Interessantes über die Macher des Marionettentheaters. In zwei kleinen Museumskinos kann man die Fernsehhöhepunkte aus 60 Jahren genießen. Sonderausstellungen, museumspädagogische Workshops und vieles mehr runden das Programm des Museums ab.

Infos zum Programm des Museums mit Sonderausstellungen unter: http://www.puppenkiste.com/02-museum/02-programm/index.shtml

Im Fan-Shop im Foyer kann sich jeder ein Stück Puppenkiste als Andenken mit nach Hause nehmen. Erhältlich ist vieles, was das Sammlerherz höher schlagen lässt: DVDs, Poster, T-Shirts, Marionetten und Plüschfiguren. Eben-

Öffnungszeiten

Museum: Di. bis So. 10 bis 19 Uhr, bei öffentlichen Abendvorstellungen bis 19.30 Uhr. Kassenschluss ist um 18 Uhr.

Fan-Shop: Di. bis So. 10 bis 18 Uhr bei öffentlichen Abendvorstellungen bis 19:30 Uhr.

Café & Restaurant: 11:30 Uhr bis Mitternacht, je nach Veranstaltung

Augsburger Puppenkiste und "die Kiste" – Das Augsburger Puppentheatermuseum

Spitalgasse 15, D-86150 Augsburg
Tel. +49 (0)821 450345 0
info@diekiste.net
www.puppenkiste.com

Inmitten des Augsburger Lechviertels

Kresslesmühle

Bereits im 16. Jh. ist die ehemalige Getreidemühle erwähnt, die die Wasserkraft für ein Handwerkerhaus im Lechviertel Augsburg lieferte. Das denkmalgeschützte, malerische Haus gehört der Stadt.

Bereits in den 1970er Jahren engagierten sich Augsburger Bürger und Bürgerinnen aus dem umliegenden Viertel und gründeten den Verein „Bürgeraktion Lechviertel e.V." Und die Kresslesmühle sollte als zentraler Begegnungsort dienen.

Als Textilstadt warb Augsburg schon in den 1960er Jahren viele Arbeitsmigranten und -migrantinnen an und die Mühle war ein geeigneter Treffpunkt für sie. So eröffnete man dort auch den ersten interkulturellen Kindergarten.

Die Kresslesmühle ist seit Jahrzenten als Kulturhaus, Treffpunkt und Ort der interkulturellen Begegnung bekannt.

Auch wenn sich die Institution aktuell in einem Wandlungsprozess befindet, bleibt sie diesen Eigenschaften treu – vielleicht sogar mehr denn je. Per »work in Progress« wird das Haus zur durchlässigen Schnittstelle zwischen städtischer Verwaltung, Kulturszene und Bürger*innen. Ganz gleich ob sie schon lange oder erst seit kurzem hier wohnen.

Im Zuge dessen entsteht in der Mühle etwas wirklich ganz, ganz Neues: Ein Bildungs- und Beratungszentrum, das zugezogenen Augsburger*innen in den Themen Schule, Ausbildung und Berufseinstieg zur Seite steht. Dank eines beträchtlichen Zuschusses vom Freistaat Bayern können zudem dringend benötigte Sanierungsarbeiten realisiert werden. Mit Aufzug, barrierefreier Toilette und Multifunktionsräumen wird die Mühle dann wirklich für alle zu-

gänglich. Der Umbau startet im Frühjahr 2018. Cafébetrieb und Kulturprogramm laufen aber weiter.

Und natürlich bleibt auch das Programm Vielfältig: ob »Zugvogel Slam«, »Femme Jam«, Theater, Konzerte oder Kabarett: Die Mühle holt Newcomer*innen und Urgesteine gleichermaßen auf die Bühne und ist die Heimat vieler interkultureller Formate: Schwaben trifft auf Bayern und den Rest der Welt. Wir freuen uns auf einen Besuch in der „MÜHLE".

Gastronomie „Dreizehn"

Seit April 2017 weht nun ein lebendiges, junges Lüftchen durch die alten, historischen Mauern. Mit Herz, Verstand und jeder Menge guter Laune wirken und werken die beiden Wirtinnen Tini und Steffi im »Dreizehn« in der Augsburger Kresslesmühle. Täglich von 9.00 bis 22.00 Uhr versorgen sie ihre Gäste mit einer liebevoll zusammengestellten Getränkeauswahl und köstlicher veganer Kochkunst.

Tel. +49 (0)821-29 86 24 21

Kulturhaus Kresslesmühle

Barfüßerstraße 4
D-86150 Augsburg
Tel. +49 (0)821 64401
kresslesmuehle@augsburg.de
www.kresslesmuehle.de

Feste und Feiern – Ein Blick in den Jahreslauf

Das Hohe Friedensfest

Das Augsburger „Hohe Friedensfest" am 8. August ist ein nur in Augsburg staatlich anerkannter Feiertag und ist somit deutschlandweit einzigartig. Das erste Mal wurde dieser Tag nach dem Ende des 30-jährigen Krieges gefeiert. Die Protestanten dankten mit einem Fest für den Rückerhalt ihrer Kirchen, den wieder eingekehrten Frieden und die Gleichstellung der Konfessionen. Heute wird dieses Fest von Katholiken und Protestanten gemeinsam gefeiert und ist gleichzeitig ein Appell für den Frieden zwischen den Völkern und allen Religionen.

Die jährlich stattfindende Friedenstafel auf dem Rathausplatz ist ein Symbol für offene und friedliche Begegnung der gesamten Augsburger Stadtgesellschaft. Dabei teilen Tischnachbarn von zu Hause mitgebrachte Speisen und Getränke aus und lernen sich so gegenseitig kennen. Für Menschen, die sich um Frieden und Toleranz bemühen und einsetzen, wird alle drei Jahre der Augsburger Friedenspreis verliehen.

Mozartfest

Eine perfekte Kulisse liefert Augsburg für faszinierende Klangerlebnisse beim „Mozartfest". Das Fest mit spannungsvollen Gegensätzen zwischen Klassik und Moderne findet jedes Jahr im Mai statt. Alljährlich entsteht hier Neues im Dialog mit Wolfgang Amadeus Mozart und dem Ideenreichtum des Musik-Genies, mit einem Mozart, der bis heute inspiriert, provoziert und seiner Zeit weit voraus war.

Brechtfestival

Brechthaus
(Bild Rudolf Grillmeiel,
Regio Augsburg Tourismus GmbH)

Mit dem „Brechtfestival" ehrt man seit 2010 jährlich um den Geburtstag des Dichters herum, dem 10. Februar, Bertolt Brecht mit mehrtägigen Veranstaltungen wie Theateraufführungen, Lesungen, Konzerten, Vorträgen und Ausstellungen.

Festival der Kulturen

Das „Festival der Kulturen" lädt zwei Tage lang zum Feiern und Verweilen mit hochkarätigen Weltmusikkonzerten in den Annahof ein. Es stehen nationale und internationale Künstler und Künstlerinnen auf der Bühne.

Die lange Kunstnacht

In der „Langen Kunstnacht" im Sommer öffnet Augsburg Museen,

Kirchen, Konzertsäle und Hinterhöfe bis spät in die Nacht, um einen außergewöhnlichen Kunstgenuss zu präsentieren. Mit Konzerten, Theater, Kammermusik, Lesungen, Ballett, Führungen und Ausstellungen wird die Nacht zu einem kulturellen Highlight des Jahres. Akrobaten bringen dann auch noch ein besonderes Flair mit. www.langekunstnacht.de

La Strada

Internationale Straßenkünstler übernehmen am letzten Wochenende im Juli beim „La Strada" für drei Tage die Innenstadt und bieten ein abwechslungsreiches Programm aus Jonglage, Comedy und vielem mehr. Jedes Jahr kommen Tausende gut gelaunte Gäste in die Augsburger Innenstadt und lassen sich in die Welt der Straßenkunst entführen. Dank zahlreicher Sponsoren und Medienpartner ist der Besuch des „La Strada" kostenlos! www.cia-augsburg.de

Internationaler Jazzsommer

Einer der schönsten Süddeutschlands ist der „Internationaler Jazzsommer". Seit über 20 Jahren wird er im Juli/August im Botanischen Garten und in der Augsburger Innenstadt von hochkarätigen Bands veranstaltet. www.augsburger-jazzsommer.de

Konzerte im Fronhof

Ein ganz besonderes Ereignis sind die „Konzerte im Fronhof". Besucher aus nah und fern genießen an lauen Sommerabenden klassische Musik vor der traumhaften Kulisse der ehemaligen bischöflichen Residenz, heute Regierungssitz Schwabens. www.konzerte-im-fronhof.de

Viermetzhof im Maximilianmuseum
(Bild Stadt Augsburg)

Märkte

Augsburger Dult

Bei der „Augsburger Dult" ist pures Freiluft-Shoppen auf einer einen Kilometer langen Budenstraße zwischen Jakobertor und Vogeltor angesagt. Seit über 1000 Jahren gibt es die Dult schon, die im Stadtrecht erstmals im Jahr 1276 erwähnt ist. Jeweils für 14 Tage lädt die Jakobervorstadt um Ostern herum und für 10 Tage Ende September zum Bummeln unter freiem Himmel ein.

Augsburger Plärrer

Über zwei Wochen im Frühjahr und im Spätsommer findet der „Plärrer" – das größte Volksfest in Bayerisch-Schwaben – statt. Er hat sich zu einem Magnet für über eine Million Besucher entwickelt. Zu den Highlights gehören die traditionellen Freitags-Feuerwerke und der Plärrer-Umzug. Rund 85 Schausteller und Gastwirte sorgen zwei Mal jährlich für Gaudi und Genuss.

Der Stadtmarkt

Der „Stadtmarkt" in der Fuggerstraße ist der Treffpunkt für Genießer und Feinschmecker. Über 100 Händler bieten hier alles an, was das Herz begehrt: Frische Lebensmittel, regionale Produkte, internationale Spezialitäten und etliches mehr gehört in jede Einkaufstasche. Mittags werden die Marktstände zur Schlemmermeile mit frisch zubereiteten Köstlichkeiten. Welcher Gourmet kann da schon Nein sagen? Der Markt ist ganzjährig täglich außer Sonntag geöffnet.

Der Christkindlesmarkt

Der „Christkindles Markt" findet von Ende November bis Heiligabend statt. Dieser traditionelle Weihnachtsmarkt zählt mit seiner idyllischen Lage auf dem Rathaus- und Martin-Luther-Platz sowie der Philippine-Welser-Straße und Maximilianstraße zu einem der schönsten Märkte in Deutschland. Jährlich genießen über eine Million Besucher das einmalige Ambiente. Zu den Höhepunkten zählen neben der Eröffnungsfeier das Engelesspiel, nach dem Vorbild von Hans Holbeins berühmten Altarengeln, auf dem Balkon des Rathauses. Erst-

mals urkundlich erwähnt wurde der Weihnachtsmarkt 1498. Das einmalige Ambiente verzaubert die Besucher jedes Jahr aufs Neue.

Kulinarische Köstlichkeiten der Region

Zwetschgendatschi

„Datschiburger" hört man hin und wieder, wenn von einem Augsburger gesprochen wird. Der spöttisch so genannte Stadtbewohner nimmt es gelassen, geht doch der Ursprung des Namens auf den bekannten „Zwetschgendatschi" - einen bei den Augsburgern sehr beliebten leckeren Blechkuchen mit halbierten Zwetschgen – zurück.

Schupfnudeln mit Kraut und Kässpatzen

Der Besucher sollte auch die „Schupfnudeln" probieren. Das sind fingerdicke Nudeln, die aus einem Teig aus Weizenmehl, Kartoffeln und Ei hergestellt werden. Angerichtet mit Sauerkraut und gerösteten Speckwürfeln sind sie eine regionale Spezialität, die der Feinschmecker auf jeden Fall kosten sollte. Nicht zu vergessen sind die „Kässpatzen" - ein Nudelteig, der im kochenden Wasser sieden darf und mit einem kräftigen Bergkäse und gerösteten Zwiebeln serviert wird.

Christkindlesmarkt
(Bild Wolfgang B. Kleiner, Regio Augsburg Tourismus GmbH)

Freizeit und Sport

Fußballstadion

WWK Arena: Direkt an der Bundesstraße B 17 liegt das neue Augsburger Fußballstadion, das insgesamt 30.660 Sitz- und Stehplätze hat und das erste klimaneutrale Fußballstadion der Welt ist.

Freibad am Plärrer

Im Sommer lädt das „Freibad am Plärrer" zu einem erfrischenden Bad. Das Familienbad ist auch bei kühler Witterung geöffnet, da die Hauptbecken beheizt sind. Ein 50-Meter-Becken, ein Planschbereich und ein Strömungskanal mit Rutschanlage bringen Badespaß pur. Es existiert bereits seit 1826 und war ursprünglich eine Militärschwimmschule. Vier Jahre lang, von 2006 bis 2010, hat die Stadt das Bad saniert und die Wasseraufbereitung auf den neuesten Stand gebracht.

Bärenkellerbad

Das „Bärenkellerbad" wurde 1976 gebaut und bietet Badespaß auf 2,5 Hektar. Seit 1999 werden die Schwimmbecken solarbeheizt. Es bietet großflächige Liegewiesen, ein 50 Meter langes Schwimmbecken, zwei Nichtschwimmerbecken und zwei 60 Meter lange Rutschen. Für die kleinen Gäste stehen ein Planschbecken mit Sonnenschutz und ein Kinderspielplatz zur Verfügung. Für die Großen bietet die Liegewiese mit Tischtennis, Basketball, Volleyball oder Fußballspiel für kurzweiligen

WWK Arena
(Bild FC Augsburg

Zeitvertreib. Für das leibliche Wohl sorgt ein Terrassenkiosk mit leckeren Kleinigkeiten.

Fribbe

Das „Fribbe", was bereits 1893 als reine Badeanstalt für Männer eröffnet wurde, präsentiert sich heute als ein familienfreundliches Freibad, das mit Wasserpilz, Kleinkinderrutsche und Wasserspielgeräten auch für Kleinkinder bestens geeignet ist. Es bietet an heißen Sommertagen ein besonderes Badeerlebnis: Sich treiben lassen oder im 300 Meter langen Lechkanal mit Wasserfall gegen den Strom schwimmen.

Freibad Lechhausen

Im „Freibad Lechhausen" können die Gäste seit 1988 kostenlos baden und planschen. Das Bad geht zurück auf ein Flussbad aus den 1930er Jahren. Das Schwimmbecken ist unbeheizt, es gibt aber Umkleidekabinen sowie einen kleinen Kiosk mit Tischen und Bänken.

Naturfreibäder

Offiziell gehört der 10.000 Quadratmeter große See mit dem „Naturfreibad Haunstetten" zu den EU-Badegewässern. Die Wasserqualität wird im Rhythmus von vier Wochen überprüft. Großflächige Liegewiesen, ein Beachvolleyball-Feld sowie ein Kiosk tragen maßgeblich zur Erholung an heißen Sommertagen bei. Der See wurde im Sommer 1960 als Naturfreibad eröffnet.

Neben den genannten sorgen noch weitere Bäder mit guter Wasserqua-

lität für Abwechslung: Der Kuhsee, der Autobahnsee, der Bergheimer Baggersee sowie der Ilsesee. An allen Seen sorgt die Bayerische Wasserwacht für die Sicherheit der Gäste.

Hallenschwimmbäder

Ein erfrischendes Bad lässt sich während des gesamten Jahres in einem der vier Augsburger Hallenbäder nehmen. Das „Alte Stadtbad" versprüht Charme und Geschichte. Wer hier baden geht, fühlt sich ins vorige Jahrhundert zurückversetzt . Es gilt als zweitältestes Hallenbad Bayerns und wurde 1903 offiziell eröffnet. Nach sechs Jahren umfassender Sanierung wurde es 1996 wiedereröffnet. Nun ist im über 28° C warmen Wasser oder im Saunabereich mit irischrömischem Dampfbad Entspannung angesagt. Ein Café-Bistro mit etwa 30 Plätzen bietet Köstlichkeiten für den kleinen Hunger und Durst an.

Auch die Hallenbäder in Göggingen und Haunstetten laden zum Baden ein: In Göggingen ist derjenige gut aufgehoben, der es gerne sportlich mag, da ihm hier ein 25 Meter langes Schwimmbecken mit Sprunganlage zur Verfügung steht . In Haunstetten gibt es neben Schwimmkursen auch Wassergymnastik und Kindernachmittage.

Die frühe Öffnungszeit des „Spickelbades" um 6.30 Uhr macht das Bad bei den Frühaufstehern unter den Sportlern sehr beliebt. Die angebotene Wassergymnastik rundet das Angebot ab.

*Eiskanal
(Bild Rudolf Grillhiesl,
Regio Augsburg Tourismus GmbH)*

Kunsteisstadion

Das Curt-Frenzel-Stadion wurde im Jahr 2013 umfassend erneuert. Das bekannte Eishockey Team des Clubs Augsburger Panther ist hier zu Hause. Wenn nicht trainiert oder gespielt wird, darf man hier Schlittschuh laufen.

Botanischer Garten

Direkt neben dem Zoo liegt der Botanische Garten. Der Besuch ist während der vier Jahreszeiten ein Erlebnis. Über 3000 verschiedene Pflanzenarten blühen und grünen rund um das Jahr in verschiedenen Themengärten – Römer-, Bauern-, Apotheken- und Wassergarten – jeder findet irgendwo seine Ruheoase oder seinen Lieblingsplatz. Allein der japanische Garten verspricht dem Besucher Ruhe und Einklang mit sich selbst. Die Flora aus

Steppe, Savanne und Tropen wird zum Leben erweckt. Von Februar bis März sind tropische Schmetterlinge zu bewundern und zahlreiche Ausstellungen und Veranstaltungen locken viele Tausend Besucher an.

Parks in Augsburg

Grüne Ruheoasen findet man im Stadtgebiet von Augsburg zuhauf. Parkanlagen wie der „Wittelsbacher Park" bieten direkt an der Wertach gelegen auf 18 Hektar Erholung im Grünen. Seit 1957 bestehen dort ein japanischer Steingarten und ein original bayerischer Biergarten.

Der historische „Kurhauspark"in Göggingen präsentiert sich als eine Kombination französischen Barockgartens und englischen Landschaftsparks. Die Kombination macht diesen Park so einzigartig. Hier finden wechselnde Ausstellungen statt.

Hofgarten

Zu den Lieblingsorten der Augsburger gehört der „Hofgarten" in der Altstadt. Seit 1965 darf sich jeder im Hofgarten verzaubern lassen – inmitten von Gartenkünsten, die an Barock und Rokoko erinnern. Die Idylle mit steinernen Barockzwergen, Seerosenteich und vielfältiger Pflanzenpracht macht den Garten so beliebt. In einer Ecke lädt ein Bücherschrank zum Schmökern ein.

Golfspielen

Auch Golfer kommen in Augsburg auf ihre Kosten. Neben dem „Bavarian Hills Golf Club" in Leitershofen mit einem 9-Loch-Platz, von dem man einen herrlichen Blick auf die Stadt genießen kann, hat der Golfclub Augsburg in Bobingen-Burgwalden, inmitten des Naturparks Augsburg Westliche Wälder, seinen 18-Loch-Golfplatz, der zu den Top-50-Golfplätzen in Deutschland gehört.

Der Eiskanal

Für Kanusportler ist Augsburg die weltweit bekannteste Stadt für den Kanusport. Der Bau des „Eiskanals", die künstliche Wildwasser-Sportanlage, geht auf das Jahr 1972 zurück. Eigens für die Olympischen Sommerspiele wurde der Kanal für den Wildwassersport konzipiert. Diese „Mutter aller künstlichen Kanuslalomstrecken" ist noch heute Vorbild und Ideenlieferant für die in aller Welt gebauten Parcours. Heute finden in dem 20.000 Zuschauer fassenden Stadion Welt- und Europameisterschaften, Weltcups und viele Großveranstaltungen des internationalen Kanusports statt.

Augsburger Wasserweg

Im Wasserwerk am Lochbach wurde der Erlebnisspaziergang „Vom Himmel ins Trinkwasserglas" angelegt. 15 Stationen informieren rund um das Thema Trinkwasser und moderne Trinkwasserversorgung der Stadtwerke Augsburg.

Kletterhalle

Inmitten des Augsburger Naherholungsgebietes Siebenbrunn unterhält der Deutsche Alpenverein in der Ilsungstraße eine Kletterhalle. Der Standort Augsburg ist vom Freistaat als Landesleistungszentrum für Sport- und Wettkampfklettern anerkannt. Bis 2018 wird die bestehende Kletterhalle an der Sportanlage Süd umfangreich erweitert und zum Landesleistungszentrum Sport- und Wettkampfklettern aufgewertet.

Kahnfahrt am Oblatterwall
(Bild Christine Pemsl, Regio Augsburg Tourismus GmbH)

Wassertürme bei Nacht
(Bild Felix Hartmann, Regio Augsburg Tourismus GmbH)

Wandern

Für Radler, Jogger und Wanderer sind die kilometerlangen Flussufer von Lech und Wertach ein Eldorado. Grünflächen und Kiesbänke laden zum Verweilen ein und an vielen Stellen ist das Baden erlaubt. Auch öffentliche Grillplätze für laue Sommerabende sind vorhanden.

Der Schwäbisch-Allgäuer Wanderweg ist ein Weitwanderweg, der von Augsburg nach Sonthofen führt. Startpunkt ist in Stadtbergen-Leitershofen oder am Schloss Wellenburg, von wo aus man über Burgwalden zunächst den Naturpark Augsburg-Westliche Wälder durchquert, um dann in Nord-Süd-Richtung den Regierungsbezirk Schwaben bis Sonthofen zu durchwandern.

Der Augsburger Jakobsweg beginnt an der Pfarrkirche St. Jakob in Oettingen.

Über die Jakobskirche in Augsburg läuft die Pilgerroute Richtung Süden. Kurz hinter Augsburg entscheidet der Wanderer sich für die Ostroute über Bad Wörishofen (110 km) oder für die Westroute über Memmingen (120 km). Zielpunkt ist Ermengerst (westlich von Kempten) im Oberallgäu, wo der Augsburger Jakobsweg in den Münchner Jakobsweg mündet.

Radfahren

Rund ein Fünftel des Stadtgebietes Augsburgs besteht aus Wald – die Reviere Siebenbrunn und Haunstetten liegen innerhalb der Stadtgrenzen und umfassen den Siebentisch- und Haunstetter Wald am Lech sowie den Gögginger und Inninger Wald an der Wertach. Fast die gesamte Fläche ist als Naturschutzgebiet ausgewiesen. Der „Augsburger Stadtwald" gehört zu den letzten naturnahen Landschaften des Lechs. Ein Netz aus Rad- und

Wanderwegen und verschiedene Joggingstrecken sorgen für Erholung in Stadtnähe.

Der „Naturpark Westliche Wälder" umfasst neben dem Landkreis Augsburg auch die Landkreise Unterallgäu, Günzburg, Dillingen an der Donau sowie Donauwörth. Im Norden grenzt die Donau, im Osten die Flüsse Wertach und Schmutter, im Westen die Mindel sowie im Südwesten die Flossach den Naturpark ein. Die Auszeichnung zum Naturpark erhielt die Region bereits im Jahr 1988. Damit zählt das Gebiet zu den schönsten und wertvollsten Landschaften in Deutschland. Es gilt als Garant für saubere Luft und reines Wasser, als Lebensraum seltener Tier- und Pflanzenarten und als Erholungsgebiet für über 500.000 Menschen aus der Region. Über 2.000 Kilometer markierte Rad- und Wanderwege erschließen die westlichen Wälder. Wald wechselt sich ab mit Bachläufen, Dörfern und weitläufigen Wiesen.

Wasserrad beim Vogeltor
(Bild Friedrich Stettmayer, Regio Augsburg Tourismus GmbH

Winterland

Ein besonderes winterliches Freilufterlebnis ist das „Winterland". Von etwa Mitte November bis Ende Dezember kann man vor der City Galerie auf dem Willy-Brandt-Platz unter freiem Himmel Schlittschuhlaufen. Gerade richtig in der kalten Jahreszeit werden verschiedene Glühweinvariationen in der charmanten Altholzhütt'n serviert.

Skilanglauf

Für Langlauffans gibt es in und um Augsburg einige gepflegte Loipen: Für ausdauernde Langläufer ist die 20-km-Loipe auf dem Lechdamm eine Herausforderung. Vom Hochablass am Eiskanal läuft die Loipe bis zur Staustufe 23 bei Königsbrunn und zurück. Mit steilen Anstiegen und schnellen Abfahrten erfreut die Loipe am Golfplatz Burgwalden bei Bobingen den geübten Sportler, der sich auf sechs Kilometer auspowern kann.

Fünf Kilometer und mit sanften Hügeln versehen ist die Loipe in Stadtbergen/Deuringen. Mit einer wundervollen Aussicht auf die Stadt führt die Loipe auf fünf Kilometer Länge an einem sonnigen Südhang entlang.

Rodeln

Rodeln in der Stadt: Der Sandberg am Bismarckturm zwischen Stadtbergen und Steppach ist bei Kindern sehr beliebt und der Rosenauberg beim alten Stadion des FC Augsburg bietet am Rande des Wittelsbacher Parks auf einem lang gestreckten Hang einen Höhenunterschied von 15 Metern.

Augsburger Dom im Winter
(Bild Friedrich Stettmayer, Regio Augsburg Tourismus GmbH)

Erholung im Tierpark

Zoo Augsburg

Der Augsburger Zoo liegt nahe am Stadtzentrum am Siebentischwald. Die beschauliche Parkanlage mit altem Baumbestand und zahlreichen Teichen lädt zur Erholung ein.

Die wichtigste Anlage im Zoo ist das große Afrika-Panorama mit Giraffen, Zebras, Strauße, Breitmaulnashörner und Antilopen. Auch das Katta-Land, die erste für Besucher begehbare Affenanlage Bayerns, zieht viele Schaulustige an. Beim Betreten des Reptilienhauses können die Besucher die exotische Welt der Warane, Echsen, Pythons und weiterer Reptilien entdecken. In der begehbaren Vogelvoliere sind Vögel aus Europa und Asien zu bestaunen. Ein Highlight beim Zoobesuch sind die Fütterungen von Seehunden und Pelikanen. Der große Abenteuerspielplatz mit Haustierrassen und Zoobähnle zieht die kleinen Besucher an.

Öffnungszeiten:

März, Oktober:	9-17 Uhr
April, Mai, September:	9-18 Uhr
Juni bis August:	9-18:30 Uhr
November bis Februar:	9-16:30 Uhr

Zoologischer Garten Augsburg GmbH

Brehmplatz 1, D-86161 Augsburg
Tel. +49 (0)821 567149 0
Fax +49 (0)821 567149 13
info@zoo-augsburg.de
www.zoo-augsburg.de

Naturidyll für Jedermann

Botanischer Garten Augsburg

Wer durch die Eingangspforte geht, taucht in eine ganz besondere Welt ein: Über 3.000 heimische und exotische Pflanzenarten wachsen und gedeihen im Botanischen Garten – von der Rose über den Farn bis hin zur Bananenstaude.

1936 eröffnete die Stadt Augsburg ihren Lehr- und Schulgarten am Rande des Siebentischwaldes auf 1,7 Hektar Fläche. Im Laufe der Jahre entwickelte sich das Areal zu einem weitläufigen Naturidyll für Jedermann. Für die Landesgartenschau 1985 wurde die Fläche auf 10 Hektar erweitert. Hochwertige Themengärten, naturnahe Spazierwege, lauschige Plätze, eine große Wiese und ein Spielplatz machen den Besuch zu einem Natur- und Freizeiterlebnis für die ganze Familie.

Besondere Themengärten

Senkgarten: Seine Lage macht ihn zu einem besonders warmen Gartenbereich, bestens geeignet für Kübelpflanzen aus wärmeren Gegenden. In rechteckigen Sortimentsbeeten blühen im Frühling Tulpen, später Sommerblumen in leuchtenden Farben.

Historischer Pavillon: Nach Plänen des bekannten Augsburger Architekten Karl Albert Gollwitzer wurden im Stil der Neo-Renaissance 1869 zwei hölzerne Gartenpavillons für Direktoren der Augsburger Kammgarnspinnerei errichtet. Der noch erhaltene Pavillon fand im Botanischen Garten eine neue Heimat.

Pflanzenwelt unter Glas: Mit ihrem feuchtwarmen Klima ist sie der ideale Lebensraum für tropische Nutzpflanzen wie Kaffee, Kakao, Banane und Co. Der Bereich rund um das achteckige Victoria-Regia-Becken wird jedes Jahr im Frühling von tropischen Schmetterlingen bevölkert.

Im trockenen und heißen Eingangsbereich finden die Floren der Wüste und Savanne einen idealen Lebensraum.

Japanischer Garten: Der Japanische Garten ist als Teichgarten mit einem

fließenden Wasserlauf gestaltet. Er ist eine besondere Oase der Ruhe und gehört zu den schönsten Gartenschöpfungen außerhalb Japans.

Rosengarten mit Pavillon: Rund 250 Rosensorten und -arten haben zusammen mit ihren Pflanzpartnern rund um den Rosenpavillon Platz gefunden und dienen in den Sommermonaten als Kulisse für Konzerte.

Gartenvielfalt

Das Zusammenspiel zwischen Blumen und Gemüse im Bauerngarten und im Ökogarten regt zum Schauen und Nachmachen ein. Der Apothekergarten gibt Einblick in die Heilkraft der Pflanzen. Die außergewöhnliche Atmosphäre des Botanischen Gartens bietet einen besonderen Rahmen für Feste, Musikveranstaltungen und Beleuchtungsabende, bei denen der Garten bis 24 Uhr geöffnet bleibt. Das Programm: www.augsburg.de/botanischergarten

Öffnungszeiten

Winter: 9 Uhr bis 17 Uhr geöffnet,
Sommer: 9 Uhr bis 21 Uhr geöffnet.
Informationen zu Öffnungszeiten, Eintrittspreisen, Veranstaltungen und Führungen unter:
www.augsburg.de/botanischergarten
oder Telefon 08 21 3 24-60 38

Anreise

Bus: Linie 32 vom Hauptbahnhof oder Königsplatz bis zur Haltestelle Zoo/Botanischer Garten (für Rollstuhlfahrer geeignet).
Auto: Besucherparkplätze befinden sich im Eingangsbereich.

Botanischer Garten
86161 Augsburg
Dr.-Ziegenspeck-Weg 10
Tel. 08 21 3 24-60 38 (Kasse)
E-Mail: agnf@augsburg.de
www.augsburg.de/botanischergarten
www.facebook.de/botanischergartenaugsburg

Fahr mit!

Ballonfahrten Augsburg

„Die Ballonfahrt war ein unbeschreibliches Erlebnis. Die Landschaft, die Felder und Ortschaften von oben zu sehen, die Menschen, klein wie Zwerge … Wie wir über Augsburg schwebten, während die Sonne strahlte und wir die klare Aussicht genießen konnten ...“ So oder so ähnlich äußern sich die Fahrgäste des Luftfahrtunternehmens Ballonfahrten Augsburg in den sozialen Netzwerken.

Schon im 18. Jahrhundert war Augsburg ein beliebter Ort für Ballonstarts. Nicht umsonst beherbergt Gersthofen eines der wenigen Ballonmuseen der Welt.

Beim Unternehmen Ballonfahrten Augsburg begibt sich der Fahrgast in gute Hände: Mit erfahrenen Ballonpiloten, die schon über viele Jahre Fahrpraxis verfügen und sich in ihrem Metier auskennen, erkunden die Gäste die Stadt Augsburg und das Umland aus der Vogelperspektive. Die Ballonfahrer lieben Ballonfahren und betreiben das Unternehmen mit viel Leidenschaft. Das merkt man an allen Ecken und Kanten: „Mit dem schönen Augsburg-Ballon haben wir uns etliche Gedanken gemacht, um Augsburg ein fahrendes Denkmal zu setzen!“, so der Gründer Nils Römeling.

Die Hauptsaison findet in der Zeit von April bis Oktober rund um Augsburg statt, von Januar bis März startet man im Allgäu. Verschiedene Startplätze rund um Augsburg stehen zur Verfügung, so dass man je nach Windrichtung auch tatsächlich über Augsburg

fährt. Die Ballonfahrt dauert zwischen 60 und 90 Minuten, mit Auf-und Ab-bau, einer Sicherheitseinweisung und dem Umtrunk nach der Ballonfahrt ist man gute vier Stunden unterwegs. Im Korb sind vier bis sechs Personen mit an Bord – „wir achten auf kleine Runden!", so Nils Römeling. Damit sei versichert, dass die Touren etwas ganz besonderes bleiben und nicht zur Massenveranstaltung wird.

Ballonfahrten Augsburg

(genehmigtes Luftfahrt-
unternehmen BY 307)

Nils Römeling
Julius-Spokojny-Weg 2
D-86153 Augsburg
Tel. +49 (0)821 44 95 55 02
www.A-Ballon.de

Besonderes und Einzigartiges

Im Norden der Stadt, im Stadtteil Oberhausen, findet man ein einzigartiges Industriedenkmal. Wie eine schwarze Tonne ragt der 84 Meter hohe Kessel des Gaswerkes in den Himmel. Das im Jahr 1915 erbaute Werk wurde 2001 stillgelegt. Heute kann das Gaswerk besichtigt werden. Im Inneren des Kessels schlägt ein Foucaultsches Pendel. Informationen zu Öffnungszeiten, Führungen und Veranstaltungen finden man unter www.gaswerk-augsburg.de

Orts- und Infrastruktur

Durch seine günstige Lage mit Wasserantriebs-Möglichkeit konnte sich Augsburg im 19. Jh. zu einem der bedeutendsten Industriestandorte des Kontinents entwickeln und wurde eine Welthauptstadt der Textilindustrie, wobei die Unternehmen dieser Sparte inzwischen fast vollständig aus dem Stadtbild verschwunden sind. Heute prägen Firmen wie der Fahrzeug- und Maschinenbaukonzern MAN, der Druckmaschinenhersteller Manroland sowie der Getriebeproduzent Renk, KUKA Robotertechnik, Aerospace und Siemens, um nur einige zu nennen, die Stadt. Daneben finden sich Firmen mit weltweit bekannten Marken: Amann-Nähgarne, die Unternehmensgruppe Freudenberg, die Vileda-Haushaltsprodukte herstellt, oder die Kosmetikfirma Grandel, die mit ihren Präparaten international bekannt ist.

Für vorwiegend regionale Märkte brauen die Privatbrauereien, deren Gründungsjahre zum Teil in das frühe 15. Jh. gehen, in alter Tradition: Hasen Bräu, Thorbräu oder das Brauhaus Riegele. Das erste urkundlich belegte Reinheitsgebot für Bier wurde bereits 1156 in Augsburg erlassen.

Die vor allem durch die Fugger und Welser entstandene Bedeutung im Finanzwesen spiegelt sich auch in den noch heute tätigen Kreditinstituten wie der Fürst Fugger Privatbank, die sich im Jahr 1486 gegründet sieht. Daneben sind auch noch die Augsburger Aktienbank und die Augusta Bankhäuser, die sich aufgrund der Finanzkraft der Stadt zu leistungsstarken Partnern der Wirtschaft entwickeln konnten.

Verkehrswege

Straßenverkehrsmäßig liegt Augsburg günstig an der Autobahn A8 zwischen Stuttgart und München. Die Bundesstraßen 2 und 17 verbinden Augsburg mit Garmisch-Partenkirchen und Füssen im Süden und mit Nürnberg im Norden.

Vom Hauptbahnhof der Stadt sind ICE- und IC-Verbindungen in viele deutsche und europäische Metropolen gut erreichbar. U.a. liegt Augsburg an der Bahnmagistrale Paris-Bratislava-Budapest. Im öffentlichen Personennahverkehr steht neben zahlreichen Buslinien auch ein über 40 km langes Straßenbahnnetz zur Verfügung, das für beste Verbindungen innerhalb der Stadt sorgt.

Messen, Tagungen und Kongresse

Augsburg, die drittgrößte Stadt Bayerns bietet eine Vielzahl von Tagungsmöglichkeiten. Die Auswahl reicht von den maßgeschneiderten Möglichkeiten der Messe Augsburg über das breite Spektrum an Kongresszentren und Stadthallen bis zu Tagungshotels und anderen Locations. Seit Mai 2012 steht Augsburg mit dem sanierten Kongress am Park wieder eine architektonisch äußerst spannende Tagungsstätte zur Verfügung. Das Sichtbetongebäude aus dem Jahr 1972 wurde 2 Jahre lang umfassend renoviert, energetisch saniert und technisch auf den neuesten Stand gebracht.

Leitmessen wie die Americana oder die internationale Messe Interlift aber auch zahlreiche Kongresse, Tagungen und Incentive Veranstaltungen belegen die Attraktivität Augsburgs als Veranstaltungsort.

Schulen

Für die Allgemeinbildung stehen insgesamt elf Gymnasien, acht Realschulen, 42 Grund- und Hauptschulen, 13 Förderschulen und eine freie Waldorfschule zur Verfügung. Natürlich nicht zu vergessen die berufsbildenden Schulen, Volkshochschule, Gesang- und Musikschulen sowie verschiedene Sprachenschulen.

Neben der 1970 gegründeten Universität, die Studiengänge wie Jura, Katholische Theologie, Naturwissenschaften und Kultur-, Sozial- und Wirtschaftswissenschaften anbietet, ist die Hochschule Augsburg mit den Bereichen Technik, Gestaltung und angewandte Informatik nennenswert. Für Business Administration, International Management, Wirtschaftsrecht und ei-

Kongress am Park
(Bild Norbert Liesz, Regio Augsburg Tourismus GmbH)

nige Masterabschlüsse empfiehlt sich die FOM – Hochschule für Ökonomie und Management. Musikalisch begabte Studenten besuchen das Leopold Mozart Zentrum, eine Musikhochschule, an der Gesang, Orchesterinstrumente, Kirchenmusik und Gitarre gelehrt werden. Einmalig in ganz Deutschland ist dort die Ausbildung zur Blasorchesterleitung möglich.

Vor allem in den Bereichen Umwelt und Umweltschutz verfügt Augsburg über bedeutende Einrichtungen. Das Bayerische Landesamt für Umwelt, in der Nähe der Universität, arbeitet bei seinen Projekten eng mit den Studenten und Wissenschaftlern des Augsburger Innovationsparks zusammen. Seit Oktober 2009 sind dort die Forschungsinstitute für Leichtbau der Fraunhofer- Gesellschaft und das Deutsche Zentrum für Luft- und Raumfahrt am Campus ansässig. Im Bereich der Osteuropastudien gilt das Bukowina-Institut als eine der führenden Einrichtungen. Hier erforscht man die Länder, Kulturen und die Geschichte Osteuropas.

Wirtschaft und Ausbildung

Die praxisbezogene Ausbildung zeigt sich auch in dem vielfälti-

Maximilianstraße mit Alpenpanorama
(Bild Norbert Liesz, Regio Augsburg Tourismus GmbH)

gen Angebot von berufsbegleitenden Schulen in Augsburg wie der Technikerschule Augsburg und Berufsfachschulen für Logopädie, Physiotherapie, Altenpflege, Rettungsdienstschulen und vielen anderen Einrichtungen mehr.

Altersgerecht wohnen

In Augsburg gibt es für Senioren eine starke Interessenvertretung, da die Stadt erkannt hat, dass Senioren mit ihrer reichen Lebenserfahrung für die Gesellschaft eine Bereicherung darstellen. So nehmen Seniorenfachberatungen und viele soziale Dienste die Bedürfnisse der Menschen in der dritten Lebensphase ernst und engagieren sich sehr stark dafür.

Wichtige Adressen und Telefonnummern

Regio Augsburg Tourismus GmbH
Schießgrabenstr. 14
D-86150 Augsburg
Tel. +49 (0)821 50 20 70
tourismus@regio-augsburg.de
www.augsburg-tourismus.de

167

Perle der Hotellerie in der Fuggerstadt

Steigenberger Hotel Drei Mohren

König Ludwig I., Johann Wolfgang von Goethe, Richard Wagner und Wolfgang Amadeus Mozart – das sind nur einige prominente Namen, die in frühen Jahren bereits das Steigenberger Hotel Drei Mohren in Augsburg aufgesucht haben. Das ist nicht verwunderlich, liegt das Haus doch seit mehr als 500 Jahren an der prachtvollen Maximilianstraße inmitten der geschichtsträchtigen Innenstadt.

Gelungenes Ensemble aus Tradition und Moderne

Umgeben von den Sehenswürdigkeiten Augsburgs, bietet das traditionsreiche Haus 132 Zimmer und Suiten, die sich in zeitlos modernem Stil präsentieren.

Zurückhaltend und elegant – so lässt sich das Ambiente im Steigenberger Hotel Drei Mohren kurz beschreiben.

Edle Speisen und Getränke auf höchstem Niveau

Im „Gourmet Restaurant Sartory", das dem Küchenchef des Hauses aus dem 19. Jh. gewidmet ist, werden die Gäste in exklusiver und entspannter Atmosphäre mit französischer Küche verwöhnt. Die kulinarischen Highlights werden durch ein exklusives Weinangebot ergänzt. Mit Blick in die integrierte Frontküche genießen die Gäste die frischen und saisonal zubereiteten Speisen im „Restaurant „MAXIMILIAN'S". Die gediegene Ausstattung der Räumlichkeiten wird

während der Sommermonate durch einen ruhigen Außenbereich auf der Terrasse oder direkt an der prachtvollen Maximiliansstraße noch unterstrichen. Mit exquisiten Kaffee- und Teespezialitäten aus aller Welt ist die „Bar 3M" zu einem Treffpunkt Augsburgs geworden. Hier kommt man gerne zum Aperitif oder einem Cocktail zu später Stunde zusammen.

Entspannung für Körper und Geist

Märchenhaft orientalisch ist der Wellness- und Fitnessbereich des Hotels eingerichtet, in dem ein Aroma-Sole-Dampfbad, verschiedene Saunen und Erlebnisduschen zu entspannenden Stunden einladen. Bei Massage- und Beautyanwendungen sowie sportlicher Aktivität im Fitnessraum mit modernsten Geräten lassen die Gäste ihre Seele baumeln und gewinnen frische Energie.

Feiern und Tagen inmitten historischer Eleganz

Es ist nicht nur die „Teehalle", dieser legendäre Ballsaal mit der spektakulären Glaskuppel, die das Steigenberger Hotel Drei Mohren zu einer bekannten Location für Familienfeste oder Firmenveranstaltungen gemacht hat. Für die private Feier, für Unternehmenstagung, -seminar oder -meeting finden sich gediegene Räumlichkeiten mit variablen Konzepten, die jedem Anlass den ihm gebotenen Rahmen geben.

Steigenberger Hotel Drei Mohren

Maximilianstraße 40
D-86150 Augsburg
Tel. +49 (0)821 50 360
Fax +49 (0)821 50 36 777
augsburg@steigenberger.de
www.augsburg.steigenberger.de

Drei Sterne Superior zum Wohlfühlen

Hotel Augusta

Herzliche Gastfreundschaft inmitten des Augsburger Zentrums, gleich gegenüber der Fußgängerzone, erwartet die Gäste im Hotel Augusta. Die zentrale Lage des Hauses ermöglicht den Gästen eine fußläufige Entdeckungsreise zu den Sehenswürdigkeiten der Stadt, wobei auch Geschäftsreisende die Stadtnähe zu schätzen wissen.

mit Flatscreen-Sat-TV und Telefon sowie kostenfreiem WLAN ausgestattet. Schreibtisch und separates Bad/Dusche, WC, Föhn und kostenfreiem Babybett runden die Annehmlichkeiten des Hauses ab. Einige der Zimmer sind barrierefrei erreichbar und ausgestattet. Das Frühstückbuffet, das im Zimmerpreis inbegriffen

Die einer umfangreichen Renovierung unterzogenen Gästezimmer, Suiten und Familienzimmer des Hotel Augusta präsentieren sich in stilvollem Design und bieten modernsten Komfort. Der großzügige Schnitt der Räumlichkeiten sorgt für ein angenehmes Ambiente. Die Zimmer aller Kategorien, die sich lediglich im Schnitt oder einer besonders ruhigen Lage der Räume unterscheiden, sind

ist, stärkt den Gast nach entspannter Nachtruhe für den bevorstehenden Tag. Für Geschäftsreisende bietet das Hotel Augusta im Herzen der Stadt neben dem komfortablen Aufenthalt auch sechs lichtdurchflutete und klimatisierte Tagungsräume für bis zu 90 Personen sowie zwei Banketträume, die bis zu 110 Personen Platz bieten. Das bildet für die geschäftliche wie auch private Veranstaltung den

geeigneten Rahmen, in dem auf individuelle Menü- und Buffetwünsche der Veranstalter und Gäste eingegangen wird. Für die geschäftliche Tagung oder ein Seminar sind die Veranstaltungsräume mit modernster Tagungstechnik ausgestattet, die keine Wünsche offen lässt.

Besondere Arrangements, die das Hotel Augusta bietet, schicken den Gast auf eine Erkundungstour durch das historische Augsburg oder den Augsburger Zoo. Natürlich begleitet von dem unvergleichlichen Übernachtungsservice des Hauses mit einem warm-/kalten Frühstücksbuffet und einem rustikalen, mehrgängigen Menü im benachbarten Partnerestaurant. Für Reisende, die den Weg mit dem Auto zum Hotel Augusta finden, stehen in unmittelbarer Nähe zahlreiche öffentliche Parkhäuser zur Verfügung.

Hotel Augusta
Ludwigstr. 2
Eingang Kesselmarkt
D-86152 Augsburg
Tel. +49 (0)8 21 5 01 40
www.hotelaugusta.de
reception@hotelaugusta.de

In zentraler Lage der Fuggerstadt

Hotel ibis Augsburg Hauptbahnhof

„Das Hotel liegt unmittelbar in Bahnhofsnähe. Die Zimmer entsprechen dem Ibis-Standard. Das Frühstück ist sehr gut und umfangreich und – ein großes Lob an die Mitarbeiter, die sehr freundlich sind..." So oder so ähnlich klingen die Kommentare in den sozialen Netzwerken. Und in der Tat: die Lage des Ibis Augsburg direkt am Hauptbahnhof macht den Aufenthalt für Gäste, die die Nähe zur Stadt, zu ihrem urbanen Nachtleben oder den zahlreichen Sehenswürdigkeiten suchen ebenso zu einer der ersten Adressen der Stadt wie für Geschäftsreisende, die im Zentrum ihrer Beschäftigung nachgehen.

Die 132 Zimmer des Nichtraucherhotels bieten Wohlfühl-Komfort und zu einer entspannenden Übernachtung trägt das neue Schlafkomfortkonzept der Ibis-Hotelkette bei. Daneben sind in den Zimmern Flatscreen-TV installiert, die für unterhaltsame Stunden „in den eigenen vier Wänden" sorgen. WLAN, das im gesamten Haus kostenfrei zur Verfügung steht, rundet den Service des Hauses ebenso ab wie ein Schreibtisch in jedem der Räume.

Und nach einer erholsamen Nachtruhe lockt der Kaffeeduft am frühen Morgen zu einem ausgiebigen Frühstück vom vielseitigen Buffet, um sich für den bevorstehenden Tag zu stärken. Je nach Bestuhlung stehen im Hotel Ibis

Augsburg am Hauptbahnhof Tagungsräume für bis zu 50 Personen zur
Verfügung. Die Veranstaltung finden hier bei angenehmem Tageslicht statt und können auf Wunsch
von moderner Tagungstechnik begleitet werden.

Hotel Ibis
Augsburg Hauptbahnhof
Halderstr. 25, D-86150 Augsburg
Tel +49 (0)821 50160
Fax +49 (0)821 50 16 150
H1438@accor.com
www.ibis.com

das hotel am alten park

Den Gast erwartet ein freundliches Stadt- und Tagungshotel, das in zentraler und idyllischer Lage von Augsburg 58 Zimmer und acht Tagungsräume bietet. Geschäftsreisende, Seminargäste und Touristen fühlen sich hier wohl. Direkt gegenüber vom Bahnhof gelegen ist das hotel am alten park ein idealer Tagungsort und gleichzeitig der perfekte Ausgangspunkt, die vielen Sehenswürdigkeiten in Augsburg zu entdecken.

Eingebettet in den alten Park findet man nicht nur das Hotel als einen Ort der Gastfreundschaft, sondern wie in einem kleinen "Dorf" das denkmalgeschützte Mutterhaus der Diakonissenschwesternschaft, die Stadtklinik, das Seniorenheim Pauline-Fischer-Haus, ein Ärztehaus mit Apotheke und das "zeit.los" mit seiner großen Sonnenterrasse im Innenhof, in dem der Gast herzliche Gastfreundschaft erfährt.

Foto: © Bernd Müller

Übernachten mit Wohlfühleffekt

Komfortable Übernachtungsmöglichkeiten, vom Einzelzimmer Basic bis zum Doppelzimmer, vom Familienzimmer bis zur Ferienwohnung, stehen

Fotos (2): © Ruth Plössel

Foto: © Bernd Müller

Foto: © Matthias Baumgartner

Fotos oben und unten: © Bernd Müller

Foto: © Rainer Lederhofer

dem Gast zur Verfügung: Übernachten mit Wohlfühleffekt mitten in Augsburg. Der umgebende Park ist vom Hauptbahnhof aus schon zu sehen.

Räume für Wissen und Begegnung

Mit Blick ins Grüne, weit weg vom Alltag, mitten im alten Park – das sind beste Voraussetzungen für gelingende Tagungen, Konferenzen, Seminare, Workshops und Meetings.

Professionelle Tagungsplanung

Veranstalter können sich auf die langjährige Erfahrung in der Tagungsorganisation sowie auf einen aufmerksamen Service verlassen

Restaurant zeit.los

Im zeit.los treffen sich Menschen, die feine regionale Küche mit freundlichem Service und modernes Ambiente schätzen. Im Gastraum stehen 60 Plätze zur Verfügung, im Nebenraum „Gartenblick" finden weitere 38 Personen Platz. Die helle freundliche Architek-

tur bietet immer den richtigen Rahmen für eine Feierlichkeit.

Die großzügige Sonnenterrasse im Innenhof ist von einem Apothekergarten mit Brunnen umgeben und lädt ein zu einer Pause bei Kaffee und hausgemachtem Kuchen.

Foto: © Rainer Lederhofer

hotel am alten park
Frölichstraße 17
D-86150 Augsburg
Tel. +49 (0)821 45 05 10
willkommen@hotel-am-alten-park.de
www.hotel-am-alten-park.de

Für den, der das Besondere liebt

Alpenhof – das Patchworkhotel

Wohltuend hebt sich das Ambiente des Alpenhofs vom Einheitslook der Standardhotels ab. Raum für Ideen und Kreativität schaffen die Betreiber sich und ihren Mitarbeitern – und das spürt der Gast, der das Haus betritt. Zuvorkommend ist der Service und professionell. In Folge wurde die Gastronomie des Alpenhofs mehrfach mit dem „Stern der Gastlichkeit" ausgezeichnet.

Auf drei Häuser teilen sich die 120 Zimmer auf, die mit Betten ausgestattet sind, die eine erholsame Nachtruhe versprechen, und in denen Schreibtisch, Sofa oder Sessel, Dusche oder Wannenbad zu finden sind. Die Einrichtung versprüht einen angenehmen Charme und aus den Doppelzimmern der Komfort-Kategorie genießt der Gast einen herrlichen Ausblick auf die Fuggerstadt.

Die Nutzung des Wellnessbereichs mit Hallenbad, Saunen und Erlebnisduschen sowie ein reichhaltiges, abwechslungsreiches Frühstücksbuffet runden den Service für die Übernachtungsgäste ab.

**Kulinarische Reise
durch Schwaben und die Welt**

Die Restaurants des Alpenhofs bieten für jeden Geschmack das Richtige: Im „Schnürschuh" steht einer Entdeckungsreise durch Bayerisch-Schwaben mit seiner gut bürgerlichen Küche nichts im Wege, während die „Wilde13" den Feinschmecker mit kreativer, handwerklich ausgezeichneter Küche verwöhnt.

Feiern und veranstalten

Ob Firmenevent oder private Feier –
im Alpenhof bieten 16 Tagungs- und
Banketträume den richtigen Platz für
eine Veranstaltung, bei der sieben
bis 200 Personen Platz finden. So
versprüht das Event-Palais mit seinen
antiken Holztüren und Kristalllüstern
ein herrschaftliches Flair und beeindruckt so manchen Gast.
Abgerundet wird die gelungene Veranstaltung durch die individuelle und
persönliche Betreuung durch die Gastgeber, die bei der Planung kreativ
und professionell unterstützen und
das Event zu einem unvergesslichen
Erlebnis machen.

Hotel Alpenhof

Donauwörther Str. 233
D-86154 Augsburg
Tel. +49 (0)821 42 040
Fax +49 (0)821 42 04 200
info@alpenhof-hotel.de
www.alpenhof-hotel.de

Ankommen – Auspacken - Wohlfühlen

Dom Hotel Augsburg

Im Zentrum Augsburgs und dennoch ruhig gelegen erleben Gäste des Dom Hotels einen angenehmen Aufenthalt in familiärer Atmosphäre. Von weitem sichtbar ist der prächtige Kastanienbaum vor der historischen Eingangstür des Hauses, das mit vielen liebevollen Details ausgestattet ist.

Wer das helle, einladend gestaltete Foyer betritt, fühlt sich sofort ausgesprochen wohl. Der Gast steht im Dom Hotel im Mittelpunkt, für das heimelige Ambiente und einen umfassenden Service sorgt das gastfreundliche Hotelteam. Kein Wunder, dass viele Gäste immer wiederkommen.

Im Entspannungsbereich des Hauses stehen Sauna, Schwimmbad und ein kleiner Fitnessbereich zur Verfügung. Bademäntel können an der Rezeption kostenlos ausgeliehen werden. Das Hotel bietet einen kostenfreien WLAN-Hotspot (Verfügbarkeit im kompletten Haus) an.

In der hauseigenen Tiefgarage stehen Parkplätze, auch mit Ladeplätzen für E-Cars, zur Verfügung. Im Fahrradkeller sind Lademöglichkeiten für E-Bikes vorhanden.

Die geräumigen Zimmer und Suiten, teilweise mit Loggien und schöner Aussicht auf das Domviertel, sind modern mit Dusche, Bad und WC, TV, Telefon, WLAN, Minibar und Safe ausgestattet. Für einen längeren Aufenthalt oder als Familienzimmer bietet das Hotel Appartements von 25 bis 45 qm an.

Nach einem genussvollen Frühstück, das im Sommer auf der einmalig schönen Terrasse mit prachtvollem Blick auf die Türme des mittelalterlichen Doms eingenommen werden kann, starten Gäste in einen abwechslungsreichen Urlaubstag. Die günstige zentrale Lage ermöglicht ausgiebige Erkundungen der sehenswerten Altstadt. Durch die nahen Straßenbahnhaltestellen gelangt man schnell ans gewünschte Ziel.

Dom Hotel Augsburg

Frauentorstraße 8
D-86152 Augsburg
Tel. +49 (0)821 343930
Fax +49 (0)821 34393200
info@domhotel-augsburg.de
www.domhotel-augsburg.de

Alles „bio" – von Küche bis Wellness

Bio Hotel Bayerischer Wirt

Im Bio Hotel Bayerischer Wirt im Augsburger Stadtteil Lechhausen werden die Gäste nach biologischen Prinzipien rundum verwöhnt – ganz gleich, ob sie eine Tagung besuchen, Wellness genießen oder einige schöne Stunden im Restaurant verbringen. Das Stadthotel ist eine grüne Oase, in der im Einklang mit der Natur Körper und Seele wieder ins Gleichgewicht kommen.

Gesund im Schlaf

Als Mitglied der „Bio Hotels" hat das Drei-Sterne-Superior-Domizil eine ganze Reihe von ökologischen Kriterien zu erfüllen. Dazu gehört unter anderem die Einrichtung der Zimmer: In den

baubiologisch renovierten Biozimmern mit Vollholzmöbeln herrscht ein besonders angenehmes Raumklima; in den Salzzimmern ruhen die Gäste in einem Naturholzbett. Umgeben von drei Salzwänden atmet man die gesunde Luft ein und regeneriert den Körper quasi im Schlaf.

Die Heilende Kraft des Salzes

Verstärken lässt sich der Effekt im Gesundheitszentrum des Hauses, das auf die positive Wirkung von Wasser und Salz setzt. Neben der Salzgrotte, in der

mehr als 25 Tonnen Himalaya-Kristallsalz ihre heilende Kraft entfalten, und einer Salzsauna finden die Gäste Entspannung in der Finnischen Sauna und der Infrarotkabine. Angeboten werden zudem Naturkosmetikbehandlungen, Massagen und energetische Anwendungen wie beispielsweise eine Klangschalensitzung. Nach Voranmeldung kann von externen Besuchern ein Day Spa-Aufenthalt im Gesundheitszentrum gebucht werden.

Frische genießen

In der Küche heißt das Motto: Gesund und frisch. Die Zutaten stammen aus nachhaltiger und biologischer Landwirtschaft und sind überwiegend Bioland-zertifiziert. Die Speisen werden stets à la minute und schonend zubereitet, Nahrungsmittelunverträglichkeiten werden berücksichtigt.

Die Karte bietet außerdem eine Vielzahl vegetarischer und veganer Gerichte, ebenso wie klassische Fisch- und Fleischspezialitäten.

Die Hotelgäste wählen ergänzend zum reichhaltigen Frühstücksbuffet zwischen Halb- und Dreiviertelpension. Im stilvollen und gemütlichen À-la-carte-Restaurant sind auch externe Gäste willkommen; hier stehen zusätzlich Rohkost- und Superfood-Gerichte auf der Karte.

Tagen im Grünen

Durch seine Lage und Ausrichtung bietet das Bio Hotel Bayerischer Wirt den idealen Rahmen für Veranstaltungen aller Art. In den flexiblen und voll ausgestatteten Tagungsräumen mit Blick ins Grüne lassen sich Firmenseminare ebenso organisieren wie Workshops, Vorträge mit 100 Personen und Bankette.

Bio Hotel Bayerischer Wirt

Neuburger Str. 122
D-86167 Augsburg
Tel. +49 (0)821-7909750
Fax +49 (0)821-79097550
info@bayerischer-wirt.de
www.bayerischer-wirt.de

Tagungshotel der Spitzenklasse

Tagungshotel Haus Sankt Ulrich Augsburg

Das Haus Sankt Ulrich, Tagungshotel der Diözese Augsburg, liegt mitten in Augsburgs historischer Altstadt und in unmittelbarer Nachbarschaft der prachtvollen Basilika St. Ulrich und Afra. In der Basilika befinden sich die Ruhestätten des Heiligen Ulrich, dessen Name mit der Verteidigung Augsburgs gegen die Ungarn im Jahr 955 verbunden ist, sowie der Heiligen Afra, die 304 als Märtyrerin in Augsburg starb.

Das von christlichen Werten geprägte Hotel ist der ideale Ort für Tagungen, Festlichkeiten und Erholung. Seit über 40 Jahren besuchen jährlich ca. 85.000 Gäste in das Hotel.

Die günstige Lage ermöglicht den Gästen die attraktiven Sehenswürdigkeiten Augsburgs zu Fuß zu besuchen. Ob als Urlaubsgast oder Tagungsteilnehmer, hier fühlt sich jeder wohl!

Die Zimmer des Hotels sind mit modernem Komfort in zeitloser Eleganz eingerichtet.

Das Haus trägt unverkennbar die Handschrift des renommierten Architekten Alexander Freiherr von Branca. Die 71 Gästezimmer in absolut ruhiger Lage bieten einen herrlichen Ausblick auf Augsburg.

Sie sind mit Dusche/WC, Telefon, Flatscreen-TV, kostenfreiem Wireless LAN, Föhn und Safe ausgestattet und verfügen teilweise über eine eigene Terrasse. Bei der Ausstattung wurde Wert auf edle Materialien und modernste Technik gelegt. Im hoteleigenen Schwimmbad können sich die Gäste herrlich entspannen.

Das Hotel bietet moderne lichtdurchflutete Räume von 10 qm bis 480 qm für Tagungen,

Seminare und Konferenzen mit Platz für bis zu 400 Teilnehmer. Sie werden nach den Wünschen der Veranstalter ausgestattet. Vom erfahrenen Hotelteam wird das Angebot optimal auf die individuellen Ansprüche der Teilnehmer abgestimmt. Modernste Konferenztechnik sowie hervorragende Licht- und Tontechnik sind selbstverständlich.

Das Hotel ist ein erstklassiger Ort für hochwertige, internationale Fachtagungen und Kongresse.

Tagungshotel Haus Sankt Ulrich,
ein Haus für Menschen
mit Anspruch und Werten,
ein Haus für Tagen, Wohnen,
Feiern und Erholen.
An einem Ort, mit lebendiger
Geschichte.

Haus Sankt Ulrich
Kappelberg 1
D-86150 Augsburg
Tel. +49 (0)821 3152 0
Fax +49 (0)821 3152 263
info@haus-st-ulrich.de
www.haus-st-ulrich.de

Wie für Entdeckernaturen gemacht

Jugendherberge und Hostel SLEPS Augsburg

Augsburg lockt mit einer mehr als 2000 Jahre währenden Geschichte, mit Sehenswürdigkeiten, Museen, Ausstellungen, mit Kultur und jeder Menge Unterhaltung. Und das zu jeder Jahreszeit.

Für die Übernachtung und das leibliche Wohl sorgt die Jugendherberge Augsburg und das Hostel SLEPS. Nur wenige Gehminuten sind es von hier aus zu den Highlights der Stadt.

In 35 Zweibettzimmer mit gehobener Ausstattung wie Dusche/WC sind die 178 Betten des Hauses ebenso eingeteilt wie in Leiterzimmer und Vierbettzimmer mit Waschgelegenheiten im Raum. Wer auf einen noch etwas hochwertigeren Übernachtungskomfort Wert legt, dem sei das Hostel SLEPS empfohlen, dessen Räumlichkeiten hell und gemütlich sowie komfortabler ausgestattet sind. Die Jugendherberge Augsburg und das Hostel sind barrierefrei erreichbar. Menschen mit körperlichen Einschränkungen finden Eingangsbereich, Toilette, Lift und Aufenthaltsräume, die auch mit Rollstuhl bequem zu meistern sind. So sind auch zwei Zimmer für Rollifahrer, auf deren Bedürfnisse abgestimmt.

Der Speisesaal präsentiert sich in heller und gediegener Einrichtung. Und da bekanntlich die Liebe durch den Magen geht, liefert die Küche kulinarische Genüsse. Ob reichhaltiges und abwechslungsreiches Frühstücksbuffet, welches im Preis inklusive ist, oder Mittagstisch und Abendessen auf Anfrage – hier legt man Wert auf gesunde und qualitativ hochwertige Kost, die Körper und Geist zusammenhält.

Auch für Familien bietet sich die Jugendherberge an, finden sich doch dort familienfreundliche Räumlichkeiten. Kinder-Hochstühle und -betten runden das familienfreundliche Angebot ab.

Für Tagungen und Seminare stehen in der Jugendherberge vier Räume zur Verfügung, die mit modernster Tagungstechnik ausgestattet sind.

Verband der International Youth Hostel Federation (IYHF) vorausgesetzt. Für die Übernachtung im Hostel SLEPS ist keine Mitgliedschaft notwendig.

Jugendherberge Hostel SLEPS

Unterer Graben 6
D-86152 Augsburg
Tel. +49 (0)821 78 08 890
Fax +49 (0)821 78 08 89 29
info@augsburg-jugendherberge.de
www.augsburg-jugendherberge.de
www.sleps.de

Für die Übernachtung und Aufnahme im Jugendherbergsbereich wird die Mitgliedschaft im Deutschen Jugendherbergswerk oder in einem anderen

„wild & lecker" mitten im Grünen

Restaurant zur Kahnfahrt / Augsburger Kahnfahrt

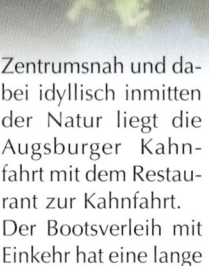

Zentrumsnah und dabei idyllisch inmitten der Natur liegt die Augsburger Kahnfahrt mit dem Restaurant zur Kahnfahrt.

Der Bootsverleih mit Einkehr hat eine lange Tradition – die Augsburger Kahnfahrt wird bereits seit 1876 in vierter Generation betrieben. Alte Fotos belegen es: Schon im 19. Jahrhundert wussten die Augsburger die grüne Oase am Lechkanal „Äußerer Stadtgraben" als Ort der Erholung und kommunikativen Treffpunkt zu schätzen. Die Anlage am Ufer des Kanals hat sich bis heute seinen einzigartigen Reiz bewahrt und ist nach wie vor ein Anziehungs- punkt für Augsburger und Besucher der Fuggerstadt.

Frisch und regional

Unter dem Motto „wild & lecker" werden im Restaurant ganzjährig klassisch- saisonale Gerichte und neu interpretierte Wildspezialitäten serviert. Die Gäste speisen mit Blick auf den von Bäumen gesäumten Kanal. „Wir legen großen Wert auf frische und hausgemachte Produkte", betont Gastgeber Bela Balogh.

Die Zutaten für die schmackhaften Gerichte stammen größtenteils von regionalen Erzeugern aus dem Augsburger Umland.

Ergänzt wird die Speisekarte durch Fischgerichte und saisonale Spezialitäten. Im Sommer finden regelmäßig Grillevents statt. In der Wintersaison sind Fondues beliebt – ein kulinarischer Kurzurlaub für zwei oder mehrere Personen in gemütlichem Ambiente. Von Frühling bis Herbst zieht der Biergarten mit Bootsverleih viele Gäste an. Passend zur warmen Jahreszeit stehen dann leichte Gerichte auf der Speisekarte. Auch Feste und Feiern werden vor der Kulisse des Lechkanals zu einem besonderen Erlebnis.

Von der Kajak-Tour bis zur Champagner-Kahnfahrt

Vierzehn Ruderboote, drei Elektroboote und fünf Kajaks liegen von Ostern bis Ende September am Ufer des „Äußeren Stadtgrabens" und können für halbstündige, einstündige oder längere Fahrten geliehen werden. Zusätzlich stehen romantische Kahnfahrten oder Champagner-Kahnfahrten mit Picknickkorb auf dem Programm – ein Ausflug für Verliebte oder solche, die es werden wollen.

Öffnungszeiten Restaurant

Die aktuellen Öffnungszeiten finden Sie auf der Homepage.

Reservierungen

www.restaurant-zur-kahnfahrt.de/index.php/reservierung
(soll im E-Book verlinkt werden!)

Kahnverleih

von Ostern bis Ende September.

Restaurant zur Kahnfahrt

Riedlerstr. 11
D-86152 Augsburg
Tel. +49 (0)821 35516
info@restaurant-zur-kahnfahrt.de
www.restaurant-zur-kahnfahrt.de

Bayerische Genusskultur in ihrer schönsten Form

Zeughausstuben

Einkauf lokal und saisonal – saisonale spezialitäten

Prachtvoll präsentiert sich die eindrucksvolle Barockfassade aus dem 17. Jahrhundet. Kein geringerer als Elias Holl schuf in den Jahren 1602 bis 1607 die ehemalige Waffenkammer. Mit der Einrichtung eines Bildungs- und Begegnungszentrums entstand auch die Gastwirtschaft in den 1980er Jahren.

Heute fällt zunächst der große Biergarten vor den Toren der Zeughausstuben ins Auge. Mächtige Laubbäume spenden den wohligen Schatten inmitten der Innenstadt. In einem Teil des Biergartens lässt man es traditionell angehen: Die Gäste bringen ihre Brotzeit mit und holen sich ihr frisch gezapftes Bier. Im anderen Teil wird man ganz nach altem Brauch mit den typischen Biergartenspeisen wie einem schönen, saftigen Leberkäs verwöhnt. Und um die Zeit auch für die kleinen Gäste angenehm zu gestalten, finden sie einen Spielplatz, an dem sie sich austoben können, während die Eltern ihr Bier genießen. Im Inneren der Zeughausstuben sorgt ein hohes Kreuzgewölbe auf massiven Stützpfeilern für das urige Ambiente in dem Wirtshaus und schafft gemütliche Sitzecken.

Historische Ansichten des Hauses und der Stadt Augsburg an den Wänden entführen die Gäste in die „gute alte Zeit".

Das Wirtshaus ist für seine regionale Küche weit über die Region hinaus bekannt. Bayerisch-schwäbische Ge-

richte bestimmen die Speisekarte, in der man vom beliebten Krustenbraten ebenso liest wie vom sauren Kalbslüngerl oder Krautwickel. Für die Betreiber ist der saisonale Bezug der Rohstoffe wichtig und dass die Ware aus der Region stammt. Schließlich sollen die Gäste mit frischen Produkten verwöhnt werden.

In einer eigenen Mittagskarte finden die Gäste günstige Hauptgerichte, wenn es schnell gehen, aber doch wohlschmeckend und frisch sein soll.

Zeughaus Stuben
Zeugplatz 4
D-86150 Augsburg
Tel. +49 (0)821 50 80 504
info@zeughausstuben.de
www.zeughausstuben.de

Zu Gast in der ältesten Gasthausbrauerei Augsburgs

König von Flandern

So königlich wie der Name des gemütlichen Wirtshauses, so majestätisch präsentiert sich sein Gerstensaft. Nach alten Rezepten wird hier das Bier in Braukesseln gebraut, die inmitten der gemütlichen Gaststuben stehen. Naturbelassen und nach dem Reinheitsgebot entstehen hier köstliche Biere, für die nur feinste Zutaten Verwendung finden.

Das hausgebraute Bier gibt es als helles und dunkles Bier sowie als Weizen und der Augsburger Doppelbock wird saisonal wechselnd angeboten. Interessierte werfen dem Braumeister gerne einen Blick über die Schulter, um die Herstellung zu verfolgen, aber bei einer Brauereiführung mit dem Braumeister lernt man das Handwerk

erst richtig kennen. Und wer auf den Geschmack gekommen ist, dem seien die Braukurse empfohlen, in denen man unter fachkundiger Anleitung sein eigenes Bier brauen kann.

Der historische Baderkeller wurde liebevoll restauriert. Eine hochwertige, handgefertigte Vertäfelung aus Holz ziert die Wand und massive Tische und Stühle bieten das urige Ambien-

te, in dem sich die Gäste wohlfühlen. Den Innenräumen sieht man an, dass hier mit viel Liebe zum Detail historische Elemente mit modernen kombiniert wurden, was einen einzigartigen Reiz ausübt.

Seit Jahrhunderten liegt auf dem Bader-Haus das Recht zum Bierbrauen und dort, wo edler Gerstensaft entsteht, ist auch die Küche nicht weit, die im König von Flandern mit regionalen Schmankerln gepflegt wird.

Bayerisch-schwäbisch werden die Gäste verwöhnt und genießen die saisonal zusammengestellten Köstlichkeiten. Empfehlenswert ist der Mittagstisch für Menschen, die sich zur Mittagszeit mit frisch gekochten Leckereien stärken möchten, aber nicht viel Zeit haben.

Auch für Gruppenreisende, die eine Städtetour in die bayerisch-schwäbische Metropole planen, lohnt sich der Abstecher in den König von Flandern: Das selbst gebraute Bier in Verbindung mit den regionalen, kulinarischen Spezialitäten in der urigen Atmosphäre des Wirtshauses wird für so manchen Gast zu einem unvergesslichen Erlebnis.

König von Flandern

Karolinenstr. 12, D-86150 Augsburg
Tel. +49 (0)821 15 80 50
info@koenigvonflandern.de
www.koenigvonflandern.de

Brauhandwerk hautnah erleben

Hasenbräuhaus Kälberhalle

Die Architektur des bedächtig renovierten Alten Schlachthofes in Augsburg liefert den Rahmen für eine kulinarische Entdeckungsreise durch bayerische Schmankerl. Frisch gekochte Speisen und das hauseigene, authentisch gebraute Bier verwöhnen die Gaumen der Genießer. In dem Wirtshaus und der Braustätte der Hasenbräu-Brauerei verbinden sich auf einzigartige Weise moderne Technik mit historischen Elementen, was eine stimmungsvolle Atmosphäre schafft. Bei einer Führung durch die Brauerei, die nach Anmeldung möglich ist, lernt der Interessierte viel Wissenswertes über die traditionelle Bierherstellung kennen und wird in die Geheimnisse des Bierbrauens eingeweiht.

Inmitten der lichtdurchfluteten, urgemütlichen Gaststube können die Gäste den Braumeistern über die Schulter schauen und damit auf eine mehr als 550 Jahre währende Tradition der Hasenbräu Augsburg. So wie früher werden beim Bierbrauen nur feinste Zutaten und weiches Wasser verwendet. Und das schmeckt man.

Inmitten des denkmalgeschützten Gebäudes, dessen Geschichte bis zum Jahr 1900 zurück reicht, werden die Gäste mit bayerisch-schwäbischer Küche vom Feinsten verwöhnt. Viele Spezialitäten vom Kalb findet man auf der Karte, die nach regionaler Art und unter saisonalen Aspekten zubereitet werden. Wer dazu ein frisch gezapftes Bier genießt, wird

die Stunden in der Kälberhalle in guter Erinnerung behalten.

Während der warmen Jahreszeit genießen die Gäste den Schatten unter historisch geschützten Bäumen in einem Biergarten, während sie die Köstlichkeiten aus Küche und Keller genießen.

Für Gruppenreisende ist vor dem Haus ein Busparkplatz eingerichtet, der es auch größeren Gesellschaften erlaubt, bequem mit dem Omnibus anzureisen.

Hasenbräuhaus Kälberhalle
Berliner Allee 36
D-86153 Augsburg
Tel. +49 (0)821 65 07 07 70
info@kaelberhalle.de
www.kaelberhalle.de

Urig – Bayrisch - Anders
Zum bayrischen Herzl

Es gibt die einzigartige altbayrische Brezensuppe, Salate, Brotzeiten mit Wurst oder Käse, Allgäuer Kässpatzen, Bayrische Schmankerl vom Schwein und vieles mehr. Zusätzlich wird ein wechselnder Mittagstisch angeboten. Alle Gerichte werden nach traditionellen Rezepten aus Qualitätsprodukten der Region frisch zubereitet.

Einmalig in Augsburg kredenzt das Restaurant ein Reindlessen nach altbayrischer Tradition.

Das Reindlessen ist ein besonderer kulinarischer Genuss, es wird ab vier Personen zum günstigen Preis angeboten – rechtzeitige Reservierung empfohlen! Das gutbürgerliche Gericht besteht aus Schweinebraten, Ente, Nürnberger Rostbratwürstln, Fleischpflanzerln, bayrischen Semmel- und Kartoffelknödeln sowie delikatem Blaukraut. Unbedingt probieren!

„Zum bayrischen Herzl" heißt ein idyllisch gelegenes Restaurant im Herzen von Augsburgs Innenstadt nur jeweils 50 Meter entfernt von der Augsburger Puppenkiste und vom Handwerkermuseum. Es bietet schöne Genussräume, wie das romantische Kellergewölbe und einen Biergarten mit einzigartigem Ambiente. Hier werden Gäste mit zünftigen Gerichten aus der altbayrischen Küche in herzlicher Atmosphäre verwöhnt. Man erlebt echt bayrische Lebensart und keine Massenabfertigung.

Ebenfalls reservieren sollte, wer am traditionellen Weißwurstessen teilnehmen möchte, das jeden 1. und 3. Sonntag von 9:00 Uhr bis 11:59 Uhr stattfindet. Bei bayrischer Musik genießen die Gäste Münchner Weißwürste mit Senf, Weißbier und frische Brezeln.

Weißwurst-Neulinge erhalten eine kostenlose Unterweisung in der Kunst des Weißwurstessens.

Besonders romantisch ist der Biergarten im Winter, wo man nach dem Motto: „Herzlglühen… Blau, Weiß, Heiß" in winterlichem Hüttenflair den Zauber der Weihnachtszeit erleben kann.

Das Restaurant eignet sich hervorragend für die Durchführung einer Feier. Das erfahrene Team berät gern in allen Fragen der Gestaltung. Zur Verfügung stehen 70 Plätze im Restaurant und 120 Plätze im Biergarten.

Öffnungszeiten:

Dienstag bis Samstag 11:30 Uhr
bis 14:30 Uhr, ab 17:00 Uhr
Sonntag von 12:00 Uhr bis 21:00 Uhr
(durchgehend warme Küche).

Zum bayrischen Herzl

Spitalgasse 8, D-86150 Augsburg
Tel. +49 (0)821 37911
info@zum-bayrischen-herzl.de
www.zum-bayrischen-herzl.de

195

Im Augsburger Hauptbahnhof

Brauhaus 1516

Direkt im Augsburger Hauptbahnhof, der 1843 bis 1846 nach einem Entwurf des Architekten Eduard Rüber erbaut wurde, liegt ein Erlebnisgasthaus der besonderen Art. Das Brauhaus 1516 das von den Augsburgern auch liebevoll „ das größte Wohnzimmer Augsburgs" genannt wird, ist mit seiner urigen Atmosphäre, mit langen Tischen und Bänken der kultige Treffpunkt für Jung und Alt, die sich mit feinen Bierspezialitäten erfrischen und lecker essen möchten.

Man ist dem Wirtshausnamen verpflichtet, der sich an das Gründungsjahr des bayerischen Reinheitsgebotes 1516 anlehnt. Serviert werden nur die feinsten Biere und der Gast sollte unbedingt das 1516 Zwick´l Bier kosten, eine untergärige, bernsteinfarbene Bierspezialität.

Die hervorragende bayrisch-schwäbische Küche ist überregional bekannt und die köstlichen Speisen werden frisch und nur mit besten Zutaten zubereitet.

Berühmt ist die knusprige Schweinshaxe die traditionell mit hausgemachtem Kartoffelknödel und leckerem Krautsalat serviert wird. „Mittags was gscheit´s" ist das Motto der täglich

Wirtsleute günstige Angebote für Gruppenreisende an und viele auswertige Gäste schwärmen später zu Hause von der köstlichen Küche des 1516.

Party im Brauhaus

Im Brauhaus wird aber nicht nur geschlemmt, es wird auch gerockt. Die besten Bands der Region spielen am Wochenende Live und das bei freiem Eintritt. Ob beim Starkbieranstich oder beim Weiberfasching – im Brauhaus 1516 wird gerne getanzt und gefeiert.

Brauhaus 1516

wechselnden Tageskarte im Brauhaus 1516. Abwechslungsreiche Mittagsgerichte zu fairen Preisen bei Top Qualität. Das schmeckt und schont den Geldbeutel. Zusätzlich bieten die

Viktoriastr. 1
86150 Augsburg
Tel +49 (0)821 45 40 480
info@1516-augsburg.de
www.brauhaus1516-augsburg.de

Aus Leidenschaft am Brauen

Riegele BrauWelt

Aus Freude am Bier und mit innovativen Ideen sticht heute ein regionales Brauhaus aus dem Markt heraus. Das seit dem Jahr 1386 bestehende Unternehmen ist ‚die' Familienbrauerei in Augsburg und setzt auf überlieferte Braukunst, ohne sich dabei dem Neuen zu verschließen. In der Riegele BrauWelt wird flüssige Lebensfreude zelebriert!

Riegele WirtsHaus

In einer urig gemütlichen Atmosphäre und in angenehmem Ambiente für einige Stunden den Alltag hinter sich lassen und sich mit bayerischen Spezialitäten verwöhnen lassen – das bietet das WirtsHaus im Herzen der BrauWelt. Während der Mittagsstunden genießt man hier, wie auch bei schönem Wetter im Riegele BierGarten, ein täglich wechselndes Mittagsbuffet. Mit einem ausgiebigen Abendessen und einem köstlichen Biercocktail an der Bar lässt man den Tag angenehm ausklingen.

BierAkademie

Das 1911 im Jugendstil erbaute heutige Brauhaus vereint alten Charme in neuem Glanz. Ausgefallene Räumlichkeiten für Schulungen, Tagungen und Seminare bieten den idealen Rahmen für eine erfolgreiche Veranstaltung, die individuell organisiert werden kann. Die verkehrsgünstige Lage, nur zwei Fußminuten vom Augsburger Hauptbahnhof entfernt, trägt zu der Attraktivität der BierAkademie als Veranstaltungsort bei.

BierKult(o)ur

Welcher Bierliebhaber möchte nicht einmal die Kunst des Bierbrauens kennenlernen und hautnah erleben? Die Besichtigung der Riegele-BierManufaktur ist ein einmaliges Erlebnis, bei der die Teilnehmer hinter die Kulissen blicken und allerlei Interessantes rund um das Bierbrauen erfahren können. **Tipp:** Selbst Braukurse werden hier angeboten.

BierLaden

Hier wird der Freund des edlen Gerstensaftes fündig, wenn er echte Brauspezialitäten und -raritäten sucht. Neben dem Angebot aus der BierManufaktur findet er hier aber auch Nützliches, Lustiges und Dekoratives, um sich selbst oder einen Bierfreund zu beschenken.

Riegele BrauWelt

Frölichstr. 26, D-86150 Augsburg
Tel. +49 (0)821 32 090
Fax +49 (0 821 32 09 80
info@riegele.de
www.riegele.de
www.riegele-biermanufaktur.de

Genuss – Kultur - Leidenschaft
Wein Bayerl

Herzlich Willkommen in der Weinkellerei Bayerl in Augsburg. Seit über 120 Jahren ist die einzige Weinkellerei in Augsburg bekannt als erstklassiges Handelshaus für Qualitätsweine. In den Weinshops der Kellerei kann der Kunde aus über 500 hochwertigen europäischen Weinen und über 250 Spirituosen aus eigener Produktion und eigenem Import wählen. Die bequeme Bestellung online von zu Hause aus ist ebenfalls möglich, das Gewünschte wird schnell und zuverlässig geliefert.

In der Kellerei werden jährlich rund 100.000 Flaschen Wein abgefüllt. Die alten Gewölbe der Kellerei bieten optimale Lagerbedingungen für internationale Spitzenweine. Die Begeisterung für Wein, Erfahrung und Know-how von Wein Bayerl ermög-

lichen es, ein modernes, repräsentatives Sortiment an Weinen aus den meisten Weinbauregionen Europas in einem ausgewogenen Preis-Genuss-Verhältnis anzubieten. Vertreter der Kellerei sind ständig unterwegs, um neue Weingüter zu entdecken und deren Weine zu verkosten, um Kunden stets die interessantesten Weine zu präsentieren. Wein Wayerl arbeitet mit den besten Winzern zusammen, die in Anlehnung an die Slow-Wine-Philosphie fair, transparent und umweltbewusst produzieren. Die Weine aus den europäischen Anbauregionen werden grundsätzlich selbst importiert, um gleichbleibende Qualität zu gewährleisten.

In den beiden Fachgeschäften von Wein Bayerl am Milchberg 15 und am Rathausplatz in der Philippine-

selbst importiert werden. Zusätzlich werden in der eigenen Manufaktur hochwertige Liköre und Spirituosen nach selbst entwickelten und über- lieferten Rezepten erfolgreich herge- stellt; der immer klare Honig-Wil- liams und der Holunderblütenlikör erfreuen sich großer Beliebtheit.

Das vielfältige Sortiment und die Neu- heiten werden regelmäßig bei Wein- verkostungen vorgestellt. Bei Firmen- veranstaltungen bietet Wein Bayerl Weinausschank und Weinproben an.

Welser-Straße 5 finden Kunden bei kompetenter Beratung Weine für jeden Anlass. Hier können die Weine in Ru- he verkostet werden. Bei Wein Bayerl einzukaufen bedeutet, in jeder Preis- lage eine nicht alltägliche Auswahl in bestmöglicher Qualität zu erhalten.

Auch hochwertige Spirituosen haben ihren Platz im Angebot des Hauses. Als Generalimporteur der Obstbrän- de der Tiroler Brennerei Rochelt hat Bayerl als einziges Fachgeschäft in Deutschland ständig deren sämtliche Produkte im Angebot.

Zum Sortiment gehören auch erlesene Cognacs und Spitzen-Grappas, die

Ladengeschäft Weinkellerei Bayerl

Philippine-Welser-Straße 5
86150 Augsburg
Tel. +49(0)821-3 49 02 49.

Weinkellerei Bayerl GmbH & Co. KG

Milchberg 15, D-86150 Augsburg
Tel. +49 (0)821 34655 0
Fax +49 (0)821 34655 55
info@wein-bayerl.de
www.wein-bayerl.de

Seit 1905 eine moderne Idee von Tradition

Gasthaus Settele

Im Gasthaus Settele in Augsburg werden Gäste in einer Atmosphäre herzlicher Gastlichkeit empfangen und von Stefan Settele mit regionaler bayerisch-schwäbischer Küche vom Feinsten verwöhnt. Der Meisterkoch kredenzt frisch zubereitete, bodenständige, saisonale Küche, die mit Ideen aus der internationalen Sterneküche kombiniert und raffiniert in Szene gesetzt wird.

Verwendet werden nur hochwertige Zutaten von zuverlässigen Lieferanten aus der Region. Der unverfälschte, echte und frische Geschmack soll beim Genießen im Vordergrund stehen.

Auf Geschmacksverstärker wird vollständig verzichtet, Fonds und Saucen werden selbst hergestellt. Gespeist wird im heimeligen Ambiente der guten Stube. Über die Bar hinweg können Gäste dem Küchenteam in der offenen Küche beim kulinarischen Handwerk zuschauen. An Sommerabenden sitzt man am besten im Biergarten und erlebt die bayerisch-schwäbische Herrlichkeit auf Erden mit allem, was dazugehört: ein kühles Bier, eine zünftige Brotzeit und ein schattiger Platz unter alten Kastanien.

Für private Feiern stehen das St. Georg-Stüberl mit Platz für bis zu 30 Personen im gediegenen Rahmen und das besondere Flair des Kaminzimmers für bis zu 60 Personen zur Verfügung. Bei Hobbyköchen sehr beliebt sind Stefan Setteles empfehlenswerte Kochkurse für Feinschmecker, bei denen der Kochkünstler die Teilnehmer, darunter viele begeisterte „Wiederholungsschüler", in die Geheimnisse der feinen Küche einweiht.

Warme Küche

11.30 – 14 Uhr u. 18 – 21.30 Uhr
Montag und Dienstag Ruhetag.

Gasthaus Settele GbR

Martinistraße 29
D-86179 Augsburg
Tel. +49 (0)821 84086
info@gasthaus-settele.de
www.gasthaus-settele.de

Kulinarische Höhenflüge in der Stadt

ANNA Café

Mitten in der prächtigen Innenstadt Augsburgs, gleich auf der Rückseite der Annakirche, liegt im Annahof das gleichnamige Café. Eingesäumt von historischen Gebäuden aus der Zeit der Reformation hat es sich als beliebtes Refugium für zeitvergessende Genießer und ruhesuchende Urbanauten etabliert. Ob ein morgendliches Menü à la carte oder ein individueller Frühstücksteller: Aus täglich frisch gelieferten Bio-Schmankerln zaubert das ANNA bunte Frühstücksvariationen für jeden Geschmack: von kräftig über kerngesund bis königlich. Zur Mittagszeit lockt das Business-Buffet all jene, die gleich wieder durchstarten wollen, mit einer vitamin-

Foto: © Eckart Matthäus

hergestellt – vieles davon stammt aus biologischem Anbau – und glänzen stets mit einer Prise Besonderheit, die einem auf der Zunge zergeht.

Ruhige Momente im Zentrum

Zwar liegt das ANNA Café mitten im Zentrum Augsburgs, dennoch ist es eine Oase der Ruhe und Zurückgezogenheit und bietet seinen Gästen entspannende Momente. Zu einer Tasse Cappuccino genießt man ein Stück Kuchen oder Torte aus einer der traditionsreichsten Konditoreien Augsburgs.

reichen Salatbar, die mit Blatt-, Roh- und Feinkostsalaten sowie gebratenem und mariniertem Gemüse den Geschmacksnerven der Gäste schmeichelt. An der heißen Theke stellt man aus dem Angebot an leichten und modernen Nudel- und Pfannengerichten seinen Teller selbst zusammen, was und soviel man mag. Alle Speisen, egal ob vom Buffet, aus der Speisekarte oder von der Tageskarte werden frisch und handwerklich

ANNA Café

Im Annahof 4
D-86150 Augsburg
Tel +49 (0)821 45 50780
genuss@das-anna.de
www.das-anna.de

Augsburger Land

Fahrradfahrerin vor Kloster Holzen
(Bild Landratsamt Augsburg)

Adelsried	Königsbrunn
Allmannshofen	Kühlenthal
Altenmünster	Kutzenhausen
Aystetten	Langenneufnach
Biberbach	Langerringen
Bobingen	Langweid
Bonstetten	Meitingen
Diedorf	Mickhausen
Dinkelscherben	Mittelneufnach
Ehingen	Neusäß
Ellgau	Nordendorf
Emersacker	Oberottmarshausen
Fischach	Scherstetten
Gablingen	Schwabmünchen
Gersthofen	Stadtbergen
Gessertshausen	Thierhaupten
Graben	Untermeitingen
Großaitingen	Ustersbach
Heretsried	Walkertshofen
Hiltenfingen	Wehringen
Horgau	Welden
Kleinaitingen	Westendorf
Klosterlechfeld	Zusmarshausen

Landkreis
Dillingen an der
Donau

Allmanns-
hofen
Ehin-
gen
Kühlenthal
Mei-
tingen
Nor-
den-
dorf
Ellgau
We-
sten-
dorf
Thier-
haupten

Biberbach

Emers-
acker
Langweid

Altenmünster
Wel-
den
Herets-
ried
Gablingen

Bonstetten
Adels-
ried
Gersthofen

Zusmars-
hausen
Horgau
Ay-
stetten
Neusäß

Kutzen-
hausen
Diedorf
Stadt-
bergen

Dinkel-
scherben
Usters-
bach

Gesserts-
hausen
Bobingen
Kö-
nigs-
brunn

Fischach
Wehrin-
gen
Oberott-
marshausen

Langen-
neuf-
nach
Groß-
aitingen
Kleinai-
tingen

Walkerts-
hofen
Mick-
hau-
sen
Graben

Scher-
stetten
Schwab-
münchen

Mittel-
neufnach
Hilten-
fingen
Untermei-
tingen
Kloster-
lechfeld

Langer-
ringen

Wittelsbacher
Land

Augsburg

Landkreis
Günzburg

Landkreis
Unterallgäu

Landkreis
Landsberg am Lech

207

Bild wikipedia, Hagar66 based on work of TUBBS

Augsburger Land

Zum Landkreis Augsburg gehören 46 Städte, Gemeinden und Märkte mit rund 240.000 Einwohnern. Er ist der drittgrößte Landkreis in Bayern.

Die reizvolle Landschaft mit den weitläufigen Wäldern und malerischen Hügeln des Naturpark Augsburg Westliche Wälder, zahlreichen Museen, Kulturdenkmälern und Sehenswürdigkeiten bietet Erholungssuchenden vielfältige Freizeitmöglichkeiten.

Der Landkreis Augsburg verfügt über sehr gute Verkehrsverbindungen. Mit dem Pkw ist der Landkreis über die A 8 von München nach Stuttgart, die A 96 von Lindau nach München, die B 17 von Füssen, die B 2 von Donauwörth und die B 300 von Ingolstadt schnell zu erreichen.

Sehenswürdigkeiten

Zahlreiche Sehenswürdigkeiten in der Region sorgen für ein breites Angebot an attraktiven Ausflugszielen für Interessenten von Kultur und Geschichte. Die Vorfahren Wolfgang Amadeus Mozarts stammen aus dem Augsburger Land, sein Vater Leopold ist in Augsburg aufgewachsen. Eine Reihe von Mozartstätten und Mozartstelen wie in Fischach oder in Biberbach, wo Mozart im Alter von zehn Jahren an einem musikalischen Wettstreit teilnahm, erinnern an den berühmten Komponisten.

Auch dem Heimatdichter Ludwig Ganghofer, der eine Zeit lang im Augsburger Land gelebt und in seinen Werken die Region beschrieben hat, sind Erinnerungsstätten gewidmet. Besondere Highlights in Welden sind der interaktive „Ludwig Ganghofers Lausbubenweg" und der Themenweg „Ludwig Ganghofer Lauschtour" mit Audiounterstützung - Kino für die Ohren!

Kloster Thierhaupten
(Bild Markus Tesar)

Kirchen und Klöster

Die Kirchen und Klöster gehören zu den historischen Sehenswürdigkeiten im Landkreis Augsburg. Beispielsweise findet man in Gessertshausen die älteste noch existierende deutsche Zisterzienserinnenabtei Oberschönenfeld aus dem 13. Jahrhundert. Sie ist weithin bekannt für ihr traditionelles Holzofenbrot und eine prächtig ausgestattete Barockkirche. Auch das ehemalige Benediktinerinnenkloster Holzen in Allmannshofen mit reichen Stuckaturen in der Klosterkirche oder das sanierte Kloster Thierhaupten, eines der ältesten Klöster in Bayern, laden zu einem Besuch ein. Sehenswert sind außerdem die Votivkirche St. Thekla, ein bedeutender Rokokobau in Welden, die aufwendig restaurierte Wallfahrtskirche Maria Hilf in Klosterlechfeld, eine Sehenswürdigkeit ersten Ranges sowie die Wallfahrtkirche St. Michael in Violau, einem Ortsteil von Altenmünster.

Museen

Im Landkreis Augsburg gibt es eine reiche Auswahl an hochinteressanten Museen.

Einen Besuch wert sind unter anderem das europaweit einmalige Ballonmuseum in Gersthofen mit einer Ausstellung zur Geschichte der Luftfahrt, das Bauernmuseum Staudenhaus in Oberschönenfeld bei Gessertshausen mit Exponaten im letzten Strohdachhaus der Region, das Volkskundemuseum und die Schwäbische

Heißluftballone
(Bild Landratsamt Augsburg)

Galerie auf dem Gelände des Klosters Oberschönenfeld sowie das Klostermühlenmuseum in Thierhaupten mit spannenden Führungen und Veranstaltungen.

Neben dem Mithras-Heiligtum auf dem Städtischen Friedhof findet man im Zentrum von Königsbrunn das Archäologische Museum mit Ausgrabungsfunden aus 6000 Jahren sowie das Lechfeldmuseum mit Gegenständen aus dem bäuerlichen Alltag der Gründungssiedler.

Des Weiteren befinden sich in Königsbrunn der „955 - Regionaler Informations- und Präsentationspavillon" zur Schlacht auf dem Lechfeld sowie das Mercateum mit dem größten begehbaren Globus der Welt.

Weitere Museen sind das Lechmuseum im historischen Wasserkraftwerk Langweid, das Textil- und Hauswirtschaftsmuseum sowie das Schulmuseum „Alter Schulsaal" in Bobingen.

Sehenswert für Groß und Klein sind auch das internationale Maskenmuseum in Diedorf, das Heimatmuseum Reischenau in Dinkelscherben, das

Oberschönenfeld
(Bild Landratsamt Augsburg)

Museum und die Galerie der Stadt Schwabmünchen sowie das Museum der 50er Jahre in Zusmarshausen.

Brauchtum, Feste und Märkte

In den 46 Städten, Märkten und Gemeinden des Landkreises wird in vielen Vereinen das Brauchtum gepflegt und mit Festen gefeiert. Die beliebten Märkte, vor allem zur Weihnachtszeit, verzeichnen eine Vielzahl von Besuchern. Mehrere kulturelle Veranstaltungen wie der „Kult(o)ur-Sommer" in den sogenannten Holzwinkelgemeinden und Altenmünster oder die „Zus-Kultur", eine Veranstaltungsreihe mit internationalen Künstlern, bieten ein abwechslungsreiches Programm.

Freizeit und Sport

Der Landkreis Augsburg mit dem Naturpark Augsburg - Westliche Wälder ist ein idealer Naherholungsraum mit einer Fülle von Freizeitmöglichkeiten in reizvoller Naturlandschaft mit Hügelketten und romantischen Flusstälern. Der Naturpark gliedert sich in die Gebiete: Stauden, Holzwinkel und Reischenau.

Ein Besuch des Naturparkhauses in Oberschönenfeld mit Informationszentrum und Naturmuseum lohnt sich immer. Im Veranstaltungsprogramm findet man auch geführte Wanderungen rund um Oberschönenfeld mit erfahrenen Naturführerinnen.

2.500 Kilometer markierter Wege stehen Radfahrern und Wanderern für abwechslungsreiche Touren zur Verfügung. Die Anschaffung der Wander- und Radwanderkarte des Naturparks lohnt sich. Sie ist im Buchhandel erhältlich oder beim Naturpark Augsburg – Westliche Wälder e.V., Fuggerstr. 10, D-86830 Schwabmünchen, Tel. +49 (0)821 3102 2278, Fax +49 (0)821 3102 2856, info@naturpark-augsburg. de, www.naturpark-augsburg.de

Zu den empfehlenswerten Wanderrouten gehören der 90 Kilometer lange Weitwanderweg „Lueg ins Land" von Türkheim nach Wertingen oder Teile des historischen Fernwanderweges „Via Claudia Augusta". Wer neue Kraft tanken möchte, kommt auf Abschnitten des „Jakobus-Pilgerwegs", dem „Meditationsweg" von Fischach zum Markt Wald oder dem „Mittelneufacher Besinnungsweg", der an 20 Stationen zu Naturgenuss und Besinnung einlädt, auf seine Kosten. Naturverbundene wie Kulturinteressierte wandern auf dem sechs Kilometer langen „Storchenpfad" in Diedorf, dem Streuobstweg Langenneufach mit wertvollen Informationen über diese traditionelle Form des Obstanbaus und dem LandArt Kunstpfad Bonstetten.

Sehr lohnend ist eine Wanderung auf den Lehrpfaden im Naturpark wie dem geologischen Lehr- und Landschaftspfad Bonstetten mit Infotafeln über die Entstehung des Alpenvorlandes, dem Natur- und Kulturerlebnispfad „Deuringer Heide" sowie dem Walderlebnispfad Aystetten mit der Möglichkeit, das Ökosystem Wald mit allen Sinnen kennenzulernen.

Der Waldlehrpfad Dinkelscherben bietet Einblicke in das vielfältige Tierleben des Waldes und auf dem Waldlehrpfad bei Zusmarshausen finden Besucher zahlreiche Informationen über Besonderheiten des teilweise über 200 Jahre alten Laubwaldes.

Lohnende Radtouren sind die Rundtour „Auf Ludwig Ganghofers Spuren" oder die 220 Kilometer lange, für Familien geeignete „7-Schwaben-Tour" durch den gesamten Naturpark.

Rothsee
(Bild Landratsamt Augsburg)

46 Kilometer lang führt die Rundtour „Schwäbische Mozartwinkel-Tour" von Wellenburg über Gessertshausen und Fischach auf den Spuren des Musikgenies. Empfehlenswert sind außerdem der Radfernweg „Wertach erleben" entlang des Flusses mit zahlreichen Sehenswürdigkeiten sowie Teile der „Schwäbischen Kartoffeltour", die durch Fischach und Mittelneufnach führt, wo in den beteiligten Wirtshäusern leckere Kartoffelgerichte auf die hungrigen Radwanderer warten. E-Biker finden an rund 20 Stationen in der Region kostenlose Ladestationen. Weitere Informationen erhalten Interessierte unter www.begegnungsland.de

Bei Familien sehr beliebt sind die Naherholungsanlagen der Region mit teilweise herrlichen Badegelegenheiten in natürlicher Umgebung. Hierzu gehören die Freizeitanlage Graben mit Naturbadesee, das Freizeitbad Titania in Neusäß, das Naherholungszentrum im ehemaligen Benediktinerkloster Thierhaupten mit Kinderspielplatz, Badeweiher und abwechslungsreichem Veranstaltungsprogramm und der landschaftlich reizvolle Rothsee bei Zusmarshausen. Im Sommer locken zudem das Naturfreibad Fischach und das Waldfreibad Dinkelscherben. Zur Bewegung an der frischen Luft laden auch der Generationenpark Oberottmarshausen, der Luitpoldpark Schwabmünchen sowie der Sport- und Freizeithügel „Ulrichs Höh" mit Aussichtsplattform und Rundblick über das Lechfeld im Freizeitpark der Stadt Königsbrunn ein, der im Winter von Rodelfans genutzt wird.

Die rund 400 Sportvereine im Landkreis bieten eine Fülle an Möglichkeiten für sportliche Betätigung und geselliges Vereinsleben. Ein dichtes Netz an Nordic-Walking-Routen, die

Infopavillon zur Schlacht auf dem Lechfeld
(Bild Norbert Liesz)

Blick auf Fischach
(Bild Landratsamt Augsburg)

von Vereinen betreut werden, steht Gesundheitssportlern zur Verfügung.

Arbeits- und Ausbildungsplätze und sorgen für geringe Arbeitslosigkeit.

Wirtschaft und Infrastruktur

Der Landkreis Augsburg liegt verkehrsgünstig zwischen den zwei Wirtschaftszentren Stuttgart und München. Die weit entwickelte Infrastruktur mit sehr gut ausgebautem Straßennetz und einem hervorragenden Bildungs-, Gesundheits- und Sozialwesen bietet beste Voraussetzungen für die Ansiedlung von Unternehmen. Als dynamische Wachstumsregion mit optimaler Wirtschaftsförderung gehört der Landkreis zu den wirtschaftlich stärksten Landkreisen in Bayern.

International erfolgreiche Unternehmen der chemischen, metallverarbeitenden, der Textil- und Nahrungsmittelindustrie sowie zahlreiche mittelständische Betriebe in Handwerk, Handel und im Dienstleistungsbereich bieten attraktive

Die Bevölkerungszahl hat sich in den letzten 40 Jahren fast verdoppelt. Die hohe Lebensqualität im Landkreis mit Wohngelegenheiten im Grünen, der Nähe zur Großstadt Augsburg, den vielfältigen Naherholungsmöglichkeiten im Naturpark Augsburg - Westliche Wälder, den abwechslungsreichen Kultur- und Freizeitangeboten und lebendigen Gemeinden sorgen für eine hohe Zufriedenheit bei den Bürgern des Landkreises.

Wichtige Adressen und Telefonnummern

Landratsamt Augsburg
Prinzregentenplatz 4
D-86150 Augsburg
Tel. +49 (0)821 3102 0
Fax +49 (0)821 3102 2209
info@lra-a.bayern.de
www.landkreis-augsburg.de

Naturpark Augsburg – Westliche Wälder

Der Naturpark Augsburg – Westliche Wälder erstreckt sich über ein 1200 Quadratkilometer großes Gebiet westlich von Augsburg. Er wird begrenzt von der Donau im Norden, von der Wertach im Osten und der Mindel im Westen. Mittelschwabens einziger Naturpark ist geprägt von Wäldern, Hügeln, landwirtschaftlichen Flächen und idyllischen Bachtälern. Rund 300 kleinere und größere Ortschaften liegen im Naturparkgebiet. Die weitläufige Naturlandschaft ist ein ideales Erholungs- und Urlaubsgebiet. Über 2500 Kilometer markierter Wander- und Radwanderwege führen durch den Naturpark.

Im Süden des Parks liegen die „Stauden", eine beliebte Freizeitlandschaft mit bewaldeten Hügeln, romantischen Tälern, Dörfern und Weilern. Das Gebiet wird auch „Mozartländle" genannt, weil hier die Vorfahren von Wolfgang Amadeus Mozart lebten.

Natur pur
(Bilder Naturpark Augsburg - Westliche Wälder e.V.)

In der Mitte des Naturparks liegt die „Reischenau", ein ehemaliges Niedermoorgebiet, in dem man noch heute seltene Tiere und Pflanzen findet. Von den Randhängen des ehemaligen Moors sind prächtige Ausblicke in das Talbecken und in das Zusamtal möglich.

Ausgedehnte Wälder und Hügel prägen die weitläufige Landschaft des „Holzwinkels" im Norden des Schutzgebiets. Das Gebiet ist ein Paradies für Radwanderer und Liebhaber einsamer Wanderungen. Hier, in der Gemeinde Welden lebte der Heimatdichter Ludwig Ganghofer. Seine Naturliebe hatte ihre Wurzeln in der heimatlichen Landschaft. Empfehlenswert ist der interessante Ganghofer-Rundweg südlich von Welden und das kleine Ganghofer-Museum (www.landgasthofzumhirsch.de).

Ganghofer-Rundweg

Der 1974 gegründete Verein „Natur-park Augsburg – Westliche Wälder" widmet sich neben dem Naturschutz und der Landschaftspflege unter dem Motto „Natur erleben im Naturpark" einem umfangreichen Naturführungsangebot mit vielen tausend Teilnehmern pro Jahr.

Im Naturpark-Haus

In Oberschönenfeld, 20 Kilometer südwestlich von Augsburg in einer alten Zisterzienserinnenabtei, befindet sich das Naturpark-Haus, das naturkundliche Informationszentrum des Naturparks. Die sehenswerte Dauerausstellung „Natur und Mensch im Naturpark" bietet auf unterhaltsame Weise mit den beiden sprechenden Bäumen Quercus und Fagus Informationen zu den Themenbereichen Wald und Forst, Kulturlandschaft und Erholung, Tiere und Pflanzen und vieles mehr. Regelmäßig bereichern Sonderausstellungen das Angebot im Haus. Öffnungszeiten des Naturparkhauses unter www.naturpark-augsburg.de / Naturpark-Haus.

Wandern

Naturerlebnispfade und Themenwege vermitteln neben dem Genuss beim Wandern auch interessante Informationen über diese uralte Kulturlandschaft vor den Toren von Augsburg. Besonders empfohlen seien hier der Walderlebnispfad „Am Horn" südlich Zusmarshausen, der Naturerlebnispfad Zusamaue, der Walderlebnispfad Oberschönenfeld, der Geologische Landschaftspfad und der LandArt-Weg in Bonstetten und der Naturerlebnispfad „Deuringer Heide" bei Stadtbergen. Infos im Naturpark-Haus oder unter www.naturpark-augsburg.de .

Oberschönenfeld

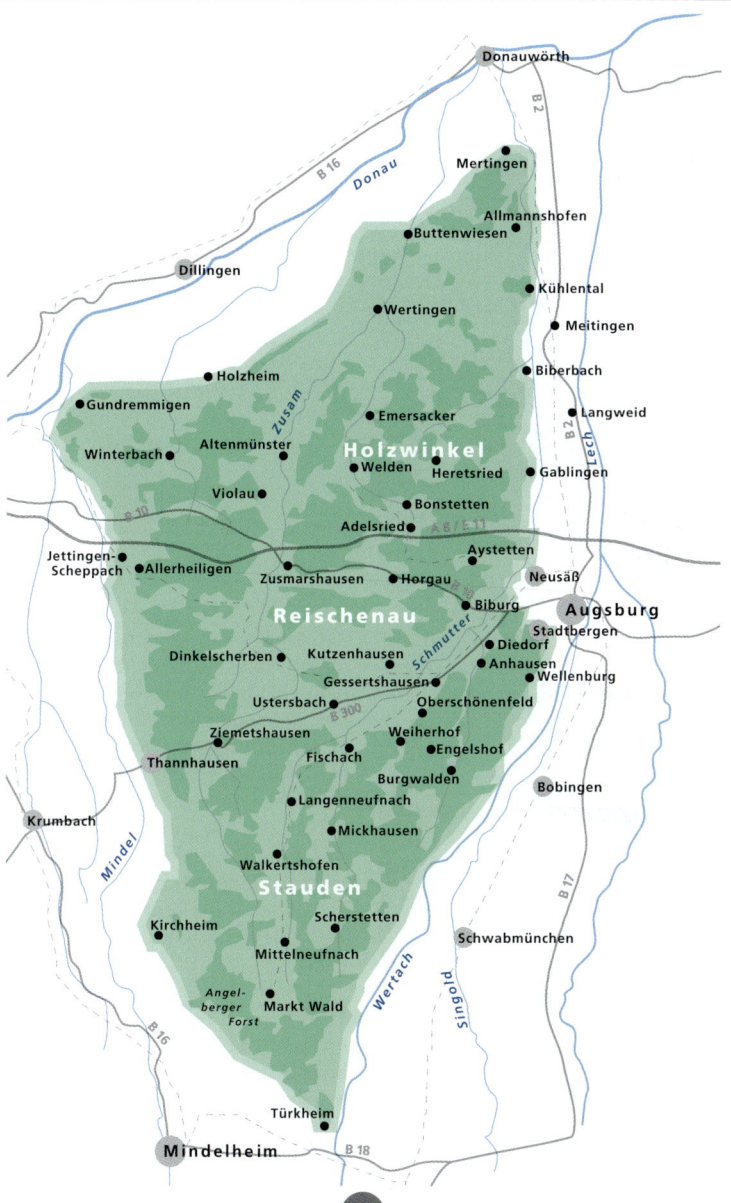

Donauwörth

Mertingen

Allmannshofen

Buttenwiesen

Dillingen

Kühlental

Wertingen

Meitingen

Holzheim

Biberbach

Gundremmigen

Langweid

Emersacker

Winterbach

Altenmünster

Holzwinkel

Welden

Violau

Heretsried

Gablingen

Bonstetten

Adelsried

Aystetten

Jettingen-
Scheppach

Allerheiligen

Zusmarshausen

Horgau

Neusäß

Reischenau

Biburg

Augsburg

Stadtbergen

Dinkelscherben

Kutzenhausen

Diedorf

Gessertshausen

Anhausen

Ustersbach

Oberschönenfeld

Wellenburg

Ziemetshausen

Weiherhof

Thannhausen

Fischach

Engelshof

Bobingen

Burgwalden

Langenneufnach

Krumbach

Mickhausen

Walkertshofen

Stauden

Kirchheim

Scherstetten

Schwabmünchen

Mittelneufnach

Angel-
berger
Forst

Markt Wald

Türkheim

Mindelheim

Radwandern

Als Weitwanderwege seinen der „Lueg ins Land" über 90 km von Türkheim nach Wertingen und der Jakobus-Pilgerweg zwischen Augsburg und Kirchheim erwähnt. Über 50 Rundwanderwege mit einer Länge von 5 – 10 km eignen sich für kleinere Touren.

Radwandern

Zahlreiche Radwanderwege im Naturpark laden zum genussvollen Radeln durch die reizvolle Landschaft ein. Lohnend sind die 27 km lange Holzwinkel-Rundradtour durch sechs Holzwinkel-Gemeinden, die Sieben-Schwaben-Tour, die über weitgehend flache 220 km rund um den Naturpark führt sowie der 20 km lange Witaquelle-Radrundweg im idyllischen Schmuttertal zwischen Gessertshausen und Fischach und noch viele mehr.

Baden

Im Sommer bieten sich naturnahe Badegelegenheiten im Rothsee bei Zusmarshausen, im Schnerzhofer Weiher bei Markt Wald sowie im Naturfreibad in Fischach an.

Landartstation Bonstetten

Besichtigungen

Christoph-Scheiner-Turm

Zu den vielen Sehenswürdigkeiten in den Orten des Naturparks gehören neben prächtig ausgestatteten Barockkirchen das Schwäbische Volkskundemuseum sowie das Staudenhaus in Oberschönenfeld und zahlreiche weitere Museen im Naturpark. Die Volkssternwarte mit Planetarium in Streitheim bei Zusmarshausen ist auch tagsüber einen Besuch wert. Infos unter www.naturpark-augsburg.de.

Wichtige Adressen und Telefonnummern

**Naturpark Augsburg -
Westliche Wälder e.V.**
Feyerabendstraße 2
D-86830 Schwabmünchen
Tel. +49 (0)821 3102 2278
Fax +49 (0)821 3102 1278
info@naturpark-augsburg.de
www.naturpark-augsburg.de

Schnerzhofer Weiher

Kloster Holzen
(Bild Landratsamt Augsburg)

Ein Fest für die Sinne

CreativCatering München/Augsburg

Wenn es um die festliche Bewirtung von Gästen mit kulinarischen Leckerbissen geht, kommt man im Raum München und Augsburg nicht um das in Königsbrunn ansässige Unternehmen herum. Mit feinem Sinn für das Außergewöhnliche und Köstlichkeiten von A bis Z verwöhnen die Caterer mit klassischen Menüs und Büffets, richten Stehempfänge ebenso aus wie Firmen- und Familienfeiern. Mit erlesenen Speisen, die aus bester Qualität von Spitzenköchen zubereitet werden, gelingt die perfekte kulinarische Inszenierung, die bei einem Erlebnisfest von Amusement, und Faszination durch professionelle Organisation und passende Dekorationen begleitet wird. Zu den Locations, die vom CreativCatering S&T bewirtet werden, zählen hoch angesehene Häuser in Augsburg wie das Kurhaus Göggingen und der Botanische Garten sowie das Schloss Nymphenburg und die Residenz in München, um nur einige zu nennen.

CreativCatering S& T
Stransky u. Treutler GmbH & Co.KG

Messerschmittring 34
D-86343 Königsbrunn
Tel. +49 (0)8231 96 110
Fax s+49 (0)8231 96 11 28
info@creativcatering-st.de
www.creativcatering-st.de

Qualität frei Haus

Brauerei Rapp

Die Geschichte der Brauerei Rapp in Kutzenhausen geht auf das Jahr 1893 zurück, als Georg Rapp die Hausbrauerei in Kutzenhausen kaufte, einen Eiskeller baute und sieben Gaststätten belieferte. Bis heute hat sich aus der Brauerei ein Unternehmen entwickelt, das köstliche Bierspezialitäten braut, ein umfangreiches Sortiment an Erfrischungsgetränken anbietet und das alles frei Haus zu den Kunden bringt.

So schmeckt Qualität

Die Mineralbrunnen der Brauerei Rapp liegen inmitten des Naturparks Augsburg Westliche Wälder. Aus 250 Metern Tiefe wird ein besonders bekömmliches Mineralwasser gewonnen, das der Herstellung der Erfrischungsgetränke dient.

Für die Bierspezialitäten der Brauerei verwendet man nur Wasser aus den eigenen Tiefbrunnen sowie Hopfen und Braugerste aus ausgewählten Anbaugebieten in der Region.

Das verleiht den Bieren, deren reiches Sortiment vom bayerischen Vollbier über das Pils bis zu feinwürzigem Export- und einem vollmundigen Märzenbier reicht, den unverkennbaren, typischen Geschmack.

Für die Herstellung des reichhaltigen Sortiments an Mineralwasser, Säften, Erfrischungs- und Fruchtsaftgetränken wird das natürliche Mineralwasser aus

der Rappen-Quelle verwendet. Ein besonderes Augenmerk wird bei der Herstellung auf die Qualität gelegt: Erst, wenn die Getränke im hauseigenen Labor die Qualitätskontrolle absolviert haben, erhalten sie die Freigabe zur Abfüllung. So können die Kunden sicher sein, mit qualitativ hochwertigen Getränken versorgt zu werden.

Der firmeneigene Heimdienst kommt ins Haus

Frischer geht es nicht – die Rapp-Verkaufsfahrer liefern sämtliche Biere, Erfrischungsgetränke sowie Mineralwässer direkt von der Brauerei im 14-tägigen Rhythmus an Kunden im Süddeutschen Raum. Pfandfrei, denn das Leergut der letzten Lieferung nehmen die Bierfahrer gleich wieder mit. Nachhaltig ist der Lieferservice allemal, denn die Brauerei Rapp verwendet ihre eigene Glas-Mehrwegflasche.

Brauerei Rapp KG

Augsburger Str. 14
D-86500 Kutzenhausen
Telefon Heimdienst
+49 (0)8238 30 91 11
heimdienst@brauerei-rapp.de
www.brauerei-rapp.de

Adelsried
Das Tor zum Holzwinkel

Adelsried
(Bilder Gemeinde Adelsried)

Die Gemeinde Adelsried (rund 2300 Einwohner) liegt rund 20 Kilometer nordwestlich von Augsburg am Rande des dicht bewaldeten Holzwinkels im Naturpark Augsburg – Westliche Wälder. Zur Gemeinde gehört der Ortsteil Kruichen und die Einöde Engelshof sowie das Wochenendgebiet Axtesberg. Adelsried zeichnet sich durch hohe Wohn- und Freizeitqualität und gute Verkehrsverbindungen aus.

Kurzer Blick ins Geschichtsbuch

Adelsried ist vermutlich eine Rodungssiedlung aus dem 11. Jahrhundert. Urkundlich erwähnt wurde der Siedlungsname bereits 919. Adelsried gehörte bis zur Säkularisierung 1803 zum Besitz des Chorherrenstifts Hei-

lig Kreuz aus Augsburg. 1818 wurde Adelsried mit dem Gemeindeedikt zur selbständigen Gemeinde.

Sehenswürdigkeiten

In und um Adelsried sind zahlreiche Werke des ortsansässigen Bildhauers Hans Malzer zu entdecken. Am Landrat-Dr.-Frey-Radweg (am südlichen Ortseingang) informiert eine Übersichttafel über die Exponate, die frei zugänglich sind.

Die sehenswerte Katholische Pfarrkirche St. Johannes der Täufer wurde 1733-35 im Barockstil errichtet.

1958 entstand bei Adelsried die erste Autobahnkirche Deutschlands „Maria, Schutz der Reisenden".

Bildstock Moosweiher

Freizeit und Sport

Die waldreiche Landschaft des Holzwinkels ist eine beliebte Wanderregion.

Radfahrer und Wanderer sind im Biergarten des örtlichen Hotels willkommen. Hier findet man auch eine E-Bike Ladestation.

Die Veranstaltungsreihe „Kult(o)ursommer im Holzwinkel" die im zweijährigen Turnus stattfindet, bietet von Mai bis Oktober ein abwechslungsreiches Programm für Jung und Alt.

Die Vereine in Adelried sind im sportlichen, kulturellen und gesellschaftlichen Bereich aktiv und bieten vielfältige Möglichkeiten für sinnvolle Freizeitgestaltung. Mit ihren unterschiedlichen Veranstaltungen tragen sie zum abwechslungsreichen Gemeindeleben bei.

Orts- und Infrastruktur

Adelsried ist durch die nahe Anschlussstelle der Autobahn A 8 mit dem Pkw sehr gut zu erreichen.

In der Gemeinde gibt es einen Kindergarten, eine Kinderkrippe und eine Grundschule mit Ferienbetreuung sowie eine Nachbarschaftshilfe.

Die Gesundheitsversorgung ist durch zwei Ärzte, einen Zahnarzt und eine Apotheke gesichert.

Weitere Informationen über die Region Holzwinkel sind in den Holzwinkelimpressionen nachzulesen – erhältlich im Buchhandel ISBN 978-3-00-035621-6

Wichtige Adressen und Telefonnummern

Gemeinde Adelsried
Dillinger Straße 2
D-86477 Adelsried
Tel. +49 (0)8294 8692 0
Fax +49 (0)8294 8692 40
info@gemeinde-adelsried.de
www.gemeinde-adelsried.de

Rathaus

Allmannshofen

Nördlichste Gemeinde im Landkreis Augsburg

Bürgerhaus Allmannshofen
(Bilder Gemeinde Allmannshofen)

Die ländlich geprägte Gemeinde All-mannshofen (rund 870 Einwohner) im Norden des Landkreises Augs-burg mitten im Naturpark Augsburg Westliche Wälder besteht aus den Ortsteilen Allmannshofen, Holzen, Hahnenweiler, Schwaighof und Brun-nenmahdsiedlung. Allmannshofen ist durch die guten Verkehrsverbindun-gen nach Augsburg, Donauwörth und Dillingen ein attraktiver Wohnort für junge Familien.

Kurzer Blick ins Geschichtsbuch

Allmannshofen entstand als Rodungs-siedlung im 11. Jahrhundert. Urkund-lich erwähnt wurde Allmannshofen erstmals im Jahr 1217. Die Gemeinde gehörte ab 1688 dem Kloster Hol-zen.

Seit 1803 gehörte Allmannshofen zu Bayern und wurde 1818 im Rahmen der bayerischen Verwaltungsreformen selbständige Gemeinde. In der Ge-meindegebietsreform im Jahre 1978 behielt die Gemeinde ihre Selbststän-digkeit und wurde mit 5 weiteren Ge-meinden Mitglied der Verwaltungsge-meinschaft Nordendorf.

Sehenswürdigkeiten

Kloster Holzen

Die barocke Anlage des ehemaligen Benediktinerinnen-Klosters in Holzen mit Ursprüngen im 12. Jahrhundert zählt zu den wichtigsten Sakralbauten in Bayerisch-Schwaben.

Die überaus sehenswerte Klosterkirche St. Johannes der Täufer aus dem Jahr 1704 überwältigt mit prachtvoller Barockausstattung, reichen Stuckaturen sowie wertvollen Figuren und Gemälden.

Kloster Holzen

Die Klosteranlage beherbergt eine Einrichtung mit Wohn- und Arbeitsmöglichkeiten für Menschen mit Behinderungen sowie ein Tagungshotel mit Gaststätte.

Auch die Katholische Pfarrkirche St. Nikolaus in Allmannshofen von 1711 mit barocker Innenausstattung ist einen Besuch wert.

Das unter Denkmalschutz stehende Gut Schwaighof mit großer Gartenanlage gehört zu den traditionsreichsten Trakehnergestüten Bayerns.

Freizeit und Sport

Im Gemeindegebiet und rund um das Kloster Holzen findet man schöne Rad- und Wanderwege. Seit 2016 gehört die Audiotour „Lauschen rund ums Kloster Holzen – zwischen Himmel und Erde" zu den „Bayerisch-Schwaben-Lauschtouren".
Infos unter www.bayerisch-schwaben.de/infomaterial

Veranstaltungen

Die Kirchberghalle in Allmannshofen bietet Raum für kulturelle Veranstaltungen und Feste, ist Dorfmittelpunkt und gesellschaftlicher Treffpunkt.

Die aktiven Vereine in der Gemeinde sorgen mit Festen und Veranstaltungen für ein abwechslungsreiches Jahresprogramm.

Der traditionelle Johannimarkt im Kloster Holzen im Juni gehört zu den schönsten Märkten Nordschwabens und zählt jedes Jahr tausende Besucher.

Johannimarkt

Wichtige Adressen und Telefonnummern

Gemeinde Allmannshofen
Kirchstraße 20
D-86695 Allmannshofen
Tel. +49 (0)8273 998687
Fax +49 (0)8273 998688
info@allmannshofen.de
www.allmannshofen.de

Altenmünster

Lebendige Gemeinde in intakter Natur

Die Gemeinde Altenmünster (über 4.000 Einwohner) liegt ca. 30 Kilometer nordwestlich von Augsburg im idyllischen Zusamtal. Sie besteht aus den neun Ortsteilen Altenmünster, Baiershofen, Eppishofen, Hegnenbach, Hennhofen, Neumünster, Unterschöneberg, Violau und Zusamzell. Die Gemeinde wird geprägt durch ein reges Vereinsleben in über 50 Musik-, Gesang-, Sport-, Freizeit- und Brauchtumsvereinen und die Lage im Naturpark Augsburg – Westliche Wälder mit Wäldern, Hügeln und Bachtälern, die vielfältige Freizeitaktivitäten mit großem Erholungswert ermöglichen.

Kurzer Blick ins Geschichtsbuch

Altenmünster kam im 9. Jahrhundert, als schon bestehender Ort zum Kloster Ellwangen, dann 1262 zum Kloster Oberschönefeld, blieb dort bis zur Säkularisation 1803 und wurde dann eigenständige Gemeinde.

Bei der Gemeindegebietsreform 1978 wurden 8 weitere Orte eingemeindet. Der Ort hatte schon immer eine Tauf- und Pfarrkirche und war somit auch Pfarrei.

Blick auf Altenmünster

Wallfahrtskirche St. Michael, Violau
(Bild Helene Weinold-Leipold)

Sehenswürdigkeiten

Die Gemeinde verfügt über einen reichen Schatz an sehenswerten Kirchen.

Die katholische Pfarrkirche St. Vitus in Altenmünster hat ihre Ursprünge im 15. Jahrhundert.

Im 17. Jahrhundert erfolgten mehrere Umbauten. Im reich ausgestatteten Innenraum stellt das Hauptdeckengemälde von 1796 das Martyrium des Kirchenpatrons St. Vitus dar. Weitere bedeutende Kunstwerke sind die Kanzel aus dem Jahre 1690 und das Ölgemälde „Maria mit dem schlafenden Jesusknaben" von 1719.

Der Pfarrhof Altenmünster wurde 1602 erbaut, er ist der älteste Pfarrhof im Zusamtal.

Das geschützte Ensemble des Angerdorfs Baiershofen mit der Katholischen Pfarrkirche St. Leonhard aus der ersten Hälfte des 18. Jahrhunderts ist einer der besterhaltenen Dorfanger in Bayern. Die Fresken und Kreuzwegbilder von Dominikus Zimmermann (1685-1766) in der Kirche sind sehr sehenswert.

Pfarrhof Altenmünster

Kapelle St. Johannes der Täufer

Die denkmalgeschützte katholische Kapelle St. Johannes der Täufer in Eppishofen von 1760 beeindruckt mit reicher Stuckverzierung und Fresken von Fridolin Kohler.

Die frühbarocke katholische Filialkirche in Unterschöneberg von 1620 ist ebenfalls sehenswert.

Die Pfarr- und Wallfahrtskirche St. Michael in Violau gehört zu den kunstgeschichtlich wichtigsten Gebäuden im Augsburger Raum. Die ursprüngliche Kirche war schon im 15. Jahrhundert Ziel für Wallfahrer. Zu Beginn des 17. Jahrhunderts wurde die heutige Kirche auf den Grundmauern der alten Kirche errichtet und Mitte des 18. Jahrhunderts im Rokokostil umgestaltet. Die üppige Innenausstattung mit reichem Stuckdekor

von Franz Xaver Feuchtmayer aus der Wessobrunner Schule und den wertvollen Deckenfresken von Johann Georg Dieffenbrunner sowie Gemälden von weiteren bedeutenden Künstlern stammt aus dieser Zeit.

Das große Deckenfresko ist Maria, der Trösterin der Betrübten und Mittlerin aller Gnaden gewidmet, die Fresken der Seitenschiffe stellen die Sieben Schmerzen Marias dar mit der Präsentation Jesu im Tempel, die Flucht nach Ägypten, die Suche nach dem zwölfjährigen Jesus im Tempel, die Begegnung von Maria und Jesus auf dem Kreuzweg, die Kreuzigung, Kreuzabnahme und Grablegung Jesu. Zur reichen, sehenswerten Ausstattung gehören weiter eine spätgotische Skulptur mit dem Haupt Johannes des Täufers, die prächtig gestaltete Kanzel von 1686, eine Skulpturengruppe von Anna selbdritt von 1710, der Hochaltar mit geschnitzter Kreuzigungsgruppe und vieles mehr.

In Violau kann man nach telefonischer Vereinbarung (Tel. +49 (0)8295 1097 oder +49 (0)8295 840) die Sternwarte mit Planetarium im Schullandheim der Diözese Augsburg besuchen.

Sträucherlehrgarten

Freizeit und Sport

Die Gemeinde Altenmünster liegt mitten im einzigartigen Naherholungsgebiet Naturpark Augsburg – Westliche Wälder. Zahlreiche reizvolle Rad- und Wanderwege mit hervorragender überörtlicher Anbindung laden zu sportlichen Aktivitäten ein.

Der besonders schöne Zusam-Radwanderweg durch das romantische Zusamtal führt durch das Gemeindegebiet.

Die Rad- und Wanderkarte zum Download ist unter: www.altenmünster.de (Gemeinde – Ortsplan) zu finden.

Einen von den Bayerischen Staatsforsten nachhaltig angelegten Biotopver-bund der besonderen Art findet der Naturliebhaber in dem weitläufigen Areal des Staatswaldes im Nordwesten von Altenmünster. Ausgangspunkt ist das zuletzt im Revier Altenmünster gestaltete Trittsteinbiotop an der bei den Waldbesuchern bekannten Sternhütte, ca. zwei Kilometer nordwestlich von Hennhofen. Vor Ort informiert eine Eichen/Lärchenholztafel den Erholungssuchenden über die Vielzahl und die räumliche Verteilung von Feuchtflächen, die in den letzten zwei Jahrzehnten im Bereich des Weisinger Forstes neu geschaffen oder der Natur zurückgegeben wurden. Die Anlage zahlreicher Trittsteinbiotope verfolgt nachhaltig das Ziel, die Zusamaue mit dem Donautalraum zu vernetzen. Auf einem selbst festgelegten Rundweg kann der Naturfreund auch Flächen bestaunen, die entlang des Weisinger

Mühle Altenmünster

Bruder-Klaus-Heim mit Sternwarte, Violau

Forstbaches zusammen mit der UNB Augsburg renaturiert und von der Gemeinde Altenmünster auf zwanzig Jahre für Ausgleichszwecke gepachtet wurden. Kehrt der Waldbesucher an seinen Ausgangspunkt zurück, lädt ihn die Hütte am Vopeliusstern mit dem neugestalteten Umgriff zum Verweilen ein.

Der am südöstlichen Eingang zum Weisinger Forst gelegene Sträucher-Lehrpfad wurde 2010 von den Bayerischen Staatsforsten (Revier Altenmünster) unter Mithilfe einer Klasse der Grundschule Altenmünster angelegt. Auf einem Rundweg wird dem Waldbesucher ermöglicht, auf kleinster Fläche die Vielfalt der Pflanzenwelt eines Waldrandes im Laufe des Jahres (Knospen, Blüten, Früchte, usw.) zu erkunden und zu erleben. Mittels einer Übersichtstafel und aufklappbarer

Schilder aus Eichenholz wird der interessierte Waldbesucher animiert, sein Wissen über die floristische und faunistische Vielfalt eines naturnah aufgebauten Waldmantels zu erweitern. Daneben kann man den herrlichen Ausblick auf das Zusamtal am überdachten Sitzplatz genießen oder man verweilt in der kleinen Brotzeithütte, um die morgendliche Stimmung dieses malerischen Ortes einzufangen.

Orts- und Infrastruktur

Altenmünster ist mit dem Auto durch die nahe Anschlussstelle Zusmarshausen der Autobahn A 8 von Ulm nach Augsburg leicht zu erreichen.

Nach Augsburg und Wertingen bestehen regelmäßige Busverbindungen des Öffentlichen Nahverkehrs des Augsburger Verkehrsverbundes.

Die günstig gelegenen Gewerbegebiete Altenmünster-Nord, Hennhofen und Unterschöneberg bieten attraktive Flächen für die Neuansiedlung von Unternehmen, die die Gemeinde unterstützt.

In der Gemeinde sind rund 300 Betriebe unterschiedlicher Branchen ansässig, von der Land- und Forstwirtschaft über das produzierende Gewerbe, Dienstleistungen sowie Handel und Verkehr.

Es gibt in Altenmünster zwei Kindergärten mit Kinderkrippen sowie eine Grundschule. Weiterführende Schulen sind in benachbarten Gemeinden über kurze Wege erreichbar, Gymnasien in Wertingen und Dillingen.

Die familienfreundliche Gemeinde bietet Familien attraktives Wohnbauland zu günstigen Preisen mit Kinderförderung an.

Die Gesundheitsversorgung ist durch Hausarzt, Zahnarzt, Pflegeheim mit Wohngruppenkonzept, Heilpraktiker, Apotheke und den Pflegedienst der nahen Sozialstation in Zusmarshausen gewährleistet.

Die tägliche Grundversorgung leisten Metzgereien, Bäckereien, Supermarkt, Getränkemarkt und Apotheke. Darüber hinaus sind Pizzaservice, Tankstelle und Textilladen ortsansässig.

Für Feriengäste stehen in Altenmünster mehrere gemütliche Ferienwohnungen, ein Seminar- und Gästehaus sowie ein großer Wohnmobilpark zur Verfügung.

Zur Stärkung können Gäste im ortsansässigen gut bürgerlichen Speiselokal mit Hotelbetrieb einkehren.

Intakte Natur in hügeliger Voralpen-Landschaft mit Ruhe ausstrahlenden Bachtälern und weitläufigen Wäldern bieten einen hohen Erholungswert.

Wichtige Adressen und Telefonnummern

Gemeinde Altenmünster
Rathausplatz 1
D-86450 Altenmünster
Tel. +49 (0)8295 9690 0
Fax +49 (0)8295 9690 40
info@altenmuenster.de
www.altenmuenster.de

233

Steckenhütte

Seminar- und Gästehaus

Maria Ward Haus

Das liebevoll eingerichtete Maria Ward Haus am Ortsrand von Altenmünster mitten im Naturpark Augsburg – Westliche Wälder ist der ideale Wohlfühlort, um sich vom Alltagsstress zu erholen, anderen Menschen zu begegnen, Heilung zu erfahren und Neues zu lernen. Das Haus bietet in friedvoller Atmosphäre ein breites Spektrum an Kuren, Therapien und Seminaren, die der Weiterbildung und persönlichen Entwicklung dienen.

Zum Angebot der Heilpraktikerin Beate Janisch gehören Ayurvedakuren, Frauenheilkunde, Psychotherapie und vieles mehr. Regelmäßige Yoga- und Meditationsgruppen sowie Kurse zur Selbsterfahrung und Burnout-Prävention runden das Programm ab.

Das Maria Ward Haus bietet mit passenden Räumlichkeiten auch die Möglichkeit, Seminare, Tagungen oder Feste durchzuführen. Hierfür stehen zwei Seminarräume mit 35 und 75 qm sowie 13 Zimmer plus Matratzenlager für bis zu 35 Personen zur Verfügung. Die Küche versorgt die Gäste mit vegetarischer Kost in Bio-Qualität.

Auch als Feriengast auf der Suche nach Erholung ist man im Haus herzlich willkommen und kann herrlich entspannte Urlaubstage verbringen. In den behaglich ausgestatteten Zimmern mit romantischem Charme kann man sich richtig wohl fühlen. Zusätzlich ist eine großzügige Ferienwohnung mit fünf Zimmern und großer Küche vorhanden. Sauna und ein 4000 qm großer parkähnlicher Garten mit Feuerstelle stehen den Gästen zur Verfügung. Die Gastgeberin Beate Janisch berät gern bei der Nutzung des umfangreichen Therapie- und Kurprogramms sowie der vielfältigen Freizeit- und Erholungsangebote.

Maria Ward Haus

Beate Janisch
Eppishofer Str. 18
D-86450 Altenmünster
Tel. +49 (0)8295 3350 058
maria-ward-haus@web.de
www.maria-ward-haus.de

Aystetten
Beliebte Wohngemeinde

Aystetten
(Bild Wikipedia, M. Penner, CC BY-SA 3.0)

Die Gemeinde Aystetten (rund 3.230 Einwohner) im schwäbischen Landkreis Augsburg liegt ca. 10 Kilometer nordwestlich von Augsburg im Naturpark Augsburg – Westliche Wälder.

Aystetten entstand als Rodungssiedlung im Spätmittelalter und wurde 1428 erstmals urkundlich erwähnt.

Zu den Sehenswürdigkeiten in Aystetten gehört die alte Dorfkirche „St. Martin" aus dem späten 15. Jahrhundert. Das 1785 erbaute Schloss Luisenruh ist in Privatbesitz und kann nur von außen besichtigt werden.

Das Schloss Aystetten mit Ursprüngen im 15. Jahrhundert wurde nach der Zerstörung im 30-jährigen Krieg 1693 neu erbaut. Im mit eindrucksvollen Stuckdecken ausgestatteten Schloss ist das sogenannte Porzellanzimmer mit wertvollen chinesischen Fayencen einen Besuch wert.

In den Wäldern des Naturparks finden Erholungssuchende zahlreiche Rad- und Wanderwege für ausgedehnte Touren. Durch Aystetten verläuft der beliebte Weldenbahn-Radweg mit Einkehrmöglichkeiten. Der Radfernwanderweg Via Julia entlang der alten Römerstraße von Günzburg nach Augsburg führt durch Aystetten.

Lohnend ist auch die Begehung des ca. 2,3 km langen Walderlebnispfades im Aystetter Wald mit sogenannten „Sinnesstationen" und Infotafeln.

Die beliebte, multifunktionale Freizeitarena in der Sebastian-Kneipp-Straße bietet vielfältige Möglichkeiten zur sportlichen Betätigung. Hier sind unter anderem Hockey, Fußball, Basketball, Volleyball und Tennis möglich.

Aystetten ist durch die nahe Anschlussstelle der Autobahn 8 von Stuttgart nach München gut zu erreichen.und ist durch Regionalbusse an das öffentliche Verbundnetz des Augsburger Verkehrsverbundes (AVV) angeschlossen.

Wichtige Adressen und Telefonnummern

Gemeinde Aystetten
Bäckergasse 2
D-86482 Aystetten
Tel. +49 (0)821 48018 0
Fax +49 (0)821 48018 20
rathaus@aystetten.de
www.aystetten.de

Biberbach

Zu Füßen der Burg

Nördlich von Augsburg liegt am westlichen Rand des Lech-Schmuttertales die schmucke Marktgemeinde mit ihren Ortsteilen Affaltern, Eisenbrechtshofen, Feigenhofen und Markt. An den Naturpark Westliche Wälder, der ein begehrtes Naherholungsgebiet darstellt, grenzen die Ortsteile Feigenhofen und Affaltern. Auf einer Höhe von 464 m ü. M. leben knapp 3.500 Einwohner.

Kurzer Blick ins Geschichtsbuch

Bereits im Jahr 1070, als Biberbach noch zum Herzogtum Schwaben gehörte, wurde es urkundlich erwähnt. Jakob Fugger erwarb die Ortschaft 1514 von Kaiser Maximilian I. Markt mit der auch heute noch weit sichtbaren Burg wurde Sitz der Fuggerschen Oberamts der Herrschaft Biberbach Im Jahr 1806 kam Biberbach zu Bayern.

Das Domstift Augsburg hatte die Grund- und Ortsherrschaft, die sie von Affaltern und dem Weiler Salmannshofen aus ausübte. Neben den Resten des Schlosses erinnert auch die Pfarrkirche St. Jakobus, St. Laurentius und zum Heiligen Kreuz noch heute an die Fugger.

Biberbach mit Wallfahrtskirche
(Bilder Marktgemeinde Biberbach)

Wallfahrtskirche innen

Sehenswürdigkeiten

Wallfahrtskirche
St. Jakobus

Der Grundstein für den fast vollständigen Neubau der heute reich im Rokoko-Stil ausgestatteten Wallfahrtskirche wurde am 16. Mai 1684 in Anwesenheit von Bischof Johann Christoph von Freyberg, von Pfarrer Anton Ginther und von Baumeister Valerian Brenner gelegt. Am Fest Kreuzauffindung, dem 3. Mai 1681, wurde die Heilige Messe zum ersten Mal vor dem Gnadenbild, einem großen romanischem Kruzifix, gefeiert. Das Gnadenbild ist im Volksmund als „Liabs Herrgöttle von Biberbach" bekannt. Am 15. September 1697 erfolgte die feierliche Einweihung des fertigen Kirchenneubaus. Das Lang-

haus wurde im 18. Jahrhundert. u. a. von Dominukus Zimmermann umgestaltet.

Liabs Herrgötttle

Burg Markt

St. Sebastian in Affaltern

Ursprünglich stand eine kleine Kapelle an der Stelle, an der die jetzige Pfarrkirche in den Jahren 1697 und 1698 erbaut wurde.

Burg Markt

Auf einem Bergrücken über dem Ortsteil Markt erheben sich majestätisch die Reste der Burg. Bereits im 14. Jh. war dort eine Burg erbaut worden, jedoch stammen die erhaltenen Gebäudeteile aus der Zeit um 1525, als die Fugger die Burg zum Schloss ausbauen ließen. Die beiden markanten Bergfriede und der doppelte Mauerring mit Strebepfeilern und Türmen stammen aus dem 16. Jh.

Im Hof der Burg findet sich die Schlosskapelle St. Johannes der Täufer, die von 1738 bis 1739 im Stil des

Barock von Simon Rothmiller erbaut wurde. Im Inneren der Kirche stammt der Stuck von Joh. Finsterwalder und die Fresken wurden von Joh. Georg Wolcker geschaffen. Die Figuren

Schlosskapelle

schuf Joseph Höchstetter und die Schnitzreliefs mit Weihnachtsdarstellungen um 1510 stammen aus dem Umkreis von Daniel Mauch.

Der bayerisch-schwäbische Teil des Jakobsweges, der durch Biberbach führt, führt den Wanderer auch auf den Markter Burgberg.

Freizeit und Sport

Die Lage der Marktgemeinde inmitten der Kulturlandschaft des Lech-Schmuttertales und an den schwäbischen Naturpark Westliche Wälder angrenzend, lädt zu Wanderungen und Erkundungen mit dem Fahrrad ein.

Orts- und Infrastruktur

Durch die ideale Verkehrsanbindung der Gemeinde ist sie zu einem be-

liebten Wohnort zwischen dem 21 Kilometer entfernten Augsburg und 28 Kilometer entfernten Donauwörth geworden. Durch die Anbindung an die Autobahn A8, die in nur 12 Fahrminuten erreichbar ist, beträgt die Fahrzeit in die Landeshauptstadt München nur 45 Minuten.

Wichtige Adressen und Telefonnummern

Marktgemeinde Biberbach
Rathausplatz 1
D-86485 Biberbach
Tel. +49 (0)8271 80 180
rathaus@biberbach.de
www.biberbach.de

Wallfahrtskirche und Pfarrhof

Bobingen

Lebens- und liebenswert

Die Stadt Bobingen (rund 17.000 Einwohner) mit den Stadtteilen Bobingen, Straßberg, Reinhartshausen, Burgwalden, Waldberg und Kreuzanger liegt ca. 12 km südlich von Augsburg an den Flüssen Wertach und Singold am Rand des Naturparks Augsburg – Westliche Wälder. Die familienfreundliche Stadt bietet mit hervorragender Infrastruktur und zahlreichen Freizeitmöglichkeiten beste Bedingungen für Einwohner und Besucher.

Kurzer Blick ins Geschichtsbuch

Der Ortsname geht auf den alemannischen Siedler „Pobo" aus dem 6. Jahrhundert zurück.

Die erste urkundliche Erwähnung stammt aus dem Jahre 933. Bobingen gehörte über die Jahrhundert zum Hochstift Augsburg. Mit dem Reichsdeputationshauptschluss kam Bobingen 1803 zu Bayern. Die Markterhebung erfolgte 1953, die Stadtrechte erhielt Bobingen im Jahr 1969. Zu den bekanntesten Söhnen der Stadt gehört der Schlagersänger Roy Black (1943-1991).

Sehenswürdigkeiten

Die Stadt ist reich an sehenswerten Kirchen und historischen Gebäuden. Die Wallfahrtskirche „Zu Unserer Lieben Frau" in der Lindauer Straße 39 wurde 1751 vom bischöflichen Hofbaumeister Franz Kleinhans errichtet und gilt als besonders gelungener Kirchenbau im Rokokostil. Die

Zentrum von Bobingen
(Bilder Stadt Bobingen)

Unteres Schlösschen

prächtig ausgestattete Kirche mit dem beeindruckenden Deckengemälde „Immaculata" von Franz Felix Rigl und einer großen Votivtafelsammlung wird gern für Hochzeiten genutzt.

Die spätgotische katholische Stadtpfarrkirche St. Felizitas in der Hochstraße stammt aus dem Jahre 1200. Der monumentale Bau birgt unter anderem eine Pieta von Lorenz Luidl und eine Ölberggruppe aus Sandstein aus dem 15. Jahrhundert. Das Hochaltarbild ist eine Kopie der „Kreuzigung" von Peter Paul Rubens.

Sehenswert ist auch die katholische Stadtpfarrkirche St. Laurentius in Reinhartshausen im barocken Stil aus dem 18. Jahrhundert mit prachtvoller Innenausstattung.

Zahlreiche historische Profanbauten im Bobinger Stadtgebiet sind einen Besuch wert.

Das Renaissancegebäude des Unteren Schlösschens in der Römerstraße 73 mit Barocksaal im ersten Stock bietet den Rahmen für kulturelle Anlässe, hochwertige Konzerte und Hochzeiten.

In der Galerie sind regelmäßige Kunstausstellungen des Kunstvereins zu sehen.

Das Mittlere Schlösschen in der Römerstraße 33 mit malerischem parkähnlichem Garten in Privatbesitz wurde 1630 als Sommerresidenz der Augsburger Fürstbischöfe errichtet.

Die Mittlere Mühle in der Römerstraße 53 aus dem 15. Jahrhundert wurde durch einen Förderverein in den 1991 bis 2006 aufwendig saniert und bietet heute den Rahmen für verschiedene Veranstaltungen. Sie kann auch für Privatveranstaltungen gemietet werden.

Freibad Bobingen

Veranstaltungen

Neben den Programmen des Unteren Schlösschens und der Mittleren Mühle bietet die Singoldhalle als modernes Kultur- und Tagungszentrum den passenden Rahmen für Messen, Märkte, Feste, Tagungen, Ausstellungen sowie ein umfangreiches Kulturprogramm mit Theater, Kabarett, Konzerten und vielem mehr.

Freizeit und Sport

Bobingen bietet mit seinen Freizeiteinrichtungen ein vielfältiges Angebot für Freizeitaktivitäten. Zahlreiche Vereine im kulturellen und sportlichen Bereich, Sporthallen und Außenanlagen wie das Leichtathletikstadion, der Basketballplatz und die Skateranlagen bieten vielseitige Möglichkeiten der Freizeitgestaltung. Im Singoldpark mit Kneippanlage, Laufstrecke, Minigolfplatz und Wasserspielplatz findet man Erholung.

Das städtische Hallen- und Freibad „Aquamarin" bietet fröhlichen Badespaß mit mehreren Schwimmbecken, Nichtschwimmerbecken, Sprungturm, einer 50 Meter langen Rutsche, Strömungskanal, Liegewiese, Solarium, Whirlpool und Gaststätte.

Der nahe Naturpark - Westliche Wälder bietet reizvolle Möglichkeiten für Wander- und Radtouren. Die Ostroute des Jakobsweges führt von Augsburg Richtung Lindau an Bobingen vorbei.

Die Hotels und Gasthöfe der Stadt verfügen über günstige Übernachtungsmöglichkeiten und vielfältige gastronomische Angebote.

Orts- und Infrastruktur

Durch die Bundesstraße B 17 östlich der Stadt ist Bobingen mit dem Pkw gut zu erreichen.

Die Eisenbahnstrecke von Augsburg nach Buchloe verläuft durch Bobingen. Der Bahnhof befindet sich östlich des Stadtzentrums. Der Augsburger Verkehrsverbund sorgt für Busverbindungen nach Augsburg und Schwabmünchen.

Neben zahlreichen Kinderbetreuungseinrichtungen stehen in Bobingen vier Grundschulen, eine Mittelschule, eine Staatliche Realschule, eine Krankenpflegeschule und die Volkshochschule als Bildungseinrichtungen zur Verfügung.

Die Gesundheitsversorgung ist durch eine Reihe von niedergelassenen Ärzten und die Wertachklinik gewährleistet.

Eine Reihe von Geschäften bieten gute Einkaufsmöglichkeiten für den täglichen Bedarf.

Die Stadt Bobingen ist dank ihrer industriellen Tradition und der günstigen Lage ein attraktiver Standort für Wirtschaftsunternehmen. Über 60% der sozialversicherungs-pflichtigen Arbeitsplätze in Bobingen sind im produzierenden Gewerbe zu finden. Bobingen ist ein Standort mit einem vielfältigen Branchenmix mit wachsendem Dienstleistungsanteil.

Die Wirtschaftsförderung der Stadt bietet differenzierte Flächenangebote für Unternehmen und Hilfen bei der Existenzgründung, um ansässige Firmen zu stärken und Neuansiedlungen zu erleichtern.

Wichtige Adressen und Telefonnummern

Stadt Bobingen
Rathausplatz 1
D-86399 Bobingen
Tel. +49 (0)8234 8002 0
Fax +49 (0)8234 8002 25
poststelle@bobingen.de
www.stadt-bobingen.de

Kulinarische Nacht

Bonstetten
Beliebter Wohnort

Die Gemeinde Bonstetten (rund 1330 Enwohner) im schwäbischen Landkreis Augsburg am Südhang des Staufenbergs ist Mitglied der Verwaltungsgemeinschaft Welden. Das im Jahr 1063 erstmals urkundlich erwähnte Bonstetten liegt gut 20 km nordwestlich von Augsburg und ist von ausgedehnten Wäldern des Naturparks Augsburg – Westliche Wälder umgeben.

Durch die günstige Verkehrslage nahe der Autobahn A 8 von Ulm nach Augsburg und die naturnahe Umgebung mit vielen Freizeitmöglichkeiten ist die Gemeinde ein beliebter Wohnort.

Die abwechslungsreiche Naherholungslandschaft mit zahlreichen Wander- und Radwegen lädt naturverbundene und Erholung suchende Menschen zu ausgedehnten genussvollen Toren ein.

Durch Bonstetten führt der Radweg von Neusäß nach Welden auf einer ausgebauten ehemaligen Eisenbahntrasse.

Empfehlenswert ist auch der 5,3 km lange Geologische Lehr- und Landschaftspfad mit interessanten Infotafeln über die Landschaftsgeschichte. Er führt über den Staufenberg, der sich rund 100 Meter über seine Umgebung erhebt und eine prächtige Aussicht bietet.

Wichtige Adressen und Telefonnummern

Gemeinde Bonstetten
Bahnhofstr. 4, D-86486 Bonstetten
Tel. +49 (0)8293 909 400
Fax +49 (0)8293 909 500
gemeinde@bonstetten.de
www.bonstetten.de

Emersacker
Sympathische Holzwinkelgemeinde

Die Gemeinde Emersacker (rund 1350 Einwohner) im schwäbischen Landkreis Augsburg ist Mitglied der Verwaltungsgemeinschaft Welden. Das im Jahre 1169 erstmals urkundlich erwähnte Emersacker liegt etwa 25 km nordwestlich von Augsburg am Rande des Holzwinkels im Naturpark Augsburg - Westliche Wälder.

Das Ortsbild wird geprägt vom eindrucksvollen ehemaligen Fuggerschloss, in dem heute das Rathaus, das neue Feuerwehrhaus, ein Vereinsheim mit Musikübungssaal und der Jugendtreff untergebracht sind. Sehenswert ist auch die reich ausgestattete Katholische Pfarrkirche St. Martin von 1717.

Zu den landschaftlichen Kleinoden der Umgebung gehört der Eisweiher zwischen Emersacker und Lauterbrunn, ein wertvolles Biotop mit geschützten Arten wie Biber und Eisvogel.

Die aktiven Vereine in Emersacker haben ein breites Angebot an sportlichen, geselligen und musischen Freizeitmöglichkeiten. Sie tragen mit ihren Festen und Veranstaltungen zum abwechslungsreichen Jahresprogramm in Emersacker bei wie das Pfarrfest Mitte September,

die Oster- und Weihnachtsbazare, der Oldtimertreff am Schloss und das Bauerntheater der Theatergruppe.

Wichtige Adressen und Telefonnummern

Gemeinde Emersacker
Im Schloß 1, D-86494 Emersacker
Tel. +49 (0)8293 7606
Fax +49 (0)8293 909627
poststelle@emersacker.de
www.emersacker.de

Heretsried
„Im Holzwinkel"

Die Gemeinde Heretsried (rund 960 Einwohner) im schwäbischen Landkreis Augsburg gehört zur Verwaltungsgemeinschaft Welden. Die im 13. Jahrhundert erstmals schriftlich erwähnte Gemeinde liegt etwa 15 km nordwestlich von Augsburg im Holzwinkel des Naturparks Augsburg – Westliche Wälder. Zu Heretsried gehören neben dem Hauptort das Kirchdorf Lauterbrunn und der Weiler Moorburg.

Das moderne Wahrzeichen der Gemeinde ist der 158 Meter hohe Fernsehturm auf dem Staufenberg.
Attraktives Ausflugsziel in der Umgebung ist der Burgstall auf dem Kirchberg am Eglesee, einem ehemaligen Moorgebiet. Am nordöstlichen Ortsrand von Heretsried kann man den „Hirschhof Herrenbichel" mit Damhirschen und einer heimatkundlichen Sammlung im Scheunengebäude mit

Gerätschaften aus früheren Zeiten besuchen.

Einen besonderen Kunstgenuss versprechen die Veranstaltungen des Griechischen Theaters der Familie Bernhard, die in ihrem Garten ein antikes Theater mit acht nach oben steigenden Sitzreihen für 250 Besucher eingerichtet hat. Von Juni bis August werden klassische Komödien, Konzerte, Kindertheater und Kabarett geboten.

Wichtige Adressen und Telefonnummern

Gemeinde Heretsried
Rathausplatz 1, D-86465 Heretsried
Tel. +49 (0)8293 9094 34
Fax +49 (0)8293 9094 36
rathaus@heretsried.de
www.heretsried.de

Diedorf

Aufstrebende Wohngemeinde

Diedorf
(Bild Wikipedia, P. Mieze, CC BY-SA 3.0)

Die Marktgemeinde Diedorf (rund 10.000 Einwohner) im schwäbischen Landkreis Augsburg liegt ca. 8 km westlich von Augsburg. Zu Diedorf gehören die Ortsteile Anhausen, Biburg, Hausen, Kreppen, Lettenbach, Oggenhof und Willishausen.

Das im Jahr 1056 erstmals urkundlich erwähnte Diedorf wird geprägt durch die reizvolle Umgebung des Naturparks Augsburg – Westliche Wälder mit vielfältigen Freizeit-möglichkeiten sowie einer guten Infrastruktur mit einem breiten Arbeitsplatzangebot und angenehmen Wohnumfeld.

Zu den Sehenswürdigkeiten in Diedorf gehören die Katholische Kirche St. Bartholomäus aus dem Jahr 1736, die Katholische Kirche Herz Mariä mit dem markanten 76 m hohen spitz zulaufenden Turm, die Katholische Kapelle St. Leonhard und Wolfgang aus dem Jahr 1766 mit wertvollen Fresken und Gemälden sowie die Lourdesgrotte im Bürgerpark.

Einen Besuch wert sind auch die Sternwarte auf dem Gelände der Grund- und Mittelschule sowie die Sammlung des privaten „internationalen maskenmuseums mi.stoehr" mit 5000 Masken aus aller Welt.

Die Diedorfer Landschaft bietet zahlreiche Wander- und Radwanderwege.

Die zahlreichen Diedorfer Vereine bieten ein breites Programm an Freizeitmöglichkeiten und tragen wesentlich zur Gestaltung des abwechslungsreichen Diedorfer Veranstaltungs-programms bei.

Das Internationale Theaterhaus EUKITEA in Diedorf bietet interessante Eigenproduktionen, Gastspiele, Workshops zum Mitmachen sowie Konzerte und Lesungen.

Die Diedorfer Schmutterhalle mit Mehrzwecknutzung ist beliebter Veranstalungsort für sportliche Wettbewerbe und kulturelle Veranstaltungen.

Wichtige Adressen und Telefonnummern

Markt Diedorf
Lindenstrasse 5
D-86420 Diedorf
Tel. +49 (0)8238 3004 0
Fax +49 (0)8238 3004 37
rathaus@markt-diedorf.de
www.markt-diedorf.de

Mozartweg bei Anhausen
(Bild Regio Augsburg Tourismus GmbH)

Dinkelscherben

Sehenswerter Ort in schöner Landschaft

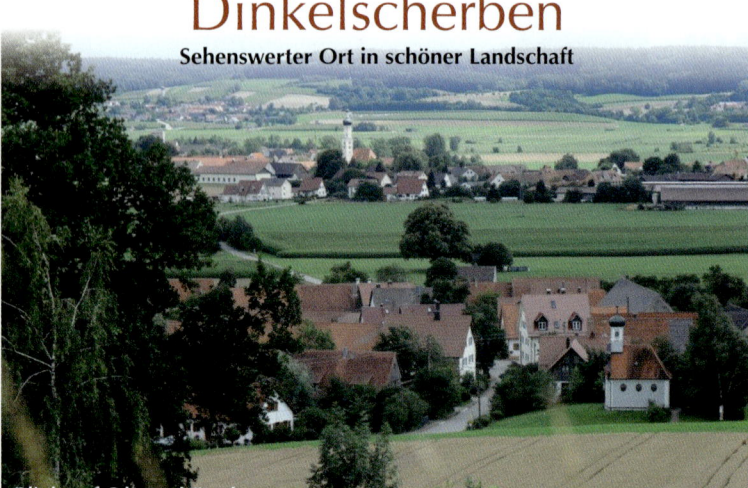

Blick auf Oberschöneberg
(Bilder Markt Dinkelscherben)

Der Markt Dinkelscherben (rund 6500 Einwohner) liegt etwa 25 km westlich von Augsburg in der Reischenau mitten im Naturpark Augsburg Westliche Wälder.

Der Markt besteht aus den Ortsteilen Anried mit dem Ort Engertshofen, Breitenbronn mit dem Weiler Holzara, Dinkelscherben mit dem Ort Au, Ettelried, Fleinhausen mit dem Mühlengut Elmischwang, Grünenbaindt, Häder mit den Orten Schempach und Neuhäder, Lindach, Oberschöneberg mit den Orten Saulach und Stadel sowie den Weilern Reischenau und Siefenwang und Ried mit dem Weiler Kühbach.

Dinkelscherben zeichnet sich durch eine hervorragende Infrastruktur (Kindergärten, Schulen, Ärzte, direkte Bahnverbindung sowie Nähe zur Autobahn) aus.

Eingebettet in wunderschöner Natur ist die Wohnqualität sehr hoch. Ebenso bieten sich in Dinkelscherben viele Freizeitmöglichkeiten.

Kurzer Blick ins Geschichtsbuch

Dinkelscherben ist im 11. Jahrhundert durch eine Waldrodung entstanden. Es wurde 1162 erstmals urkundlich erwähnt. Der Domstift Augsburg übte vom 15. Jahrhundert bis zur Säkularisation 1803 in Dinkelscherben die Herrschaft aus. 1514 erhielt Dinkelscherben das Marktrecht. Seit der Gebietsreform im Jahr 1978 besteht der Ort in seiner jetzigen Form.

Sehenswürdigkeiten

Das Gemeindegebiet ist reich an Kirchen, die einen Besuch wert sind. Neben 11 teils prachtvoll ausgestatteten Kirchen findet man 21 katholische Kapellen in Dinkelscherben und seinen zahlreichen Ortsteilen.

Die Katholische Kirche St. Anna aus dem Jahr 1530 dominiert weithin sichtbar mit dem 1566 auf 36 Meter erhöhten Turm mit dem markanten achteckigen Turmoberbau das Ortsbild. Das im 18. Jahrhundert im barocken Stil umgestaltete Gotteshaus ist im Innenraum reich geschmückt und mit Fresken ausgemalt.

Scherer-Galerie

Weitere bedeutende Kirchen in der Gemeinde sind die Katholische Pfarrkirche St. Simpert in Dinkelscherben aus dem Jahr 1979 mit wertvollen Figurengruppen aus früheren Jahrhunderten sowie die Kirchen in Anried, Breitenbronn, Ettelried, Fleinhausen, Grünenbaindt, Häder, Oberschöneberg und Ried.

Einen Besuch wert ist der ehemalige Burgstall der Burg Zusameck. Als Gebäude ist die Burgkapelle vollständig erhalten geblieben.

Die Sammlung des Heimatmuseums im Zehentstadel in der Augsburger Straße 27 umfasst heimatkundliche und kulturgeschichtliche Exponate sowie die einzigartige Scherergalerie, die eine große Auswahl an Werken der Malerfamilie Scherer aus Ettelried birgt. Das Museum ist an jedem ersten Sonntag im Monat von 13 – 16 Uhr und an Marktsonntagen von 10 – 16 Uhr geöffnet. Nähere Informationen unter www.heimatverein-reischenau.de.

Kirche St. Anna

Freizeit und Sport

Freibad

Die romantische Umgebung von Dinkelscherben bietet ein sehr gut ausgebautes Wanderwegenetz in herrlicher Natur. Empfehlenswert ist der ausgeschilderte Otto-Schneider-Rundweg, der am kleinen Parkplatz auf dem Kaiserberg beginnt und unter anderem an den Resten der Burg Zusameck vorbei führt.

Interessant ist der Kulturpfad, der seit 2003 historische Gebäude und Orte mit Stelen, die mit Informationen in Wort und Bild versehen sind, beschreibt. Derzeit gibt es 25 dieser kleinen Denkmäler.

Neben der großen Sportanlage am Kaiserberg mit Tennis- und Beachvolleyballplätzen, Trimm-Dich-Parcours im Wald gehört zu den beliebtesten Freizeiteinrichtungen in Dinkelscherben das idyllische Waldfreibad in der Burggasse mit unvergleichlichem Blick über die Reischenau. Das Bad hat von Mai bis September geöffnet und ist mit einem 50 m Schwimmerbecken, Sprungturm, Kinderrutsche, beheiztem Kinderplanschbecken, Kinderspielplatz, großer Liegewiese und einem Kiosk mit Sonnenterrasse ausgestattet.

Veranstaltungen

Höhepunkt der Veranstaltungen in Dinkelscherben ist der alle sieben Jahre aufgeführte historische Schäfflertanz. Die Schäfflertänzer ziehen ab dem Sonntag nach dem Drei-Königs-Tag, an den darauf folgenden Wochenenden, sowie am Gumpigen Donnerstag bis Faschingsdienstag durch die Straßen des Marktes.

Der alle drei Jahre stattfindende „Reischenauer Markstoi", die Kulturwochen im Markt Dinkelscherben,

Schäfflertanz

erfreut sich ebenso großer Beliebtheit wie das Dinkel-Festival im Sommer.

Beim Frühjahrs- und Herbstmarkt ist für die Gäste aus Nah und Fern vieles geboten.

Orts- und Infrastruktur

Eine gute Verkehrsanbindung ist durch die nahe gelegene Autobahn A 8 in Zusmarshausen und die Bundesstraße 300 gegeben. Dinkelscherben liegt an der Bahnstrecke Ulm – München. Im Halbstundentakt verkehren die Züge in beide Richtungen.

In der Gemeinde sind fünf Kindertagesstätten, eine Grund- und Mittelschule, eine Montessorischule und eine Sonderpädagogische Schule vorhanden.

Dinkelscherben verfügt über eine gute Gesundheitsversorgung mit Hausärzten, Fachärzten, Zahnärzten, Tierarzt, Apotheken und anderen Gesundheitseinrichtungen wie Physiotherapie- und Logopädiepraxis.

Für den täglichen Bedarf bietet Dinkelscherben eine breite Palette an Einzelhandelsgeschäften, Handwerksbetrieben und Dienstleistern.

Für Gäste stehen Gastronomie, Fremdenzimmer und Ferienwohnungen bereit.

Wichtige Adressen und Telefonnummern

Markt Dinkelscherben
Augsburger Str. 4 – 6
D-86424 Dinkelscherben
Tel. +49(0)8292 202 0
Fax +49(0)8292 202 23
info@dinkelscherben.de
www.dinkelscherben.info

Hospitalstiftung

Ehingen
Ländliche Gemeinde in idyllischer Landschaft

Die Gemeinde Ehingen (rund 1000 Einwohner) im schwäbischen Landkreis Augsburg ist Mitglied der Verwaltungsgemeinschaft Nordendorf und liegt etwa 30 km nördlich von Augsburg in einem Seitental der Schmutter. Zur Gemeinde gehört das Dorf Ortlfingen.

Kurzer Blick ins Geschichtsbuch

Bronzefunde aus der Zeit zwischen 2500 bis 1000 v. Chr. weisen darauf hin, das Ehingen zu den ältesten Dörfern in der Region gehört. Die Edlen von Ehingen wurden 1126 erstmals urkundlich erwähnt. Nach wechselnden Besitzern im Lauf der Jahrhunderte gehörte Ehingen seit 1803 zu Bayern und wurde 1818 durch das bayerische Gemeindeedikt selbständige Gemeinde.

Sehenswürdigkeiten

In Ehingen findet man zwei sehr sehenswerte Kirchen.

Die katholische Pfarrkirche St. Laurentius wurde von 1717 – 1736 erbaut. Der im Barockstil reich ausgestattete Innenraum zeigt ein großes Hochaltarbild mit dem Martyrium des Hl. Laurentius des Malers Johannes Zick, zwei lebensgroße Holzfiguren Johannes des Täufers und Johannes Nepomuks sowie weitere Gemälde der Seitenaltäre. Die Wände sind geschmückt mit den Holzfiguren der 12 Apostel und weiterer Heiliger.

Die spätgotische Anlage der katholischen Filialkirche Unsere Liebe Frau aus dem Jahr 1494, die mehrfach umgestaltet wurde, war früher weithin bekannte Wallfahrtskirche. Der

Ehingen
(Bilder Gemeinde Ehingen)

Kirche UnsereLiebe Frau

aus Holz gefasste Hochaltar aus dem Jahr 1500 mit der Pieta der schmerzhaften Muttergottes ist ebenso beeindruckend wie die Kreuzigungsgruppe aus dem Jahr 1515 an der Nordwand des Langhauses.

Freizeit und Sport

Die Natur-Kneippanlage am Käserbach ist ein beliebter Treffpunkt in Ehingen.

Die zahlreichen aktiven Vereine in Ehingen sorgen mit ihren Angeboten für vielfältige Möglichkeiten der Freizeitgestaltung und ein lebendiges Miteinander in der Gemeinde. Hierzu gehören sportliche, kulturelle und gemeinnützige Vereine wie die Chöre, die Freiwilligen Feuerwehren, der Sport- und Schützenverein und der Theaterverein.

Orts- und Infrastruktur

Im Ehinger Kindergarten wird besonderer Wert auf die musikalische Früherziehung gelegt.

Im Bereich der Grundschule bildet Ehingen mit den Gemeinden Allmannshofen, Ellgau und Nordendorf einen Schulverband. Die Kinder werden in den Schulhäusern in Nordendorf und Ellgau unterrichtet.

Wichtige Adressen und Telefonnummern

Gemeinde Ehingen
Hauptstraße 56
D-86678 Ehingen
Tel. +49 (0)8273 1200
Fax +49 (0)8273 995877
info@ehingen-gemeinde.de
www.ehingen-gemeinde.de

Ellgau
Liebenswertes Dorf am Lech

Die ländlich geprägte Gemeinde Ellgau (rund 1091 Einwohner) im Norden des schwäbischen Landkreises Augsburg gehört zur Verwaltungsgemeinschaft Nordendorf. Zu Ellgau gehört die Einöde Gut Herrlehof. Die Gemeinde liegt etwa 25 km nördlich von Augsburg in unmittelbarer Nähe des Flusses Lech und seiner Auwälder.

Kurzer Blick ins Geschichtsbuch

1126 wurde die Gemeinde erstmals urkundlich erwähnt. Nach wechselnden Besitzern gehörte Ellgau ab dem Reichsdeputationshauptschluss 1803 zu Bayern und wurde mit dem Gemeindeedikt 1818 selbständige Gemeinde.

Das Flößereiwesen auf dem Lech hatte für Ellgau große Bedeutung. Die jährlichen Überschwemmungen hörten nach der Flussregulierung 1910 und dem Kraftwerksbau 1950 auf.

Sehenswürdigkeiten

Lohnend ist der drei Kilometer lange Historische Rundgang mit 17 Stationen und Infotafeln, die an wichtige Orte und Ereignisse in Ellgau erinnern.

Zum Rundgang gehören: Altes Schulhaus, Gasthaus „Zum Floß", Eiskeller, Kegelbahn, Lehrerwohnung, Alte Schule, Kindergarten, Alte Dorfansicht, Mühle, Nepomukkapelle, Dorfweiher, Schlossgut, Koleffelplan, Ellgau um 1750, Floßlände, Lech mit Flößereiwesen, Überführ, Anwesen Grob-Rößle, Kirche St. Ulrich und der Pfarrhof.

Pfarrkirche St. Ulrich
(Bilder Gemeinde Ellgau)

254

Dorfplatz

Einen Besuch wert ist auch das Gut Herrlehof mit weitläufigem Park, heute Feriendomizil.

Die Alte katholische Pfarrkirche St. Ulrich mit Wurzeln im 15. Jahrhundert wurde 1766 im barocken Stil umgestaltet und ist heute Teil des Kirchenneubaus von 1993/94.

Freizeit und Sport

Die Umgebung von Ellgau bietet gute Möglichkeiten für Wanderungen und Radtouren in der schönen Natur entlang des Lechs. Mehrere Badeseen bieten Erfrischung an heißen Sommertagen.

Die sehr aktiven örtlichen Vereine bieten Möglichkeiten zur sportlichen, kulturellen oder gemeinnützigen Freizeitgestaltung. Zur Verfügung stehen ein Sportgelände, die neue Mehrzweckhalle und Vereinsheime.

Orts- und Infrastruktur

Ellgau ist durch die nahe Bundesstraße B 2 von Augsburg nach Donauwörth gut zu erreichen. Ellgau ist Mitglied im Augsburger Verkehrsverbund.

Die Gemeinde zeichnet sich durch die engagierte Beteiligung der Ellgauer Bürger an der Dorferneuerung aus. So konnten der Bau eines Vereinszentrums und die Neugestaltung des Dorfplatzes mit Neubau von Rathaus und Kindergarten erfolgreich durchgeführt werden.

Wichtige Adressen und Telefonnummern

Gemeinde Ellgau
Hauptstraße 25
D-86679 Ellgau
Tel. +49 (0)8273 91890
Fax +49 (0)8273 91891
info@ellgau.de, www.ellgau.de

Fischach

Mitten im Naturpark Augsburg – Westliche Wälder

Der Markt Fischach mit seinen Ortsteilen Aretsried, Reitenbuch, Siegertshofen, Tronetshofen, Willmatshofen, Wollmetshofen und seinen Weilern Heimberg, Itzlishofen, Lehnersberg und Todtenschläule liegt, eingebettet in eine wunderschöne, ursprüngliche Landschaft, umgeben von herrlichen Wäldern am Zusammenfluss von Neufnach und Erk (im weiteren Verlauf die Schmutter) mitten im „Naturpark Augsburg – Westliche Wälder", inmitten der „Stauden". Die Marktgemeinde mit ihren derzeit 4.721 Einwohnerinnen und Einwohnern ist im LEP als „Kleinzentrum" ausgewiesen und verfügt über moderne infrastrukturelle Einrichtungen.

Kurzer Blick ins Geschichtsbuch

Die Landschaft um Fischach bot bereits den Menschen der Frühzeit, der Römerzeit und zur Zeit der alemannischen Besiedelung gute Lebensbedingungen. Erstmals urkundlich erwähnt wurde Fischach „Viscaha" im Jahr 981 n.Chr.

In den ersten Jahrhunderten seines Bestehens unterstand Fischach dem Fränkischen Herrschergeschlecht. Zu Beginn des 14. Jahrhunderts fiel es an die Markgrafschaft Burgau, die im Besitz der Habsburger war. Eine Reihe von Grundherren, meist Klöster und

Fischach
(Bilder Markt Fischach, Franz Bauer und Markus Merk)

Stifte, hatten in Fischach bis zur Säkularisation 1803 Land- und Hofbesitz. Nach dem „Preßburger Frieden" 1805 wurde Fischach zusammen mit Schwaben nach Bayern eingegliedert. 1952 wurde die selbständige Gemeinde Fischach zum Markt erhoben.

Jüdische Geschichte

Jüdischer Friedhof

Von 1573 bis 1942 bestand in Fischach eine starke jüdische Gemeinde, wovon der jüdische Friedhof mit rund 400 Gräbern (der Friedhof kann nach Rücksprache mit der Gemeindeverwaltung besichtigt werden), die ehemalige Jüdische Schule, die ehemalige Synagoge und ein 1999 im Auftrag des Marktes Fischach errichteter Gedenkstein zeugen. Die bekannte „Sukkha" (Laubhütte) der jüdischen Familie Deller (1850), die im letzten Moment während der NS-Herrschaft vor der Zerstörung gerettet wurde, ist nunmehr als fester Bestandteil der Dauerausstellung zum Judentum im bekannten Israel-Museum in Jerusalem zu sehen.

Sehenswürdigkeiten

Neben Wällen und Gräben der Keltischen Viereckschanze „Brennburg" aus dem 2. Jahrhundert sind die Überreste der Ringwallanlage auf dem Buschelberg einen Besuch wert. Der Buschelberg (558 HM) war bereits in vorgeschichtlicher Zeit besiedelt. Die Anlage war eine der größten frühmittelalterlichen Burgwallanlagen und Ungarn-Schutzburgen Bayerisch-Schwabens zur Zeit der Ungarneinfälle und der Schlacht auf dem Lechfeld im Jahr 955 n.Chr.

Das „Mozarthaus" im Weiler Heimberg, das im Jahre 1486 beurkundet wurde, zeugt von den Stauden als Stammheimat der direkten Vorfahren des berühmten Komponisten.

Mozarthaus

Das Freiherrlich von Aufsess`sche Altenheim Schloss Elmischwang bei Wollmetshofen wird erstmalig im 15. Jahrhundert als Lehen des Augsburger Chorherrenstift St.Moritz urkundlich erwähnt. Durch die Wechsel seiner namhaften Besitzer u.a. die Fugger, die Freiherren von Schnurbein und die Freiherren von Stetten entwickelte sich Elmischwang allmählich

Schloss Elmischwang
in Wollmetshofen

zu einem stattlichen Herrensitz. Das heutige dreigeschossige Schloss ließ Alexander Freiherr von und zu Aufseß 1902 neu erbauen. Seit dem 01.01.1998 befindet sich das Altenheim in privater Trägerschaft der Freiherrlich von Aufseß'schen Altenheim Schloß Elmischwang GmbH. Das Altenheim ist eine vollstationäre Pflegeeinrichtung mit 44 Wohn- und Pflegeplätzen und erfreut sich größter Beliebtheit. Die Anlage ist umgeben von einem großzügigen Park mit altem Baumbestand, welcher bereits im 18. Jahrhundert unter Christoph David von Stetten angelegt wurde. Die dort stattfindenden zahlreichen Veranstaltungen und Schlosskonzerte sind immer einen Besuch wert.

Für Kunstliebhaber gibt es viel zu entdecken

Der bedeutende Kirchenmaler Leonhard Thoma (1864-1921), dessen Werke in vielen schwäbischen Kirchen zu sehen sind (eines seiner berühmtesten Werke ist das Hochaltarbild der St. Anna Basilika zu Altötting), wurde in Fischach geboren. Ihm zu Ehren pflanzte der Markt Fischach die sog. „Thoma-Linde".

Die spätklassizistische Pfarrkirche „St. Pankratius" in Aretsried wurde 1828 erbaut.

In der reich ausgestatteten Fischacher Pfarrkirche „St. Michael" von 1490, die im 18. Jahrhundert umgestaltet wurde, sind die Stuckarbeiten von Joseph Meitinger und die Deckenfresken von Franz Martin Kuen sehenswert. Die Kirche erfuhr 2016 eine Gesamtrestaurierung.

Die von zwei alten Linden umrahmte „St. Leonhardskapelle" in der Augsburger Straße aus dem 17. Jahrhundert wurde zu Ehren des wohl beliebtesten Heiligen Süddeutschlands erbaut.

Im Jahre 2002 wurde in Fischach auf dem Kölberberg die „Bruder-Klaus-Kapelle" eingeweiht.

Im beliebten Ausflugsziel Itzlishofen kann man die Kapelle „Maria Heimsuchung" aus dem Jahre 1868 besichtigen.

In der 1866 bis 1868 errichteten Kapelle „St. Laurentius" in Reitenbuch befindet sich eine spätgotische Pieta.

In Siegertshofen verdient die gotische Pfarrkirche „St. Nikolaus" von 1495 mit einer spätgotischen Marienkrönung und die „Sebastianikapelle" von 1690 mit einer prächtigen Holzfigur des Hl. Sebastian Aufmerksamkeit.

Auch die 1747 erbaute „St. Leonhards-Kapelle" in Tronetshofen ist einen Besuch wert.

Die Pfarrkirche „St. Vitus" in Willmatshofen wurde 1843 neu erbaut. Am Backsteinbau des Willmatshofer Kirchturmes kann man bemerkenswerte Terrakottafriese betrachten.

In der 1860 erweiterten Pfarrkirche „St. Jakobus d. Ä." in Wollmetshofen ist der gotische Chor erhalten geblieben. Sehenswert ist auch die am 30.04.1967 geweihte Mariengrotte in Wollmetshofen.

Freizeit und Sport

Die Landschaft um Fischach als Tor zu den Stauden mit Wäldern und romantischen Bachtälern ist ein ideales, aussichtsreiches Wander- und Radwandergebiet mit zahlreichen einladenden Gaststätten mit hervorragender regionaler Küche, die den Besucher in gemütlicher Atmosphäre kulinarisch verwöhnen und einen Ausflugstag harmonisch ausklingen lassen.

Urlauber und Geschäftsreisende finden komfortable und preisgünstige Zimmer in Gasthöfen, Pensionen und Privatquartieren. Nähere Auskunft über ReAL West e.V. 08236/962149, RES e.V. 08236/58121 sowie www.fischach.de

Das Fischacher Naturfreibad ist eine der attraktivsten Freizeitanlagen in der Region und bietet Badevergnügen pur. Besonderheit ist die biologische Selbstreinigung in einem separat angelegten Regenerationsteich. Das 28.000 qm große Gelände mit 2.400 qm Wasserfläche im Schwimmbereich ist mit natürlichen Sprungfelsen, einer Dreifach-Wasserrutsche, großer Liegewiese, einem Spielbach für Kinder mit einem Wasserdrachen, einem Beachvolleyballfeld, dem familiengeführten Kiosk sowie dem neu errichteten angegliederten Mehrgenerationenplatz mit Kinderrutsche, Kneipp-Anlagen, Bocciabahn, Seilrutsche, Balancierparcours und vielem mehr ausgestattet. Infos unter www.naturfreibad-fischach.de

Fischacher Naturfreibad

Staudenlandhalle

Im Fischacher Hallenbad stehen neben einem 17 x 8 m großen Schwimmbecken ein Whirlpool und eine Dampfsauna zur Verfügung.

Die Fischacher Staudenlandhalle bietet auf 2.311 qm Raum für kulturelle Veranstaltungen und dient auch als Sport- und Mehrzweckhalle. Das Foyer wird für verschiedenste Ausstellungen genutzt.

Über 50 Vereine aus den Bereichen Sport, Musik, Kultur und vielem mehr bieten ein breites Spektrum an Freizeitgestaltungsmöglichkeiten.

Beim Jacobus-Pilgerweg, der in Santiago de Compostella in Spanien endet und im Naturpark von Augsburg über Oberschönenfeld, Fischach, Ziemetshausen nach Kirchheim führt, sowie auf dem Meditationsweg Fischach-Kirchsiebnach spürt der Wanderer den Charme und die besondere Charakteristik dieser einzigartigen, ursprünglichen Landschaft.

Genuss pur findet sich auch auf der Radtour „Schwäbische Kartoffeltour", die durch Fischach führt sowie die Radrundtour „Schwäbischer Mozartwinkel" von Augsburg nach Fischach, die direkt am Mozarthaus zu Heimberg, einem Weiler des Marktes Fischach, endet. Einkehrmöglichkeit bietet hier das Mozartcafe beim Reiterhof Menner. Anmeldungen erforderlich.

Erfrischen kann sich der Wanderer und Radler an der herrlich gelegenen Wassertret- und Freizeitanlage im Ortsteil Willmatshofen mit Blick über das gesamte Schmuttertal.

Veranstaltungen

Zu den Märkten und Festen in Fischach gehören die wöchentlichen Bauernmärkte am Freitag, der Maimarkt am letzten Sonntag im Mai, der Kirchweihmarkt am 3. Sonntag im Oktober, die Hobbykünstlermärkte am 3. Sonntag vor Ostern und am Volkstrauertag im November, der Christkindlmarkt am 3. Adventswochenende, das Fischacher Volksfest im Mai und die Dorffeste in Willmatshofen und Aretsried im Juni/Juli sowie die zahlreichen Veranstaltungen im Naturfreibad.

Orts- und Infrastruktur

Fischach ist durch die Staatsstraße 2026 von Gessertshausen nach Langenneufnach sowie durch die nahe Bundesstraße 300 von Augsburg nach Krumbach gut zu erreichen. Es bestehen Buslinien mit Verbindungen nach Augsburg, Bobingen und Schwabmünchen sowie in Bälde die reaktivierte Staudenbahn nach Augsburg.

In Fischach bieten über 400 Gewerbebetriebe rund 2200 Arbeits- und Ausbildungsplätze. Größter Arbeitgeber ist die Molkerei Müller Milch mit Stammsitz in Aretsried mit rund 1200 Arbeitsplätzen.

Grund- und Mittelschule

Fischach inmitten des Naherholungsgebietes „Naturpark Augsburg – Westliche Wälder" bietet hervorragende Einkaufsmöglichkeiten mit zahlreichen Einzelhandelsgeschäften, mehreren Supermärkten sowie vielfältige Freizeit- und Erholungseinrichtungen.

Drei Arztpraxen und zwei Zahnärzte, Kliniken in den nahen Städten Augsburg, Bobingen und Schwabmünchen, eine Apotheke und mehrere Krankengymnastik-Praxen gewährleisten die gesundheitliche Versorgung.

Kindergarten St. Michael

Drei Kindertagesstätten, die Grund- und Mittelschule Fischach-Langenneufnach mit Mittagsbetreuung und Ganztagsangebot, eine Familienstation, die Gemeindebücherei, die VHS, die Musikschule Stauden e.V. u. v. mehr stehen als Bildungseinrichtungen zur Verfügung. Auch 12 Kinderspielplätze sind im Markt Fischach und seinen Ortsteilen angelegt.

Der Markt Fischach freut sich auf Sie.

Wichtige Adressen und Telefonnummern

Markt Fischach
Hauptstr. 16
D-86850 Fischach
Tel. +49 (0)8236 581 0
Fax +49 (0)8236 581 40
rathaus@fischach.de
www.fischach.de

Gablingen

Den dörflichen Charakter erhalten und trotzdem mit der Zeit gehen

Die Gemeinde Gablingen (rund 4830 Einwohner) liegt etwa 10 Kilometer nordwestlich von Augsburg. Zu Gablingen gehören die Ortsteile Lützelburg, Gablingen-Siedlung, Holzhausen und Muttershofen. Die ländlich geprägte Wohngemeinde an der Schmutter sowie am Naturpark Augsburg „Westliche Wälder" zeichnet sich durch eine gute Infrastruktur und günstige Verkehrsverbindungen aus.

Kurzer Blick ins Geschichtsbuch

Urkundlich erwähnt wurde Gablingen erstmals 1144, damals bereits ein bedeutendes Pfarrdorf. Die Herrschaft Gablingen gehörte von 1527 bis 1806 zum Besitz der Familie Fugger, die die Entwicklung des Ortes wesentlich prägten. 1818 entstand mit dem Gemeindeedikt die heutige Gemeinde.

Sehenswürdigkeiten

Die Pfarrkirche St. Martin mit gotischen Ursprüngen wurde 1734-38 vom bedeutenden Wessobrunner Baumeister Josef Schmutzer im Barockstil errichtet. Die Kirche mit prachtvoller Innenausstattung wird auch die Perle des Schmuttertals genannt.

Sie bietet zusammen mit dem unmittelbar daneben gelegenen ehemaligen Fuggerschloss hoch über der Schmutter einen imposanten Anblick.

Sehenswert ist auch die Pfarrkirche St. Georg in Lützelburg aus dem 17. Jahrhundert.

Einen Besuch wert ist das archäologische Museum in Gablingen, das Funde von der Steinzeit bis zum Mittelalter zeigt. Infos auf der Gablinger Webseite.

Gablingen
(Bilder Gemeinde Gablingen)

Rathaus

Freizeit und Sport

Die zahlreichen Vereine in Gablingen bieten vielseitige Möglichkeiten zur Freizeitgestaltung im kulturellen oder sportlichen Bereich. Sie sorgen mit ihren Festen und Veranstaltungen für ein abwechslungsreiches Jahresprogramm.

Der nahe Naturpark bietet mit einem Netz an Wanderwegen reichlich Gelegenheit für ausgedehnte, genussvolle Wanderungen.

Orts- und Infrastruktur

Gablingen ist durch die 6 km entfernte Autobahn A 8 von Stuttgart nach München bequem zu erreichen. Gablingen verfügt über einen Bahnhof an der Strecke Nürnberg – Augsburg. Es besteht eine Busverbindung nach Augsburg.

An Bildungsmöglichkeiten sind zwei Kindergärten, ein Hort und eine Grundschule vorhanden.

Die Gesundheitsversorgung ist durch zwei Ärzte, einen Tierarzt, eine Zahnarztpraxis und eine Apotheke und gesichert.

Die Gaststätten im Ort verfügen über ein vielseitiges gastronomisches Angebot.

Wichtige Adressen und Telefonnummern

Gemeinde Gablingen
Rathausplatz 1
D-86456 Gablingen
Tel. +49 (0)8230 8901 0
Fax +49 (0)8230 8901 40
rathaus@gablingen.de
www.gablingen.de

Gersthofen

Stark in Nordschwaben – Offen für alle

Zentrum von Gersthofen
(Bild Marcus Merk)

Die Stadt Gersthofen (rund 22.500 Einwohner) grenzt unmittelbar an den nördlichen Stadtrand von Augsburg. Zur Stadt gehören die im Rahmen der Gemeindegebietsreform in den 1970er Jahren eingemeindeten Stadtteile Batzenhofen, Edenbergen, Hirblingen und Rettenbergen, die sich mit dem infrastrukturellen Ausbau und der Ausweisung von neuen Baugebieten zu attraktiven Wohngebieten entwickelt haben.

Gersthofen zeichnet sich aus durch sehr gute Verkehrsverbindungen, eine weit entwickelte Infrastruktur, vielfältige Dienstleistungsangebote und Einkaufsmöglichkeiten sowie ein breites Kulturprogramm mit vielen Highlights.

Kurzer Blick ins Geschichtsbuch

Gersthofen

Gersthofen entstand aus einem alemannischen Dorf des 6./7. Jahrhunderts und gehörte bis zur Säkularisation im Jahr 1803 zum Besitz des Bistums Augsburg. Erstmals urkundlich erwähnt wurde Gersthofen im Jahr 969. Das idyllische Bauerndorf entwickelte sich im 20. Jahrhundert zum bedeutenden Handels und Industriestandort. 1950 wurde Gersthofen zum Markt, 1969 zur Stadt erhoben.

Batzenhofen

Batzenhofen am linken Schmutterufer wurde bereits im 8. Jahrhundert urkundlich erwähnt. Es gehörte dem Augsburger Frauenkloster St. Stephan und war lange Zentrale der ländlichen Besitzungen des Stifts, das 1750 das Schloss Batzenhofen baute. Dieses wurde im Rahmen des Denkmalschutzes saniert und ist heute eine attraktive Wohnanlage.

Edenbergen

Das westlich gelegene Edenbergen entstand im 11. Jahrhundert als Rodungssiedlung auf einem Höhenrücken und war bis 1803 im Besitz des Damenstiftes St. Stephan. Zu Edenbergen gehört auch der Weiler Gailenbach mit Schloss und Gutshof sowie die Gailenbacher Mühle.

Hirblingen

Hirblingen wurde als Siedlung alemannischen Ursprungs erstmals im 11. Jahrhundert urkundlich erwähnt.

Rettenbergen

Auch das direkt am Wald gelegene Rettenbergen wurde im 11. Jahrhundert als Rodungssiedlung gegründet. Das beliebte Ausflugsziel Peterhof liegt in Rettenbergen.

Sehenswürdigkeiten

Zu den bedeutenden Bauwerken in Gersthofen gehören die Alte Katholische Pfarrkirche St. Jakobus d. Ä. von 1854 und das imposante Gebäude des Wasserkraftwerks der Lechwerke. In Batzenhofen ist die Katholische Pfarrkirche St. Martin aus dem Jahr 1720 mit prachtvoller Innenausstattung im Barockstil sehenswert.

Das Schloss Gailenbach im Ortsteil Edenbergen aus dem 16. Jahrhundert mit Gutshof aus dem 17. Jahrhundert befindet sich heute in Privatbesitz.

Ebenfalls sehenswert sind die Katholische Pfarrkirche St. Blasius aus dem 18. Jahrhundert in Hirblingen und die Katholische Filialkirche St. Wolfgang aus dem 17. Jahrhundert in Rettenbergen.

Ballonmuseum Gersthofen

Ballonmuseum
(Bild Stadt Gersthofen)

Einen Besuch im europaweit einmaligen Gersthofer Ballonmuseum in der Bahnhofstraße 12 sollte man nicht versäumen. Das Museum lädt die Besucher zu einer interessanten Reise durch die Geschichte der Ballonfahrt ein. Präsentiert werden auf mehreren Etagen die Anfänge des Ballonfahrens in Deutschland, die Technik der Ballonherstellung, der Ballon im Dienst von Wissenschaft

Stadthalle
(Bild Stadt Gersthofen)

und Militär und vieles mehr. Im Wasserturm, dem Wahrzeichen des Museums, ist außerdem die beeindruckende Aeronautiksammlung der Ballonfahrerlegende Alfred Eckert ausgestellt.

Das Museum bietet eine Fülle von beliebten Veranstaltungen wie die alle zwei Jahre stattfindenden Kinderkulturtage und dem jährlich in Zusammenarbeit mit dem Freiballon Verein Augsburg initiierten „Museums-Cup". Es werden Führungen für Kinder und Erwachsene angeboten. Kinder können im Museum ihren Geburtstag fei-

ern. Infos unter www.ballonmuseum-gersthofen.de

Kunst und Kultur

Die Stadthalle Gersthofen mit einem breitgefächerten Kulturprogramm und hochkarätigen Besetzungen hat sich in gut 20 Jahren Betriebszeit große Beachtung auch über die Region Augsburg hinaus verdient.

Zahlreiche Märkte und Feste der Stadt und der Vereine tragen zur Gestaltung des bunten Jahresveranstaltungskalenders in Gersthofen bei.

Kulturina
(Bild Stadt Gersthofen)

Winterglühen
(Bild Stadt Gersthofen)

Die Hobbykünstlermärkte vor Ostern und vor Weihnachten im Rathaus erfreuen sich großer Beliebtheit. Maibaumfeier und Maimarkt am 1. Mai mit über 100 Buden laden zum Bummeln, Kaufen und Feiern ein.

Das Innenstadtfest „Kulturina" am ersten Wochenende im August, die einwöchige Kirchweih im Oktober und der Margeritenball in der Stadthalle im Herbst sind Höhepunkte im Jahresprogramm.

Bei Kindern und Erwachsenen ist das „Winterglühen", der Gersthofer Weihnachtsmarkt auf dem Kleinen Rathausplatz von Ende November bis Weihnachten, sehr beliebt. Die Kunsteisfläche auf dem Großen Rathausplatz lädt ab Ende Oktober bis zum Ende der bayerischen Weihnachtsferien im Januar zum Rundendrehen ein. Das aktive Vereinsleben bietet in Gersthofen und seinen Ortsteilen ganzjährig ein vielfältiges Programm an.

Das Kalenderjahr endet mit dem traditionellen Internationalen Silvesterlauf und der Silvester-Gala in der Stadthalle.

Winterglühen
(Bild Stadt Gersthofen)

Freizeit und Sport

Gersthofen bietet vielfältige Möglichkeiten zur aktiven Freizeitgestaltung durch die günstige Lage zwischen Lech und dem Naturpark Augsburg – Westliche Wälder. Spaziergänger und Freizeitsportler finden Erholung in den Parkanlagen der Stadt und auf den Rad- und Wanderwegen entlang des Lechs und im Naturpark.

Im Stadtgebiet findet man zahlreiche Sportplätze, Sporthallen und Sportanlagen sowie Spielplätze für Familien mit Kindern. Hierzu gehört die Sportarena des TSV Gersthofen mit zwei Kunstrasenflächen. Über 100 Vereine bieten Gelegenheit für sportliche Aktivitäten, soziales und kulturelles Engagement.

Der Freiballonverein Augsburg e.V. bietet am Startplatz am Alfred-Eckert-Weg die Möglichkeit der Teilnahme am spannenden Ballonsport. Infos unter www.augsburg-ballon.de

Das Hallenbad in der Brucknerstraße 1 a verfügt neben Lehrschwimmbecken und Sportbecken über einen Saunapark mit Wellnessbereich.

Gerfriedswelle

In Gersthofen findet man eines der schönsten Spaß- und Erlebnisfreibäder der Region.Von Ende Mai bis Mitte September freuen sich Wasserratten über ungetrübten Badespaß in der Gerfriedswelle in Gersthofen.

Das Bad bietet ein großzügig angelegtes Sportbecken mit Sprungturm, ein 900 qm großes Wellenbecken mit Sprudeltasse und Liegebucht, einen Wildwasserkanal, eine 50 Meter lange Großwasserrutsche und eine Breitwellenrutsche sowie einen Whirlpool und Dampfsauna.

Die Gerfriedswelle ist bei jedem Wetter geöffnet, alle Wasserbecken sind beheizt. Für Kinder stehen ein Kinderbecken, ein Kinderspielplatz mit Matschplatz und eine Wasserspielanlage für Kinder zur Verfügung.

Zwei Trampolins, ein Beachvolleyballfeld, ein Kunstrasenfeld und ein Fitnessfeld bieten Gelegenheit zur sportlichen Betätigung. Ein Kiosk mit Terrassenbereich sorgt für das leibli-

Gerfriedswelle
(Bild Stadt Gersthofen)

che Wohl der Badegäste. Öffnungszeiten: Im Mai: von 9.00 bis 19.00
Uhr. Von Juni bis August: von 9.00 bis
20.00 Uhr. Im September: von 9.00
bis 19.00 Uhr.
Infos unter www.gersthofen.de

Orts- und Infrastruktur

Gersthofen ist mit dem Pkw über die
A 8 und die vierspurigen B 2 und B
17 gut zu erreichen.

Vom Gersthofer Bahnhof an der
Bahnstrecke Augsburg – Nürnberg
gibt es stündliche Verbindungen nach
München und Donauwörth. Bus- und
Straßenbahnlinien verbinden Gerst-
hofen mit Augsburg.

In Gersthofen stellen mittelständische
und international tätige Unternehmen über 12.000 Arbeits- und Ausbildungsplätze zur Verfügung.

Die Unternehmen profitieren von der
günstigen Lage und der hervorragenden Infrastruktur mit guten Entwick-
lungsmöglichkeiten.

Viele junge Familien in Gersthofen
schätzen die günstigen Wohnmöglichkeiten und die familienfreundlichen Angebote der Stadt mit hochwertiger Kinderbetreuung, einem
breiten Schulferienprogramm und
zahlreichen Kinderspielplätzen.

Die Bildungseinrichtungen in Gersthofen bieten vier Grundschulen, eine
Förderschule, eine Mittelschule, das
Paul-Klee-Gymnasium, die International School Augsburg und eine Musikschule.

In Gersthofen und seinen Ortsteilen
findet man ein breites Angebot an
Übernachtungsmöglichkeiten.

Die gastronomischen Betriebe bieten
eine reichhaltige Auswahl an kulinarischen Speisen.

Wichtige Adressen und Telefonnummern

Stadt Gersthofen
Rathausplatz 1
D-86368 Gersthofen
Tel. +49 (0)821 24 91 0
tourismus@gersthofen.de
www.gersthofen.de

Ballonmuseum Gersthofen

Die Geschichte der Ballonfahrt hautnah

Der uralte Menschheitstraum vom Fliegen wurde Ende des 18. Jahrhunderts durch die ersten Ballonfahrten der Gebrüder Montgolfier Wirklichkeit.

Im europaweit einmaligen Ballonmuseum Gersthofen kann man auf 1200 qm Ausstellungsfläche in mehreren Etagen des Museumsbaus am ehemaligen Gersthofer Wasserturm die faszinierende Geschichte des Ballonfahrens entdecken.

Der Rundgang beginnt im Foyer, wo die Besucher über die Anfänge des Ballonfahrens in Deutschland informiert werden. Hier kann man den Ballon „Erdlieb" und die prächtige „Gondolfiere" des Barons von Lütgendorf bewundern, der 1786 von Augsburg aus erste Versuche mit der Ballonfahrt startete. Im 2. Obergeschoss werden ausführlich die Technik der Ballonherstellung und die tech-

nischen Grenzen der Ballonfahrt dokumentiert. Mutige betreten den begehbaren Ballonkorb, der „frei schwebt".

Das 1. Obergeschoss informiert anschaulich über den Ballon im Dienst von Wissenschaft und Militär. Hier erfährt man auch vieles über Rekorde und Katastrophen in der Ballonfahrt.

Der Nachbau der „Piccard-Gondel" steht zum Einsteigen bereit!

Im Erdgeschoss können die Besucher die Begeisterung für die Ballonfahrt sowie das Ballonfahren als Freizeitvergnügen an verschiedenen Hörstationen und Gucklöchern nachvollziehen.

Das Untergeschoss des Museums zeigt eine Fotogalerie mit Ballonimpressionen und bietet Raum für Sonderausstellungen und Veranstaltungen.

Im Wasserturm wird die Aeronautiksammlung der Augsburger Ballonfahrerlegende Alfred Eckert gezeigt. Als Belohnung für den Aufstieg kann man vom Turm aus das Panorama des Augsburger Landes in vollen Zügen genießen.

Im Museumsshop findet man Bücher, Postkarten, Sammlerobjekte und vieles mehr für Kinder und Erwachsene zum Thema Ballonfahren.

Das Museum bietet für Familien und Schulklassen Führungen und Workshops an, die mit attraktiven, erfahrungsorientierten Programmen die Geschichte der Ballonfahrt lebendig werden lassen.

Öffnungszeiten:

Mo. und Di. geschlossen.
Mi. 13–17 Uhr, Do. 10–19 Uhr,
Fr. 13–17 Uhr geöffnet.
Sa., So. und Feiertage 10 – 17 Uhr.
Geschlossen:
24./25./31.12. und 01.01.

Ballonmuseum Gersthofen

Bahnhofstraße 12
D-86368 Gersthofen
Tel. +49 (0)821 2491 506
Fax +49(0)821 2491 509
ballonmuseum@gersthofen.de
www.ballonmuseum-gersthofen.de

Typisch bayerisch

Wirtshaus zum Strasser

Bayerisch-schwäbische Küche in bester bodenständiger Qualität, manchmal klassisch gekocht, manchmal leicht und mediterran. So präsentiert sich kulinarisch das Wirtshaus zum Strasser in Gersthofen. Unmittelbar zwischen Gersthofener Rathaus und der Stadthalle gelegen, findet sich das renommierte und traditionsreiche Wirtshaus. Ein bayerisch-modern anmutendes Ambiente empfängt den Gast. Geradlinig verarbeitete helle Hölzer bilden in Verbindung mit dunkelbraun gesetzten Akzenten einen einladenden und heimeligen Charme, und das Beleuchtungskonzept trägt das seine zum gemütlichen Charakter des Hauses bei. Hier führt einer der renommiertesten Gastronomen der Region Regie –

Christian Baumüller, allseits bekannt vom Andechser Wirtshaus in Mering. Er steht für erstklassige Qualität und Frische der verwendeten regionalen Produkte, die in seiner Küche zu edlen Speisen zubereitet werden. Die vielfältigen Bierspezialitäten der

Brauerei Kühbach, die hier exklusiv zum Ausschank kommen, stammen aus dem Wittelsbacher Land und bringen ein Stück Altbayern nach Schwaben. Mit einem gastfreundlichen und aufmerksamen Service werden die Köstlichkeiten aus Küche und Keller in den gediegenen Gasträumen serviert, zur Wahl stehen 115 Sitzplätze in der Wirtsstuben und 70 Plätze im Bistro. Bei schöner Witterung steht der große Biergarten auf dem Rathausplatz für Entspannung und Genuss zur Verfügung. Auch für private Feierlichkeiten wie Hochzeiten und Jubiläen oder für Firmenveranstaltungen wie Tagungen und Seminare findet man im Strasser ideale Räumlichkeiten. So bietet der auffallend schöne Festssal im Obergeschoß je nach Bestuhlung bis zu 250 Gästen Platz, während das rustikale Backstein-Gewölbe im Keller – eine außergewöhnlich stimmungsvolle Location für gesellige Runden – für maximal 100 Personen ausgelegt ist.

Wirtshaus zum Strasser
Augsburger Str. 1
D-86368 Gersthofen
Tel. +49 (0)821-74 73 08 18
info@wirtshaus-zum-strasser.de
www.wirtshaus-zum-strasser.de

Gessertshausen

Das Tor zur Staudenregion

Die Gemeinde Gessertshausen (rund 4300 Einwohner) im schwäbischen Landkreis Augsburg liegt etwa 15 Kilometer westlich von Augsburg und bildet zusammen mit Ustersbach die Verwaltungsgemeinschaft Gessertshausen. Zur Gemeinde gehören die Ortsteile Gessertshausen mit dem Weiler Dietkirch und dem Kloster Oberschönenfeld, die Dörfer Deubach, Döpshofen, Margertshausen, Wollishausen und Weiherhof mit dem Weiler Engelshof.

Gessertshausen liegt mitten im Naturpark Augsburg Westliche Wälder und im Naherholungsgebiet des Schmutter- und Schwarzachtales. Das Kloster Oberschönenfeld ist eines der meistbesuchten Ausflugsziele im Landkreis.

Kurzer Blick ins Geschichtsbuch

Urkundlich erwähnt wurde Gessertshausen erstmals um das Jahr 1150. Bis zur Säkularisation 1803 übte das im Jahr 1211 gegründete Kloster Oberschönenfeld die Grundherrschaft aus.

Der Weiler Dietkirch ist durch die 1723 erbaute Taufkirche des Südtiroler Baumeisters Franz Beer in der weiten Umgebung bekannt.

Deubach wurde 1070 erstmals erwähnt. Vom ehemals mitten im Dorf gelegenen Schloss ist heute nur noch die Kapelle, heute Dorfkirche, vorhanden.

Döpshofen ist vermutlich im 11. Jahrhundert als Rodungssiedlung enstanden. Die 1601 errichtete Scheppacher Kapelle östlich von Döpshofen ist weithin bekannt als Marienwallfahrtsort.

Die ehemals selbständige Gemeinde Margertshausen wurde vermutlich bereits im 8. Jahrhundert gegründet.

Wollishausen wurde bereits 969 erstmals urkundlich erwähnt. Es wurde durch die Baumeisterfamilie Dossen-

Gessertshausen
(Bilder Gemeinde Gessertshausen)

Kloster Oberschönenfeld

berger bekannt, die 1747 die Dorfkapelle erbauten. Die mit bedeutenden Fresken von Johann Georg Lederer ausgestattete Kapelle wird auch als die Wieskirche des Schmuttertales bezeichnet.

Sehenswürdigkeiten

Oberschönenfeld

Unbedingt einen Besuch wert ist das Gelände des Zisterzienserinnen-Klosters Oberschönenfeld im idyllischen Schwarzachtal, das kulturelle Zentrum des Naturparks. Neben den zahlreichen eindrucksvollen Gebäuden des Klosters findet man hier das Schwäbische Volkskundemuseum und das Naturpark-Haus.

Die Abteikirche Mariä Himmelfahrt mit Ursprüngen im 13. Jahrhundert wurde 1718 – 1721 erbaut und im weiteren 18. Jahrhundert im Stil von Barock und Rokoko ausgestaltet. Der Innenraum ist mit Stuck und prächtigen Fresken prachtvoll geschmückt. Weitere Klostergebäude sind der Klosterladen, das Klostergasthaus, der Konventbau, die Klosterbäckerei sowie das Besucherzentrum.

In den ehemaligen Wirtschaftsgebäuden der Abtei zeigt seit 1984 das Schwäbische Volkskundemuseum volkskundliche Sammlungen aus dem alltäglichen Leben der Menschen in Bayerisch-Schwaben in den letzten 200 Jahren mit Dauer- und Sonderausstellungen über Geschichte, Kultur und Brauchtum.

In der Schwäbischen Galerie im ehemaligen Bräumeisterhaus kann man seit 2003 zeitgenössische Kunst und Retrospektiven schwäbischer Künstler besichtigen.

Kirche in Deubach

Auch das naturkundliche Informationszentrum des Naturparkvereins, das Naturpark-Haus, findet man im Kloster Oberschönenfeld. Die Dauerausstellung „Natur und Mensch im Naturpark" informiert über die Themenbereiche: Wald und Forst, Kulturlandschaft und Erholung, Natur, Tiere und Pflanzen, Klimawandel, Neobioten, Energiewende und vieles mehr. Zwei sprechende Bäume führen durch die Ausstellung und machen mit einem Großdiorama und Rätseln den Besuch zu einem spannenden Erlebnis.

Empfehlenswert ist die Begehung des Walderlebnispfades in Oberschönenfeld.

Freizeit und Sport

Die Naherholungsgebiete des Schmutter- und Schwarzachtales in der Gemeinde bieten zahlreiche Möglichkeiten für Wanderungen und Na-

turerlebnisse. Das Schmuttertal ist ein ausgewiesenes Gebiet nach der EU-Richtlinie zur Erhaltung der natürlichen Lebensräume sowie der wildlebenden Tiere und Pflanzen von europaweiter Bedeutung.

Bach Schwarzach

In Gessertshausen stehen für sportliche Betätigung zahlreiche Einrichtungen zur Verfügung.

Neben Kinderspielplätzen, Sportplätzen und Tennisplätzen sind zwei Turnhallen vorhanden.

Die vielfältigen kulturellen Einrichtungen und Vereine in der Gemeinde bieten eine breite Palette an Möglichkeiten zu sinnvoller Freizeitgestaltung.

Veranstaltungen

Die 67 Vereine in Gessertshausen tragen wesentlich zu einem abwechslungsreichen Veranstaltungskalender bei. Zum „Gaudiwurmumzug" am Faschingsdienstag, veranstaltet vom Carnevals Club Deubach kommen jährlich tausende Zuschauer.

Der stimmungsvolle Weihnachtsmarkt am 3. Adventswochenende in Oberschönenfeld zieht zahlreiche Besucher aus nah und fern an.

Orts- und Infrastruktur

Gessertshausen ist mit dem Auto durch die Bundesstraße 300 von Augsburg nach Krumbach gut zu erreichen. Der Bahnhof Gessertshausen liegt an der Bahnstrecke Augsburg-Ulm.

Die Gesundheitsversorgung in der Gemeinde ist durch mehrere Arztpraxen, Therapeuten und eine Apotheke gewährleistet.

Eine Kindertagesstätte und eine Grundschule sind vorhanden.

Einzelhandel, Gewerbe- und Dienstleistungsbetriebe sichern den täglichen Bedarf.

Wichtige Adressen und Telefonnummern

Rathaus Gessertshausen
Hauptstraße 31
D-86459 Gessertshausen
Tel. +49 (0)8238 3006 0
Fax +49 (0)8238 3006 10
info@gessertshausen.de
www.gessertshausen.de

277

Idyll in Oberschönenfeld

Im Geist der Schlichtheit und Ordnung

Zisterzienserinnenabtei Oberschönenfeld

„Sie sind uns herzlich willkommen!" heißt es in einladender Weise auf der Homepage der Zisterzienserinnenabtei Oberschönenfeld, in der die Schwestern nach den Regeln des Heiligen Benedikts das Evangelium leben. Das im Mittelalter gegründete Kloster liegt im Naturpark „Augsburg Westliche Wälder" rund 20 Kilometer südwestlich von Augsburg. Am Kloster vorbei führen die

Jakobus-Pilgerwege. Die Gebäude der Abtei wirken vor allem durch ihre Größe und Proportionen, nicht durch aufwendigen Schmuck oder pompöse Architektur, was den Geist der Schlichtheit und Ordnung des Ordens widerspiegelt. Sehenswert ist die Oberschönenfelder Barockkirche mit ihrer Zwiebelkuppel, die trotz Stuck und Fresken eine erhabene Einfachheit ausstrahlt. Im Inneren wurde sie im Augsburger Rokokostil durch Künstler aus dem Umfeld der Feichtmayr und Verhelst gestaltet. Kirchenführungen werden nach vorheriger Absprache angeboten.

Fromme Frauen

Ein urkundlich gesichertes Gründungsdatum für die Abtei gibt es nicht, doch sollen sich bereits um das Jahr 1186 fromme Frauen in Oberhofen zusammengefunden haben. Circa 1210 übersiedelten die Schwestern nach Schönenfeld.
Von 1718 bis 1723 wurden Kloster und Kirche in der jetzigen Form erbaut. Nach der Phase der Säkula-

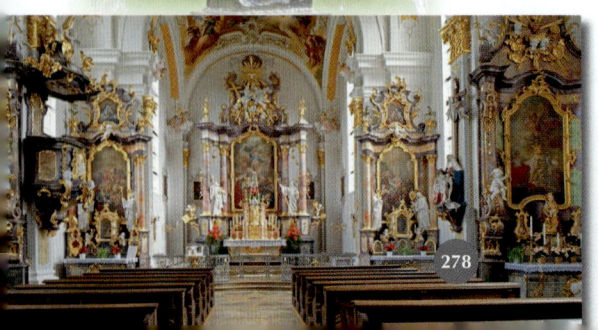

risation wurde die Abtei 1836 neu belebt. Bis 1995 dauerte die bislang letzte Renovierung von Kirche und Kloster, bei der auch die Außenanlagen neu gestaltet wurden.

Speis und Trank

Im Klosterladen der Abtei finden sich neben vielen aktuellen Büchern auch Klosterprodukte wie der Kräuterlikör "Vom schönen Feld" und Geschenke für alle Anlässe. Hinzu kommen Klosterweine, die von den Weinbergen des Klosterweingutes Jakobsberg stammen. Oberhalb der Nahe gelegen, bauen die Missionsbenediktiner der Erzabtei St. Ottilien unter anderem den Dornfelder "Unser Kardinal" und den Pinot Gris "Graue Eminenz" an. Das Oberschönenfelder Holzofenbrot ist über die Grenzen Augsburg hinaus bekannt. Es wird nach alter Tradition aus reinem Natursauerteig in eigener Herstellung gebacken und im Brotladen verkauft. Eine Einkehr ist im „Klosterstüble" mit Biergarten möglich. Für Übernachtungsgäste stehen 13 Einzel- und 14 Doppelzimmer sowie ein Speisesaal zur Verfügung. Für Seminare und Workshops gibt es vier mit Tagungszubehör eingerichtete Gruppenräume.

Zisterzienserinnenabtei Oberschönenfeld

Oberschönenfeld 1
D-86459 Gessertshausen/Bayern
Tel. +49 (0)8238-96250
abtei@abtei-oberschoenenfeld.de
www.oberschoenenfeld.de

Öffnungszeiten Klosterladen

Di. – Sa. 9.30 – 17 Uhr
Sonn- u. Feiertags 10 – 17 Uhr
Tel: 0 82 38/72 00
klosterladen@abtei-oberschoenenfeld.de

Öffnungszeiten Brotladen

Di. – Fr.: 9.30 – 17, Sa. 9.30 – 13 Uhr
Tel.: 0 82 38/18 40
abtei@abtei-oberschoenenfeld.de

279

Kirche Wollishausen
(Bild Gemeinde Gessertshausen)

Graben

Verkehrsgünstig gelegen

Kirche in Graben
(Bild Wikipedia, Flodur63, CC BY-SA 4.0)

Die Gemeinde Graben (rund 3850 Einwohner) im Süden des schwäbischen Landkreises liegt etwa 20 Kilometer südlich von Augsburg auf dem Lechfeld zwischen den Flüssen Lech und Wertach. Landsberg am Lech liegt 15 Kilometer südlich, Schwabmünchen liegt rund 5 Kilometer westlich. Das im Jahr 1063 erstmals urkundlich erwähnte Graben ist der Heimatort der Familie Fugger.

Einen Besuch wert ist die reich ausgestattete Pfarrkirche St. Ulrich und Afra aus dem 16. Jahrhundert, die im 18. Jahrhundert umgestaltet wurde.

Graben und Umgebung bieten vielfältige Freizeitmöglichkeiten. Im Erholungsgebiet Stauden westlich von Schwabmünchen und im weitläufigen Naherholungsgebiet in den Lechauen laden Rad- und Wanderwege zu schönen Touren ein. Der Baggersee im Norden von Graben biete im Sommer willkommene Erfrischung. Der See ist auch bei Anglern sehr beliebt.

Im Ortsteil Lagerlechfeld ist die Bundeswehr mit einem Militärflugplatz stationiert. Jeden ersten Sonntag im Montag von 11 bis 17 Uhr kann man hier das Museum „Militär-geschichtliche Sammlung Lechfeld besichtigen.

Graben liegt verkehrsgünstig an der vierspurig ausgebauten Bundesstraße 17 von Augsburg nach Landsberg. Der Bahnhof in Lagerlechfeld liegt an der Bahnlinie Augsburg – Landsberg.

Zu den größten Arbeitgebern gehört das Logistikzentrum vom Amazon Internet-Versand-handel mit über 1000 Mitarbeitern sowie der Flugplatz Lagerlechfeld mit insgesamt 4000 Beschäftigten.

Wichtige Adressen und Telefonnummern

Gemeinde Graben
Rathausplatz 1
D-86836 Graben
Tel. +49 (0)8232 9621 0
Fax +49 (0)8232 9621 38
poststelle@graben.de
www.graben.de

Großaitingen
Gemeinde mit hoher Wohnqualität

Die Gemeinde Großaitingen im Süden des schwäbischen Landkreises Augsburg ist Sitz der Verwaltungsgemeinschaft Großaitingen. Die Gemeinde mit rund 5000 Einwohnern liegt etwa 15 Kilometer südwestlich von Augsburg am westlichen Rand der Lech-Wertach-Ebene und wird von der Singold durchflossen. Westlich der Wertach liegen die Ortsteile Hardt und Reinhartshofen.

Kurzer Blick ins Geschichtsbuch

Großaitingen wurde vermutlich um das Jahr 500 als alemannisch-germanische Siedlung gegründet. Erstmals schriftlich erwähnt wurde der Ort um 972 in der Lebensbeschreibung des Fürstbischofs Ulrich von Augsburg. Großaitingen gehörte über Jahrhunderte zum Besitz des Domstiftes Augsburg. Durch die Säkularisierung 1803 kam Großaitingen zu Bayern und wurde 1818 im Rahmen des Gemeindeedikts selbständige Gemeinde.

Sehenswürdigkeiten

Die Pfarrkirche „St. Nikolaus" dominiert das Bild des Ortszentrums. Sie hat ihren Ursprung in romanischer Zeit und wurde im 18. Jahrhundert neu errichtet. Einen Besuch wert ist die prachtvolle barocke Innenausstattung. Am Alten Markt im Süden der Pfarrkirche befinden sich die erste Schule der Gemeinde und das Rathaus, die im 19. Jahrhundert erbaut wurden. In direkter Nachbarschaft dazu ist die „Dietrich-Bonhoeffer-Kirche", ein aufwändiger Umbau des ehemaligen Zehentstadels, der als ältester profaner Scheunenbau des Landkreises gilt.

Ortsteil Reinhartshofen
(Bilder Gemeinde Großaitingen)

St. Nikolaus

Freizeit und Sport

Die zahlreichen Vereine in Großaitingen bieten eine Fülle von Möglichkeiten zu sportlichen Aktivitäten und Freizeitbeschäftigungen. Sie tragen mit ihren Veranstaltungen zum abwechslungsreichen Gemeindeleben bei.

Es stehen Sportplätze, Kinderspielplätze und Kegelbahnen, eine Mehrzweckhalle und eine Turnhalle, Schützenanlagen, Tennishalle und Tennisplätze sowie ein Skater-Platz mit Basketballanlage zur Verfügung.

Die Singold

Orts- und Infrastruktur

Großaitingen ist durch die Staatsstraße 2035 von Bobingen nach Schwabmünchen gut zu erreichen. In die umliegenden Städte gibt es gute Busverbindungen.

Im Ort gibt es zwei Kindergärten sowie eine Grund- und Mittelschule, weiterführende Schulen bieten die benachbarten Städte an.

Sämtliche Einrichtungen für die Deckung des täglichen Bedarfs und der Gesundheitsversorgung sind in Großaitingen vorhanden.

Die Gastronomie in der Gemeinde mit Gasthöfen und Biergärten ist mit ihren vielfältigen Angeboten weithin bekannt.

Rathaus

Wichtige Adressen und Telefonnummern

Gemeinde Großaitingen
Am Alten Markt 3
D-86845 Großaitingen
Tel. +49 (0)8203 9600 0
Fax +49 (0)8203 9600 30
poststelle@grossaitingen.de
www.grossaitingen.de

Hiltenfingen
Gemeinde mit Herz

Hiltenfingen (rund 1500 Einwohner) liegt etwa 30 km südlich von Augsburg nahe der Stadt Schwabmünchen an der Wertach am Westrand des Lechfeldes. Die Gemeinde gehört zur Verwaltungsgemeinschaft Langerringen.

Kurzer Blick ins Geschichtsbuch

Der Ort wurde vermutlich im 8. oder 9. Jahrhundert von alemannischen Siedlern gegründet, erstmals urkundlich erwähnt wurde Hiltenfingen im Jahr 1180. Von 1280 bis zur Säkularisation 1803 gehörte Hiltenfingen der Komturei des Deutschritterordens in Blumenthal bei Aichach. 1818 entstand die heutige Gemeinde.

Sehenswürdigkeiten

St. Silvester
(Bilder Gemeinde Hiltenfingen)

Sehenswert ist die Katholische Pfarrkirche St. Silvester von 1490, die im 17. und 18. Jahrhundert mehrfach umgestaltet wurde, mit reicher Innenausstattung im Stil von Barock, Rokoko und Empire.

Die bei Kunstkennern geschätzte Katholische Kapelle St. Leonhard aus dem 15. Jahrhundert birgt gut erhaltene Fresken und eine wertvolle Kreuzigungsgruppe von 1470.

Im Härtle Wald zwischen Hiltenfingen und Gennach findet man eine archäologisch interessante Keltenschanze aus der Zeit vor Christi Geburt.

Freizeit und Sport

Die reizvolle Umgebungslandschaft von Hiltenfingen mit zahlreichen Wanderwegen bietet gute Freizeit- und Erholungsmöglichkeiten.

Orts- und Infrastruktur

Hiltenfingen ist durch die nahe Bundesstraße B 17 von Landsberg nach Augsburg gut zu erreichen.

Die Gemeinde verfügt über eine Grundschule und einen Kindergarten.

Leonhardskapelle

Reizvolle Umgebung

Hiltenfingen hat sich in den letzten Jahrzehnten von einer landwirtschaftlich geprägten Gemeinde zu einer lebenswerten Wohngemeinde entwickelt.

Durch den Ausbau der Infrastruktur wurde der Wohnwert der Gemeinde wesentlich verbessert und ein weiteres kontinuierliches Wachstum ermöglicht.

Wichtige Adressen und Telefonnummern

Gemeinde Hiltenfingen
Schulweg 6, D-86856 Hiltenfingen
Tel. +49 (0)8232 95 99 10
Fax +49 (0)8232 95 99 13
rathaus@hiltenfingen.de
www.hiltenfingen.de

Horgau

Gemeinde mit hohem Wohn- und Freizeitwert

Kirche und Rathaus Horgau
(Bilder Gemeinde Horgau)

Die Gemeinde Horgau (rund 2.600 Einwohner) liegt ca. 17 Kilometer westlich von Augsburg mitten im Naturpark Augsburg – Westliche Wälder. Durch Horgau fließt die idyllische Roth. Zur Gemeinde gehören neben dem Hauptort die Kirchdörfer Bieselbach, Auerbach und Horgauergreut sowie mehrere Weiler.

Horgau zeichnet sich aus durch ein reges Vereinsleben, bedeutende Sehenswürdigkeiten und vielfältige Freizeitmöglichkeiten durch die Lage im Naturpark.

Kurzer Blick ins Geschichtsbuch

Im Bereich der Gemeinde wurden bei archäologischen Ausgrabungen bis zu 5.000 Jahre alte Werkzeuge, Pfeilspitzen und ca. 3.000 Jahre alte Bronzegegenstände gefunden. In der Horgauer Region gibt es eine Reihe von gut erhaltenen keltischen Grabhügeln aus der Hallstattzeit (750-450 v. Chr.). Vermutlich wurde das Gebiet seit dem 8. Jahrhundert besiedelt. Erste urkundliche Erwähnungen stammen aus dem Jahr 1126. Im Krieg zwischen Augsburg und Herzog Ludwig von Bayern 1462 wurden Horgau und Horgauergreut stark zerstört. Auch im 30-jährigen Krieg war Horgau Schauplatz heftiger Kämpfe.

Sehenswürdigkeiten

Die beiden Kirchen und die Kapellen in der Gemeinde sind einen Besuch wert.

Die Katholische Pfarrkirche St. Martin im Zentrum von Horgau am Martinsplatz mit Ursprüngen im 15. Jahrhundert erhielt ihr heutiges Erscheinungsbild im Barockstil im 18. Jahrhundert. Die prächtige Innenausstattung mit Ausmalungen im Rokokostil beeindruckt mit drei Altären, unter anderem mit Gemälden der Gottesmutter als Himmelskönigin und dem brennenden Horgau im 30-jährigen Krieg.

Die Katholische Filialkirche St. Maria Magdalena in Horgauergreut hat ihre Ursprünge als Wallfahrtskapelle im 15. Jahrhundert, die im 18. Jahrhundert umgestaltet wurde. Die reiche Ausstattung zeigt im Hochaltar ein Bild der Kirchenpatronin Maria Magdalena und ein Gemälde der Kreuzigung sowie an den Seitenwände Skulpturen der Apostel. Die Kirche ist als Hochzeits- und Taufkirche beliebt.

Die 1747 erbaute St. Franz Xaver-Kapelle in Bieselbach birgt einen bedeutenden Kunstschatz, den Bieselbacher Altar, der 1510 vom Ulmer Bildhauer Daniel Mauch aus Lindenholz geschnitzt wurde. Das mittlere Bild zeigt die Heilige Sippe mit Maria, der heiligen Anna, St. Josef und die drei Gatten der heiligen Anna.

St. Martin

Auch die Katholische Kapelle St. Nikolaus in Auerbach von 1698 sowie die weiteren Kapellen, Bildstöcke und Wegkreuze in den Ortsteilen sind sehenswert.

Freizeit und Sport

Zentralsportanlage Rothtal

Die Zentralsportanlage Rothtal mit Mehrzweckhalle verfügt über eine breite Angebotspalette für Sportler aller Art mit Fußballplätzen, Kunststofflaufbahn, Weit- und Hochsprunganlagen, Speerwurf-, Kugelstoß-, Diskuswurf- und Hammerwurfanlagen, Basket-/Volleyballfeld, Beach-Volleyballfeld, Skaterplatz, Tennisplätzen und einer Sportgaststätte. In der Mehrzweckhalle findet man neben der Sport- und Veranstaltungshalle auch Kegelbahnen und Schützenstände im Keller.

Erholungsuchenden stehen im Naturpark Augsburg - Westliche Wälder zahlreiche ausgedehnte Wander- und Radwege zur Verfügung. Der 25 Kilometer lange beliebte Weldenbahnradweg führt auf der ehemaligen Bahntrasse von Neusäß über Aystetten, Horgau, Adelsried nach Welden im sogenannten Holzwinkel.

Orts- und Infrastruktur

Horgau verfügt über gute Verkehrsverbindungen. Es liegt an der Staatsstraße 2510. Die Anschlussstellen Adelsried und Zusmarshausen der nahen Bundesautobahn A 8 sind schnell zu erreichen. Der Öffentliche Nahverkehr verfügt täglich über 20 Busverbindungen von und nach Augsburg.

Für Kinder sind in Horgau ein Kindergarten mit Kinderkrippe und eine Grundschule mit Mittagsbetreuung vorhanden. Weiterführende Schulen findet man in Zusmarshausen, Diedorf, Neusäß und Augsburg. Weitere Bildungseinrichtungen sind die Volkshochschule Horgau und die Sing- und Musikschule, die gemeinsam mit der Gemeinde Zusmarshausen Musikunterricht für alle Altersgruppen und in verschiedenen Stilrichtungen anbietet.

Die gesundheitliche Versorgung ist durch niedergelassene Ärzte in Horgau und den benachbarten Gemeinden gesichert.

Kindergarten

Mehrere mittelständische Unternehmen und zahlreiche kleinere Betriebe und Handwerks-betriebe stellen rund 400 Arbeits- und Ausbildungsplätze in Horgau zur Verfügung.

Einkaufsmöglichkeiten bieten ein Supermarkt, Metzgerei und Bäckereien. Ein attraktives Neubaugebiet mit vielen Gestaltungsmöglichkeiten ist für potenzielle Bauherren und Familien, die sich neu ansiedeln wollen, von Interesse.

Wichtige Adressen und Telefonnummern

Gemeinde Horgau
Martinsplatz 1, D-86497 Horgau
Tel. +49 (0)8294 8040 0
Fax+49 (0)8294 8040 30
gemeinde@horgau.de

Die vier Elemente
schenken dem Haus seine Atmosphäre

Flairhotel Zum Schwarzen Reiter

Auf einem mutigen Mann ruht die mehr als 250 Jahre währende Geschichte des Flairhotel Zum Schwarzen Reiter in Horgau. Der Sage nach überwältigte der Urahn der heutigen Eigentümer, Georg Platzer, im Jahr 1764 eine Räuberbande in den „Rauhen Wäldern" nahe Horgau. Von der Belohnung, die ihm die Heldentat einbrachte, kaufte er eine Taverne.

Aus der Taverne ist in der Zwischenzeit ein familiengeführtes Flairhotel geworden, in dem sich drei Generationen um das Wohl der Gäste kümmern. Eine Gastfreundschaft, die von Herzen kommt, kennzeichnet die Atmosphäre in dem 3-Sterne Superior Hotel in Horgau. Eine Insel der Erholung ist das Haus für Aktiv- wie auch Kurzurlauber, für Geschäftsreisende ebenso wie für Tagungsgäste.

Das Flair in den Räumen verzaubert alle Sinne, denn die vier Elemente Wasser, Feuer, Erde und Luft geben den Gedanken, dem Körper und der Seele neue Kraft. Insgesamt bieten die Gastgeber 48 Zimmer, die gediegen und komfortabel ausgestattet sind.

Ruhewintergarten, die „Erde", von der „Sonne" erwärmt wird und sich auf den Wärmeliegen „Luft" und „Erde" miteinander verbinden.

Kulinarisches aus der Region

Das Restaurant empfängt die Gäste in traditionellen, gemütlich eingerichteten Gasträumen und einem großzügig angelegten Wintergarten, in dem man sich mit den Köstlichkeiten verwöhnen lassen kann. Während der Sommerzeit lädt der Biergarten zum Genuss unter freiem Himmel ein. Aus der Tradition heraus werden im Restaurant regionale, qualitativ hochwertige Produkte zu verführerischen Gerichten verarbeitet, die dem Feinschmecker ebenso munden wie dem Freund des Altbewährten.

Abgerundet wird der Aufenthalt im Flairhotel Zum Schwarzen Reiter durch einen 240 m² großen Wellnessbereich, in dem neben Softsauna und Dampfbad auch Eisgrotte, Ruhe-Wintergarten, Duschgarten und Wärmeliegen für entspannende Momente sorgen.

Harmonisch eingerichtete Behandlungsräume laden zu einer wohltuenden Massage ein. Auch hier finden sich die vier Elemente wieder: Im „feurig" gestalteten Tecaldarium, der „erdigen" Soft- und Außensauna, dem Dampfbad im Element „Wasser" und dort, wo der

Flairhotel Zum Schwarzen Reiter
Hauptstr. 1, D-86497 Horgau
Tel. +49 (0)8294 86 080
info@flairhotel-platzer.de
www.flairhotel-platzer.de

Kleinaitingen
Im Lechfeld

Pfarrkirche St. Martin
(Bild Gemeinde Kleinaitingen)

Die Gemeinde Kleinaitingen (rund 1230 Einwohner) im Süden des schwäbischen Landkreises Augsburg ist Mitglied der Verwaltungsgemeinschaft Großaitingen. Zur Gemeinde gehören die Ortsteile Kleinaitingen, Gutshof Lechfeld und Lechfeld Nord. Kleinaitingen liegt ca. 20 Kilometer südlich von Augsburg und 6 Kilometer östlich von Großaitingen. Das Gemeindegebiet wird im Osten durch den Lech begrenzt.

Kurzer Blick ins Geschichtsbuch

Kleinaitingen hat sich vermutlich um das Jahr 900 als Schwester-Siedlung von Großaitingen entwickelt. Der Ort gehörte bis 1803 zum Domstift Augsburg, danach zum Königreich Bayern.

Sehenswürdigkeiten

Sehenswert ist die im Barockstil reich geschmückte Katholische Pfarrkirche St. Martin mit Ursprüngen im 13. Jahrhundert. Sie wurde in den Jahren 1480, 1627 und 1733 ausgebaut und erweitert. Des Weiteren prägt seit mehr als hundert Jahren der Kleinaitinger Wasserturm als sichtbares Wahrzeichen und identitätsstiftendes Gestaltungsmerkmal das Landschaftsbild der Gemeinde und der Region. 1914 wurde er von italienischen Gastarbeitern erbaut und diente bis in die 80er-Jahre der Wasserversorgung.

Freizeit und Sport

Die Vereine in Kleinaitingen bieten Möglichkeiten zur sportlichen, musischen und gesellingen Freizeitgestaltung und tragen mit ihren Wettbewerben, Festen und Veranstaltungen zum abwechslungsreichen Jahresprogramm bei.

Als Mehrzweckhalle steht die Lechfeldhalle mit Bühne und 300 Sitzplätzen zur Verfügung.

Sie beherbergt im Keller Schießanlagen für den Schützenverein und eine Kegelbahn.

Der Fußballclub Kleinaitingen bietet auch für Turner, Skifahrer und Volleyballer Raum für sportliche Betätigung. Ein Rasen- und Sandplatz für Volleyballer ist vorhanden.

Es gibt drei Kinder-Spielplätze, eine Skateranlage mit Hartplatz und einen Grillplatz.

Am östlichen Ortsrand von Kleinaitingen verläuft der Radwanderweg entlang der historischen römischen Fernstraße „Via Claudia" von Augsburg nach Füssen, die in diesem Abschnitt gut erhalten ist.

Orts- und Infrastruktur

Kleinaitingen verfügt über gute Verkehrsverbindungen durch die nahe Bundesstraße B 17 von Augsburg nach Landsberg. Eine Kindertageseinrichtung ist vorhanden, Grund- und Mittelschule befindet sich in Großaitingen mit abgestimmtem Busverkehr.

Lechfeldhalle
(Bild Reinhold Geirhos)

Einkaufsmöglichkeiten für den täglichen Bedarf sind vorhanden.

Wichtige Adressen und Telefonnummern

Gemeinde Kleinaitingen
Rathausplatz 1
D-86507 Kleinaitingen
Tel. +49 (0)8203 95037 0
Fax +49(0)8203 95037 29
info@kleinaitingen.de
www.kleinaitingen.de

Kleinaitinger Wasserturm
(Bild Reinhold Geirhos)

Klosterlechfeld

Die Gemeinde Klosterlechfeld (2900 Einwohner) liegt südlich von Augsburg und nördlich von Landsberg und ist Mitglied der Verwaltungsgemeinschaft Lechfeld mit Sitz in Untermeitingen.

Das Ortsbild wird geprägt durch den Franziskanerplatz mit uraltem Baumbestand, der zu den schönsten Dorfplätzen im Landkreis Augsburg gehört. Der Platz wird umsäumt vom ehemaligen Franziskanerkloster, der Katholischen Pfarr- und Wallfahrtskirche Maria Hilf und dem Kalvarienberg.

Kurzer Blick ins Geschichtsbuch

Die Entstehung von Klosterlechfeld geht auf die Erbauung einer Kapelle zu „Unserer Lieben Frauen Hilf" im Jahr 1604 und die Gründung einer Siedlung an der Handels- und Heerstraße nach Italien durch Regina Imhof, einer im benachbarten Untermeitingen lebenden Gutsherrin, zurück. Sie soll sich auf einer Rückreise von Augsburg im dichten Nebel des damals wegen seiner Sumpfgebiete gefährlichen Lechfeldes verirrt haben und gelobte den Bau einer Kapelle zu

Maria Hilf mit Kloster und Franziskusbrunnen
(Bilder Gemeinde Klosterlechfeld)

Ehren der Gottesmutter, um den richtigen Weg zu finden.

1624 wurde dort ein Franziskanerkloster gegründet, dessen Orden bis 1993 das Kloster führte; 1656 wurde die Kapelle zur Wallfahrtskirche ausgebaut.

Rund um die Wallfahrtskirche siedelten sich Händler, Krämer und Gastwirte an, um die Wallfahrer zu versorgen. Die vier jährlichen Märkte während des Sommers erlangten überregionale Bedeutung. Der Weiler Lechfeld wurde im Rahmen der bayerischen Verwaltungsreform am 1. Juli 1818 zur Rural Gemeinde erhoben.

Seit 1928 heißt die selbständige politische Gemeinde Klosterlechfeld.

Kalvarienberg

Maria und Johannes unter dem Kreuz Jesu. Die Anlage wird von Kreuzwegstationen umrahmt. Im Inneren des Baus sind eine Ölbergszene und das Heilige Grab zu sehen.

Sehenswürdigkeiten

Franziskanerplatz

Das Ensemble des Franziskanerplatzes im Ortszentrum mit Kloster, Kirche und Kalvarienberg wurde 2001 um den Franziskusbrunnen des Kemptener Bildhauers Hans Wachter auf attraktive Weise erweitert. Auf dem Platz werden im Jahreslauf zwei Märkte abgehalten.

Kalvarienberg

Der Kalvarienberg stammt aus dem Jahr 1719. Zum wuchtigen Rundbau auf einer Plattform führen zwei großzügig angelegte Treppen. Auf der Plattform erheben sich drei eindrucksvolle Kreuzesdarstellungen mit

Wallfahrtskirche Maria Hilf

Die Kirche auf dem Gelände des ehemaligen Franziskanerklosters am Rand des parkähnlichen Wallfahrtsplatzes gehört zu den schönsten Rokokokirchen in der Region und gilt als eine der bedeutendsten Sehenswürdigkeiten auf dem Lechfeld.

Sie wurde im 17. Jahrhundert schrittweise ausgebaut und in der ersten Hälfte des 18. Jahrhundert im Barock- und Rokokostil neu gestaltet. 1984 wurde sie aufwändig restauriert.

Der prachtvolle Innenraum der Kirche mit zahlreichen Stuckaturen, Plastiken und Gemälden birgt viele wertvolle Kunstwerke.

Das Deckengemälde der Rotunde und die Wandgemälde im Chor, die sich auf die Gottesmutter beziehen, stammen vom Augsburger Maler Johann Georg Lederer.

Innenraum der Wallfahrtskirche Maria Hilf

Auch das große Deckengemälde im Langhaus, das Maria als Helferin aller Stände zeigt, stammt von ihm. In den zehn Bildern, die um das Bild gruppiert sind, sind Frauengestalten aus dem Alten Testament zu sehen, das als Vorbilder Mariens gelten.

Der Hochaltar mit der Gnadengruppe wurde 1748 von Dominikus Bergmüller aus Türkheim geschaffen. Die beiden Seitenaltäre stammen aus dem Jahr 1737.

Die hochbarocken Altarbauten in den Seitenkapellen von 1691/92 aus rot marmoriertem Holz stammen vom Kemptener Meister Balthasar Aichmüller.

Vor der Brüstung der reich verzierten Kanzel von 1735 sitzen die vier Kirchenväter, auf dem Schalldeckel die vier Evangelisten, darüber thront Maria im Strahlenkranz.

Freizeit und Sport

Zahlreiche Vereine in Klosterlechfeld sorgen für ein breites Spektrum an Freizeitmöglichkeiten. Der Turn- und Sportverein im Ort bietet Fußball, Tischtennis, Tennis, Volleyball, Turnen und Stockschiessen. Die Schützengesellschaft Klosterlechfeld sowie ein Steinheberverein ergänzen das vielfältige Angebot. Der Naturfreundeverein lädt mit einem umfangreichen Jahresprogramm zu attraktiven Wanderfahrten ein.

Veranstaltungen

Mit aktiver Unterstützung der ortsansässigen Vereine bietet Klosterlechfeld ein abwechslungsreiches Veranstaltungsprogramm. Das traditionelle Pfingstfest mit Markttreiben ist weit über die Gemeindegrenzen hinaus bekannt. Die Männer- und Soldatenwallfahrt sowie eine Trachtenwallfahrt zeugen von der großen Wallfahrtsgeschichte der Gemeinde, als Klosterlechfeld nach Altötting der berühmteste Wallfahrtsort Bayerns war.

Orts- und Infrastruktur

Durch die nahe Bundesstraße B 17 von Augsburg nach Landsberg ist Klosterlechfeld bequem zu erreichen. Die Bahnstrecke Augsburg – Kaufering mit Anbindung an München sorgt für eine ausgezeichnete Verkehrsanbindung.

Die Gemeinde verfügt über eine Kindertagesstätte mit Krippe und eine Grundschule mit einem offenen Ganztagesangebot. Weiterführende Schulen findet man in Untermeitingen (Mittelschule) und Schwabmünchen (Gymnasium und Realschule).

Die Gesundheitsversorgung ist durch mehrere Arztpraxen und die Wertachkliniken in den nahen Städten Bobingen und Schwabmünchen gewährleistet.

Eine Reihe von Gaststätten sorgt mit einem abwechslungsreichen gastronomischen Angebot für das leibliche Wohl der Gäste.

Wichtige Adressen und Telefonnummern

Gemeinde Klosterlechfeld
Bayernstraße 1
D-86836 Klosterlechfeld
Tel. +49 (0)8232 2343
Fax +49 (0)8232 74706
info@lechfeld.de
www.klosterlechfeld.de

297

Wallfahrtskirche Maria Hilf

Blickfang auf dem Lechfeld

Wallfahrtskirche Maria Hilf

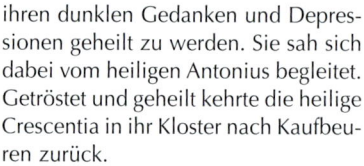

Die Wallfahrt zu Unserer lieben Frau auf dem Lechfeld (Maria Hilf) in Klosterlechfeld geht auf eine Stiftung der Augsburger Bürgermeisterswitwe Regina von Imhof aus dem zwei Kilometer entfernten Schloss Untermeitingen im Jahr 1603 zurück. Nach der Legende war sie damals mit der Kutsche in dichtem Nebel zu ihrem Schloss unterwegs, fand jedoch den Weg nach Hause nicht mehr. In ihrer Not gelobte Regina von Imhof der Muttergottes den Bau einer Kapelle, wenn sie die Lichter ihres Schlosses wieder sehen würde. So geschehen, wurde noch im selben Jahr mit Genehmigung des Augsburger Bischofs der Grundstein gelegt und die Kapelle nach dem Vorbild des römischen Pantheon durch den Architekten Elias Holl, der auch das Augsburger Rathaus geplant hat, errichtet. Eine Laterne über der Kuppel erinnert noch heute an den Ursprung der Kapelle.

Die rasch anwachsende Wallfahrt zu Maria Hilf auf dem Lechfeld wurde ab 1624 von den Franziskanern betreut, für die direkt neben der Kapelle ein Klostergebäude errichtet wurde. Jährlich strömten etwa 15000 Wallfahrer nach Klosterlechfeld, von vielerlei Nöten und Krankheiten bedrängt. Auch die erst 25 jährige Ordensfrau Crescentia von Kaufbeuren (1682 bis 1744) pilgerte 1707 zu Fuß die vierzig Kilometer zu Schwabens damals bedeutenstem Wallfahrtsort, um von

ihren dunklen Gedanken und Depressionen geheilt zu werden. Sie sah sich dabei vom heiligen Antonius begleitet. Getröstet und geheilt kehrte die heilige Crescentia in ihr Kloster nach Kaufbeuren zurück.

Im Zentrum der Wallfahrt in Klosterlechfeld steht das Gnadenbild der Muttergottes, die ihren Sohn Jesus um Erbarmen für die Gläubigen beim Gericht anfleht: Der auferstandene Christus mit der Herzenswunde kommt als Weltenrichter; zu seiner Rechten kniet Maria als gekrönte Himmelskönigin und bittet um Gnade und Barmherzigkeit für die Menschen beim Weltgericht; zu seiner Linken steht der Erzengel Michael mit Schwert und Waage, der von Christus zurück gehalten wird. So zeigt das Gnadenbild, dass Gerechtigkeit und Barmherzigkeit in Gott zusammen gehören: Wer sich zu Gott bekehrt und seine Sünden bereut, ist in der Barmherzigkeit Gottes geborgen und für den Himmel gerettet. Dabei hört Gott auf die Fürsprache Mariens, unter deren „Schutz und Schirm" sich die Gläubigen seit Alters her flüchten.

Die Wallfahrtskirche ist üppig mit Heiligenfiguren bestückt und in ihrer reichen Ausgestaltung eine lebendige Predigt. Im Hauptgemälde der Deckenmalereien sind die drei göttlichen Tugenden Glaube, Hoffnung und Liebe dargestellt, daneben das Kirchlein Maria Hilf als Arche, die durch die Fluten des Lebens sicher zum ewigen Ziel, zu Gott, führen will, die Taube mit dem Ölzweig als Verheißung des wahren Friedens – Maria als Arche des Neuen Bundes. Ein besonderes Kunstwerk stellt die Kanzel dar: Maria im Strahlenkranz der Sonne und mit

einer Krone von zwölf Sternen und den Mond unter ihren Füßen, die den Drachen, das Böse, besiegt. Darüber hinaus wird sie geziert von den vier Evangelisten, den vier abendländischen Kirchenvätern und vier Putten, welche die vier damals bekannten Erdteile symbolisieren.
Um Kirche und Kloster siedelten sich damals Wirte, Händler und Bauern an, die von der Wallfahrt lebten. So entstand schließlich die Gemeinde Klosterlechfeld, die das franziskanische Tau in ihrem Wappen trägt. Im 18. Jahrhundert zählte Klosterlechfeld nach Altötting zum am stärksten

frequentierten Marienwallfahrtsort in Bayern. Zur selben Zeit wurde die Kirche im Stil des Rokoko umgestaltet. In den vergangenen 200 Jahren folgten mehrere Sanierungen. Im Jahr 1993 verließen die letzten Franziskaner das Kloster neben der Kirche.
Zum regelmäßigen Wallfahrtsbetrieb gehören die Fatimatage an jedem 13. des Monats mit auswärtigen Predigern und Chören, die Familienwallfahrt mit buntem Programm, die seit über sechzig Jahren stattfindende Gelöbniswallfahrt der Veteranen mit zahlreichen Fahnenabordnungen sowie die Trachtlerwallfahrt mit Trachtlern aus dem ganzen Umland. Aber auch von weiter her kommen Wallfahrer mit Bussen aufs Lechfeld, um Stärkung und Trost in ihren Nöten bei der Gottesmutter zu erbitten im Vertrauen auf die Verheißung des Herrn, die ein kleiner Engel im Gnadenbild des Hochaltars den Gläubigen entgegen streckt: „Und sie sagte: Ich habe eine einzige kleine Bitte an dich; weise mich nicht ab! Und der König sagte zu ihr: Trage die Bitte vor, Mutter, ich werde dich nicht abweisen." (1Kön 2,20) .
Der zum Wallfahrtsort gehörende Kalvarienberg mit dem ältesten südbayerischen Kreuzweg lädt zur Betrachtung des Leidens und Sterbens Jesu ein.

Wallfahrtskirche Maria Hilf
Franziskanerplatz 6
D-86836 Klosterlechfeld
Tel. +49 (0)8232 96190
pg.lechfeld@bistum-augsburg.de
www.katholisch-lechfeld.de

Königsbrunn
Die Stadt auf dem Lechfeld

Die Stadt Königsbrunn ist mit fast 30.000 Einwohnern die größte Stadt im Landkreis Augsburg. Sie liegt zwischen der südlichen Stadtgrenze von Augsburg und Landsberg am Lech unmittelbar an der Via Claudia Augusta, der wichtigsten historischen Römerstraße nördlich der Alpen. Das Stadtgebiet liegt auf dem Lechfeld, einer Schotterebene zwischen den Flüssen Lech und Wertach. Königsbrunn präsentiert sich heute mit vielseitigen Freizeitmöglichkeiten und kulturellen Angeboten als Stadt mit hoher Lebensqualität.

Kurzer Blick ins Geschichtsbuch

Erste Siedlungsspuren auf Königsbrunner Gebiet bereits zur Jungsteinzeit (ca. 3000 v. Chr.) sind durch archäologische Funde nachgewiesen. Um 500 v. Chr. siedelten Kelten in der Region. Im Jahre 15 v. Chr. gründeten die Römer ein Legionslager nördlich des Königsbrunner Gebietes, das spätere Augsburg. Die bedeutende Römerstraße Via Claudia Augusta, die durch Königsbrunn nach Augsburg führt, wurde im Jahre 46 ausgebaut und ist heute noch an manchen Stellen gut zu erkennen.

Königsbrunn, Brunnen vor dem Kino
(Bilder Stadt Königsbrunn)

Rathaus

Die geschichtlich wichtige Schlacht auf dem Lechfeld im Jahre 955, in der die Ungarn von König Otto und Ulrich von Augsburg besiegt wurden, fand teilweise auf Königsbrunner Gebiet statt.

1833 wurden auf Veranlassung von König Ludwig I. von Bayern zwischen Augsburg und Klosterlechfeld drei Brunnen zur Versorgung von Reisenden gegraben, die „Königsbrunnen".

Hier entstand eine der jüngsten Siedlungen Bayern, sie wurde 1842 zur Gemeinde erhoben und galt lange als längstes Straßendorf Bayerns (7 km). Die Bevölkerungszahl des Dorfes wuchs nach dem Zuzug von Vertriebenen nach dem Ende des Zweiten Weltkriegs rasch an.

1967 wurde Königsbrunn zur Stadt erhoben.

Sehenswürdigkeiten und Museen

Ein Blickfang vor dem Rathaus ist der sehenswerte Königsbrunnen mit einer Königinnenfigur des bekannten ukrainischen Bildhauers Gregor Kruk.

Das älteste Haus von Königsbrunn ist das ehemalige Zollhaus Neuhaus in der Landsberger Straße 57 aus dem Jahre 1688, in dem heute eine Gaststätte untergebracht ist. Gegenüber findet man die 1734 dem Beschützer der Reisenden geweihte St. Nepomukkapelle im Barockstil mit schöner Pieta.

Archäologisches Museum Königsbrunn

Das Archäologische Museum ist im Untergeschoss des Rathauses (Marktplatz 7) unter-gebracht. Es präsentiert hauptsächlich Grabungsfunde aus dem Königsbrunner Gebiet aus der Vor- und Frühgeschichte von der Steinzeit über die Römerzeit bis zum Mittelalter.

Die Exponate, zum größten Teil restaurierte Originale, werden durch Zeichnungen, Fotografien und Rekonstruktionen ergänzt. Zu den herausragenden Stücken der Sammlung gehört eine Bestattung aus der Glockenbecherkultur aus der Kupferzeit um 2300 v. Chr.

Das Museum ist jeden dritten Sonntag im Monat kostenfrei von 10 bis 12 Uhr geöffnet.

Lechfeldmuseum

Das Lechfeldmuseum in der Schwabenstraße 38 zeigt den bäuerlichen Alltag der Gründungssiedler aus dem 19. Jahrhundert. Die Lebensbereiche Arbeit, Wohnen und Feiern und die Auswirkungen des technischen Fortschritts mit der Verbesserung der Lebensqualität und dem Schwinden überlieferter Formen werden durch über 5000 Exponate anschaulich dokumentiert.

Das Museum ist jeden 1. Sonntag im Monat von 10 – 12 Uhr und 2. Sonntag im Monat 14 – 16 Uhr geöffnet.

Mercateum

Naturmuseum Königsbrunn

Das Naturmuseum in der Bgm.-Wohlfarth-Straße 54 präsentiert die naturwissenschaftliche Sammlung vom Museumsgründer Dr. Heinz Fischer mit topographischen, geologischen und ornithologischen Informationen über das Lechfeld und die Königsbrunner Region. Außerdem ist eine Sammlung mit Fossilienfunden aus der Jurazeit zu bewundern.

Das Museum ist jeden Sonntag von 14 bis 16 Uhr geöffnet, an Marktsonntagen von 10 bis 17 Uhr. Terminvereinbarung für Gruppen beim Kulturbüro unter Tel. +49 (0)8231 606-260, Eintritt ist kostenlos.

Mercateum

Das Mercateum in Königsbrunn zwischen dem Gymnasium und dem Haupteingang der Königstherme ist der größte begehbare Globus der Welt. Auf der Hülle ist die Weltkarte von Diego Ribero aus dem Jahre 1529 zu sehen, die aus der Vatikanischen Bibliothek stammt und in einem aufwendigen Verfahren um das 260fache vergrößert wurde.

Innen findet der Besucher auf 5 versetzten Plattformen die Ausstellung „Aus Indien und vom Ende der Welt", die an die über 500 Jahre alten Wirtschaftsbeziehungen zwischen Indien und der Augsburger Region erinnert.

Infos unter www.mercateum.de

Mithraeum

Das bei Grabungen 1976/77 und 1998 freigelegte Mithras Heiligtum an der Aussegnungshalle des Städtischen Friedhofs an der Wertachstraße ist das einzige derartige noch erhaltene Heiligtum in der ehemaligen römischen Provinz Raetien. Es ist durch einen 2002 fertiggestellten massiven Bau geschützt, um das Zeugnis des römischen Mithras-Kultes der Nachwelt zu erhalten. Das Heiligtum kann jederzeit besucht werden. Auf einer Tafel wird der Grundriss des Mithraeums erläutert.

Freizeit und Sport

In der Umgebung Königsbrunns auf dem Lechfeld findet man zahlreiche Freizeitmöglichkeiten in schöner Natur. Die Naturschutzgebiete Königsbrunner Heide und die Lechauen bieten Wanderern reizvolle Wanderwege in unberührter Natur. Die Königsbrunner Heide als eine der größten Gladiolenstandorte Europas ist eines der schönsten Naturschutzgebiete im schwäbischen Raum.

Ein weiteres beliebtes Ausflugsziel ist das Naherholungsgebiet Ilsesee am nordöstlichen Stadtrand von Königsbrunn. Der parkähnlich angelegte Badesee mit Wasserwachtstation, Liegewiesen, Spielflächen und Kiosk bietet im Sommer unbeschwertes Badevergnügen für die ganze Familie. Der See ist auch bei Tauchern sehr beliebt.

Segler und Surfer schätzen die windsicheren Reviere auf der Lechaustufe 23 und am Mandichosee zwischen Königsbrunn und Mering.

Weitere spannende Freizeitaktivitäten bieten im Osten der Stadt der Ballonstartplatz und im Süden das Flugfeld der Drachenflieger.

Zwei Reitervereine und viele Pferdepensionen am Stadtrand sorgen für gute Möglichkeiten für Pferdefreunde.

Golfliebhaber können auf zwei attraktiven 9 Loch Golfplätzen ihren Sport betreiben.

Königsbrunn verfügt außerdem über ein Sportstadion, verschiedene Freiplätze mit Flutlicht, eine Dreifachturnhalle mit Zuschauerrängen, eine Eishalle, einen Beachvolleyballplatz, einen Skaterpark und ein Gelände für Mountainbiker und BMX-Räder.

Ilsesee

Beachvolleyball

Filmfreunde finden in Königsbrunn ein besonders reichhaltiges Angebot im Cineplex Königsbrunn in der Bgm.-Wohlfarth-Straße 81 mit sechs Kinosälen und dem Movie-ClassiX des Kultur-Kinos Königsbrunn.

Veranstaltungen

Die Königsmärkte auf der Bgm.-Wohlfarth-Straße am 3. Sonntag im März und am 2. Sonntag im Oktober erfreuen sich großer Beliebtheit.

Das traditionelle Volksfest „Königsbrunner Gautsch" auf dem Volksfestplatz im Juni zieht zahlreiche Besucher an. Modernste Vergnügungs- und Fahrgeschäfte, große Bierzelte sowie Live-Auftritte von Volksmusikgruppen sorgen für beste Unterhaltung.

Der bunte Markt der Vereine im September und der Nikolausmarkt sind feste Bestandteile des Veranstaltungskalenders.

Musikliebhaber kommen beim Dreikönigskonzert, der Gospelnight im Mai und zahlreichen weiteren Konzerten auf ihre Kosten.

Interessenten für Meditation finden im buddhistischen Dhammakaya Zentrum in der Heinkelstraße 1 ein breites Angebot. Der Dhammakaya-orden mit Hauptsitz in Thailand unterhält in Königsbrunn eines von 21 Zentren in ganz Europa, eine Anlaufstelle für Buddhisten, Thailänder und Interessenten.

Orts- und Infrastruktur

Verkehrsverbindungen

Königsbrunn ist durch die Bundesstraße B 17 gut zu erreichen. Zum Stadtzentrum von Augsburg benötigt man 15 Minuten, die Autobahn A 8 Stuttgart-München ist 20 Minuten entfernt. Der Flughafen Augsburg ist in 30 Minuten zu erreichen, der Münchner Flughafen Franz Josef Strauß in einer Stunde.

Königsbrunner Gautsch

Stadtfest

Der öffentliche Personennahverkehr wird durch die Linienbusse des Augsburger Verkehrsverbundes gewährleistet und sorgt für die Verbindung zum Fernschienennetz am Augsburger Bahnhof.

Bildung

An Bildungseinrichtungen stehen in Königsbrunn 3 Grundschulen, 1 Mittelschule, 1 Realschule, 1 Gymnasium, 1 Berufsschule sowie 3 Förderzentren zur Verfügung.

Die Sing- und Musikschule Königsbrunn sorgt mit qualifizierten Lehrkräften und einem vielseitigen Unterrichtsangebot für eine umfassende musikalische Ausbildung.

Wohnen und Leben

Königsbrunn wird geprägt durch Wohngebiete mit Parkanlagen, Spielplätzen und hoher Wohnqualität. Seniorenwohnanlagen und Alten- und Pflegeheime sind in die Wohngebiete integriert. Die vielseitigen Angebote für ältere Mitbürger sind beispielhaft. In über 160 Vereinen kann man in den Bereichen Brauchtum, Sport und Kultur die unterschiedlichsten Interessen pflegen.

Wirtschaft

Durch die günstige Lage nahe der Stadt Augsburg in der drittstärksten Wirtschaftsregion Bayerns ist Königsbrunn ein attraktiver Standort für Unternehmen. Die zahlreichen mittelständischen Betriebe sind mit ihren hochwertigen Produkten oft nationale und internationale Marktführer und bieten Arbeitsplätze in fast allen Branchen.

Zu den Standortvorteilen von Königsbrunn gehören ein vielseitiger Branchenmix mit einem attraktiven Arbeitsplatzangebot, die sehr gute Infrastruktur mit optimaler Verkehrsanbindung, ein erfahrenes Wachstumsmanagement mit instrumentalisierter Wirtschaftsförderung, die hervorragenden Bildungsmöglichkeiten sowie die hohe Lebensqualität durch ökologischen Energieeinsatz, Familienfreundlichkeit und reizvolle Freizeitangebote.

Die Gesellschaft für Wohnungsbau und Gewerbeansiedlung hilft Unternehmen bei bei allen wesentlichen Fragen wie behördlichen Genehmigungen und bietet geeignete Grundstücke an. Existenzgründer erhalten durch die Kommunale Betriebsbetreuung wertvolle Beratung bei Geschäftsplanung, Marketing und Vertrieb.

Wichtige Adressen und Telefonnummern

Stadt Königsbrunn
Marktplatz 7
D-86343 Königsbrunn
Tel. +49 (0)8231 606 0
Fax +49 (0)8231 606 161
info@koenigsbrunn.de
www.koenigsbrunn.de

Freizeitpark West

Mercateum

Kulinarische Vielfalt in Königsbrunn
Restaurant ZELLER

Ob ein „Bayerischer Wurstsalat" oder der „Zeller Spezial Burger" – in der facettenreichen Küche des Restaurant ZELLER bleibt kein Magen leer. Sowohl regionale Schmankerl als auch international Bekanntes sind auf der Speisenkarte zu finden. Für Abwechslung sorgen zudem die saisonal wechselnden Themenkarten.

Aber nicht nur die Balance zwischen Tradition und Moderne überzeugen. Das aufmerksame Gastgeberteam des Restaurant ZELLER trägt mit seiner herzlichen Art entscheidend dazu bei, dass sich jeder Gast rundum wohlfühlt. Nicht zuletzt wird das Bild des Hauses von seinen verschiedenen Räumlichkeiten geprägt. Sei es die urige Hirschstube, der elegante Salon Verona, die traditionelle Südtiroler Weinstube oder das trendige Lounge-Restaurant. Bei schönem Wetter lassen sich die Gerichte auch auf der ruhigen Innenhof-Terrasse genießen.

Zur Abrundung lohnt sich ein Besuch der Z-Lounge, die nicht nur über eine SKY-TV-Bar verfügt, sondern auch mit regionalen Bierspezialitäten, spritzigen Cocktails und feinen Spirituosen in gemütlicher Atmosphäre besticht.

Restaurant Zeller

Bgm.-Wohlfarth-Str. 78
D-86343 Königsbrunn
Tel. +49 (0)8231 996 0
Fax +49 (0)8231 996 222
hotelzeller@hotelzeller.de
www.hotelzeller.de

Stern der Gastlichkeit in Königsbrunn

BEST Hotel ZELLER

Das BEST Hotel ZELLER wird familiär geführt und zeichnet sich durch seine herzliche Gastnähe aus.

Das Haus bietet 71 moderne und sehr geschmackvolle Zimmer mit den Annehmlichkeiten und der Ausstattung eines Vier-Sterne-Hotels.

Die Hotelküche besticht durch Eigengeschmack und Frische. Auf der Speisenkarte finden sich neben regionalen und saisonalen Spezialitäten auch internationale Klassiker.

Das aufmerksame Gastgeberteam verwöhnt die Gäste in den urigen Hirschstuben, der gemütlichen Südtiroler Stube oder dem eleganten Salon Verona.

Entspannt ausklingen lässt man den Tag im Sauna-Vital-Forum über den Dächern von Königsbrunn oder aber in der trendigen „Z-Lounge" mit SKY-TV-Bar. Hier genießt man in gemütlicher Runde regionale Bierspezialitäten, spritzige Cocktails, feine Spirituosen u. v. m.

BEST Hotel ZELLER
Bgm.-Wohlfarth-Straße 78
D-86343 Königsbrunn
Tel. +49 (0)8231 996 0
Fax +49 (0)8231 996 222
hotelzeller@hotelzeller.de
www.hotelzeller.de

4 Sterne in Königsbrunn

Best Western Hotel am Europaplatz

Dieses Haus präsentiert sich jung und modern. Die 72 komfortabel ausgestatteten Zimmer in zwei verschiedenen Kategorien zeigen sich in einem frischen Design. Mit schallisolierten Panoramafenstern, hell und freundlich eingerichtet, machen sie den Aufenthalt zu einem angenehmen Erlebnis.

Der SPA- und Fitnessbereich des Hauses bietet seinen Gästen ein Thermium und Dampfbad sowie zwei Relaxwannen und Fitnessgeräte für das tägliche Workout. So lässt sich während des Hotelaufenthaltes noch so manch entspannende Stunde erleben.

Best Western Hotel am Europaplatz
Rathausstr. 2, D-86343 Königsbrunn
Tel. +49 (0)8231 30 195 0
Tel +49 (0)8231 30 195 100
info@hotel-europaplatz.bestwestern.de
www.hotel-europaplatz.bestwestern.de

Urig und gemütlich
mit jeder Menge Unterhaltung

Restaurant Ludwigshof

Gutbürgerlich, so kann man das Speisenangebot im Restaurant Ludwigshof in Königsbrunn bezeichnen. Regional wird gekocht und alles kommt frisch zubereitet und selber gemacht auf die Tische, um die Gäste zu verwöhnen. Diese fühlen sich in dem urig eingerichteten Lokal sichtlich wohl, in dem viel Holz den gemütlichen Charakter unterstreicht.

Bayerisch-schwäbisch – dies trifft auf die Inneneinrichtung ebenso zu wie auf das leckere Essen. Schließlich hat die Region einen guten Ruf, wenn es um die Gastfreundschaft und die Bewirtung der Gäste mit Speisen und Getränken geht.

Neben täglich wechselnden Tagesgerichten finden die Gäste jeden Mittwoch einen Schnitzeltag, an dem die zarten Fleischspezialitäten in den verschiedensten Variationen auf den Tisch kommen. An jedem Donnerstag wird den Gästen ein frischer Schweinebraten mit Blaukraut serviert und schließlich am Freitag und Samstag heißt es: All you can eat, wenn Spareribs mit den passenden Beilagen im Angebot sind.

Mehrere Räumlichkeiten stehen im Ludwigshof zur Verfügung und der Gast kann zwischen dem Gastraum, der Lounge mit Feuerstelle, dem Kaminzimmer im Keller und dem Stüberl wählen, um seinen bevorzugten Platz zu bekommen. Während des Sommers locken zwei Biergärten vor und hinter dem Anwesen, um die Speisen und Getränke unter freiem Himmel und im Schatten alter Weinreben zu genießen.

Dass sich bei all diesen Räumlichkeiten auch genügend Möglichkeiten bieten, eine private Feier oder einen Firmenevent zu veranstalten, liegt auf der Hand. Schließlich werden die Gäste auch mit Speis und Trank versorgt und das urige Ambiente des Restaurants trägt sicher dazu bei, unvergessliche Stunden zu erleben.

Wenn aus Schein Wirklichkeit wird

Ebenfalls unvergesslich sind die Auftritte der Madame Divot, die zu unterschiedlichen Terminen ihr Stelldichein im Ludwigshof gibt. Die Travestieshows, die zu unterschiedlichen Terminen veranstaltet werden, begeistern die Besucher und haben sie schon weit über die Region bekannt gemacht. Die charmante Art der Darbietung und die freche Unterhaltung, die die „Damen" bieten, begeisterten schon zahlreiche Fans.

Restaurant Ludwigshof

Dornierstr. 5
D-86348 Königsbrunn
Tel. +49 8231 95 98 41
www.facebook.com/
LudwigshofKoenigsbrunn

Inmitten von Königsbrunn

Hotel Krone

Im Zentrum von Königsbrunn liegt das Hotel Krone, das Übernachtungs- möglichkeiten in gediegenem Ambi- ente bietet. Die Zimmer präsentieren sich modern eingerichtet, in denen sich der Gast wohlfühlen wird. Abgerundet wird der Service durch ein reichhaltiges und vielfältiges Früh- stücksbuffet, mit dem man gestärkt dem jungen Tag entgegen sieht.

Regionale Köstlichkeiten in Königsbrunn

Die Küche des Hotel Krone ist die perfekte Adresse, um schwäbisch-bay- erische Schmankerl zu genießen. Neben dem frischen Schweinebraten mit Kartoffelknödel weckt auch der Zwiebelrostbraten mit hausgemach- ten Spätzle den Appetit. Doch auch an die Genießer von fleischlosen Gerichten hat man ge- dacht, für die man leckere vegetari- sche Kost bereithält. Gespeist wird in den gemütlich eingerichteten Ga- sträumen, begleitet von einem auf- merksamen Serviceteam.

Veranstaltung geplant? Kein Problem.

Die Räumlichkeiten im Hotel Krone bieten den idealen Rahmen für famili- äre Feierlichkeiten und geschäftliche Events. Ob Taufe oder Hochzeit, Tagung oder Seminar – für jeden Anlass finden sich maßgeschneiderte Örtlichkeiten, die – abgerundet mit dem professionellen Service des Hauses – jede Veranstal- tung zu einem gelungenen Ereignis machen.

Hotel Krone

Bgm.-Wohlfahrt-Str. 44
D-86343 Königsbrunn
Tel. +49 (0)8231 96 620
Fax +49 (0)8231 96 62 17
info@krone-hotel-restaurant.de
www.krone-hotel-restaurant.de

Italienischer Charme in Königsbrunn

L'Italiano Ristorante-Pizzeria

Wenn man das italienische Restaurant betritt, wird man von der Atmosphäre unserer südlichen Nachbarn umfangen. Es duftet nach frischer Pizza, nach Pasta und den frischen Kräutern aus der Toskana.

Die Räume im L'Italiano laden zum Verweilen ein. Sie sind behaglich gestaltet und in der Weinecke lässt man sich die edlen italienischen Tropfen munden. Bei schönem Wetter genießt man die Köstlichkeiten aus Küche und Keller auf der ruhigen Gartenterrasse unter freiem Himmel.

Das L'Italiano, das von der Familie Alberti geführt wird, serviert seinen Gästen italienische Speisen, die liebevoll zusammen gestellt sind. Aus dem einzigen Original-Holzofen in Königsbrunn kommt die Holzofenpizza frisch auf den Tisch. Der Genuss der hausgemachten Pasta lässt einen an den vergangenen Urlaub im Süden denken und die Spaghetti, die mit frisch gehobeltem Parmesan und Trüffeln serviert werden, sind ein Gedicht.

**L'Italiano
Ristorante-Pizzeria**

Rosenstr. 2b
D-86343 Königsbrunn
Tel. +49 (0)8231 40 16 741
pizzeria l'Italiano

Hier lässt man sich verzaubern

Chocolaterie Café Müller

Bereits der Anblick der Hausfassade verzaubert den Besucher der Chocolaterie Müller in Königsbrunn. Einem kleinen Schlösschen ähnlich, erahnt man bereits das Besondere, das sich hinter diesen Mauern verbirgt.

Beim Betreten des Geschäftes empfangen den Gast wohlriechende Aromen. Es duftet nach feinster Schokolade, nach Kuchen und Torten, umrahmt von einem unvergleichlichen Kaffeehausambiente.

In dieser Atmosphäre genießt man feinste Sahne- und Cremetorten, frisch gebackene Kuchen, Petit Fours, Desserts und Gebäck, die zu ausgesuchten Kaffeespezialitäten gereicht werden.

Und während man sich den süßen Köstlichkeiten hingibt, beobachtet man die Pâtissiers und Chocolatiers bei der Arbeit. Kunstvoll stellen sie aus ausgewählten und hochwertigen Rohstoffen Schokoladen und Pralinen her und

entwickeln immer wieder neue Kreationen, um die Gaumen der Genießer zu verwöhnen.

Mehr als 30 verschiedene Pralinensorten, handgeschöpfte Schokolade und exklusive Schokoladentafeln stehen hier zur Verfügung, um sich der süßen Verführung hinzugeben.

Hier dreht sich alles um kulinarische Genüsse

Für hungrige Gäste bietet das Café herzhafte Speisen an, die saisonal zusammengestellt und frisch zubereitet werden. Eine wöchentlich wechselnde Mittagskarte rundet das Angebot ab.

Daneben finden hier auch Kochkurse unter der Leitung des Küchenchefs ebenso statt wie Pralinenseminare, in denen man seine eigenen Pralinen herstellen kann oder Tortenseminare, die den Hobbypâtissier in die Geheimnisse der Süßwarenbäckerei einführt.

Chocolaterie Café Müller

Bgm.-Wohlfahrt-Str. 62
D-86343 Königsbrunn
Tel. +49 (0)8231 31979
Fax +49 (0)8232 95 98 865
info@cafemueller.com
www.cafemueller.com

Ein kleines Stück Thailand in Bayern

Wat Phra Dhammakaya Bavaria

Seit 2008 lebt eine Gruppe buddhistischer Mönche in Königsbrunn. Im Wat Phra Dhammakaya Bavaria Meditationszentrum bieten sie unter anderem die Möglichkeit an, die Technik der Dhammakaya Meditation zu erlernen. Sie selbst praktizieren diese Mediationsform zum Wohle der Menschen und für den Frieden in der Welt. Die klösterliche Gemeinschaft sieht ihre Aufgabe auch darin, die thailändische Bevölkerungsgruppe in der Stadt seelsorgerisch zu betreuen und die Lebensweise des Buddhismus zu lehren.

Besucher und Interessierte sind in dem buddhistischen Tempel herzlich willkommen. Es besteht für jeden Menschen, jeder Nationalität und spiritueller Ausrichtung die Möglichkeit, in die Welt der Meditation und der buddhistischen Mönche einzutauchen: die Gesänge zu hören, die Zeremonien zu erleben, nette Menschen kennenzulernen und – nicht zuletzt – sich von der thailändischen Küche inspirieren zu lassen.

Die Meditationszentren der Dhamma-kaya Bewegung sind an verschiedenen Orten in Deutschland, der Schweiz und Europa zu finden. Es werden Kurse in deutscher Sprache gegeben, die in die Dhammakaya-Meditation einführen. Meditation ist eine in vielen Religionen und spirituellen Richtungen praktizierte Übung, die zu innerer Ruhe führen, den Strom innerer Bilder und Gefühle abschaltet und den Menschen echte Gelassenheit und innere Harmonie bringt.

Veranstaltungen in Königsbrunn

Jeden Mittwoch findet von 19.30 Uhr bis 20.30 Uhr ein Meditationskurs in deutscher Sprache statt. Dieser Kurs ist für alle Menschen offen, die sich dafür interessieren, unabhängig von ihrer Religion und Erfahrung mit meditativen Übungen. An jedem ersten Sonntag im Monat findet im Tempel eine buddhistische Zeremonie statt. Diese Zeremonie wird in allen Dham-makaya Tempeln weltweit zeitgleich durchgeführt. Dies erklärt, warum die Zeremonie in den Wintermonaten bereits um 3.30 Uhr und in den Sommermonaten um 4.30 Uhr beginnt. Zum Ausgleich für diese „frühe Stunde" sind Sie mit Tausenden von Menschen weltweit verbunden, was diese Zeremonie zu einem besonders kraftvollen Erlebnis macht.

Die Teilnahme an den Übungen und Zeremonien ist grundsätzlich kostenlos, wobei aber Spenden gerne angenommen werden. Außerdem sollten Besucher und Teilnehmer daran denken, dass sie in einem buddhistischen Tempel zu Gast sind und dort das Tragen heller Kleidung angebracht ist.

Wat Phra Dhammakaya Bavaria

Heinkelstraße 1
D-86343 Königsbrunn
Tel. +49 (0)8231 95 74 530
info@watbavaria.net
www.watbavaria.net

Kühlenthal
Kleines Dorf mit großem Herz

Kühlenthal
(Bilder Gemeinde Kühlenthal)

Die Gemeinde Kühlenthal (rund 820 Einwohner), die kleinste Gemeinde im Landkreis Augsburg, ist Mitglied der Verwaltungsgemeinschaft Nordendorf. Zur Gemeinde gehören der Hauptort Kühlenthal, die Weiler Ahlingen und Fertingen sowie die Einödhöfe Anzenhof und Haldenhof.

Kühlenthal liegt etwa 28 km nördlich von Augsburg und ist durch die nahe Bundesstraße 2 von Augsburg nach Donauwörth mit dem Pkw gut zu erreichen.

Kühlenthal zeichnet sich durch eine lebendige Ortsgemeinschaft mit aktiven Vereinen aus und ist ein beliebter Wohnort im Grünen.

Kurzer Blick ins Geschichtsbuch

Urkundlich erwähnt wurde Kühlenthal erstmals im 12. Jahrhundert. Nach wechselnden Besitzern gehörte Kühlenthal ab 1806 zu Bayern.

Sehenswürdigkeiten

Die Katholische Filialkirche Heilig Kreuz stammt aus dem 17. Jahrhundert und wurde durch den Rokoko-Baumeister Balthasar Suiter 1737 umgestaltet.

Freizeit und Sport

Der Baggersee in Kühlenthal mit Badeinsel und Beachvolleyballfeld bietet an heißen Sommertagen willkommene Abkühlung. Kühlenthal verfügt über ein Sportgelände mit Tennisplätzen und Eisstockbahn.

Die acht Vereine in der Gemeinde sorgen für sinnvolle Freizeitbeschäftigung durch sportliche Betätigung und gesellschaftliches Engagement. Das Jugendzentrum Hütte Kühlenthal ist beliebter Treffpunkt der Jugend des Ortes und wurde vom Verein „Hütte Kühlenthal" erweitert.

Veranstaltungen

Höhepunkt des Kühlenthaler Veranstaltungskalenders ist die Kühlenthaler Dorfweihnacht am Samstagnachmittag des 1. Advents, die mit tatkräftiger Mithilfe der örtlichen Vereine gefeiert wird. Der stimmungsvolle Markt mit Verkaufsständen, kulinarischen Angeboten, Streichelzoo und Märchenzelt gehört zu den beliebtesten Weihnachtsmärkten in der Region.

Orts- und Infrastruktur

Seit 1998 steht der Kindergarten „Wichtelburg" den kleinen Gemeindemitgliedern zur Verfügung.

Wichtige Adressen und Telefonnummern

Gemeinde Kühlenthal
Schmutterweg 1
D-86707 Kühlenthal
Tel. +49 (0)8273 9188 0
info@kuehlental.de
www.kuehlenthal.de

Baggersee

Kutzenhausen

Gemeinde mit hoher Lebensqualität

Die Gemeinde Kutzenhausen (rund 2500 Einwohner) liegt ca. 20 km westlich von Augsburg mitten im Naturpark Augsburg – Westliche Wälder. Zur Gemeinde gehören die Ortsteile Kutzenhausen mit dem Weiler Katzenlohe, Agawang mit dem Dorf Unternefsried, Buch mit dem Weiler Boschhorn, Maingründel und Rommelsried.

Das Leben in Kutzenhausen wird geprägt von den zahlreichen aktiven Vereinen, der Pflege der Tradition und einer zukunftsorientierten Infrastruktur.

Kurzer Blick ins Geschichtsbuch

Von 1407 bis 1803 gehörte Kutzenhausen zum Domstift Augsburg, danach zum Königreich Bayern.

Sehenswürdigkeiten

In der Gemeinde sind mehrere Kirchen und Kapellen zu finden, die einen Besuch lohnen.

Zu ihnen gehören die katholischen Pfarrkirchen St. Laurentius in Agawang von 1732 sowie St. Nikolaus in Kutzenhausen von 1754, die im Barockstil ausgestattet sind.

Sehenswert ist das Ensemble des Kirchplatzes in Rommelsried mit der barocken Pfarrkirche St. Ursula, Pfarrhof, Friedhof und zwei Bauernhäusern. Am südlichen Ortsausgang von Rommelsried steht die Heilig-Grab-Kapelle mit einem Kreuzweg. Die Kapelle enthält einen einzigartigen Altar, der mit zahlreichen böhmischen Glasperlen verziert ist.

Kutzenhausen
(Bilder Gemeinde Kutzenhausen)

Freizeit und Sport

Das beheizte Freibad in der Badstraße 9 in Kutzenhausen ist im Sommer ein beliebter Treffpunkt für Jung und Alt.

Ausgehend vom Kindergarten entstehen ein Bienenlehrpfad mit Ruhebänken, Infotafeln und einem Schaubienenstock sowie ein Torflehrpfad mit einer offenen Torfstichstelle.

Die aktiven Vereine in Kutzenhausen bilden mit ihren vielfältigen Möglichkeiten für sinnvolle Freizeitgestaltung einen wesentlichen Schwerpunkt des Gemeindelebens.

Veranstaltungen

Die Vereine in der Gemeinde sorgen mit ihren Veranstaltungen, Festen und sportlichen Wettbewerben für einen abwechslungsreichen Jahreslauf.

Orts- und Infrastruktur

Kutzenhausen ist durch die Bundesstraße 300 von Augsburg nach Günz-burg, die an der südlichen Gemeindegrenze verläuft, gut zu erreichen. In Kutzenhausen ist ein Haltepunkt der Bahnstrecke Ulm – München mit Park and Ride Parkplatz.

Für Kinder stehen in der Gemeinde ein Kindergarten und eine Grundschule zur Verfügung.

Die Gewerbebetriebe in der Gemeinde bieten neben Arbeits- und Ausbildungsplätzen zahlreiche Serviceleistungen.

Wichtige Adressen und Telefonnummern

Gemeinde Kutzenhausen
Schulstr. 10
D-86500 Kutzenhausen
Tel. +49 (0)8238 9601 0
Fax +49 (0)8238 9601 99
poststelle@kutzenhausen.de
www.kutzenhausen.de

St. Laurentius

Langenneufnach
Liebens- und lebenswerte Gemeinde

Die Gemeinde Langenneufnach (rund 1700 Einwohner) an der Neufnach im schwäbischen Landkreis Augsburg ist Sitz der Verwaltungsgemeinschaft Stauden. Zur Gemeinde gehören neben dem Hauptort die Ortsteile Unterrothan und Habertsweiler.

Langenneufnach zeichnet sich durch eine moderne Infrastruktur, ein vielfältiges Vereinsleben und zahlreiche Freizeitmöglichkeiten in intakter Natur aus.

Kurzer Blick ins Geschichtsbuch

Urkundlich erwähnt wurde Langenneufnach erstmals im Jahr 981. Die Geschichte des Ortes wurde geprägt durch wechselnde Grundherren. Seit 1803 gehört Langenneufnach zu Bayern. Mit dem Gemeindeedikt 1818 entstand die heutige Gemeinde.

Sehenswürdigkeiten

Hauptsehenswürdigkeit des Ortes ist die Katholische Kirche St. Martin von Tours in Langenneufnach mit Wurzeln im 15. Jahrhundert. Die Kirche wurde im 18. Jahrhundert mehrfach umgebaut und erweitert. Sie beeindruckt durch die üppige Innenausstattung im Barockstil.

Freizeit und Sport

Die Naturschönheiten der idyllischen Umgebung von Langenneufnach laden zu ausgedehnten Wanderungen ein. Lohnend sind die Wanderwege in den ursprünglichen Tälern des Bärenbachs und des Augrabens. Auf dem Weg von Unterrothan nach Willmatshofen kann man gut erhaltene Reste der keltischen Viereckschanze Brennburg besichtigen.

Blick auf Langenneufnach
(Bilder Gemeinde Langenneufnach)

Der 2015 eingerichtete aussichtsreiche Streuobstweg bietet interessante Informationen über alte Obstsorten und den Lebensraum Streuobstwiese mit ihrem Artenreichtum. In der Erntezeit kann man einige reife Früchte pflücken: Guten Appetit! Dies ist bei den privaten Obstbäumen, die auch längs des Weges stehen, nicht erlaubt. In den Streuobstweg ist ein Lehrbienenstand integriert. Hier kann man bei Führungen interessantes zum Thema Bienen erfahren. Zu den Führungen ist eine Anmeldung erforderlich.

Die örtliche Freizeitanlage mit Skateranlage, Hockey, Boccia und Eislaufen ist beliebter Treffpunkt im Ort. Die zahlreichen aktiven Vereine in Langenneufnach bieten vielfältige Möglichkeiten zur Freizeitgestaltung.

Die Wassertretstelle, das Martinsbrünnle und die Mariengrotte laden zur Entspannung und Einkehr ein.

Pfarrkirche St. Martin

Die Gesundheitsversorgung ist durch eine Arztpraxis und Apotheke gewährleistet.

In der Gemeinde bieten viele Handels- und Gewerbebetriebe eine Reihe von Arbeitsplätzen und sichern die Versorgung für den täglichen Bedarf. Größter Arbeitgeber ist ein Büromöbelhersteller, der zu den weltweit führenden Unternehmen in der Branche gehört.

Eine Reihe von gastronomischen Betrieben laden mit Biergärten und gemütlichen Unterkünften Gäste ein.

Veranstaltungen

Die Vereine in Langenneufnach sorgen mit sportlichen Wettbewerben, Festen und kulturellen Veranstaltungen für ein abwechslungsreiches Jahresprogramm.

Orts- und Infrastruktur

Für Kinder stehen in Langenneufnach ein Kinderhaus mit Krippe, Kindergarten und Hort sowie die Grundschule zur Verfügung.

Wichtige Adressen und Telefonnummern

Gemeindeverwaltung Langenneufnach (VG-Stauden)
Rathausstraße 58
D-86863 Langenneufnach
Tel. +49 (0)8239 9605 0
Fax +49 (0)8239 9605 50
langenneufnach@vgstauden.de
www.langenneufnach.de

Langerringen
Lebendige Gemeinde am Rand des Lechfelds

Die Gemeinde Langerringen (rund 3900 Einwohner) im Süden des Landkreises Augsburg am Hochfeld zwischen den Tälern von Lech und Wertach ist Sitz der Verwaltungsgemeinschaft Langerringen, zu der die Gemeinde Hiltenfingen gehört. Zur Gemeinde Langerringen gehören der Ortsteil Westerringen sowie die im Rahmen der Verwaltungsreform 1978 eingemeindeten Ortsteile Gennach und Schwabmühlhausen.

Das Dorf Langerringen wird geprägt durch das typische Bild eines Straßendorfes mit zwei langgestreckten Straßenzügen und der Singoldaue. Es hat beim Wettbewerb „Unser Dorf soll schöner werden" mehrfach Preise auf Bezirks- und Landesebene gewonnen.

Kurzer Blick ins Geschichtsbuch

Langerringen

Der Ort entstand im 6./7. Jahrhundert, als sich die alemannische Sippe des Erro ansiedelte. Urkundlich erwähnt wurde Erringen erstmals im 12./13. Jahrhundert. Nach wechselnden Besitzern gehörte der Ort zusammen mit Westerringen bis zur Säkularisierung 1803 zum Domstift Augsburg, danach zum Königreich Bayern. Zwei große Brände 1781 und 1818 zerstörten Teile von Langerringen. Der Bau der Eisenbahnstrecke 1890 mit dem Bahnhof Westerringen, die bis 1983 auch dem Personenverkehr diente, förderte die wirtschaftliche Entwicklung der Gemeinde.

Ortsmitte von Langerringen
(Bilder Gemeinde Langerringen)

Gennach

Dorfstadel Gennach

Das Dorf Gennach hat seinen Ursprung in einer keltischen Siedlung aus dem 5. Jahrhundert v. Chr. Erstmals urkundlich erwähnt wurde Gennach im Jahr 1190. Gennach gehörte von 1490 bis 1803 zum Domkapitel Augsburg.

Schwabmühlhausen

Pfarrhof Schwabmühlhausen

Die erste urkundliche Erwähnung unter der Bezeichnung „Mulihusen" stammt aus dem 11. Jahrhundert. Das Dorf hatte wechselnde Besitzer, unter anderem der Hochstift Rottenbuch. Durch das bayerische Gemeindeedikt 1818 wurde die politische Gemeinde Schwabmühlhausen gegründet.

Sehenswürdigkeiten

Die im Barockstil reich ausgestatteten Kirchen in der Gemeinde sind einen Besuch wert.

Die Katholische Pfarrkirche St. Gallus in Langerringen hat spätromanische Ursprünge und wurde vor allem im 18. Jahrhundert mehrfach umgestaltet sowie 2002 umfassend renoviert.

Rathaus Langerringen und Kirchturm von St. Gallus

Die spätgotische Leonhardskapelle von 1497 beherbergt wertvolle Holzfiguren.

Die Katholische Pfarrkirche St. Johannes d. T. in Gennach ist ein beeindruckender Renaissancebau von 1608/10.

Der barocke Neubau der Katholischen Pfarrkirche St. Martin in Schwabmühlhausen stammt aus dem Jahr 1758.

Die Katholische Filialkirche St. Vitus in Westerringen wurde 1517 erbaut.

Spielplatz in Schwabmühlhausen

Freizeit und Sport

Die zahlreichen Vereine verschiedenster Ausprägung in der Gemeinde bieten vielfältige Möglichkeiten für Freizeitgestaltung und sportliche Betätigung. Langerringen verfügt über ein neu angelegtes umfangreiches Sportgelände mit Schießanlage. Der Rosengarten in Gennach ist immer einen Besuch wert.

Der nahe Naturpark Augsburg – Westliche Wälder bietet ein ausgedehntes Netz von Wanderwegen und Radwanderwegen in erholsamer Naturlandschaft.

Veranstaltungen

Die örtlichen Vereine sorgen mit einer breiten Palette von Festen, sportlichen Wettbewerben, kulturellen Veranstaltungen und Märkten für ein buntes Jahresveranstaltungsprogramm.

Ein Höhepunkt des Jahres ist das Langerringer Markttreiben am dritten Sonntag im September mit Hobby- und Kunsthandwerkermarkt, Bauernmarkt, Oldie-Ausstellung, Werkstätten, Ausstellungen von Tierzüchtern, einem Programm mit Sport, Musik und Kunst, eine Tombola, einem vielseitigen Kinderprogramm und Ständen für das leibliche Wohl.

Kunsthandwerkermarkt

Orts- und Infrastruktur

Durch die nahe Autobahn A 96 von Memmingen nach Landsberg und nahe die Bundesstraße B 17 von Landsberg nach Augsburg ist Langerringen mit dem Pkw bequem erreichbar.

Die Gemeinde bietet mit niedrigen Bauplatzpreisen im geplanten Gewerbegebiet Langerringen – Nord günstige Möglichkeiten zur Gewerbeansiedlung.

Eine große Anzahl an Unternehmen aller wirtschaftlichen Sparten stellen Arbeits- und Ausbildungsplätze zur Verfügung.

Zwei Kindergärten mit einer Kinderkrippe und eine Grundschule sind in Langerringen vorhanden.

Die ärztliche Versorgung ist durch einen niedergelassenen Arzt, einen Zahnarzt und eine Apotheke gesichert.

Das Alten- und Pflegeheim der Johann Müller Altenheimstiftung ist eine vorbildliche Versorgungseinrichtung für ältere und pflegebedürftige Bürger mit großem Garten, Kaufladen, Friseur und Wirtsstube.

Die günstige Lage in naturnaher Landschaft mit hohem Freizeitwert macht Langerringen zu einem attraktiven Wohnort.

Wichtige Adressen und Telefonnummern

Gemeinde Langerringen
Hauptstraße 16
D-86853 Langerringen
Te. +49 (0)8232 9603 0
Fax +49 (0)8232 9603 21
vg@langerringen.de
www.langerringen.de

Neues Gemeindezentrum

Hier wird ganz Süddeutschland angezogen
Sedlmeir's Leder & Trachtenhof

Der Weiler Schwabaich besteht nur aus wenigen Häusern, und doch ist der Ortsname jedem Trachtenfan zwischen Augsburg, Ammersee und dem Allgäu ein Begriff. Das liegt an Sedlmeir's Trachtenhof, der hier zu Hause ist.

Auf über 800 m² findet man ein riesiges Sortiment an Trachtenbekleidung – für jeden Anlass, für jedes Alter und jede Figur. Eine unendliche Vielfalt an Dirndln, Lederhosen, Hochzeitsmode und Festkleidung sowie Accessoires – vom Schuh über den Schmuck bis hin zum Hut – verteilt auf zwei Stockwerke des urigen Bauernhauses und ein Outlet gleich gegenüber. Hier haben Werner Sedlmeir und seine Frau vor über 30 Jahren angefangen, Lederhosen zu verkaufen. Noch heute sucht die Qualität

der kunstvoll bestickten und sämisch, also ohne Chemie und Gifte, gegerbten Hirschledernen ihresgleichen.

Was nicht passt, wird passend gemacht

Das gilt für Dirndl, die in der hauseigenen Schneiderei geändert werden können ebenso, wie für Lederhosen, Lodenjanker und Trachtenanzüge. Diese kann man individuell als Maßkonfektion in Auftrag geben. „Die Kunden sind von diesem Service begeistert," sagt Werner Sedlmeir. „Es sind diese Dinge, die unser Haus wertig machen". Dazu gehört auch die extreme Größen-Spanne, die bei der Damenmode von Größe 32 bis 56 reicht und bei den Herren von 44 bis 70. Und wer nicht allzu tief in die Tasche greifen will, der findet im Outlet die Vorjahres-Kollektion zum halben Preis.

Längst beschränkt sich der Trachtenhof nicht mehr nur darauf, die Produkte namhafter Hersteller zu verkaufen, sondern lässt zusätzlich nach eigenen Designs und aus eigenen Stoffen Dirndl und Trachtbrautkleider in streng limitierter Stückzahl von 15 Teilen je Modell schneidern. Auch Vereine können sich in Sedlmeir's Trachtenhof einkleiden. Kein Wunder also, dass das Einzugsgebiet einen Radius von 100 Kilometer hat und einzelne Kunden noch wesentlich weitere Wege auf sich nehmen, um nach Schwabaich zu kommen.

Seinen Erfolg verdankt der Trachtenhof auch dem Zusammenhalt, der für einen echten Familienbetrieb typisch ist. Neben den Gründern arbeiten inzwischen auch zwei Töchter im Betrieb mit.

Sedlmeir's Leder Trachtenhof

Schwabaich 3
D-86853 Langerringen
Tel. +49 (0)8248 1306
Fax +49 (0)8248 7144
info@sedlmeir-trachtenhof.de
www.sedlmeir-trachtenhof.de

Langweid a. Lech
Lebendig und vielfältig

Die Gemeinde Langweid a. Lech (rund 8.000 Einwohner) liegt 15 km nördlich von Augsburg. Sie besteht aus dem Hauptort Langweid a. Lech mit dem Ortsteil Foret und den Gemeindeteilen Stettenhofen und Achsheim, die in den 1970er Jahren eingemeindet wurden.

Langweid a. Lech wird geprägt durch günstige Wohnmöglichkeiten, die Nähe zum Naturpark Augsburg Westliche Wälder, gute Verkehrsverbindungen und eine moderne Infrastruktur.

Kurzer Blick ins Geschichtsbuch

Archäologische Funde belegen eine Besiedlung durch die Römer im 1. Jahrhundert und Alemannen im 6. Jahrhundert. Die erste urkundliche Erwähnung stammt aus dem Jahre 1143.

Die Region gehörte über Jahrhunderte bis zum Reichsdeputationshauptschluss 1803 zur Reichslandvogtei Augsburg, danach zu Bayern.

Die Entwicklung der ländlichen Gemeinde wurde durch den Bau des Lechkanals und des Kraftwerks im Jahr 1908 wesentlich beeinflusst.

Sehenswürdigkeiten

Kirche St. Vitus

Die katholische Pfarrkirche St. Vitus in Langweid mit Ursprüngen im Mittelalter wurde 1776/77 durch den Baumeister des Domkapitels Johann Martin Pentenrieder im so genannten Empirestil errichtet. Sie ist ein markantes Beispiel für den ländlichen Zentralbau des frühen Klassizismus.

Gut Egglhof
(Bilder Gemeinde Langweid, Christian Kopold)

St. Vitus

St. Peter und Paul

Im Innenraum der prachtvoll ausgestatteten Kirche kann man beeindruckende Deckenfresken von Johann Anton Huber von 1777 bewundern, unter anderem mit Darstellung des Martyriums des Hl. Vitus, einer der 14 Nothelfer und Schutzpatron der Kirche.
Eine umfassende Sanierung und Renovierung der Kirche wurde 2010 abgeschlossen.

Sehenswert ist auch das benachbarte unter Denkmalschutz stehende „Alte" Pfarrhaus aus dem Jahre 1680, heute in Privatbesitz.

Kirche St. Peter und Paul

Die katholische Pfarrkirche St. Peter und Paul in Achsheim mit Wurzeln in spätgotischer Zeit aus dem Jahre 1680 weist ebenfalls eine wertvolle Innenausstattung auf, unter anderem die bedeutenden spätgotischen Figuren des Hl. Sebastian und die Selbdrittgruppe.

Nothelferkapelle in Stettenhofen

Auch die Kapelle zu den Vierzehn Nothelfern im Ortsteil Stettenhofen, die 1735-1740 errichtet wurde, ist einen Besuch wert.

Nothelferkapelle

Gut Eggelhof

Zu den Sehenswürdigkeiten in der Gemeinde gehört auch das beeindruckende Ensemble Gut Eggelhof am Rand des Schmuttertals aus dem 12. Jahrhundert, das dem Augsburger Domkapitel gehörte. Neben dem stattlichen, unter Denkmalschutz stehenden spätbarocken Gutshaus von 1730 gehört die kunstgeschichtlich wichtige Hofkapelle zur Schmerzhaften Muttergottes von 1765 mit Barockfassade, deren Ursprünge in der Karolingerzeit liegen, zum Ensemble. Heute ist ein Reiterhof auf dem Gut untergebracht.

Lechmuseum

Das Lechmuseum im Wasserkraftwerk Langweid bietet viel Wissenswertes rund um den Lech. Infos unter www.lechmuseum.de

Wasserturm

Als Wahrzeichen von Langweid gilt der weithin sichtbare 28 Meter hohe Wasserturm, der 1912 in Betrieb genommen wurde.

Freizeit und Sport

Die zahlreichen Vereine in Langweid bieten vielseitige Freizeitmöglichkeiten. Die Damenmannschaft des Tischtennisvereins TTC Langweid hat schon große internationale Erfolge in der Tischtennis Champions League erzielt.

Die Sportvereine in Langweid und den Ortsteilen der Gemeinde bieten ein breites Angebot von Fußball über Hallensport, Gymnastik, Wandern, Tennis bis Volleyball. Drei Schützenvereine runden das sportliche Angebot ab.

Neben den Sportvereinen tragen die kulturellen und gemeinnützigen Vereine mit vielfältigen Veranstaltungen und Wettbewerben zum abwechslungsreichen Jahresprogramm bei.

Der nahe Naturpark mit seinem Wander- und Radwegenetz lädt zu erholsamen Touren ein.

Orts- und Infrastruktur

Langweid verfügt über gute Verkehrsverbindungen durch die nahe Bundesstraße B 2, den Bahnhof an der Strecke Nürnberg-Augsburg und regelmäßige Busverbindungen nach Augsburg, Gersthofen und Wertingen.

Wasserturm

Rathaus Langweid

Der Gewerbestandort Langweid ist geprägt durch die Vielfalt von Handel, Handwerk, Industrie und Gewerbe. Rund 550 Unternehmen sind in Langweid angesiedelt und bieten rund 2000 Arbeits- und Ausbildungsplätze. Für Neuansiedlungen stehen attraktive Gewerbeflächen zur Verfügung.

Die Einwohner Langweids schätzen die günstigen Wohnmöglichkeiten und das breite Angebot an Einkaufsmöglichkeiten und Dienstleistungen von Handwerksbetrieben und Gewerbetreibenden.

Auch die Gastronomiebetriebe und verschiedene Übernachtungsmöglichkeiten in der Gemeinde verfügen über ein vielseitiges Angebot.

Die Gesundheitsversorgung in Langweid ist durch niedergelassene Ärzte vor allem im Gesundheitszentrum an der Achsheimer Straße gewährleistet.

In Langweid stehen für Kinder vier Kindergärten und eine Grund- und Mittelschule zur Verfügung. Die Volkshochschule Langweid bietet weitere Bildungsmöglichkeiten.

Langweid verfügt über eine gute Anbindung an weiterführende Schulen in Augsburg, Gersthofen, Meitingen und Wertingen.

Wichtige Adressen und Telefonnummern

Gemeinde Langweid am Lech
Augsburger Str. 20
D-86462 Langweid am Lech
Tel. +49 ()08230 8400 0
Fax +49 (0)8230 8400 12
gemeinde@langweid.de
www.langweid.de

Ein Tag im Wasserkraftwerk

Lechmuseum Langweid

Schon seit über 100 Jahren wird im Wasserkraftwerk im schwäbischen Langweid nördlich von Augsburg umweltfreundlicher Strom für die Region erzeugt. Heute ist in seinen Räumen auch das Lechmuseum Bayern beheimatet. Große und kleine Besucher können sich über Kraftwerkstechnik, die Natur und die kulturelle und wirtschaftliche Nutzung des Lechs informieren. Der Rundgang

durchs Museum führt von der Quelle bis zur Mündung des Lechs. Die Ausstellung informiert über die Themen Fluss und Tal, Natur und Geografie sowie Geschichte auf anschaulicher Art und Weise. Dabei werden Informations- und Bildtafeln und Exponate wie historische Karten oder Geröllsteine aus dem Lech eingesetzt. Außerdem werden die Grundlagen der Elektrizität und Stromerzeugung, die Funktionsweise eines Wasserkraftwerks und die Bedeutung der Energiegewinnung erläutert.

Begehbare Turbine

Eine besondere Attraktion ist die trocken gelegte historische Schauturbine, die in zwei Ebenen begehbar ist. Schautafeln und ein Dokumentarfilm im Inneren des Museums sowie ein Lehrpfad zum Thema Wasserkraft und der Nachbau eines historischen Lech-floßes auf dem Außengelände des Kraftwerks runden die Ausstellung ab. Auch Kinder kommen voll auf ihre Kosten. Anhand von Wissensspielen können sie den Lech erleben und viel Interessantes erfahren.

Öffnungszeiten:

Das Museum ist jeden ersten Sonntag im Monat von 10 bis 18 Uhr geöffnet (ohne Führung).
Kostenlose Gruppenführungen nach Vereinbarung.

Lechmuseum

Wasserkraftwerk Langweid
Lechwerkstr. 19
D-86462 Langweid
Tel. +49 (0)821 328 1658
Fax +49 (0)821 328 1660
lechmuseum@lew.de
www.lechmuseum.de

Stollen im Lechmuseum
(Bild Lechmuseum)

Gut bürgerliche und italienische Küche

Gasthaus Zur Sonne

In der Gemeinde Langweid heißt das Gasthaus Zur Sonne seine Gäste willkommen. Im gemütlichen Gastraum oder auf der Gartenterrasse kann man die leckeren Speisen genießen, die der Wirt Sevket Bütüner zubereitet hat. Die Speisekarte bietet eine große Auswahl, da ist für jeden Geschmack etwas dabei. Über 40 verschiedene Pizzen, viele Pastagerichte, Schnitzel in vielen Variationen sowie Fisch- und Reisgerichte und Salate findet man in der Speisekarte. Die Auswahl wird ergänzt durch günstige Tagesangebote und Tagesmenüs. Besonders gut schmeckt zum Essen ein frisch gezapftes Bier oder ein Glas italienischer Rotwein. Die Gerichte werden auch nach telefonischer Bestellung frei Haus geliefert. Für Veranstaltungen kann ein Nebenraum für bis zu 60 Personen gemietet werden.

Gasthaus Zur Sonne
Dillinger Straße 1
D-86462 Langweid
Tel. +49 (0)8230 690322
Fax +49 (0)8230 700013

Meitingen
Wirtschaftsraum mit Lebensqualität

Der Markt Meitingen (rund 11.300 Einwohner) liegt im Lechtal zwischen Augsburg und Donauwörth. Die Gemeinde besteht aus dem Hauptort Meitingen und den im Rahmen der Gebietsreform in den 1970er Jahren eingemeindeten Dörfern Erlingen, Herbertshofen, Langenreichen, Ostendorf und Waltershofen. Die Ortsteile haben sich ihre individuelle Eigenständigkeit bewahrt, handeln aber in wichtigen Fragen gemeinsam. Durch die Mischung von ländlicher Atmosphäre und städtischer Infrastruktur bietet die Gemeinde optimale Wohnbedingungen.

Meitingen

Der moderne Hauptort Meitingen ist geprägt von dem Einkaufs- und Dienst-leistungszentrum in der Schlossstraße mit zahlreichen Fachgeschäften, Banken und Arztpraxen und vielfältigen Sportstätten und Freizeiteinrichtungen wie das Freibad SunSplash.

Meitingen wurde als alemannische Siedlung gegründet. Urkundlich erwähnt wurde es erstmals im Jahr 1231. Nach wechselnden Herrschaftsverhältnissen gehörte der Ort seit 1803 zu Bayern. Die Errichtung des Bahnhofs Meitingen an der Ludwig Süd-Nord Bahn 1844 leitete den wirtschaftlichen Aufschwung der Gemeinde ein. Die Fertigstellung des Lechkanals 1920 beendete die häufigen verheerenden Überschwemmungen, Stromgewinnung durch Wasserkraft bildete die Grundlage für Meitingens industriellen Aufschwung.

Herbertshofen
(Bilder Markt Meitingen)

Marktplatz in Meitingen

Nach dem Ende des 2. Weltkrieges wuchs die Bevölkerungszahl durch den Zuzug von Heimatvertriebenen stark an. 1989 wurde Meitingen zum Markt erhoben.

Erlingen

Auch in Erlingen fand eine erste Besiedlung durch die Alemannen im 5. Jahrhundert statt.

Eine erste urkundliche Erwähnung stammt aus dem Jahre 1150. Das landwirtschaftlich geprägte Dorf erlebte ebenfalls nach dem Ende des 2. Weltkrieges einen Bevölkerungszuwachs durch Flüchtlinge und Heimatvertriebene. Vom guten Zusammenhalt zeugt die Martinskapelle, die in einer Gemeinschaftsaktion aller Vereine in den 1990er Jahren errichtet wurde.

Herbertshofen

Schon vor der alemannischen Landnahme war die Region von Herbertshofen besiedelt. 1225 wurde Herbertshofen erstmals urkundlich erwähnt. Im Lauf der Jahrhunderte wechselten oft die Besitzverhältnisse

von Herbertshofen. Kunstgeschichtliche Bedeutung hat die Kirche St. Clemens von 1754/55.

Langenreichen

Das Pfarrdorf Langenreichen wurde bereits im 11. Jahrhundert urkundlich erwähnt. Aus dem frühen 17. Jahrhundert stammt die Friedhofskapelle St. Stephan. Das landwirtschaftlich orientierte Dorf besteht aus einer 2 km langen Straßensiedlung, in deren Mitte sich die St. Nikolauskirche erhebt (erbaut 1719). Im Rahmen eines Dorferneuerungsprozesses wird ein Dorfplatz um Feuerwehrhaus und alte Schule neu gestaltet. Langenreichen liegt im Naherholungsgebiet Naturpark westliche Wälder.

Ostendorf

St. Michael, Ostendorf

Bereits zur Römerzeit war auf Ostendorfer Gebiet ein Gutshof vorhanden, wovon ein „Römerstein" zeugt, der in der Kirche eingemauert ist. Germanen siedelten im 5. Jahrhundert an dem viel genutzten Weg an den Lech, wo durch eine Furt und später durch eine Brücke und eine Fähre das andere Ufer erreichbar war.

Waltershofen

Die frühen Ansiedlungen im Raum von Waltershofen wurden 1279/84 erstmals urkundlich erwähnt. Waltershofen liegt an einem Lechübergang. Bis zur Säkularisierung 1803 stand hier ein Zollhaus. Die Dorfmitte markiert die Kapelle zu den Sieben Schmerzen Mariae.

Sehenswürdigkeiten

Unbedingt einen Besuch wert ist die kunstgeschichtlich wichtige katholische Pfarrkirche St. Clemens in Herbertshofen. Sie wurde 1754/55 vom Baumeister Hans Adam Dossenberger im Barock- und Rokokostil erbaut. Die prächtig ausgestattete Kirche enthält wertvolle Wand- und Deckengemälde des Meisters Johann Baptist Enderle.

Schlosspark Meitingen

In Langenreichen sind die katholische Friedhofskapelle St. Stephan und die katholische Pfarrkirche St. Nikolaus, beide aus dem 18. Jahrhundert, wegen ihrer schönen Innenausstattung sehenswert.

Ebenfalls sehenswert ist die katholische Filialkirche St. Michael in Ostendorf von 1682.

In Meitingen beeindruckt das Gebäude des Gasthofs Alte Post, im Kern vermutlich ein Fuggersches Bräuhaus aus der Zeit um 1675.

Das imposante Rokokopalais von Schloss Meitingen von 1768/73 in der Hauptstraße ist heute Generationenhaus mit Montessori-Krippe und Kindergarten sowie einem Senioren- und Pflegeheim und betreutem Wohnen.

„Stolpersteine" vor dem Haus in der St.-Wolfgang-Straße 14 erinnern an Dr. Max Josef Metzger und seine Mitbrüder Michael Lerpscher und Josef Ruf, Opfer der NS Diktatur. Dr. Metzger war Gründer der „Missionsgesellschaft vom Weissen Kreuz", die heute als Christkönigs-Institut in Meitingen ansässig ist. 2006 wurde das Seligsprechungsverfahren für ihn eröffnet.

St. Clemens, Herbertshofen

Freizeit und Sport

In den Sommermonaten von Mai bis September ist das „SunSplash" Freibad Meitingen in der Hauptstraße 56 ein beliebter Treffpunkt und bietet ungetrübten Badespaß.

Es verfügt über ein Kleinkinderbecken mit Wasserspeier, Wasserglocke und Schifferlkanal, ein Nichtschwimmer- und Freizeitbecken mit 70 m langer Großrutsche, Wasserpilz und Strömungskanal, ein Schwimmerbecken mit sechs 50-Meter-Bahnen sowie ein Sprungbecken mit Sprungplattformen und Sprungbrettern von 1-5 Metern. Die Erholungssuchenden haben Platz auf über 30.000 qm Liegeflächen, die auch großzügige Schattenbereiche bieten. Für Beach-Volleyball und Beach-Handball stehen Sandspielplätze

zur Verfügung. Ein Kiosk für das leibliche Wohl ist ebenfalls vorhanden. Öffnungszeiten unter Tel. +49 (0)8271 2557 oder www.meitingen.de

Kleine Besucher Meitingens freuen sich über rund zwanzig Spielplätze im Gemeindebereich. Jugendliche spricht die Freizeitfläche an der Robert-Bosch-Straße an, auf der eine Dirt-Bike-Strecke und ein Platz für Streethockey und Basketball eingerichtet ist, der im Winter auch als Eisbahn genutzt werden kann. Allen, die sich sportlich betätigen wollen, steht der Bewegungsparcours an der Laubenbachpromenade zur Verfügung.

Die zahlreichen Vereine in der Gemeinde halten ein großes Angebot für sportliche Betätigung und geselliges Beisammensein bereit.

Freibad „SunSplash"

Schlosspark, Ponzauges Boulevard

Der nahe Naturpark Augsburg West-liche Wälder bietet ideale Voraussetzungen für erholsame Wanderungen und ausgedehnte Radtouren auf 2500 Kilometern markierten Wegen. Auch die Lechauen sind ein beliebtes Ziel für Naturliebhaber.

Für eine kleine Pause im Grünen bietet sich der neu gestaltete Schloßpark in der Ortsmitte an. Sich im Schatten ausruhen oder eine Runde Boule spielen – beides ist möglich. Große Anziehungskraft – nicht nur bei Kindern - übt der neue Brunnen aus.

Im Handelspark Meitingen-Nord entsteht derzeit ein moderner Kinokomplex, der mit acht Sälen und 800 Plätzen, Motion-Seats, aktuellen Filmen und Programmkino keine Wünsche offen lässt. Gastronomie und ein Indoor-Spielplatz runden das Angebot ab.

Veranstaltungen

Zu den Höhepunkten im Meitinger Veranstaltungskalender gehören der Jahrmarkt in der Schlossstraße am ersten Sonntag im April mit verkaufsoffenen Geschäften, Flohmarkt und gastronomischen Angeboten, das große Sommerfest im Juli und der stimmungsvolle Weihnachtsmarkt auf dem Rathausplatz im Dezember mit Rahmenprogramm der örtlichen Musik- und Gesangsgruppen.

Die Feste werden mit tatkräftiger Unterstützung von Helfern der Meitinger Vereine durchgeführt. Vereine und Organisationen zeichnen auch selbst für viele Veranstaltungen im Jahresverlauf verantwortlich – Maifeiern, Fischerfest, Konzerte und vieles mehr bereichern den Veranstaltungskalender der Kommune.

Orts- und Infrastruktur

Nach dem Zweiten Weltkrieg hat sich das vorher ländlich strukturierte Meitingen zum größten Industrie- und Gewerbestandort im nördlichen Landkreis entwickelt. Zu den größten Arbeitgebern gehören das SGL Carbon-Unternehmen und die Lech-Stahlwerke. Rund 4.000 Arbeits- und Ausbildungsplätze in den unterschiedlichsten Branchen stehen in Meitingen zur Verfügung. Das breite Angebot an Geschäften und Dienstleistungsbetrieben garantiert eine umfassende Versorgung der Bürger Meitingens und weit darüber hinaus – der Markt ist Mittelzentrum für die Region.

Durch die nahe Bundesstraße B 2 von Donauwörth nach Augsburg ist Meitingen bequem mit dem Auto zu erreichen. Mehr als 100 Züge halten täglich am Bahnhof Meitingen und bieten auch auf der Schiene optimale Anbindung nach Augsburg und München, ebenso wie nach Donauwörth und Nürnberg.

Der Rufbus als innovatives Projekt des Personennahverkehrs, der nach telefonischer Anforderung Meitingen mit den Ortsteilen und Nachbargemeinden verbindet, hat einen großen Nutzerkreis.

In der familienfreundlichen Gemeinde stehen neben einer Reihe von Kindertagesstätten mit optimaler Betreuung mit verschiedenen pädagogischen Konzepten zwei Grundschulen, eine Mittelschule und eine staatliche Realschule sowie eine Volkshochschule als Bildungseinrichtungen zur Verfügung.

Die Gesundheitsversorgung ist durch eine große Anzahl an niedergelassenen Ärzten gewährleistet.
Das vielfältige Angebot von und für Senioren wird durch das Meitinger Seniorenbüro koordiniert. Das soziale Netz wird seit einigen Monaten mit dem Inklusionsbüro verstärkt, das es sich zur Aufgabe gemacht hat Barrieren zwischen Menschen mit und ohne Behinderung abzubauen.

Wichtige Adressen und Telefonnummern

Markt Meitingen
Schlossstraße 2
D-86405 Meitingen
Tel. +49 (0)8271 8199 0
Fax +49 (0)8199 40
info@markt-meitingen.de
www.meitingen.de

Wochenmarkt

Mickhausen

Die alte „Staudenhauptstadt"

Mickhausen
(Bilder Walter Kleber)

Die Gemeinde Mickhausen (rund 1400 Einwohner) mitten in der Staudenlandschaft des „Naturparks Augsburg – Westliche Wälder" im Südwesten des schwäbischen Landkreises Augsburg gelegen, ist Mitglied der Verwaltungsgemeinschaft Stauden mit Sitz in Langenneufnach. Die Gemeinde besteht aus den Ortsteilen Mickhausen, Grimoldsried und Münster.

Kurzer Blick ins Geschichtsbuch

Mickhausen wurde um 1270 erstmals urkundlich erwähnt. Die Geschichte des Ortes wurde von 1528 bis 1843 stark durch die Fugger geprägt, wovon die imposante Schlossanlage und die prachtvoll ausgestattete Pfarrkirche Zeugnis ablegen. Seit dieser Zeit trägt der Ort den Beinamen „Staudenhauptstadt".

Sehenswürdigkeiten

Das ursprüngliche Wasserschloss im Herzen des Dorfes wurde Mitte des 15. Jahrhunderts erbaut. Über 300 Jahre lang war es im Besitz der Fugger. Nach wechselnden Besitzern ist es seit 2016 im Besitz einer Kulturerbe-Stiftung und soll nach seiner Generalsanierung öffentlich genutzt werden.

Die Katholische Pfarrkirche St. Wolfgang wurde 1535-38 im Auftrag von

Schloss Mickhausen

Anton Fugger erbaut und im 17. und 18. Jahrhundert mehrmals umgestaltet. Die im Rokokostil mit wertvollen Gemälden und Skulpturen üppig ausgestattete Kirche ist einen Besuch wert.

Auch die Kapelle Herrgottsruh von 1685 und die reich ausgestattete Filialkirche St. Benedikt und Vitus in Münster (erbaut 1502) sind sehenswert.

Ebenso lädt die die 1490 errichtet Kirche St. Stephan in Grimoldsried zu einem Besuch ein. Die Dr.-Franz-Xaver-Frey-Staudenkapelle am Waldrand oberhalb von Grimoldsried ist für Wanderer ein beliebtes Ausflugsziel.

Herrgottsruhkapelle

Freizeit und Sport

Die herrliche Naturlandschaft rund um Mickhausen lädt zu ausgedehnten Wanderungen ein.

Die ortsansässigen Vereine bieten ein breites Spektrum für Freizeitgestaltung im sportlichen und kulturellen Bereich. Zentrum vieler Aktivitäten ist seit 2012 der historische Schlosshofsaal im ehemaligen Ökonomietrakt des Fuggerschlosses.

Veranstaltungen

Das jährlich stattfindende ADAC-Bergrennen auf der kurvenreichen Straße von Münster hinauf nach Birkach ist eine international besetzte Motorsportveranstaltung ersten Ranges und einer der Höhepunkte im Veranstaltungskalender. Weitere wichtige Veranstaltungen im Jahreslauf sind das Schlosshoffest des Musikvereins am ersten August-Wochenende, der Jahrmarkt in Münster, das Kutschenturnier bei der Herrgottsruh-Kapelle, die Theateraufführungen im Schlosshofsaal sowie der Adventsmarkt der Vereine im Schlosshof.

Orts- und Infrastruktur

Mickhausen liegt an der Kreisstraße von Fischach nach Schwabmünchen. Die Gemeinde verfügt über einen Kindergarten mit integrativer Gruppe und einer Kinderkrippe. Der idyllisch am Waldrand gelegene Kindergarten erhielt 2016 das Prädikat Naturparkkindergarten.

Die Kinder der Gemeinde besuchen die Grundschule in Walkertshofen und die Mittelschule in Fischach. Im Ort befinden sich eine Allgemeinarztpraxis sowie ein Zahnarzt. Auch für die Haustiere ist durch einen in Münster ansässigen Veterinär gesorgt.

Wichtige Adressen und Telefonnummern

Gemeinde Mickhausen
Schlosshof 1, D-86866 Mickhausen
Tel. +49 (0)8204 1411
Fax +49 (0)8204 1581
mickhausen@t-online.de
www.mickhausen.de

Mittelneufnach

Ländliches Idyll

Die Gemeinde Mittelneufnach (rund 1100 Einw.) an der Neufnach im schwäbischen Landkreis Augsburg, etwa 40 km südwestlich von Augsburg, ist Mitglied der Verwaltungsgemeinschaft Stauden mit Sitz in Langenneufnach.

Zur Gemeinde gehört neben dem Hauptort Mittelneufnach das Pfarrdorf Reichertshofen.

Die Gemeinde im Herzen der Staudenlandschaft im „Naturpark Augsburg – Westliche Wälder" wird geprägt durch die schöne Umgebung, ein aktives Vereinsleben und bietet hohe Wohnqualität.

Kurzer Blick ins Geschichtsbuch

Mittelneufnach entstand als Rodungssiedlung im 8. Jahrhundert. Von 1410 bis 1803 war das Heilig-Geist-Spital Augsburg Grundherr im Ort. Seit 1803 gehört Mittelneufnach zu Bayern und wurde 1818 selbständige Gemeinde.

Sehenswürdigkeiten

Sehenswert sind die Katholische Pfarrkirche St. Johannes Evangelist in Mittelneufnach aus dem 15. Jahrhundert, die im 17. und 18. Jahrhundert umgestaltet wurde und die spätgotische Katholische Pfarrkirche St. Nikolaus in Reichertshofen, die um 1710 ausgebaut wurde.

Freizeit und Sport

Das Rad- und Wanderwegenetz der Umgebung von Mittelneufnach in historischer Kulturlandschaft bietet viele Möglichkeiten für genussvolle Wanderungen und Radtouren.

Besonders lohnend ist die 16 km lange, abwechslungsreiche Rad- oder Wandertour „Rund um Mittelneufnach" oder der Staudenmeditationsweg von Fischach bis Kirchsiebnach.

Der Mittelneufnacher „Weg der Besinnung" soll den „Erhalt der Kulturlandschaft" würdigen. Die beiden

Mittelneufnach
(Bilder Gemeinde Mittelneufnach)

348

Flurdenkmal

markierten Rundwanderwege werden von 20 Stationen mit Texttafeln und Skulpturen geprägt. Der westliche Teil „Weg der Gemeinschaft" und der östliche Teil „mein persönlicher Weg" erfordern jeweils 2,5 Stunden Gehzeit. (Prospekt bei der Gemeinde)

Auch für Pferdeliebhaber sind Reitwege vorhanden. Ein Fernreitweg führt über den Staudenhof.

Das besonders ausgeprägte Vereinsleben in der Gemeinde bietet vielfältige Möglichkeiten der Freizeitgestaltung.

Veranstaltungen

Die aktiven Vereine in Mittelneufnach bieten mit Festen und Veranstaltungen ein buntes Jahresprogramm. Über den Umkreis hinaus bekannt wurde die Gemeinde durch die Veranstaltungen des Vereins „die Kulturschmiede" mit seinen beliebten Kulturnächten, in welchen hochkarätige Künstler „Wohnzimmer-Vorstellungen" im Gemeindezentrum geben.

Orts- und Infrastruktur

Mittelneufnach ist eine Wohngemeinde mit hohem Freizeitwert. Das Gemeindezentrum an der Alpenstraße bietet Raum für die Gemeindeverwaltung, Feuerwehr, Schützenheim, einige Gruppenräume und für eine Mehrzweckhalle mit Bühne und Küche.

Ein Gasthof, eine Pension und ein Seminarhaus stehen als Übernachtungsmöglichkeiten für Gäste zur Verfügung.

Wichtige Adressen und Telefonnummern

Gemeinde Mittelneufnach
Alpenstraße 10
D-86868 Mittelneufnach
Tel.+49 (0)8262 9693 0
Fax +49 (0)8262 9693 3
info@mittelneufnach.de
www.mittelneufnach.de

Pfarrhof

Neusäß

Mitten im Schönen

Die Stadt Neusäß (rund 21.800 Einwohner) entfaltet sich zwischen Augsburg und dem Naturpark Augsburg–Westliche Wälder. Die Stadt vereint die Vorteile der nahen Großstadt und der idyllischen Umgebung und bietet ihren Bewohnern hohe Lebensqualität.

Sie besteht aus den acht Stadtteilen Alt-Neusäß, Steppach, Westheim, Täfertingen, Ottmarshausen, Hainhofen, Hammel und Schlipsheim, die früher eigenständige Dörfer waren. Sie liegen an beiden Seiten der Schmutter, die von Süd nach Nord durch das landschaftlich reizvolle Schmuttertal fließt.

Alt-Neusäß

Alt-Neusäß ist der größte Ortsteil der Stadt. Es wurde 1179 erstmals urkundlich erwähnt. Bis ins 19. Jahrhundert war Alt-Neusäß ein kleiner Ort mit 150 Einwohnern. Nach dem Zweiten Weltkrieg nahm die Bevölkerungszahl durch Flüchtlinge rasch zu. Heute leben rund 8600 Einwohner in Alt-Neusäß. Neben dem Rathaus der Stadt verfügt Alt-Neusäß über ein Einkaufs- und Geschäftszentrum und das Schulzentrum, das für den ganzen Landkreis wichtig ist.

Hainhofen

Der Stadtteil Hainhofen (rund 1000 Einwohner) in ruhiger, naturnaher Lage zwischen Schmuttertal und dem Naturpark Augsburg-Westliche Wälder wird durch den schönen Ortskern mit sehenswerter Pfarrkirche geprägt. Hainhofen ist durch seinen Schlosskomplex bekannt.

Hammel

Das Wahrzeichen des Stadtteils Hammel (rund 750 Einwohner) am westlichen Schmutterufer in der Nähe

Blick auf Neusäß
(Bilder Stadt Neusäß)

350

Rathaus Neusäß

des Waldes ist das Schloss aus dem 17. Jahrhundert, das noch heute von Nachfahren der Schlossherren bewohnt wird. Hammel wurde im 12. Jahrhundert erstmals urkundlich erwähnt.

Ottmarshausen

Das Gebiet des Stadtteils Ottmarshausen war bereits früh besiedelt, wie archäologische Funde einer alten Kirche, die in Holzständerbauweise errichtet wurde, aus der Zeit um 900 nachweisen. Urkundlich erwähnt wurde der Ort erstmals im 12. Jahrhundert. Wahrzeichen von Ottmarshausen, das zwischen Schmuttertal und dem Rauhen Forst liegt, ist die moderne Kirche St. Vitus. An der Holzbachstraße im Ortszentrum liegen die ehemalige Schule und viele alte Höfe.

Schlipsheim

Schlipsheim, das vermutlich im 10. Jahrhundert entstand, ist durch die räumliche Begrenzung einer Bundesstraße und die Schmutter der kleinste der Stadtteile. Bis 1850 war in Schlipsheim eine jüdische Gemeinde ansässig. Die Kapelle Sankt Nikolaus von Tolentino auf dem Gelände des ehemaligen Schlosses ist einen Besuch wert.

Steppach

Der Stadtteil Steppach aus dem 10. Jahrhundert ist durch den Bismarckturm bekannt. Das beliebte Ausflugsziel bietet einen prächtigen Blick auf Augsburg. Steppach verfügt über eine verkehrsberuhigte, stark frequentierte Einkaufs- und Geschäftsstraße.

Täfertingen

Täfertingen als ältester Stadtteil von Neusäß geht auf eine alemannische Siedlung aus dem 6.- 7. Jahrhundert zurück, wie Funde von Resten von Alemannengräbern gezeigt haben. Die erste urkundliche Erwähnung stammt aus dem 12. Jahrhundert.

Das bemerkenswerteste Gebäude ist die Marienkirche, ein früher beliebter Wallfahrtsort.

Westheim

Der Stadtteil Westheim, der im 11. Jahrhundert gegründet und 1234 erstmals urkundlich erwähnt wurde, ist vor allem durch die Wallfahrtskirche Sankt Maria von Loreto auf dem Kobelberg bekannt. Im ehemaligen Schloss der Familie von Langenmantel ist heute ein modernes Seniorenzentrum untergebracht. Neben dem Schloss steht eine sehenswerte spätgotische Kapelle mit Rokokoaltar aus dem Jahre 1587. Westheim ist seit dem 20. Jahrhundert ein bedeutender Villenort.

Kurzer Blick ins Geschichtsbuch

Durch die Zusammenschlüsse der acht Dörfer im Rahmen der Gemeindegebietsreform in den 1970er Jahren unter dem Namen Neusäß wurde eine drohende Eingemeindung durch Augsburg vermieden. 1988 wurde Neusäß zur Stadt erhoben.

Sehenswürdigkeiten

Kirchen und Kapellen

Die sehenswerte Kapelle St. Ägidius aus dem 16. Jahrhundert in Alt-Neusäß nahe der Remboldstraße ist von einem kleinen Park mit Teich umgeben. Daneben befindet sich die Kirche St. Ägidius, die in den 1950er Jahren erbaut wurde. Im Inneren der Kirche gibt es eine bemerkenswerte

St. Stephan

Muttergottesfigur vom Anfang des 18. Jahrhunderts.

Die St. Stephans-Kirche in Hainhofen mit Ursprüngen im 14. Jahrhundert birgt neben sehenswerten Grabdenkmälern der Familie von Rehlingen kunstgeschichtlich wertvolle Wandfresken mit der Leidensgeschichte Christi aus dem 14. Jahrhundert. Der barocke Stuckdekor wurde beim Umbau der Kirche Anfang des 18. Jahrhunderts geschaffen.

Die 1793 erbaute katholische Kapelle St. Nikolaus von Tolentino in Schlipsheim ist denkmalgeschützt. Im Inneren findet man bemerkenswerte Malereien und Fresken des Augsburger Akademiedirektors Johann Josef Huber aus dem 18. Jahrhundert. Sehenswert ist auch der Altar mit Gemälden von Josef Rottenhammer und einer geschnitzten Kreuzigungsgruppe.

Die spätgotische Kirche Mariä Himmelfahrt in Täfertingen, die 1710 umgebaut und erweitert wurde, beeindruckt durch die prächtige Innenausstattung. Hierzu gehört neben einer spätgotischen Reliefgruppe und einer sitzenden Muttergottes das Deckengemälde mit Mariä Himmelfahrt von Johann Josef Huber im Barockstil.

Die weithin bekannte Wallfahrtskirche St. Maria von Loreto in Westheim im Landschaftsschutzgebiet Kobelwald vom Ende des 16. Jahrhunderts wird auch heute noch viel besucht.

Die Kirche ist mit Ausmalungen von Johann Josef Huber, Stuckarbeiten vom Augsburger Bildhauer Andreas Hainz und einer sehenswerten Weihnachtskrippe sehr schön ausgestattet.

Schlösser und Profanbauten

Die Renaissance-Schlossanlage Hainhofen wurde 1582 von Anton Fugger anstelle eines mittelalterlichen Wasserschlosses errichtet. Seine heutige Form erhielt die Anlage durch den Umbau der Familie Rehlingen 1730 mit barockem Hochschloss und späterem klassizistischem Langschloss. Das Schloss ist in Privatbesitz und kann nur von außen bewundert werden.

Das spätgotische Schloss Hammel in Privatbesitz stammt aus dem 16. Jahrhundert. Bemerkenswert ist die Umfassungsmauer mit vier Wehrtürmen, darunter der markante so genannte Malakowturm.

Der Bismarckturm in Steppach im Besitz der Stadt Augsburg aus dem Jahre 1905 ist wegen des Panoramablicks über Augsburg zum Beispiel an Silvester ein beliebter Treffpunkt. Der Turm ist im Sommer tagsüber begehbar.

Bismarckturm

Freizeit und Sport

Neusäß verfügt über attraktive Naherholungsgebiete mit vielfältigen Freizeitmöglichkeiten.

Im Ägidiuspark mitten in Alt-Neusäß
findet man neben einem kleinen
Teich auch die Ägidiuskapelle.

Im unter Landschaftsschutz stehenden
Kobelwald bei Westheim kann man
den Kobelkreuzweg mit vier Kapellen
und Kreuzwegstationen des Tiroler
Bildhauers Joseph Breyer begehen,
der 1937 eingerichtet wurde.

Ruhe und Erholung findet man im
stadtnahen Naturpark Augsburg-
Westliche Wälder, im Lohwald und
im Schmutterpark, der über Boule-
bahn, Gartenschach und Kinderspielplatz verfügt.

Der zwei Kilometer lange Walderlebnispfad im städtischen Hauserwald
bei Hainhofen bietet Besuchern an
15 Stationen auf spielerische Weise
Wissenswertes über Wald und Natur.

Ein beliebtes Freizeitgebiet ist das
Schmuttertal mit der mäandernden
Schmutter. Es zeichnet sich als wertvolles Überschwemmungsgebiet durch
besonders artenreiche Wiesen aus.

Ideal für Spaziergänger ist der Tha-
lersee, ein Baggersee zwischen Alt-
Neusäß und Täfertingen. Er ist nicht
zum Baden freigegeben.

Radwanderer finden im Stadtgebiet
reizvolle Radwege wie den Weldenbahnradweg, der am Kinder- und
Wasserspielplatz in Hammel entlang
führt und den Radweg von Hammel
vorbei am alten Wasserhaus in Täfertingen mit beliebter Kneippanlage
nach Edenbergen.

Abwechslungsreiche Wander- und
Radrouten in idyllischer Natur bietet
das nahe Erholungsgebiet Naturpark
Augsburg-Westliche Wälder.

Schmutterpark

Walderlebnispfad

Das Freizeit- und Erlebnisbad Titania-Therme in der Birkenallee ist ein Badeparadies mit Sportbecken, Erlebnisrutschen, Sauna- und Wellnessbereich.

Kinder- und Wasserspielplatz

Neusäß verfügt über zahlreiche Sport- und Freizeitstätten. Hierzu gehören Kinderspielplätze, Bolz- und Tischtennisplätze, Plätze für Beachvolleyball und Streetball, Kegelbahnen, Sportplätze, Turnhallen, Tennisanlagen, Schießsportanlagen, Bouleplatz und eine Minigolfanlage.

Eine große Reihe von Vereinen in Neusäß mit den verschiedensten Richtungen laden zu sportlicher Betätigung und geselligem Beisammensein ein.

Veranstaltungen

Die Stadthalle Neusäß bietet als modernes Veranstaltungszentrum mit hochwertiger Ausstattung den idealen Rahmen für Messen, Tagungen, Bälle, Feiern und kulturelle Veranstaltungen wie Konzerte, Theater und Kabarett.

Alle zwei Jahre im Juli in ungeraden Jahren zieht das Neusässer Stadtfest zwischen Remboldstraße und Ägidiuspark zahlreiche Besucher an. Geboten werden ein abwechslungsreiches Kulturprogramm, Verkaufsstände mit vielfältigem Angebot und natürlich kulinarische Genüsse, wobei die örtlichen Vereine das Programm aktiv mitgestalten.

Stadthalle

Beim zünftigen Volksfest im September auf dem Festplatz an der Georg-Odemer-Straße mit großem Bierzelt ist ebenfalls für das leibliche Wohl bestens gesorgt. Für Unterhaltung sorgen die zahlreichen Musikgruppen und ein Vergnügungspark mit reizvollen Fahrgeschäften.

Schloss Hainhofen

Die beliebte Veranstaltungsreihe „Sommerklänge" erfreut sich alle zwei Jahre seit 2010 großer Beliebtheit. Neusässer Vereine und Musikgruppen bieten an unterschiedlichen Orten im Stadtgebiet einen Streifzug durch vielfältige Musikrichtungen von klassisch bis modern.

Der Neusässer Weihnachtsmarkt in der Remboldstraße lädt an den Adventswochenenden mit festlich geschmückten Ständen und einem bunten Rahmenprogramm zum Besuch ein.

Orts- und Infrastruktur

Neusäß besitzt gute Verkehrsverbindungen durch die Ausfahrt Neusäß der Bundesautobahn A 8 und die zwei Bahnhöfe in Westheim und Alt-

Neusäß, an denen die Regionalzüge des Augsburger Verkehrsverbundes und der Fuggerexpress von Ulm nach München halten.

Die Schulstadt Neusäß ist im Bildungsbereich hervorragend ausgestattet. Sie verfügt über fünf Grundschulen, eine Mittelschule, eine Realschule und ein Gymnasium. Das berufliche Schulzentrum in der Landrat-Dr.-Frey-Straße bietet mit jeweils verschiedenen Fachrichtungen eine Fachoberschule, Berufsschulen, Berufsfachschulen und eine Berufsoberschule.

Berufsanfänger und Arbeit suchende Neubürger finden vor Ort gute berufliche Perspektiven und Ausbildungsmöglichkeiten durch eine Vielzahl von kleinen und mittleren Betrieben aus den Bereichen Handel, Handwerk, Produktion und Dienstleistungen. Durch das nahe Augsburg bieten sich weitere berufliche Möglichkeiten. Berufstätige können mit öffentlichen Verkehrsmitteln bequem pendeln.

Die hohe Lebensqualität in Neusäß gründet sich auf ein umfassendes Betreuungsangebot für Kinder und moderne Wohnformen für Senioren, die vielseitigen Einkaufsmöglichkeiten, das hochwertige Kulturangebot und die reizvollen Naherholungsgebiete. Die Gesundheitsversorgung ist durch viele niedergelassene Ärzte, die Kinderklinik und das nahe Klinikum Augsburg gewährleistet.

Wichtige Adressen und Telefonnummern

Stadt Neusäß
Hauptstraße 28
D-86356 Neusäß
Tel. +49 (0)821 4606 0
Fax +49 (0)821 4606 19191
stadt@neusaess.de
www.neusaess.de

Schmuttertal

Badespaß pur

Freizeit- und Wellnessbad Titania Neusäß

Nur wenige Minuten von Augsburg entfernt, in Neusäß, liegt das Freizeit- und Wellnessbad Titania. Das Badeparadies mit Wohlfühlambiente bietet mit über 3.000 Quadratmetern eine großzügige Badelandschaft, eingebettet in eine naturgetreue Felsenlandschaft.

Zwei Erlebnisrutschen und ein Sauna- und Wellnessparadies sorgen für abwechslungsreiche Stunden.
Im Titania steht für sportliche Schwimmer ein wettkampfgerechtes 25-Meter-Sportbecken zur Verfügung. Ein Erlebnisbecken mit Strömungskanal, von dem man in das zweiteilige Außenbecken gelangt, bringt Vielfalt in den

Aufenthalt. Zur weiteren Erholung sind Geysire, Sprudelliegen und Massagedüsen bestens geeignet. Für die kleinen Gäste steht ein Plansch- und Kinderbecken mit Goldwaschrinne bereit. Zu den Highlights des Bades gehört ein Piratensegelschiff, auf dem die jüngsten Badbesucher in See stechen und auf Abenteuertour gehen können. In einer Grotte ist eines der größten Süßwasseraquarien Bayerns untergebracht.

Zu jeder Jahreszeit ein Erlebnis

Im Außenbereich kann der Badegast vielseitigen Aktivitäten nachgehen. Neben einer Liegewiese sind ein Kinderspielplatz mit Sandkasten und ein Beachvolleyballfeld angelegt. Auf mehreren Tischtennisplatten lassen sich spannende Wettbewerbe austragen. Drinnen geht es auf der 120 Meter langen Erlebnisrutsche rasant abwärts und in der 25 Meter langen Trichterrutsche kreiseln die Menschen mit bis zu 45 Stundenkilometern wie Roulettekugeln im Trichter bevor sie in ein 2 m tiefes Tauchbecken fallen.

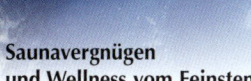

dungen im kleinen Wellnessparadies im Vordergrund. Klassische Massagegriffe fördern die Durchblutung und tragen zur Entspannung und Lockerung des Muskelgewebes bei. Von sanft bis kräftig – ganz so, wie es der Gast sich wünscht! Für das schöne Äußere gibt es auch ein umfangreiches Kosmetikangebot. Ob Maniküre oder Pediküre, Gesichtsbehandlung oder Depilation – die kosmetischen Anwendungen werden individuell auf die persönlichen Bedürfnisse und die Hautsituation abgestimmt.

Saunavergnügen und Wellness vom Feinsten

Dreizehn verschiedene Saunavarianten laden die Gäste zu einer Reise um die Welt ein. Von der Erdsauna über ein römisches Laconium bis zur indianischen Schwitzhütte Kiva kann man in fremde Kulturen eintauchen und die unterschiedlichsten Saunarituale von orientalisch bis skandinavisch, aus der Zeit der alten Römer bis hin zu den aktuellsten Saunatrends genießen. Ein jahreszeitlich angepasster abwechslungsreicher Aufgussplan mit stündlichen oder halbstündlichen Aufgüssen zu den Stoßzeiten sowie 13 verschiedene Saunen bieten im Titania Neusäß eine Vielfalt, die für viel Abwechslung beim Schwitzen sorgt. Danach sorgt ein Bad in dem inmitten des Saunadorfes gelegenen Saunasee mit Grotte für die richtige Abkühlung.

Im Wellnessbereich des Titania

verwöhnen den Besucher spezielle Öle und heiße Steine, während im Hamam ein orientalisches Reinigungsritual oder wohltuende Massagen angeboten werden. Dem Körper etwas Gutes zu tun, Verspannungen zu lösen und Energien aufzubauen – das steht bei den Anwen-

Gastronomie – ein Fest für die Sinne

Ein Besuch im Titania Neusäß ist Urlaub vom Alltag und ein Fest für alle Sinne. Kulinarische Köstlichkeiten, die einen Besuch des Titania krönen, werden in der Gastronomie serviert. Ob deftige Brotzeit bayerisch-schwäbische Schmankerl oder feine mediterrane Gerichte – der Gaumen wird mit Leckereien erfreut. Daneben gibt es im SB-Restaurant oder der Sauna-Lounge ein gesundes und erfrischendes Getränkeangebot.

Titania Neusäß

Birkenallee 1, D-86356 Neusäß
Tel. (0821) 650 603-0
info@titania-neusaess.de
www.titania-neusaess.de

359

Nordendorf
Attraktiver Wohnort mit optimalen Verkehrsverbindungen

Die Gemeinde Nordendorf (rund 2300 Einwohner) im Norden des schwäbischen Landkreises Augsburg ist Sitz der Verwaltungsgemeinschaft Nordendorf. Zur Gemeinde gehört der Ortsteil Blankenburg. Nordendorf zeichnet sich durch eine sehr gute Infrastruktur aus.

Die sechs Gemeinden der Verwaltungsgemeinschaft arbeiten auch auf den Gebieten der Schulverbände, bei der Wasserversorgung und Abwasserbeseitigung und vielem mehr zusammen.

Kurzer Blick ins Geschichtsbuch

Archäologische Funde haben eine alemannische Besiedlung im 6. Jahrhundert nachgewiesen.

Der fränkische Name Nordendorf wurde 1213 erstmals urkundlich erwähnt.

Nach wechselnden Besitzern erwarb Marx Fugger 1580 Nordendorf, dessen Nachkommen es bis 1866 besassen. Im Ortsteil Blankenburg wurden Siedlungen bereits um 4.000 v. Chr. nachgewiesen. Nach dem Zweiten Weltkrieg entwickelte sich Nordendorf vom ländlich geprägten Dorf zur beliebten Wohngemeinde. Mit der französischen Gemeinde Biesles besteht seit 1973 eine Partnerschaft.

Sehenswürdigkeiten

Das Fuggerschloss mitten in Nordendorf ist der Rest einer wesentlich größeren Schlossanlage. Das Schloss ist heute in Privatbesitz und der Öffentlichkeit nicht zugänglich.

Die Filialkirche St. Agatha in Blankenburg mit Ursprüngen aus dem 15. Jahrhundert wurde im 18. Jahrhundert im Barockstil umgestaltet.

Nordendorf
(Bilder Gemeinde Nordendorf)

Baggersee

Freizeit und Sport

Die aktiven Vereine in Nordendorf halten ein vielseitiges Angebot an Möglichkeiten bereit für sportliche, kulturelle und gemeinnützige Freizeitgestaltung. Im Sommer gibt es Bademöglichkeiten im Baggersee in der Nähe des Sportplatzes (inkl. Umkleide und WC).

Orts- und Infrastruktur

Nordendorf verfügt über hervorragende Verkehrsverbindungen. Die Gemeinde liegt direkt an der vierspurigen Bundesstraße B 2 von Donauwörth nach Augsburg. Der Bahnhof der Gemeinde liegt an der Bahnstrecke Nürnberg-Augsburg mit Zügen im 30-Minuten-Takt. Nordendorf ist Mitglied im Augsburger Verkehrsverbund.

Die Bevölkerungszahl ist in den letzten Jahrzehnten durch das Angebot günstiger Bauflächen stetig gestiegen.

Zur ausgezeichneten Infrastruktur der Gemeinde gehören die guten Einkaufsmöglichkeiten mit zahlreichen Geschäften, die Gesundheitsversorgung mit drei Allgemeinärzten, Zahnarzt und Apotheke, Kindergarten, Grundschule und günstige Verbindungen zu weiterführenden Schulen.

Wichtige Adressen und Telefonnummern

Gemeinde Nordendorf
Schäfflerstr. 6,
D-86695 Nordendorf
Tel. +49 (0)8273 9998 25
Fax +49 (0)8273 9998 30
info@nordendorf.de
www.nordendorf.de

Oberottmarshausen

An der Via Claudia

Die Gemeinde Oberottmarshausen (rund 1720 Einwohner) im Süden des schwäbischen Landkreises Augsburg ist Mitglied der Verwaltungsgemeinschaft Großaitingen und liegt etwa 18 Kilometer südlich von Augsburg.

Kurzer Blick ins Geschichtsbuch

In Oberottmarshausen hatten in den vergangenen Jahrhunderten der Hochstift Augsburg, das Domkapitel Augsburg und der Reichsstift St. Ulrich und Afra Besitztümer. Seit dem Reichsdeputationshauptschluss 1803 gehört der Ort zu Bayern und wurde mit dem Gemeindedikt von 1818 zur selbständigen Gemeinde.

Sehenswürdigkeiten

Die Katholische Pfarrkirche St. Vitus hat Ursprünge aus dem 12. und 13. Jahrhundert. Im 18. Jahrhundert wurde die Kirche um- und ausgebaut. Sehenswert ist die barocke Innenausstattung.

Freizeit und Sport

Die Vereine in Oberottmarshausen bieten ein breites Spektrum an Möglichkeiten für sinnvolle sportliche, musische oder gesellige Freizeitgestaltung. Der Turn und Sport Verein hat die Abteilungen Frauen- und Kindersport, Tischtennis, Tennis und Stockschützen. Der Musikverein bie-

Feuerwehrplatz und Bürgerhaus
(Bilder Gemeinde Oberottmarshausen)

St. Vitus

tet musikalische Frühförderung und Teilnahme an einem Orchester, der Gesangverein die Teilnahme am gemeinsamen Chorsingen. Die Vereine mit ihren Konzerten, Festen und Wettbewerben sind ein wesentlicher Faktor des Veranstaltungsprogramms im Ort.

Der Generationenpark in Oberottmarshausen ist ein beliebter Treffpunkt für Jung und Alt.

Neben einem Kinderspielplatz mit Sandkasten, Rutsche, Schaukeln und einem Klettergerüst bietet die Anlage einen Geschicklichkeitsparcour mit verschiedenen Stationen auf einer Pedalo- und Balancierstrecke. Außerdem sind vier Tennisplätze und ein großer Fußballplatz vorhanden. Der Outdoor-Fitness-Gerätezirkel lädt zum Fitnesstraining ein. Ein besonderes Erlebnis bietet der schön angelegte Barfußpfad über verschiedene Bodenbeläge. Zur Erfrischung kann man dann durch das Kneippbecken waten. Im Winter ist die beleuchtete Eislauffläche die Attraktion.

Orts- und Infrastruktur

Durch die nahe Anschlussstelle der Bundesstraße 17 von Augsburg nach Landsberg ist die Gemeinde gut zu erreichen. Zugverbindungen bestehen stündlich sowohl nach Augsburg als auch über Kaufering nach München.

Für Kinder stehen in Oberottmarshausen eine Kindertagesstätte und eine Grundschule zu Verfügung.

Wichtige Adressen und Telefonnummern

Gemeinde Oberottmarshausen
Kirchplatz 1
D- 86507 Oberottmarshausen
Tel. +49 (0)8231 2700
Fax +49 (0)8231 33248
gemeinde@oberottmarshausen.de
www.oberottmarshausen.de

Spielplatz am Schlittenberg

Scherstetten

Lebendige Gemeinde in schöner Landschaft

Die Gemeinde Scherstetten (rund 1060 Einwohner) im schwäbischen Landkreis Augsburg liegt etwa 40 km südwestlich von Augsburg und ist Mitglied der Verwaltungsgemeinschaft Stauden mit Sitz in Langenneufnach. Die Gemeinde besteht aus den Ortsteilen Scherstetten, Erkhausen und Konradshofen.

Kurzer Blick ins Geschichtsbuch

Erstmals urkundlich erwähnt wurde Scherstetten im Jahr 1252. Der Ort war in Besitz des Heilig-Geist-Spitals Augsburg und des Reichsklosters St. Ulrich und Afra. Seit dem Reichs- deputationshauptschluss 1803 gehört Scherstetten zu Bayern und wurde 1818 selbständige Gemeinde.

Sehenswürdigkeiten

Einen Besuch wert sind die Katholische Pfarrkirche St. Martin in Konradshofen von 1688 und die Katholische Pfarrkirche St. Peter und Paul in Scherstetten von 1710 mit prächtiger Innenausstattung im Barockstil.

Freizeit und Sport

Rund um Scherstetten und im Schmuttertal finden Wanderfreunde zahlreiche Feld- und Waldwege durch die malerische Staudenlandschaft mit Ruhebänken am Wegesrand.

Mehrere Fernwanderwege führen durch das Gemeindegebiet wie der Jakobspilgerweg mit Übernachtungsmöglichkeit auf dem Schloßberg, die Schwäbische Kartoffel-Tour, der Stauden-Meditationsweg und Lueg ins Land. Geführte Wildkräuter-Wanderungen durchs Schmuttertal sowie

St. Peter und Paul, Scherstetten

Scherstetten
(Bilder Gemeinde Scherstetten)

Blick auf Konradshofen

Kräutervorträge und -seminare werden von zertifizierten Kräuter-pädagoginnen angeboten.

Der 20 km lange Karl-Vogele-Radweg ist eine lohnende Fahrrad-Rundtour vorbei an idyllischen Waldhängen von Konradshofen nach Schwabmünchen und zurück.

Die zahlreichen Vereine in Scherstetten bieten eine breite Palette an Freizeitmöglichkeiten.

Pferdefreunde besuchen gern den örtlichen Berghof für Islandpferde.

Veranstaltungen

Die aktiven Vereine in Scherstetten sorgen für einen abwechslungsreichen Veranstaltungs-kalender mit Sommerserenaden am Schlossberg, Theateraufführungen, Konzerten und Festen.

Orts- und Infrastruktur

Vorschulkindern steht in der Gemeinde ein Kindergarten zur Verfügung. Die Schulkinder besuchen die Grundschule im nahen Hiltenfingen.

Die Gewerbebetriebe im Ort bieten verschiedene Dienstleistungen an.

Besucher sind im örtlichen Gasthof und in einem Ferienhof willkommen.

Wichtige Adressen und Telefonnummern

Gemeinde Scherstetten
Brunnenstraße 8
D-86872 Scherstetten
Tel. +49 (0)8262 1600
info@scherstetten.de
www.scherstetten.de

St. Martin, Konradshofen

Schwabmünchen

Stadt mit hoher Lebensqualität

Die Stadt Schwabmünchen (rund 14.200 Einwohner) liegt 24 Kilometer südlich von Augsburg am Westrand des Lechfeldes zwischen Wertach und Lech. Neben dem Hauptort Schwabmünchen gehören das Dorf Birkach und die Pfarrdörfer Klimmach, Mittelstetten und Schwabegg zum Stadtgebiet.

Die moderne Stadt ist mit dem Auto über die ausgebaute Bundesstraße B 17 von Augsburg und Landsberg am Lech gut zu erreichen. Der öffentliche Nahverkehr ist an den Augsburger Verkehrsverbund angeschlossen. Vom Bahnhof Schwabmünchen verkehren auf der Strecke Buchloe-Augsburg Züge im Halbstundentakt.

Kurzer Blick ins Geschichtsbuch

Grabungsfunde am nördlichen Rand von Schwabmünchen belegen eine römische Töpfersiedlung, ein Zentrum der Keramikproduktion in Raetien zwischen 100 und 400 n. Chr.

Nach der Besiedlung durch Alemannen um 500 stand die Region unter der Herrschaft fränkischer Könige. Seit der Schenkung durch Karl den Großen um das Jahr 800 gehörte die Siedlung dem Augsburger Hochstift bis zur Säkularisierung im Jahr 1803. Schwabmünchen wurde im Jahre 954 erstmals schriftlich erwähnt. Kaiser Ferdinand I. erhob 1562 die Gemein-

Fuggerstraße und Stadtpfarrkirche
(Bilder Stadt Schwabmünchen)

366

Hexentürmchen

de zur Marktgemeinde. Seit 1803 gehört Schwabmünchen zu Bayern. 1847 erhielt der Ort Anschluss an die erbaute Eisenbahnlinie Augsburg – Lindau. Die Errichtung einer sogenannten Schranne - einem Kornspeicher und Getreidemarkt - im Jahr 1855 hat zum wirtschaftlichen Aufschwung von Schwabmünchen beigetragen. Nach starken Zerstörungen im 2. Weltkrieg wuchs die Bevölkerung durch Zuzug von Vertriebenen stark an. 1953 wurde Schwabmünchen zur Stadt erhoben.

Sehenswürdigkeiten

Stadtrundgang

Ein lohnender Spaziergang beginnt bei der Stadtpfarrkirche St. Michael an der Ferdinand-Wagner-Straße, deren Ursprünge im 13. Jahrhundert liegen. Vorbei an Wasserturm und Museum gelangt man zu den beiden sehenswerten Hexentürmchen (Toreinfahrt der ehemaligen bischöflichen Straßvogtei) an der Gartenstraße aus dem 16. Jahrhundert, einem Wahrzeichen der Stadt. Weiter geht es zur spätgotischen Kapelle zu unserer lieben Frau am Ulrichsberg aus den Jahren 1486-89. Der beeindruckende barocke Hochaltar von Jörg Pfeiffer aus dem Jahre 1675 gehört zu den schönsten im Landkreis. Über den Luitpoldpark gelangt man zur Geyerburg aus dem Jahre 1441, dem ältesten erhaltenen Gebäude Schwabmünchens. Am Alten Rathaus vom Anfang des 18. Jahrhunderts endet der Rundgang.

Sehenswert ist auch der Strickerbrunnen des Bildhauers Karl-Ulrich Nuss am Schrannenplatz. Der Sage nach bleiben zwei Personen, die sich gleichzeitig auf das Lamm und die Ziege unterhalb des Strickers setzen, lebenslang Freunde.

Strickerbrunnen

Weitere Sehenswürdigkeiten sind die Kapelle zur schmerzhaften Muttergottes im Taubental von 1739 mit schönen Deckenmalereien, die reich ausgestattete Pfarr- und Wallfahrtskirche Heilig Kreuz in Klimmach aus dem frühen 18. Jahrhundert und die Kapelle St. Antonius von Padua in Birkach mit prachtvollem barocken Hochaltar, die 1710 fertig gestellt wurde.

Museum und Galerie der Stadt Schwabmünchen

Nicht versäumen sollte man einen Besuch in Museum und Galerie der Stadt.

Das größte kommunale Kunst- und Kulturgeschichtsmuseum des Landkreises in der Holzheystraße 12 präsentiert auf vier Stockwerken Exponate aus dem Alltagsleben der Bevölkerung von Schwabmünchen vom 17. Jahrhundert bis zur Gegenwart. Zu sehen sind u. a. archäologische Funde, sakrale Skulpturen, Keramik, Kleidung, Möbel und Spiele.

Das Museum verfügt über eine bedeutende Sammlung von Kunstwerken der Spätnazarener vom Ende des 19. Jahrhunderts und eine Krippensammlung. In der Galerie Gegenwart werden regelmäßig Werke zeitgenössischer Kunst ausgestellt.

Weithin bekannt ist das abwechslungsreiche Sonderausstellungsprogramm mit vielfältigen Themenbereichen aus Vergangenheit und Gegenwart.

Neben den beliebten Museumsfesten bietet das Museum ein umfangreiches Veranstaltungsprogramm mit Lesungen, Musik und vielem mehr.

Das Museum ist geöffnet mittwochs von 14 – 17 Uhr und sonntags von 10 – 12 Uhr und von 14 – 17 Uhr. Der Eintritt ist frei.

Freizeit und Sport

Die Sportstadt Schwabmünchen verfügt mit einer Vielzahl von Sportstätten über ein umfassendes Angebot an Möglichkeiten zu sportlichen Aktivitäten, die von vielen Sportbegeisterten gern genutzt werden. Hierzu gehören drei Großsporthallen, ein Leichtathletikstadion und die große Fußballanlage des TSV Schwabmünchen, der mit

17 Abteilungen und über 3.000 Mitgliedern der wichtigste Sportanbieter in der Stadt ist. Neben der schönen Tennisanlage an der Riedstraße gehören auch die Bogenschießanlage und der Stockschützenplatz an der Heimbergstraße sowie zwei Reitanlagen im Stadtgebiet zum Angebot. Im Winter tummeln sich Schlittschuhläufer auf der Kunststoffeisbahn an der Jahnstraße.

Freibad Singoldwelle

Das Warmwasserfreibad Singoldwelle in der Badstraße 21 ist von Mitte Mai bis Anfang September ein beliebter Treffpunkt nicht nur für Wasserratten. Es verfügt über ein 50-m-Schwimmbecken und ein Erlebnisbecken mit einer 58 Meter langen Rutsche und einem Strömungskanal. Die Wassertemperatur beträgt 25°. Das Kleinkinderbecken ist mit Rutsche und Wasserpilz ausgestattet. Liegewiese, Beachvolleyballfeld, Minitrampoline, Wasserspielplatz, kostenloses W-LAN und Kiosk sind ebenfalls vorhanden.

Luitpoldpark

Schwabmünchen besitzt mit dem 12 ha großen Luitpoldpark am westlichen Stadtrand südlich der Krumbacher Straße ein ideales Naherholungsgebiet. Im Park findet man Bachläufe, Weiher, Kinderspielplätze und einen Rodelberg, der im Winter von Kindern begeistert genutzt wird. Ein zünftiger Biergarten bietet Gelegenheit zum Verweilen. Durch den neuen Niedrigseilklettergarten und den Disc Golf Parcours ist der Park noch attraktiver geworden.

Am Park beginnt auch der 13 km lange lohnende Wanderweg „Rund um Schwabmünchen" sowie der 3 km lange „Vitalweg" mit 10 Fitness-Stationen.

Luitpoldpark, Niedrigseilklettergarten

Der Wald- und Geschichtslehrpfad Haldenburg bei Schwabegg, der beim Waldparkplatz am Ende der Schlossbergstraße beginnt, bietet auf 10 Infotafeln Wissenswertes über das Ökosystem Wald und die mittelalterliche Fliehburg.

Veranstaltungen

Die Stadthalle am Breitweg 20 bietet Raum für kulturelle Veranstaltungen wie Konzerte, Theater, Bälle, Vorträge ... Hier treten Künstler aus ganz Deutschland auf.

Der Festkalender von Schwabmünchen bietet das ganze Jahr ein abwechslungsreiches Programm. Er beginnt mit einer Reihe von Narrenabenden und dem Faschingsumzug am Faschingsdienstag. Es folgt das beliebte Frühlingsfest am 2. Sonntag vor Ostern. Das Heimatfest im Luitpoldpark im Sommer bietet Gelegenheit, zusammen mit Freunden zu essen, zu trinken und zu feiern. Der traditionsreiche Michaeli-Jahrmarkt Ende September erfüllt die Stadt drei Tage lang mit Leben. Das Schwabmünchner Weinfest im Herbst lädt zum gemütlichen Miteinander in der Innenstadt ein. Der „Hoigarten", Schwabmünchens vorweihnachtlicher Markt auf dem Schrannenplatz, lockt viele Besucher mit dem Duft von Glühwein und Lebkuchen und der Gelegenheit, Christbaumschmuck und Geschenke zu kaufen.

Orts- und Infrastruktur

Schwabmünchen verfügt über eine ausgezeichnete Infrastruktur vor allem

Schrannenplatz

370

Stadtplatz mit altem Rathaus

im Bildungsbereich und bei der medizinischen Versorgung. Neben einer Grundschule und der Leonhard-Wagner Mittel-, Realschule und Gymnasium sind auch eine Landwirtschaftsschule und eine Berufsfachschule für Diätassistenten in Schwabmünchen zu finden. Das Kommunalunternehmen Wertachkliniken betreibt in Schwabmünchen ein Krankenhaus mit 126 Betten. Ärzte fast aller Fachrichtungen sind in Schwabmünchen ansässig.

Die guten Einkaufs- und Freizeitmöglichkeiten sowie die reizvolle Landschaft der Umgebung mit dem waldreichen Erholungsgebiet „Stauden" tragen zum hohen Wohn- und Freizeitwert der Stadt bei.

Die Wirtschaftsunternehmen der Stadt bieten ein breites Spektrum an Arbeits- und Ausbildungsplätzen mit einer Mischung an landwirtschaftlichen, gewerblichen und industriellen Betrieben. In Schwabmünchen sind viele mittelständische Unternehmen angesiedelt, darunter auch ein namhafter Bekleidungshersteller.

Wichtige Adressen und Telefonnummern

Stadt Schwabmünchen
Fuggerstr. 50,
D-86830 Schwabmünchen
Tel. +49 (0)8232 9633 0
Fax +49 (0)8232 9633 23
rathaus@schwabmuenchen.de
www.schwabmuenchen.de

Gelebte Gastfreundschaft am Flussufer

Gasthaus und Pension zur Wertachau

Paddler und Kanuten zieht es an die Wertach ebenso wie Spaziergänger und Radwanderer. Gepflegte und bestens beschilderte Wanderwege kennzeichnen die Uferregion des Flusses, der sich lieblich durch die Voralpenlandschaft Richtung Augsburg schlängelt. Und Städtereisende fühlen sich in dieser Region sehr wohl, liegen doch Augsburg und München vor der Haustüre.

Wohl dem, der hier in dem ruhig gelegenen Schwabmünchen eine Ruhestätte für die Nacht gefunden hat, wo er nicht nur erholsam schlafen kann, sondern auch noch nach „Strich und Faden" verwöhnt wird.

Kommentare in den sozialen Netzwerken zeigen den Weg zur Wertachau, dem Gasthaus und der Pension, das schon fast überschwänglich gelobt wird. „…Ein familiär geführtes Haus, in dem versucht wird, alle Wünsche zu erfüllen…" oder von „…Gutbürgerlicher Küche mit tollen Portionen, die sich schon auf der Speisekarte gut lesen lassen…" ist dort zu lesen.

Zur Wertachau, das 2016 nach einem langen Dornröschenschlaf renoviert und saniert wieder eröffnet wurde, bietet modern eingerichtete Gästezimmer, die neben Dusche/WC auch über Fernsehen und WLAN-Anschluss verfügen. Moderner Komfort in gepflegtem und gemütlichem Ambiente, das von der familiären Gastfreundschaft der Betreiber umrahmt wird.

Die Küche des Hauses empfiehlt sich als eine regionale und gutbürgerliche, die die Gaumen der Genießer verwöhnt. Gespeist wird in den hell und freundlich eingerichteten Gasträumen

oder bei schöner Witterung auf der beschatteten Terrasse, auf der man sich auch den Nachmittagskaffee mit einem Stück Kunden schmecken lassen kann. Auch für die Familienfeier oder geschäftlich veranlasste Veranstaltungen finden sich hier die geeigneten Räume. Und die aufmerksame Bewirtung sowie die professionelle Beratung vor dem Event tragen zum Gelingen bei.

**Gasthaus und Pension
zur Wertachau**
Wertachweg 2
D-86830 Schwabmünchen
Tel. +49 (0)8232 99 65 980
Fax +49 (0) 8232 99 65 981
info@zurwertachau.de
www.zurwertachau.de

Stadtbergen

natürlich – nah – dran

Die Stadt Stadtbergen (rund 15.000 Einwohner) grenzt an den westlichen Stadtrand von Augsburg. Sie besteht aus den vier Ortsteilen der ehemals selbständigen Gemeinden Stadtbergen, Leitershofen, Deuringen und dem neu erbauten Virchow-Viertel.

Stadtbergen bietet hohe Wohn- und Lebensqualität durch die günstige Lage nahe der Großstadt Augsburg mit guten Verkehrsverbindungen und dem Naherholungsgebiet Westliche Wälder mit vielseitigen Freizeitmöglichkeiten.

Kurzer Blick ins Geschichtsbuch

Siedlungsspuren aus der Bronzezeit sind durch archäologische Ausgrabungen frühzeitlicher Grabhügel in der Region nachgewiesen. Die drei Ortsteile sind im Mittelalter entstanden. Erste urkundliche Erwähnungen stammen aus dem 11. bis 13. Jahrhundert.

Vorfahren des Komponisten W. A. Mozart lebten seit dem 16. Jahrhundert in Leitershofen.

Stadtbergen aus der Luft
(Bilder Stadt Stadtbergen)

374

St. Nikolaus

1978 wurden Stadtbergen, Leitershofen und Deuringen im Rahmen der Gemeindegebietsreform zur Gemeinde Stadtbergen vereinigt. 1985 wurde die Gemeinde zum Markt, 2007 zur Stadt erhoben.

Sehenswürdigkeiten

Die Kirchen im Stadtgebiet von Stadtbergen sowie die beiden Schlösser in Leitershofen sind für Freunde der Kulturgeschichte einen Besuch wert.

Die dem Hl. Nikolaus von Myra geweihte katholische Pfarrkirche St. Nikolaus in der Mitte des alten Ortskerns von Stadtbergen wurde 1730/31 auf der Stelle einer spätgotischen Vorgängerkirche im barocken Stil errichtet. Der prachtvoll ausgestattete Innenraum beeindruckt vor allem mit den künstlerisch bedeutenden Deckenfresken von Johann Georg Bergmüller (1688-1762), dem Direktor der Augsburger Kunstakademie, mit dem Höllensturz Luzifers und Darstellungen vom Hl. Nikolaus, der Hl. Helena und Kaiser Heraklius.

Der reich gestaltete Stuckdekor, der die Deckengemälde umrahmt, stammt von Andreas Hainz. Auch die Altarbilder und die übrige üppige Ausstattung der Kirche sind sehenswert.

Der historische Ortskern von Leitershofen mit dem nordwestlichen gelegenen Pfarrhof, dem „Unteren Schlösschen" im Nordosten, dem „Oberen Schlösschen" im Süden und der Pfarrkirche St. Oswald im Osten mit umgebenden Friedhof bildet ein markantes Ensemble.

Die in sich stimmige Barockkirche von Johann Georg Fischer aus dem 18. Jahrhundert birgt bedeutende Altargemälde, einen spätgotischen Flügelaltar von dem Maler Johann Kaspar und große Deckengemälde von Hans Georg Kuhn (1732). Die Stuckarbeiten von Matthias Lotter bringen Harmonie in den spätbarocken Kirchenraum.

Freizeit und Sport

Gartenhallenbad

Das Gartenhallenbad in Stadtbergen ermöglicht zu jeder Jahreszeit Badevergnügen.

Es verfügt im Hallenbereich über eine Sprunganlage mit 1-m-Brett und 3-m-Plattform sowie über ein Kleinkinderbecken und Sitzbad mit Massagedüsen. Im Außenbereich findet man ein Planschbecken mit Rutsche, Kinderspielplatz, Beachvolleyballfeld, Streetballfeld und Liegewiese.

Der Naturpark Westliche Wälder im Westen Stadtbergens bietet Erholung in der Natur mit Spazier- und Wanderwegen und Gelegenheit für vielfältige und interessante Radtouren.

In Leitershofen beginnt der attraktive Schwäbisch-Allgäuer Wanderweg, der mit einem Teil durch den Naturpark verläuft und in Sonthofen endet. Der in Deuringen beginnende Natur- und Erlebnispfad „Deuringer Heide" ist ein Rätsel- und Informationsparcour mit 10 abwechslungsreichen Stationen. Er informiert über die Entwicklung der Landschaft, Alteichen als Zeugen der Geschichte der Kulturlandschaft und vieles mehr. Außerdem gibt es spannende Rätsel und einen Naturspielplatz.

Veranstaltungen

Das fünftägige Stadtfest an der Sportanlage rund um Christi Himmelfahrt bietet Attraktionen für Jung und Alt, kulinarische Spezialitäten und sportliche Aktivitäten.

Der umfangreich ausgestattete Bürgersaal Am Hopfengarten ist ein Forum für Konzerte unterschiedlicher Art und andere kulturelle Veranstaltungen für jeden Geschmack.

Orts- und Infrastruktur

Die vierspurige Bundesstraße B 17 verläuft in nord-südlicher Richtung m Stadtrand von Stadtbergen. Die Stadt ist durch Straßenbahnen und Buslinien der Augsburger Verkehrs- gesellschaft Teil des öffentlichen Nahverkehrs von Augsburg.

Eine Reihe von mittelständischen Unternehmen aus unterschiedlichen

Sparten bieten in Stadtbergen Arbeits- und Ausbildungsplätze. Das Internationale Institut für Empirische Sozialökonomie ist in Leitershofen angesiedelt.

Die Wirtschaftsförderung von Stadtbergen unterstützt mit optimalen Rahmenbedingungen unternehmerische Tätigkeiten.

Die Hotels und Gaststätten der Stadt bieten ein breites gastronomisches Spektrum für jeden Geschmack und Geldbeutel.

Für gute Einkaufsmöglichkeiten in Einzelhandelsgeschäften und Supermärkten ist gesorgt. Die Stadt nimmt mit vielen Geschäften an der internationalen Aktion Fairtrade Town teil.

Neben einer Reihe von Kindergärten und Kindertagesstätten sorgen in Stadtbergen zwei Grundschulen, eine Mittelschule, die Landwirtschaftsschule und die Volkshochschule für Bildungsangebote.

Die Gesundheitsversorgung wird durch eine große Anzahl an niedergelassenen Ärzten, Apotheken und der Waldhausklinik in Deuringen gewährleistet.

Für Senioren stehen zwei Altenheime und ambulante Pflegeangebote zur Verfügung.

Wichtige Adressen und Telefonnummern

Stadt Stadtbergen
Oberer Stadtweg 2
D-86391 Stadtbergen
Tel. +49 (0)0821 2438 0
Fax +49 (0)821 2438 107
info@stadtbergen.de
www.stadtbergen.de

Bürgersaal

Thierhaupten

Marktgemeinde mit barockem Kloster

Der Markt Thierhaupten (rund 4000 Einwohner) liegt östlich des Lechs zwischen Augsburg und Donauwörth. Zur Marktgemeinde gehören die Ortsteile Thierhaupten, Neukirchen, Ötz, Altenbach, Königsbrunn, Weiden, Hölzlarn und Sparmannseck. Die ländlich geprägte Gemeinde mit attraktiven Wohngebieten im Grünen hat sich zu einem beliebten Wohnort entwickelt.

Kurzer Blick ins Geschichtsbuch

Einer Sage nach wurde das Kloster Thierhaupten um 750 n. Chr. vom bayerischen Herzog Tassilo gegründet, der sich während einer Jagd verirrt hatte. Das Benediktinerkloster, eines der ältesten in Bayern, spielte im Laufe der Geschichte eine wichtige Rolle. Thierhaupten erhielt bereits im Mittelalter das Marktrecht.

Sehenswürdigkeiten

Das sehenswerte ehemalige Benediktinerkloster Thierhaupten, das von der Gemeinde 1983 gekauft und bis zum Jahr 2000 umfassend saniert wurde, ist heute der Sitz von mehreren Organisationen, Einrichtungen und Vereinen und dient als kulturelle Begegnungsstätte.

Die ehemalige Klosterkirche und heutige Pfarrkirche St. Peter und Paul mit romanischen Wurzeln wurde 1714 barockisiert.

Auch das von Mai bis Oktober geöffnete Klostermühlenmuseum mit Mahlmühlen, einem Hadernstampfwerk, einer Ölmühle und dem Modell einer Sägemühle lohnt einen Besuch.

Der Deutsche Mühlentag am Pfingstmontag wird vom Museum mit vielseitigen Angeboten gefeiert.

Freizeit und Sport

Für Wanderer stehen in Thierhaupten mehrere lohnende Rundwanderwege zur Verfügung.

Der mit neun Hinweistafeln beschilderte Mühlenweg mit einer Gehzeit von ca. 1,5 Stunden informiert über die Geschichte der vier Mühlen entlang der Friedberger Ach.

Thierhaupten
(Bilder Gemeinde Thierhaupten)

Benediktinerkloster

Der rund 7 km lange Edenhauser-Forst-Rundweg führt abwechslungsreich durch die reizvolle Landschaft der Fichten- und Laubwälder.

Weitere beschilderte Wanderwege sind der Maria-im-Elend-Rundweg, der Lechrundweg und der Klosterrundweg.

Im Sommer bietet der Thierhauptener Badeweiher mit Liegewiese eine willkommene Abkühlung.

Veranstaltungen

Die Thierhauptener Veranstaltungen werden unter aktiver Beteiligung der engagierten örtlichen Vereine durchgeführt.

Die Thierhauptener Festwoche um Mariä Himmelfahrt Mitte August mit einem Festumzug und prächtigen Blumenwägen, Bierzeltbetrieb und Vergnügungspark zieht zahlreiche Besucher an.

Der Jahrmarkt um Peter und Paul im Klosterinnenhof mit dem Gartenfest des Musikvereins bietet abwechslungsreiche Unterhaltung.

Der Engerlmarkt an den beiden ersten Adventswochenenden im Kloster Thierhaupten zeichnet sich durch die besonders stimmungsvolle Atmosphäre aus.

Wichtige Adressen und Telefonnummern

Markt Thierhaupten
Marktplatz 1
D-86672 Thierhaupten
Tel. +49 (0)8271 8057 0
Fax +49 (0)8271 8057 50
poststelle@thierhaupten.de
www.thierhaupten.de

Mühlengeschichte zum Leben erweckt

Klostermühlenmuseum Thierhaupten

Vier Mühlen ließ das Benediktiner-kloster einst in Thierhaupten entlang der Friedberger Ach bauen. Die „Untere Mühle", die das Museum heute beherbergt, war fast 500 Jahre lang eine Getreidemühle. Bis zum Anfang

des 20. Jh. wurde in Thierhaupten mit altdeutschen Steinmahlgängen gemahlen, im Museum ist diese Technik heute noch zu sehen. Die Mahltechnik, die danach in Mühlen Einzug hielt –

mit Maschinen zum Reinigen, Mahlen und Sichten – erstreckt sich über alle Stockwerke. Der letzte Müller Franz-Xaver Reiter betrieb die Mühle mit ihren Walzenstühlen, Elevatoren, dem Plansichter und weiteren Mühlenmaschinen bis ins Jahr 1959.

1997 wurde das Klostermühlenmuseum gegründet und ist heute ein beliebtes Ausflugsziel für Besucher aus nah und fern. An vier Wochentagen und an Sonn- und Feiertagen sind die Pforten geöffnet.

Das Klostermühlenmuseum zeigt auf zwei Stockwerken, welche Mühlentypen es in Thierhaupten einst noch gab: Ein Sägemühlen-Modell im 1. Stock setzt sich auf Knopfdruck in Bewegung und veranschaulicht wie ein Baumstamm zu Brettern zersägt wurde. Die nach alten Vorlagen gebaute Ölmühle mit Keilpresse im 1. Stock und die Papiermühle mit Hadern-stampfwerk und Spindelpresse im Erdgeschoß zeigen wie in Mühlen mit Hilfe der Wasserkraft gepresst und gestampft wurde, um dadurch Lebensmittel bzw. Werkstoffe herzustellen.

Außerdem veranschaulicht ein 3-D-Geländemodell die Arbeit des mit Wasserkraft betriebenen Pumpenhauses, die die Klosterbewohner fast 400 Jahre mit Trink- und Brauchwasser versorgt hat.

Das über 100 Jahre alte eiserne Wasserrad am Klostermühlenmuseum demonstriert die Naturkräfte, die früher als Antrieb von schweren Mühlenmaschinen eingesetzt wurden. Vom Erdgeschoss bis unters Dach ist die Transmission (Kraftübertragung) noch vorzufinden, die nötig war, um alle Maschinen der Mahlmühle des 20. Jhd. anzutreiben. Für die gelungene Sanierung und das museumspädagogische Konzept er-

hielten die Museumsgründer Seidenschwann einige Preise wie z.B. den Denkmalpreis der Hypo-Kulturstiftung 1997, den Schwäbischen Museumspreis 1998 und die Europa-Nostra-Auszeichnung 1999.

Vielfältige Veranstaltungen und museumspädagogische Aktionen wie Papierschöpfen oder Brot backen lassen den Museumsbesuch zum Erlebnis werden.

Öffnungszeiten

Von Mai bis Okt. jeweils am Dienstag und Donnerstag von 9 bis 12 Uhr und am Mittwoch, Freitag, an Sonn- und Feiertagen von 14 bis 17 Uhr geöffnet.

Klostermühlenmuseum Thierhaupten

Franzengasse 21, 86672 Thierhaupten
Tel. +49 (0) 82 71-17 69 (Mühle)
info@klostermuehlenmuseum.de
www.klostermuehlenmuseum.de

Schul -und LehrgartenThierhaupten

Klostermühlenmuseum Thierhaupten

Untermeitingen

Auf der Lechfeldebene

Untermeitingen
(Bild Wikipedia, Flodur63, CC BY-SA 4.0)

Die Gemeinde Untermeitingen (rund 6700 Einwohner) im schwäbischen Landkreis Augsburg liegt auf dem Lechfeld etwa 20 Kilometer südlich von Augsburg. Zu Untermeitingen gehört ein Teil von Lagerlechfeld.

Mit dem Lechfeld ist eine Reihe von geschichtlichen Ereignissen verbunden wie die berühmte Schlacht auf dem Lechfeld gegen die Ungarn im Jahr 955. Erstmals erwähnt wurde Untermeitingen in einer Urkunde bezüglich der Pfarrkirche St. Stephan im Jahr 1158.

Die sehenswerte Kirche wurde um 1500, 1720 und 1891-95 mehrfach um- und ausgebaut. Sie enthält bemerkenswerte Grabdenkmäler der Augsburger Patrizierfamilie Imhof sowie im Chorgestühl Schnitzreliefs der Vierzehn Nothelfer.

Gegenüber der Kirche befindet sich das eindrucksvolle Schloss aus dem 17. Jahrhundert nit prachtvollen Schnitzereien im Geländer des Treppenhauses, einem Saal mit Stuckdecke und wertvollen barocken Ölgemälden.

Am Rathausplatz findet man das Haus Imhof, das der Freiherr 1733 als Spital errichten ließ. Es dient heute als Bürgerhaus mit Gemeindebücherei, Veranstaltungssaal und dem Archiv des Heimatvereins Lechfeld.

Die rund 80 aktiven Vereine in Untermeitingen bieten vielfältige Gelegenheiten für sinnvolle Freizeitgestaltung.

Zur Infrastruktur in Untermeitingen gehören drei Kindertagesstätten, eine Grund- und eine Mittelschule, eine gute Gesundheitsversorgung mit Ärzten, Zahnärzten und Apotheke, ein Hallenbad sowie vielfältige Einkaufsmöglichkeiten mit Lebensmittelmärkten und Einzelhändlern.

Wichtige Adressen und Telefonnummern

Gemeinde Untermeitingen
Von-Imhof-Straße 6
D-86836 Untermeitingen
Tel. +49 (0)8232 5009 0
Fax +49 (0)8232 5009 70
info@lechfeld.de
www.lechfeld.de

Gastfreundschaft am Stadtrand

Lechpark Hotel

Dort, wo die Gäste im Mittelpunkt stehen, und die Mitarbeiter ein offenes Ohr für deren Wünsche haben, fühlt man sich gut aufgehoben. In Untermeitingen, nahe der B17, die direkt nach Augsburg führt, findet der Gast ein Business-Hotel, das sich für einen angenehmen und erholsamen Aufenthalt empfiehlt. Ob für die Geschäfts- oder Städtereise, ob auf der Durchfahrt oder auf dem Weg in den Urlaub bietet das Lechpark Hotel ein charmantes Ambiente mit professionellem Service und einem herausragenden Frühstücksbuffet.

Übernachten mit allem Komfort

Modern eingerichtete und großzügig geschnittene Zimmer schaffen eine gemütliche Atmosphäre in der man sich wohlfühlen kann. Die Einzel- und Doppelzimmer oder die hochwertig ausgestatteten Appartements bilden den passenden Rahmen für die private oder geschäftliche Reise. Die schallisolierten Zimmer sind mit kostenlosem WLAN und DVD-Player ausgestattet und bieten Unterhaltung durch einen LCD-Fernseher mit Satellitenempfang. Außerdem verfügen die Räume über Schreibtisch, Minibar und Haartrockner. Und eine Sauna mit kleiner Relax-Oase/Fitnessraum runden das angenehme Bild des Hauses ab. Der Abschluss einer erholsamen Nacht ist die Stärkung für den kommenden Tag. Das warme Frühstücks-

buffet präsentiert sich vielfältig und abwechslungsreich und hat für jeden Geschmack etwas zu bieten.

Business im Lechpark Hotel

Hier, nur wenige Kilometer von Augsburg entfernt, trifft man sich auch gerne zu geschäftlichen Anlässen. Die verkehrsgünstige Lage des Hotels genießt einen herausragenden Ruf als Tagungs- und Seminarhotel. Schließlich bieten die drei Tagungsräume, die sich in maritimem Ambiente prä-

sentieren, eine Atmosphäre, in der es Spaß macht zu arbeiten. Die großzügig gestalteten Räumlichkeiten verfügen über Tageslicht und sind mit Kommunikationstechnk funktionell eingerichtet.

Lechpark Hotel
Lagerlechfelder Str. 28
D-86836 Untermeitingen
Tel. +49 (0)8232 99 80
Fax +49 (0)8232 99 81 00
info@lechpark-hotel.de
www.lechpark-hotel.de

385

Ustersbach

Im Talkessel der Reischenau gelegen

Die Gemeinde Ustersbach (rund 1200 Einwohner) liegt am Rande des weiten Talkessels der Reischenau etwa 25 km westlich von Augsburg und ist Mitglied der Verwaltungsgemeinschaft Gessertshausen. Ustersbach besteht neben dem Hauptort aus den Ortsteilen Mödishofen, dem Weiler Osterkühlbach und der Einöde Baschenegg.

Kurzer Blick ins Geschichtsbuch

Ustersbach wurde vermutlich im 11. Jahrhundert gegründet und wurde 1277 erstmals urkundlich erwähnt.

St. Fridolin in Usterbach
(Bilder Gemeinde Usterbach)

Die Gemeinde gehörte bis zur Säkularisation 1803 zum Besitz des Domstiftes Augsburg. Seit 1803 gehört Ustersbach zu Bayern.

Sehenswürdigkeiten

Das spätmittelalterliche Sühnedenkmal aus rotem Marmor von 1408, das an die Ermordung des Ritters Burkhart von Schellenberg erinnert, ist die älteste Sehenswürdigkeit in Ustersbach.

Kirchen

Die Kirchen in der Gemeinde sind einen Besuch wert.

Die Katholische Pfarrkirche St. Fridolin in Ustersbach mit Ursprüngen im Mittelalter wurde 1726 errichtet und im barocken Stil gestaltet. Unweit der Kirche findet man in einem Hain eine Lourdesgrotte, die weithin bekannt ist.

Die Filialkirche St. Vitus in Mödishofen von 1750 beeindruckt mit bedeutenden Deckengemälden des Augsburger Malers Vitus Felix Riegel.

Daneben gibt es noch die Kapelle St. Maria Magdalena in Baschenegg und die den 14 Nothelfern geweihte Kapelle in Osterkühbach.

In der Feldflur zwischen Ustersbach und Ried findet sich noch die Anna-Kapelle, deren Bau auf ein Gelübde

Sühnedenkmal

der Stifterin Karolina Schmid zurück-geht, die damit dem frühen Kindstod ihrer Enkelkinder entgegenwirken wollte.

Freizeit und Sport

Die 14 Vereine in der Gemeinde bieten Möglichkeiten zur Freizeitgestaltung im sportlichen und kulturellen Bereich. Die Schulsporthalle steht allen Vereinen zur Verfügung.

Die Vereine sorgen für ein abwechslungsreiches Veranstaltungsprogramm mit Festen und sportlichen Wettbewerben.

Orts- und Infrastruktur

Durch die Bundesstraße 300 von Krumbach nach Augsburg, die durch das Gemeindegebiet verläuft, ist Ustersbach mit dem Pkw gut zu erreichen. Im Gemeindegebiet gibt es mehrere Bushaltestellen des Augsburger Verkehrsverbundes.

Im Schulgebäude in Ustersbach sind die Grundschule Ustersbach und 4 Klassen einer Förderschule sowie die Gemeindebücherei untergebracht. Die Pfarrgemeinde St. Fridolin unterhält einen Kindergarten. Die Ustersbacher Brauerei ist der größte Arbeitgeber im Ort.

Wichtige Adressen und Telefonnummern

Gemeinde Ustersbach
Hauptstraße 31
D-86459 Gessertshausen
Tel. +49(0)8238 3006 0
Fax +49 (0)8238 3006 10
Info@gessertshausen.de
www.ustersbach.de

Anna-Kapelle

Walkertshofen

Gemeinde in idyllischer Lage

Die Gemeinde Walkertshofen (rund 1190 Einwohner) im Süden des schwäbischen Landkreises Augsburg etwa 35 km südwestlich von Augsburg ist Mitglied der Verwaltungsgemeinschaft Stauden mit Sitz in Langenneufnach. Zur Gemeinde gehören neben dem Ort Walkertshofen die Ortsteile Ebrach, Gumpenweiler, Hölden, Oberrothan, Reute und Schweizerhof.

Die Lage mitten in der ursprünglichen Natur des „Naturparks Augsburg – Westliche Wälder" und die Vorteile der nahen Großstadt Augsburg bietet den Einwohnern hohe Lebensqualität.

Kurzer Blick ins Geschichtsbuch

Walkertshofen wurde bereits 775 in einer Schenkungsurkunde erwähnt. Die Siedlung Walkertshofen entstand vermutlich als Rodungssiedlung der Augsburger Klöster im 9. und 10. Jahrhundert. Seit dem 15. Jahrhundert gehörte Walkertshofen zum Besitz des Domstiftes Augsburg. Seit dem Reichsdeputationshauptschluss von 1803 gehörte der Ort zu Bayern und wurde im Rahmen des Gemeindeedikts 1818 zur selbständigen Gemeinde.

Sehenswürdigkeiten

Das Wahrzeichen von Walkertshofen ist die Katholische Pfarrkirche St. Alban aus dem 17. Jahrhundert, die mit ihrem spätgotischen, unverputztem Backsteinturm beeindruckt. Der Kirche gegenüber prägt der Burgberg als Bodendenkmal mit seinem uralten Buchenbestand in jahreszeitlich wechselndem Kleid das Erscheinungsbild des Dorfes. Der Sage nach gab es hier eine hölzerne Raubritterburg von der nur noch der Burggraben zu sehen ist.

Walkertshofen
(Bilder Gemeinde Walkertshofen)

Freizeit und Sport

Die reizvolle Umgebung des Naturparks bietet vielseitige Freizeit- und Wandermöglichkeiten.

Musikkapelle Walkertshofen

Walkertshofen zeichnet sich durch ein reges Vereinsleben aus. Dem Sportverein TSV Walkertshofen stehen zwei Fußballplätze zur Verfügung. Ausserdem wird Judo und Mutter und Kind Turnen angeboten. Das Mittelschwäbische Bildungswerk, Forum Bildung-Kultur-Freizeit hat ein reichhaltiges Seminarangebot. Aushängeschild des kulturellen Lebens ist der Musikverein Walkertshofen. Ein traditionelles Blasorchester das mit seinen rund 50 aktiven Musikern alle örtlichen Feste und Feierlichkeiten begleitet.

Veranstaltungen

Zu den kirchlichen Festen in Walkertshofen gehören das Patroziniumsfest zu Ehren des Kirchenpatrons St. Alban am 21. Juni und das 5-Wunden-Bruderschaftsfest am Sonntag vor Pfingsten. Zum abwechslungsreichen Veranstaltungskalender in Walkertshofen tragen die aktiven Vereine mit ihren Festen, sportlichen Wettbewerben, Konzerten und vielem mehr bei. Eine lange Tradition hat dabei der Weihnachtsmarkt immer am Samstag vor dem 1. Advent.

Orts- und Infrastruktur

Walkertshofen ist durch die Staatsstraße 2026 von Fischach nach Markt Wald mit dem Auto gut zu erreichen. Für ein Dorf dieser Größe bietet Walkertshofen eine Reihe von Gewerbebetrieben und eine gute Infrastruktur mit Geschäften und Dienstleistungen.

Im Ort findet man u. a. eine Grundschule und eine Arztpraxis.

Wichtige Adressen und Telefonnummern

Gemeindeamt Walkertshofen
Hauptstraße 28
D-86877 Walkertshofen
Tel. +49 (0)8239 310
Fax +49 (0)8239 959394
jungwirth-karl@t-online.de
www.walkertshofen.de

Walkertshofen im Winter

Wehringen
Wohlfühlgemeinde an der Wertach

Die Gemeinde Wehringen (rund 3.000 Einwohner) liegt 15 Kilometer südlich von Augsburg an der Wertach und wird von der Singold durchflossen. Zur Gemeinde gehört der Ortsteil Auwald im Westen an der Grenze zum Naturpark Augsburg Westliche Wälder.

Wehringen zeichnet sich aus durch die günstige Lage nahe Augsburg, eine hervorragende Infrastruktur, einen hohen Naherholungswert als Tor zum Naturpark und ein breites Freizeitangebot durch die 38 ortsansässigen Vereine.

Kurzer Blick ins Geschichtsbuch

Bereits vor 4000 Jahren hatten sich im Gebiet von Wehringen Menschen angesiedelt. Dies wird durch archäologische Funde aus der Jungsteinzeit, der Bronzezeit und der Hallstattzeit belegt. Unter anderem wurden auf dem „Hexenbergle" acht Grabhügel aus dem 8. Jahr-hundert v. Chr. mit wertvollen Grabbeigaben entdeckt. Weitere Funde belegen die Besiedlung durch die Römer zwischen 100 und 250 n. Chr.

Dorfplatz Wehringen
(Bilder Gemeinde Wehringen)

Urkundlich erwähnt wurde Wehringen erstmals im Jahr 990 in der Biografie des heiligen Bischofs Ulrich von Augsburg. Bekannt wurde Wehringen in der Zeit von 1490 bis ins 17. Jahrhundert als Heilbad. Dem so genannten Leitenbad wurden Heilkräfte zugesprochen durch das schwefel-, bitumen- und salzhaltige Wasser. Das Bad wurde vermutlich im Dreißigjährigen Krieg zerstört. Im Jahr 1730 wurde in Schwabmünchen die aus Wehringen stammende „Hexe" Brigitta Miehler hingerichtet. Seit dem Reichsdeputationshauptschluss 1803 gehört Wehringen zu Bayern.

Sehenswürdigkeiten

Die Katholische Pfarrkirche St. Georg am Kirchberg 3 geht in ihren Ursprüngen auf das 11. Jahrhundert zurück. Die unteren Geschosse des Kirchturms stammen aus dieser Zeit. Der Turm wurde im 13. und 16. Jahrhundert erhöht. Die Kirche ist ein Saalbau mit eingezogenem Chor und südlichen Satteldachturm. Der Chor und Teile des Langhauses stammen aus der Zeit um 1400. Der prächtige Raumeindruck im Innenraum ist durch die barocke Umgestaltung in den Jahren 1741 bis 1747 entstanden.

Römerstraße

Besonders schön sind die Decken-fresken und die prachtvoll gestalteten Altaraufbauten. Zu den zahlreichen Plastiken gehören die Verkündi-gungsgruppe, Petrus und Magdalena, die zu den wichtigsten Werken des Landsberger Bildhauers Lorenz Luidl (um 1700) zählen.

Die Mauer aus dem 13. Jahrhundert des ehemaligen befestigten Friedhofs ist mit Schießscharten, Strebepfeilern, zwei Toren und Figurennische ausge-stattet.

Auch die Katholische Heilig-Kreuz-Kapelle in der Heilig-Kreuz-Straße 9 ist sehenswert. Der Rechteckbau mit dreiseitigem Schluss, Dachreiter und Zwiebelhaube stammt aus dem 18. Jahrhundert.

Veranstaltungen

Der schön gestaltete Rathausplatz ist beliebter Treffpunkt für die zahl-reichen Freiluft-veranstaltungen, die durch die ortsansässigen Vereine durchgeführt werden. Höhepunkt ist das viertägige historische Dorffest,

Heilig-Kreuz-Kapelle

das seit 1990 alle fünf Jahre an die Gründung Wehringens erinnert. Auf dem in einen großen Festplatz verwandelten Rathausplatz wird unter anderem das Lagerleben der Kelten und der keltische Erzabbau nachgestellt.

Freizeit und Sport

Ein weit über die Gemeinde hinaus bekannter Anziehungspunkt ist die an der Prügelleite gelegene Wassertretanlage und der direkt daneben neu erstellte Barfußpfad. Tasten, Riechen, und Hören stehen dabei an erster Stelle des 120 Meter langen Pfads mit 22 verschiedenen Untergründen. Komplettiert wird die dortige Anlage mit den frühmittelalterlichen Pingenfeldern.

Überregional bekannt ist auch die moderne Gemeindebücherei in der Nördlichen Hauptstraße 18 a, die in hellen, freundlichen Räumen ein umfassendes, attraktives und interessantes Medienangebot bereithält.

Orts- und Infrastruktur

Wehringen verfügt mit der Bundesstraße 17 östlich der Gemeinde sowie mit der durch den Ort verlaufenden Staatsstraße 2035 von Großaitingen nach Bobingen über gute Verkehrsverbindungen. Der Buslinien des Augsburger Verkehrsverbundes sorgen für guten Anschluss an den Öffentlichen Nahverkehr.

Deutschlands zweitgrößter Produzent für Tiernahrungsmittel ist mit rund

200 Mitarbeitern der größte Arbeitgeber in der Gemeinde.

Ein Kindergarten und eine Grundschule sind vorhanden. Weiterführende Schulen liegen in den nahe liegenden Städten Schwabmünchen, Bobingen und Königsbrunn.

Die Gesundheitsversorgung ist durch einen niedergelassenen Arzt und Zahnarzt sowie durch die Kliniken in Bobingen und Schwabmünchen gewährleistet.

Zwei Pensionen im Ort bieten günstige Übernachtungsmöglichkeiten für Gäste an. Für das leibliche Wohl sorgen zwei Gaststätten.

Wichtige Adressen und Telefonnummern

Gemeinde Wehringen
Nördliche Hauptstr. 18
D-86517 Wehringen
Tel. +49 (0)8234 9611 0
Fax +49 (0)8234 9611 20
rathaus@wehringen.de
www.wehringen.de

Welden

Familienfreundlicher Ort in intakter Natur

Der Markt Welden (rund 3.600 Einwohner) liegt 25 Kilometer nordwestlich von Augsburg im romantischen Laugnatal mitten im Holzwinkel des Naturparks Augsburg-Westliche Wälder. Der Markt ist Sitz der Verwaltungsgemeinschaft Welden mit Bonstetten, Emersacker und Heretsried. Zum Markt Welden gehören das Pfarrdorf Reutern und der Weiler Ehgatten.

Welden wird geprägt durch die günstige Lage nahe Augsburg, die guten Einkaufsmöglichkeiten, das vielfältige Vereinsleben, das Naherholungsgebiet des Naturparks mit zahlreichen Freizeitmöglichkeiten und bedeutende Sehenswürdigkeiten.

Kurzer Blick ins Geschichtsbuch

Welden, die „Siedlung am Walde", entstand vermutlich als Rodungssiedlung schon im 9. Jahrhundert. Erstmals urkundlich erwähnt wurde Welden im Jahre 1156. Es war Stammsitz der Herren von Welden. 1402 wurde der Ort zum Markt erhoben. Von 1597 bis 1764 gehörte Welden einer Linie der Fugger. 1806 kam Welden zum Königreich Bayern.

Der bekannte Heimatschriftsteller Ludwig Ganghofer (1855-1920) verbrachte von 1859 bis 1865 den größten Teil seiner Kindheit in Welden.

Kloster Welden
(Bilder Markt Welden)

Sehenswürdigkeiten

Welden ist reich an Sehenswürdigkeiten, die einen Besuch lohnen.

Ludwig-Ganghofer-Stätte

Die Ausstellung „Lebensräume. Die Ganghofers im schwäbischen Holzwinkel" in der „Ganghofer-Stätte Welden" in zwei Räumen im Landgasthof Zum Hirsch zeigt das Leben und Wirken der Familie Ganghofer in Welden. Sie ist täglich außer Montag von 10 bis 18 Uhr geöffnet, Infos unter www.ganghofer-welden.de

Wallfahrtskirche St. Thekla

Die weithin sichtbare Wallfahrtskirche St. Thekla auf dem Weldener Theklaberg gehört zu den schönsten Rokokogebäuden in Bayerisch-Schwaben und gilt als bedeutendster Kirchenbau im Landkreis Augsburg.

Die wunderschöne, unter Naturschutz stehende Lindenallee auf dem Theklaberg wurde 1869 vom Revierförster August Ganghofer, dem Vater von Ludwig Ganghofer, angelegt.

Die von Graf Joseph Maria Fugger von Wellenburg gestiftete Kirche gilt als Hauptwerk des schwäbischen Bau-

meisters Hans Adam Dossenberger. Sie wurde 1756-1758 erbaut. Sie ist seit 1913 Eigentum der Fuggerschen Stiftungsadministration. Von 1929-1931 wurde das Kloster der Unbeschuhten Karmeliterinnen angebaut. Das Gotteshaus dient heute auch als Klosterkirche.

Der überaus prächtig gestaltete Innenraum beherbergt wertvolle Fresken der Meister Johann Baptist Enderle aus Donauwörth und Balthasar Riepp aus Reutte in Tirol.

Die im Rokokostil geschaffenen Stuckaturen mit muschelförmigen Ornamenten, Putten und Engelsköpfen stammen von Franz Xaver Feichtmayr d.Ä. und Johann Michael Dreyer.

Weitere Stuckschöpfungen sind die zwei ungewöhnlichen Stuckaltäre des italienischen Meisters Domenico Feretti und das Kanzelpaar aus Stuck.

Wallfahrtskirche St. Thekla

Pfarrkirche Mariä Verkündigung

Pfarrkirche Mariä Verkündigung

Die kulturhistorisch wichtige Pfarrkirche Mariä Verkündigung in Welden wurde 1425 im gotischen Stil erbaut und erfuhr in den folgenden Jahrhunderten mehrfache Umgestaltungen. Die 1555 errichtete Zwiebelkuppel auf dem Turm ist die älteste Zwiebelkuppel im Landkreis. 1731 wurde vom berühmten Wessobrunner Kirchenbaumeister Joseph Schmuzer ein neues Kirchenschiff gebaut. Das riesige Deckengemälde mit 13,5 Meter Durchmesser stammt von Matthäus Günther. 2008 wurde die Kirche aufwendig restauriert.

Ebenfalls sehenswert ist das Untere Schloss in Welden aus dem 16. Jahrhundert, ein ehemaliger Herrschafts- und Amtssitz, in dem heute ein Gasthof untergebracht ist sowie die weithin sichtbare 500 Jahre alte Friedhofskapelle zu den 14 Nothelfern, die 1680 eine prächtige barocke Innenausstattung mit einem Deckenfresko, das Welden darstellt, erhielt.

Die Pfarrkirche St. Leonhard in Reutern von 1724 beeindruckt mit der barocken Innenausstattung. Seit der Renovierung in den 1990er Jahren erstrahlt sie in neuem Glanz.

Unteres Schloss

Ehemaliges Bräuhaus

Freizeit und Sport

Die reizvolle Weldener naturnahe Umgebung des Naturparks Augsburg – Westliche Wälder bietet eine Fülle von erholsamen Rad- und Wanderwegen.

Radwanderungen

Eine sehr lohnende 35 km lange Radtour durch den waldreichen Schwäbischen Holzwinkel führt von Welden über Reutern, Altenmünster, Violau, Wollbach, Zusmarshausen, Rothsee, Bieselbach, Horgau, Horgauergreut und Adelsried zurück nach Welden. Unterwegs laden zahlreiche Einkehrmöglichkeiten, sehenswerte Kirchen, Badegelegenheiten und ein Minigolfplatz zum Verweilen ein.

Weitere lohnende Radwege sind der ebenfalls 35 km lange Rundweg von Welden durch das Laugnatal nach Wertingen und über den Zusamradwanderweg zurück sowie der hin- und zurück 22 km lange Landrat-Dr.-Frey-Radweg von Welden über Adelsried nach Aystetten und zurück auf der durchgehend asphaltierten stillgelegten Weldenbahnstrecke.

Wanderwege

Neben den zahlreichen Möglichkeiten, sich eine individuelle Tour in dem idealen Wandergebiet zusammenzustellen, sind folgende Wanderwege empfehlenswert:

Der 3,5 km lange familien- und kinderwagengerechte „Ludwig Ganghofer Lausbubenweg" beginnt am Waldparkplatz am Ende der Schwarzbrunnenstraße bietet an fünf Mitmach-Stationen die Lausbubenstreiche des jungen Ludwig Ganghofer nachzuerleben.

Keltenschanze

Auf dem zum größten Teil über Feld- und Waldwege führende 8,8 km lange „Ludwig-Ganghofer-Rundweg" kann man den Spuren des beliebten Heimatschriftstellers folgen.

Der 3,6 km lange Rundweg um die zu ihrer Zeit bedeutende Schneeburg, eine mittelalterliche Burgruine, von der nur noch Wall- und Grabenreste zu sehen sind, lohnt sich für geschichtsinteressierte Wanderer. Archäologische Grabungen haben ergeben, das hier bereits in der Bronzezeit 1800-1200 v. Chr. eine Siedlung bestand.

In Welden stehen eine Reihe von Sport- und Freizeiteinrichtungen zur Verfügung.

Neben dem Sport- und Fitness Center im Haldenloh bietet die Sportanlage bei der Schule in der Laugnastraße und das Hallenbad der Schule Gelegenheit zur sportlichen Betätigung.

Jugendliche freuen sich über die Sate-Area am nördlichen Ortsende von Welden.

Neben dem Skaterplatz findet man im Winter einen ca. 1.800 qm großen Eislaufplatz.

Der abwechslungsreiche Abenteuerspielplatz mit Wasserspielbereich beim Wiesenweg liegt in ruhiger, verkehrssicherer Lage.

Veranstaltungen

Zu den Höhepunkten im Weldener Veranstaltungkalender gehören das Marktfest am 2. Sonntag im August mit 600-jähriger Tradition und der

Christkindlmarkt am 2. Advents-Wochenende.

Im Holzwinkelsaal in der Fuggerstraße finden regelmäßig kulturelle Veranstaltungen und Ausstellungen statt.

Orts- und Infrastruktur

Welden ist durch die nahe Autobahn A 8 mit den Anschlussstellen Zusmarshausen oder Adelsried leicht zu erreichen.

Die über 130 Gewerbebetriebe in Welden stellen rund 650 Arbeits- und Ausbildungsplätze zur Verfügung.

Das vielseitige Angebot der örtlichen Geschäfte bietet alle notwendigen Einkaufsmöglich-keiten für den täglichen Bedarf und viele Dienstleistungen.

Die Gesundheitsversorgung ist durch niedergelassene Ärzte, Zahnärzte, Tierärzte und Apotheke gewährleistet.

Neben zwei Kindergärten steht als Bildungseinrichtung für Kinder und Jugendliche die Grund- und Mittelschule zur Verfügung. Die Volkshochschule deckt den Bildungsbedarf von Erwachsenen.

Wichtige Adressen und Telefonnummern

Markt Welden
Marktplatz 1
D-86465 Welden
Tel. +49 (0)8293 699 0
poststelle@vg-welden.de
www.markt-welden.de

Holzwinkelsaal

Westendorf
Liebens- und lebenswert

Die Gemeinde Westendorf (rund 1500 Einwohner) liegt an der Schmutter etwa 30 km nördlich von Augsburg und ist mit seinem einladenden Dorfplatz und dem gemütlichen Biergarten beim örtlichen Gasthof ein beliebter Rastpunkt für Radtouristen auf der Radwanderroute „Via Claudia Augusta".

Kurzer Blick ins Geschichtsbuch

Die Entstehung Westendorfs wird im 5. Jahrhundert vermutet. Die erstmalige urkundliche Erwähnung stammt aus dem Jahr 1186. Das bischöfliche Pflegamt hatte von 1600 bis 1802 seinen Sitz in Westendorf, heute eines der Baudenkmäler im Ort. Das denkmalgeschützte Haus befindet sich in östlicher Richtung direkt im Anschluss an den Kirchhof.

Sehenswürdigkeiten

Die katholische Pfarrkirche St. Georg ist das Wahrzeichen des Ortes. Sie wurde Mitte des 18. Jahrhunderts im Stil von Barock und Rokoko errichtet, wobei der Unterbau des Chores und des Turms der spätgotischen Vorgängerkirche erhalten blieben.

Der prachtvoll geschmückte Innenraum ist mit reichem Stuckdekor aus Putten, Füllhörnern und Blütengehängen ausgestattet. Das Chorfresko zeigt Szenen aus dem Leben des hl. Georg. Das große Langhausfresko hat die Verbreitung des Rosenkranzgebetes zum Thema.

Westendorf
(Bilder Gemeinde Westendorf)

Bischöfliches Pflegeamt

Sehenswert sind auch die drei kunstvollen Altäre, die mit Schnitzereien versehene Kanzel und zahlreiche weitere bedeutende Gemälde und Skulpturen.

Der neu gestaltete Kirchhof ist ein idyllischer Rückzugsort und lädt durch seine optisch ansprechende Gestaltung zum Verweilen ein.

Freizeit und Sport

Die 17 Vereine in der Gemeinde bieten vielfältige Möglichkeiten zur sinnvollen Freizeitgestaltung. Hierzu gehören u. a. der Sportverein, die Freiwillige Feuerwehr, die Tell-Schützen, der Theaterverein, der Musikverein und der Ortsverein „Bunker".

Die Vereine sorgen mit ihren Festen, Wettbewerben und Veranstaltungen für ein abwechslungsreiches Dorfleben. Besonders erwähnenswert sind hierbei das traditionelle Straßenfest und das Gartenfest, welche jährlich in der Gemeinde stattfinden und jeweils Strahlkraft über die Gemeinde hinaus haben. Weitere Informationen findet man auf der Homepage der Gemeinde im Veranstaltungskalender.

Orts- und Infrastruktur

Westendorf ist durch die Bundesstraße 2 von Donauwörth nach Augsburg mit dem Pkw gut zu erreichen.

Neben Handwerksbetrieben sind auch mittelständische Unternehmen in der Gemeinde, vor allem im Gewerbegebiet direkt an der Bundesstraße angesiedelt.

Die Gaststätte im Ort ist Treffpunkt für Gäste aus der Gemeinde und der Umgebung.

In Westendorf sind eine Kindertagesstätte und eine Grundschule vorhanden.

Wichtige Adressen und Telefonnummern

Gemeinde Westendorf
Hauptstraße 26, D-86707 Westendorf
Tel. +49 (0)8273 91824
info@westendorf.de
www.westendorf.de

Zusmarshausen

Perle des Zusamtals

Der Markt Zusmarshausen (rund 6340 Einwohner) liegt am Zusammenfluss von Roth und Zusam ca. 25 Kilometer westlich von Augsburg. Der Ort wird geprägt durch die verkehrstechnisch günstige Lage an der Autobahn A 8 mit Anschlussstelle und an der Staatsstraße St2510, die idyllische Lage mitten im Naturpark „Augsburg – Westliche Wälder" mit attraktiven Freizeitmöglichkeiten sowie durch vielseitige Übernachtungsmöglichkeiten für Gäste und ein breites gastronomisches Angebot. Das in der 400 Jahre alten ortsansässigen Brauerei gebraute Bier kann in vielen Gastronomiebetrieben in Zusmarshausen genossen werden.

Zum Markt gehören neben dem Hauptort Zusmarshausen folgende in den 1970er Jahren eingemeindete Orte: Das vermutlich im 8. Jahrhundert entstandene Gabelbach, die Rodungssiedlung Gabelbachergreut aus dem 14. Jahrhundert, das im 8. Jahrhundert gegründete Steinekirch, das im 11. Jahrhundert aus einem Forsthof entstandene Streitheim, das im Hornbachtal gelegene, von bewaldeten Höhen umgebene Vallried, das 1157 erstmals urkundlich erwähnte Wollbach sowie Wörleschwang, erstmals 1327 urkundlich erwähnt.

Zusmarshausen
(Bild Max Trometer)

Kurzer Blick ins Geschichtsbuch

Zusmarshausen ist vermutlich bereits im 7. Jahrhundert entstanden. Es wurde erstmals 892 urkundlich durch König Arnulf erwähnt. 1295 wurde Zusmarshausen das Marktrecht verliehen. Am 17.5.1648 fand bei Zusmarshausen die letzte größere Schlacht des Dreißigjährigen Krieges auf deutschem Boden statt.

1684 erhielt der Ort eine kaiserliche Poststation an der Straße Wien - Brüssel. In der Folge kehrten viele bedeutende Persönlichkeiten, Kaiser, Könige, Zaren und Fürsten in Zusmarshausen ein.

Nach dem Reichsdeputationshauptschluss von 1803 und der Verwaltungsreform 1818 in Bayern entstand die heutige Gemeinde.

Sehenswürdigkeiten

Das historische Ortskernensemble des Marktortes umfasst den Markt- und Schlossplatz.

Auf der Ostseite findet man eine Reihe bürgerlicher Giebelhäuser aus dem 18./19. Jahrhundert mit dem ehemaligen Rathaus. Die Westseite wird beherrscht durch die 1939-1944 errichtete Katholische Pfarrkirche „Maria Immaculata" mit Ursprüngen aus dem 18. Jahrhundert. Am Übergang zwischen Markt- und Schlossplatz bestimmt das stattliche, historische Hotel „Die Post" mit schönem

Innenhof das Straßenbild. Am Südende steht das vom Augsburger Bischof erbaute Schloss aus dem frühen 16. Jahrhundert, das heute die Forstbetriebe beherbergt.

Im Ort findet man noch viele weitere gut erhaltene Gebäude aus vergangenen Zeiten.

Das Museum Zusmarshausen im Gieberthaus in der Augsburger Straße 11 präsentiert typische Situationen eines schwäbischen Marktortes im Lauf der Geschichte. Es ist jeden ersten Sonntag im Monat von 14:00 bis 17:00 Uhr geöffnet.

Museum Zusmarshausen
(Bild Andreas Decke)

Historische Marktführungen finden von Frühjahr bis Herbst regelmäßig an den Sonntagen statt, an denen das Museum geöffnet ist. Gruppenführungen sind über das Tourismusbüro im Rathaus buchbar.

Der markante Antoniberg nordöstlich von Zusmarshausen weist Reste einer der ungewöhnlichsten Burgwallanlagen in Bayern auf, die Anlass zu archäologischen Spekulationen gibt.

In den Ortsteilen von Zusmarshausen sind eine Reihe von bedeutenden Kirchen zu besichtigen. Hierzu gehören die Katholische Pfarrkirche „St. Martin" in Gabelbach von 1737 mit reicher Barockausstattung und der ältesten Orgel Süddeutschlands aus dem Jahre 1609, die Katholische Pfarrkirche „St. Vitus" in Steinekirch im Rokokostil von 1760 sowie die Katholische Pfarrkirche „St. Michael" in Wörleschwang aus dem 15. Jahrhundert mit beeindruckenden Fresken.

Sehenswert ist auch die hochmittelalterliche Burgruine Wolfsberg oberhalb von Steinekirch.

Sehr lohnend ist ein Besuch der gut ausgestatteten Volkssternwarte mit Planetarium in Streitheim. Sie vermittelt den Besuchern himmelkundliches Wissen und ein spannendes Erlebnis im Planetarium, das einen traumhaften Sternenhimmel an die Kuppel zaubert. Öffnungszeiten sind in der Regel jeden zweiten Sonntag von 14:00 bis 16:00 Uhr. Infos unter www.volkssternwarte-streitheim.de

Im Planetarium
(Bild ReAL West)

Freizeit und Sport

Die reizvolle Lage von Zusmarshausen im Zusamtal mitten im Naturpark mit unverbauten Bachlandschaften und dem romantischen Rothsee bietet hervorragende Freizeitmöglichkeiten in herrlicher Natur. Vor allem Wanderer und Radfahrer finden im weitläufigen Wald- und Landschaftsschutzgebiet ein ausgedehntes Netz an Wander- und Radwegen. Im Winter ist bei ausreichender Schneelage Skilanglauf auf gespurten Loipen möglich.

Am Zuser Horn
(Bild Max Trometer)

Der vom Landschaftspflegeverband Zusam errichtete Naturerlebnispfad „Zusamaue" bei der Rücklenmühle im Süden von Zusmarshausen bei Gabelbach vermittelt mit Bildtafeln auf einem idyllischen Rundwanderweg Wissenswertes aus der Tier- und Pflanzenwelt der Region.

Der Franz-Rödel-Waldlehrpfad liegt im Naherholungsgebiet „Horn". Auf 3,7 km behandelt der Rundwanderweg anhand von 38 interessanten Texttafeln einheimische Baumarten.

Eine lohnende, aber anspruchsvolle Radwanderstrecke ist der Zusam-

Rad- und Wanderweg von Tussenhausen im Unterallgäu über Gabelbach, Zusmarshausen und Wollbach nach Donauwörth. Die Strecke ist ausgeschildert und führt über verkehrsarme Nebenstraßen und landwirtschaftliche Wege.

Rothsee

Der durch den Aufstau der Roth entstandene 11,5 ha große Rothsee ist ein Paradies für Naturliebhaber, Badefreunde und Angler. Den Besuchern stehen an beiden Seiten des Sees schöne Liegeflächen, ein Beachvolleyballfeld, ein Kinderplanschbecken, Duschen, Umkleideräume und WC-Anlagen sowie ein Grill- und Spielplatz zur Verfügung. Die Wanderung rund um den See ist sehr lohnend. Im Juli findet rund um den Rothsee der Zusser Schwarzbräu Triathlon statt. Im Winter zieht der zugefrorene See Eisläufer, Eishockeyspieler, Eisstockschützen und Spaziergänger an.

Die Sporteinrichtungen in Zusmarshausen bieten ein breites Spektrum an Möglichkeiten zur sportlichen Betätigung. Hierzu gehören Anlagen für Fußball, Leichtathletik, Tennis, Basketball, Volleyball, eine Dreifachturnhalle, ein Hallenbad, eine Stockschützenbahn, ein Sportparcours mit Kneippanlage am Horn sowie Fitness- und Tanzzentren.

Seit 2013 ist der Generationengarten bei der Sozialstation in der Kapellenstraße ein Treffpunkt für Jung und Alt. Neben einer Reihe von Ruhebänken und einem Bouleplatz finden Sportbegeisterte ein achtförmiges Trampolin, einen Kletterfelsen, einen Felsengarten und die große Generationenschaukel.

Veranstaltungen

Über 60 aktive Vereine aus allen Bereichen sorgen für ein abwechslungsreiches Jahresprogramm mit See- und

Spielplatz am Rothsee
(Bild Markt Zusamarshausen)

Steinekirch und Gabelbach
(Bild Max Trometer)

Open Air Festen, Dorf- und Gartenfesten, Sportveranstaltungen, Konzerten, Faschingsumzügen und vielem mehr. Der Kulturkreis Zus*Kultur* organisiert jährlich ein umfangreiches Programm für jeden Geschmack.

Ende Oktober zieht der traditionelle Leonhardiritt in Gabelbachergreut viele Zuschauer an. Der Umritt mit Pferdesegnung geht auf den hl. Leonhard zurück. Einen Leonhardsnagel, der ca. 115 kg wiegt und eine Länge von ca. 90 cm hat, gibt es in Gabelbachergreut zu bestaunen. Der älteste entzifferbare Schriftzug stammt aus dem Jahre 1612.

Beliebt sind auch die Märkte in Zusmarshausen wie die Wochenmärkte, die beiden Jahrmärkte im Frühjahr und im Herbst, Floh- und Geflügelmärkte sowie der Christkindlmarkt.

Orts- und Infrastruktur

Neben den günstigen Verkehrsverbindungen für Pkw durch die nahe Autobahn A 8 und die Staatsstraße St2510 sorgen regelmäßige Busverbindungen für die rasche Erreichbarkeit von Augsburg.

Burgfest
(Bild Wolfgang Spengler)

In Zusmarshausen sind eine große Anzahl von Klein- und mittelständischen Gewerbebetrieben mit rund 2.300 sozialversicherungspflichtigen Arbeits- und Ausbildungsplätzen beheimatet.

Es stehen vier Kindergärten mit zwei Krippengruppen zur Verfügung. Außerdem gibt es eine Grund- und Mittelschule. Die Staatliche Realschule Zusmarshausen sowie die Gymnasien in der näheren Umgebung haben einen guten Ruf als weiterführende Schulen.

Die Gemeinde bietet günstige Wohnmöglichkeiten und geförderte Wohnbauland für Familien, ein neues Seniorenzentrum mit Seniorenheim, eine Sozialstation, vielfältige Einkaufsmöglichkeiten für den täglichen Bedarf und eine ausgezeichnete Infrastruktur mit Banken, Postagentur, niedergelassenen Ärzten, einer Apotheke und verschiedenen Ämtern und Behörden.

Die ausgezeichnete naturnahe Lage macht Zusmarshausen zu einem attraktiven Wohnort mit hoher Lebensqualität.

Wichtige Adressen und Telefonnummern

Markt Zusmarshausen
Schulstr. 2, D-86441 Zusmarshausen
Tel. +49 (0)8291 87 0
Fax +49 (0)8291 87 40
postfach@zusmarshausen.de
www.zusmarshausen.de

Verkehrsverein Zusmarshausen und Touristinformation Zusmarshausen
Ulmer Str. 19
D-86441 Zusmarshausen
Tel. +49 (0)8291 237
Fax +49 (0)8291 858948
info@verkehrsverein-zusmarshausen.de
mail@verkehrsverein-zusmarshausen.de

Blick auf Gabelbach
(Bild Max Trometer)

Wasserschloss Unterwittelsbach
(Bild Stadt Aichach)

408

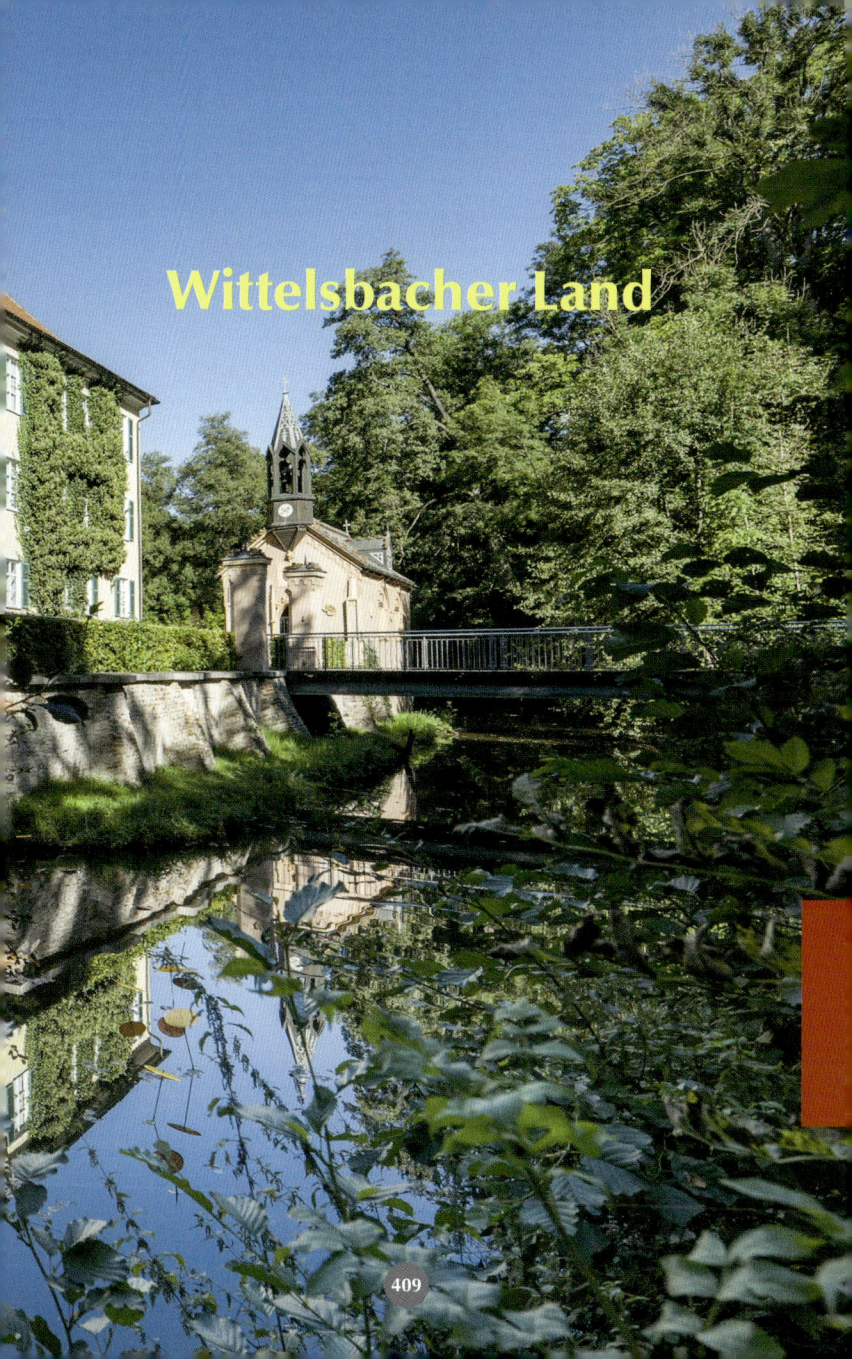

Wittelsbacher Land

Adelzhausen	Merching
Affing	Mering
Aichach	Obergriesbach
Aindling	Petersdorf
Baar/Schw.	Pöttmes
Dasing	Rehling
Eurasburg	Ried
Friedberg	Schiltberg
Hollenbach	Schmiechen
Inchenhofen	Sielenbach
Kissing	Steindorf
Kühbach	Todtenweis

Landkreis
Donau-Ries

Baar

Pöttmes

Landkreis
Neuburg-
Schrobenhausen

Todten-
weis

Peters-
dorf

Inchen-
hofen

Kühbach

Aind-
ling

Hollen-
bach

Rehling

Affing

Schiltberg

Aichach

Obergries-
bach

Dasing

Sielen-
bach

Landkreis
Dachau

Friedberg

Adelz-
hausen

Eurasburg

Augsburg

Kissing

Ried

Augsburger Land

Mering

Schmie-
chen

Merching

Landkreis
Fürstenfeldbruck

Stein-
dorf

411

Bild wikipedia, Hagar66 based on work of TUBBS

Wittelsbacher Land

Erleben, Erholen und Genießen

Der Landkreis Aichach-Friedberg, der auch Wittelsbacher Land genannt wird, liegt verkehrsgünstig östlich von Augsburg im Städtedreieck München-Augsburg-Ingolstadt.

Der Lech bildet die Grenze zwischen Augsburg und dem Landkreis. Die Paar ist der wichtigste Fluss, sie durchquert den Landkreis von Südwesten nach Nordosten. Zum ländlich geprägten Landkreis gehören 24 Gemeinden, darunter größere Städte und Gemeinden wie Aichach, Friedberg, Mering und Kissing und zahlreiche kleinere Dörfer.

Die Bezeichnung Wittelsbacher Land ist historisch begründet, da der Stammsitz des bayerischen Herrschergeschlechtes der Wittelsbacher im Landkreis lag. In Oberwittelsbach, einem Stadtteil von Aichach, können Reste der Stammburg und eine Burgkirche besichtigt werden.

Besucher finden hier zahlreiche Rad- und Wanderwege durch die reizvolle Naturlandschaft mit Hügeln, Flusstälern und Moosgebieten, ein reiches kulturelles Angebot mit sehenswerten historischen Altstädten, Museen, Schlössern und Klöstern, eine Reihe von attraktiven Freizeiteinrichtungen sowie typisch bayerische Gastfreundschaft in Biergärten und gemütlichen Wirtshäusern.

Kurzer Blick ins Geschichtsbuch

Die Region des Landkreises war bereits vor 10.000 Jahren besiedelt, wie archäologische Funde nachgewiesen haben. Zur Zeit der Römer diente das Gebiet als Lieferant für

Wittelsbacher Schloss in Friedberg
(Bild Stadt Friedberg)

412

Mering
(Bild Landkreis Aichach-Friedberg)

landwirtschaftliche Produkte für Augusta Vindelicum, der Hauptstadt der Provinz Rätien, dem heutigen Augsburg. Später wurde die Region von Alamannen und Bajuwaren besiedelt. Die erste urkundliche Erwähnung einer Gemeinde stammt aus dem Jahre 782.

Um 1115 errichtete die Grafenfamilie von Scheyern ihre Stammburg in Wittelsbach bei Aichach. Das Adelsgeschlecht wurde seit dieser Zeit Wittelsbacher genannt, errang 1180 die Herzogswürde und regierte in Bayern bis 1918. Als Stammsitz des bayerischen Königshauses wurde Wittelsbach auch die „Wiege Bayerns" genannt. Die Region war durch die Lage am Lech und durch die Nähe zur Freien Reichsstadt Augsburg häufig Schauplatz von Kämpfen und

Schlachten, z.B. im Dreißigjährigen Krieg, in den Erbfolgekriegen des 18. Jahrhunderts und den Kriegen zur Zeit Napoleons.

Sehenswürdigkeiten

Das Wittelsbacher Land ist reich an Sehenswürdigkeiten. Hierzu gehören die sehenswerten historischen Ortszentren der Städte und Gemeinden.

Im Lauf der Jahrhunderte sind an vielen Orten im Wittelsbacher Land prächtige, sehenswerte Schlösser und Burgen entstanden. Besichtigt werden kann das Wasserschloss Unterwittelsbach, bekannt als Sisi-Schloss (kann innen nur bei Ausstellungen besichtigt werden), weil sich die spätere Kaiserin von Österreich hier oft bei ihrem Vater Herzog Max in Bayern aufgehalten haben soll. Das Wittelsbacher Schloss Friedberg, eine frühere Grenzfestung, mit Arkaden im Innenhof, beherbergt heute das Friedberger Stadtmuseum. Das Schloss Scherneck bei Rehling ist ein beliebtes Ausflugsziel mit Restaurant und Biergarten. Eine Reihe von Schlössern wie die Schlossanlage Blumenthal bei Aichach oder das Schloss Haslangkreit bei Kühbach sind in Privatbesitz und können nur von außen bewundert werden.

Wallfahrtskirche Maria Birnbau in Sielenbach
(Bild Landkreis Aichach-Friedberg)

Der Landkreis beherbergt eine Reihe prächtig ausgestatteter Kirchen wie die Burgkirche Oberwittelsbach bei Aichach, die barocke Wallfahrtskirche Maria Birnbaum in Sielenbach oder die Friedberger Wallfahrtskirche „Zu unseres Herrn Ruhe", ein großartiges Beispiel des bayerischen Rokoko.

Zu den bedeutenden Museen des Wittelsbacher Landes zählen das Museum im Wittelsbacher Schloss in Friedberg (wieder geöffnet ab 2018), das Wittelsbacher Museum und das Stadtmuseum in Aichach sowie die Erlebniswelt Bayerischer Hiasl auf Gut Mergenthau.

Veranstaltungen

Die zahlreichen traditionellen Märkte, Feste und kulturellen Veranstaltungen im Landkreis erfreuen sich großer Beliebtheit. Hierzu gehören historische Markttage, der Leonhardiritt, Stadtfeste, Konzerte, Theateraufführungen und Ausstellungen.

Freizeit und Sport

Wandern

Das Wittelsbacher Land bietet vielfältige Wanderwege durch romantische Täler und bewaldete Hügel mit Einkehrmöglichkeiten in zünftigen Wirtshäusern und Biergärten.

Oft ergibt sich unterwegs die Gelegenheit, eine attraktive Sehenswürdigkeit zu besichtigen.

Wallfahrtskirche
„Zu unseres Herrn Ruhe"
(Bild Landkreis Aichach-Friedberg)

Der Wanderführer „Wandern durchs Wittelsbacher Land" gibt einen Überblick über lohnende Wanderrouten. Informationen erhält man in der Geschäftsstelle des Wittelsbacher Land Vereins.

Empfehlenswert ist zum Beispiel die Drei-Schlösser-Wanderung, eine 10 km lange Rundtour von Pöttmes, die neben dem Kulturgenuss schöne Aussichtspunkte bietet.

Die Region ist bekannt für eine Reihe von Wallfahrtsorten, zu denen abwechslungsreiche Pilgerwege führen wie zum Beispiel der 7 km lange Rundweg um die bedeutende Wallfahrtskirche St. Leonhard in Inchenhofen. Ein Teil des Jakobus-Pilgerweges in Bayerisch-Schwaben führt durch das Wittelsbacher Land. Die 54 km lange Strecke in drei Tagesetappen von Schrobenhausen nach Augsburg lädt zur Besinnung ein.

Auf beiden 25 km langen Teilstücken der historischen Handelsroute des Altbaierischen Oxenweges von Ungarn nach Augsburg durch das Wittelsbacher Land kann man die Region in all ihren Facetten mit landschaftlichen Schönheiten, einmaligen Kulturschätzen und kulinarischen Spezialitäten genießen.

Radfahren

Die Radkarte des Landkreises Aichach-Friedberg hat 14 Tourenvorschläge zu lohnenden Plätzen im Angebot. Die beschriebenen, gut ausgeschilderten Routen auf gepflegten Radwegen und ruhigen Straßen eignen sich sehr gut für erholsame Familienausflüge.

Gemütliche Gaststätten laden zur verdienten Rast ein. Entlang der Strecken findet man zahlreiche Hofläden, die die Radwanderer mit kleinen Brotzeiten versorgen.

Rathaus mit Marienbrunnen
(Bild Stadt Friedberg)

Die Paar bei Rederzhausen
(Bild Landkreis Aichach-Friedberg)

Baden

Neben den Frei- und Hallenbädern findet man zahlreiche idyllische Badeseen wie den Mandlachsee bei Pöttmes, den Frieberger See oder den Radersdorfer Baggersee bei Kühbach, deren Wasserqualität regelmäßig kontrolliert wird. Sie sind gut ausgestattet mit Parkplätzen, Wasserwachtstationen, sanitären Anlagen, Liegewiesen, Kinderspielplätzen und (teilweise) Gaststätten.

Zahlreiche Freizeiteinrichtungen wie die Western-City in Dasing oder der Kletterwald Schloss Scherneck sowie der Soccerpark Rehling sind beliebte Ausflugsziele für die ganze Familie.

Wirtschaft und Infrastruktur

Der Landkreis Aichach-Friedberg ist ein Standort mit gut entwickelter Infrastruktur, der seinen Bewohnern hohe Lebensqualität bietet.

Die günstigen Verkehrsverbindungen für den Autoverkehr mit der Autobahn A 8 und den Bundesstraßen B2 und B 300 garantieren schnelle Erreichbarkeit. Die Bahnstrecke München-Augsburg durch das südliche Kreisgebiet sowie jene im Norden von Ingolstadt nach Augsburg durch die beiden Kreisstädte Aichach und Friedberg ermöglichen gute Bahnverbindungen. Flugreisenden steht der nahe internationale Flughafen München zur Verfügung. Die Städte und Gemeinden stellen günstige Gewerbeflächen und die nötige Infrastruktur zur Verfügung. Zahlreiche Handwerksbetriebe und innovative mittelständische Unternehmen sind hier ansässig.

Steigende Bevölkerungszahlen beweisen die zunehmende Beliebtheit der Region dank günstiger Lage, attraktiven Freizeitmöglichkeiten in reizvoller Landschaft, einem reichen Bildungsangebot, vielfältigen kulturellen Veranstaltungen und lebendigen Gemeinden und Städten.

Von besonderer Bedeutung für den Landkreis ist der Wittelsbacher Land Verein, in dem sich viele Institutionen, Unternehmen, Vereine und Bürger engagieren. Ziel ist die Förderung, der Erhalt und die Entwicklung der natürlichen Lebensgrundlagen im Landkreis. Im Rahmen der aktiven Öffentlichkeitsarbeit tritt der Verein regelmäßig bei öffentlichen Veranstaltungen wie Märkten und Messen in Erscheinung und unterstützt oder führt selbst zahlreiche Projekte für die Regionalentwicklung wie die Errichtung und Pflege von Wander- und Pilgerwegen durch.

Wichtige Adressen und Telefonnummern

Landratsamt Aichach-Friedberg
Münchener Str. 9
D-86551 Aichach
Tel. +49 (0)8251 92 0
Fax +49 (0)8251 92 371
poststelle@lra-aic-fdb.de
www.lra-aic-fdb.de

Wittelsbacher Land e. V.
Münchener Str. 9
D-86551 Aichach
Tel. +49 (0)8251 92 259
Fax +49 (0)8251 92 172
info@wittelsbacherland.de
www.wittelsbacherland.de

417

Pöttmes, Allee zum Gumppenberg
(Bild Landkreis Aichach-Friedberg)

Viel mehr als nur eine Brauerei

Brauerei Kühbach

Schon seit Jahrhunderten wird in Kühbach die Tradition des Bierbrauens gepflegt. Die Benediktinerinnen, welche in dem 1011 gegründeten Kloster lebten, brauten bereits im Mittelalter den goldenen Gerstensaft. Seine wahre Blüte jedoch erlebt die Brauerei Kühbach seit nunmehr 150 Jahren. Am 20. Mai 1862 erwarb Joseph Anton Freiherr von Beck-Peccoz als Spross einer aus dem Aostatal stammenden Kaufmanns- und Industriellenfamilie, das Schlossgut Kühbach von Herzog Maximilian in Bayern, dem Vater der berühmten Kaiserin Sisi. Diente das Gut zunächst als Sommerresidenz, wurde es später zum Stammsitz der Freiherren von Beck-Peccoz, und diese gewissermaßen Nachfolger des Königshauses im Wittelsbacher Land.

Einer der letzten klassischen Gutsbetriebe

In neuen Händen konnte die Land- und Forstwirtschaft ebenso vergrößert werden wie der Ausstoß der Brauerei, der aktuell bei über 60.000 Hektoitern liegt. Alle Betriebsteile werden bis heute klassisch mit eigenen Mitarbeitern geführt.

Seit 2007 wird der gesamte Gutsbetrieb sowie ein Großteil der Gemeinde mit erneuerbarer Heiz- und Prozessenergie aus eigener Produktion (Photovoltaik, Biogas, Hackschnitzel) versorgt.

Mit der Auszeichnung des Qualitätssiegels „Wittelsbacher Land" seit dem Jahr 2006 findet die Unternehmensphilosophie ihre Anerkennung, die sich durch gewachsene Regionalität, rigoroses Qualitätsstreben und gelebten Umweltschutz ebenso auszeichnet wie durch soziales Engagement.

Gutes aus der Brauerei

Alle 14 Biersorten und 16 Erfrischungsgetränke werden ausschließlich vor Ort in Kühbach produziert. Der Absatz dieser Produkte erfolgt fast ausnahmslos in einen Umkreis von 40 km. Hiervon ausgenommen ist das Exportgeschäft in Italien, der zweiten Heimat der ursprünglichen Walserfamilie.

Neben ihren eigenen Produkten verfügt die Brauerei über ein breites Sortiment an Handelswaren wie Mineralwasser und Fruchtsäften. Unter dem Namen Riserva Privata bietet sie zudem eine große Auswahl an hochwertigen Weinen von Spitzenerzeugern (vornehmlich aus Deutschland und Italien) an, welches auch online unter www.riservaprivata.de erhältlich ist.

Brauerei Kühbach

Großhausener Str. 2
D-86556 Kühbach
Tel. +49 (0)8251 89 660
Fax +49 (0)8251 89 66 99
webmaster@brauereikuehbach.de
www.brauereikuehbach.de

Adelzhausen

An der Ecknach

Die Gemeinde Adelzhausen (rund 1680 Einwohner) liegt an der Ecknach ca. 15 Kilometer östlich von Augsburg.

Zur Gemeinde gehören die Ortsteile Adelzhausen, Brandbauer, Brandfischer, Burgadelzhausen, Haunsried, Heretshausen, Holzschuster, Irschenhofen, Landmannsdorf, Michaelau, Tremmel und Weinsbach.

Kurzer Blick ins Geschichtsbuch

Durch archäologische Funde wurden aus der Römerzeit eine Ziegelei und einige Schanzwerke im Gemeindegebiet nachgewiesen.

Die Gemeinde Adelzhausen ist der älteste, urkundlich erwähnte Ort im Landkreis Aichach-Friedberg. Adelzhausen wurde im Jahr 782 in einer Schenkungsurkunde an das Bistum Freising als „Adalhelmshusir" erwähnt. In und nahe Adelzhausen existieren, wenn auch nur noch als Bodendenkmäler, die Reste verschiedener mittelalterlicher Bauwerke z. B. der Burgstall Burgadelzhausen und Burgstall Bäckerberg. Im Zuge der Verwaltungsreformen in Bayern entstand mit dem Gemeindeedikt von 1818 die heutige Gemeinde.

Rathaus
(Bilder Gemeinde Adelzhausen)

422

Sehenswürdigkeiten

Im Gemeindegebiet Adelzhausen befinden sich fünf katholische Kirchen, die einen Besuch wert sind.

In Adelzhausen befinden sich die Pfarrkirche St. Elisabeth (erbaut im Jahre 1757) mit dem dazugehörigen Pfarrhof (erbaut im Jahre 1708) sowie die Wallfahrtskapelle St. Salvator (erbaut im Jahre 1671) in der Nähe der Autobahn.

Im späten 17. Jahrhundert wurde die Pfarrkirche St. Laurenitus in Heretshausen errichtet, dort befindet sich auch die Filialkirche St. Leonhard. Diese wurde Ende des 15. Jahrhunderts erbaut und um 1700, sowie 1880 erweitert und umgestaltet.

Die Filialkirche St. Sebastian in Landmannsdorf stammt aus dem frühen 17. Jahrhundert.

Zudem befindet sich in Burgadelzhausen die Kapelle St. Nepomuk, diese wurde Anfang des 19. Jahrhundert das erste Mal erwähnt.

Freizeit und Sport

Zur sinnvollen Freizeitgestaltung bieten 21 Vereine vielfältige Möglichkeiten an, egal ob im sportlichen, gemeinnützigen oder geselligen Bereich.

Drei Schießanlagen für Schützenvereine sowie die Sportanlage des Sportvereins stehen den Vereinen zur Verfügung.

Orts- und Infrastruktur

Adelzhausen ist durch die gleichnamige Anschlussstelle der Bundesautobahn 8 von Augsburg nach München bequem zu erreichen.

In Adelzhausen sind eine Kindertageseinrichtung und eine Grundschule vorhanden. Weiterführende Schulen gibt es in den nahen Städten Aichach und Friedberg.

Für Gäste stehen ein Hotel sowie zwei Gasthöfe und eine Sportgaststätte zur Verfügung.

Wichtige Adressen und Telefonnummern

Gemeinde Adelzhausen
Aichacher Str. 12, D-86559 Adelzhausen
Tel. +49 (0)8258 1474
Fax +49 (0)8258 1378
info@adelzhausen.de
www.adelzhausen.de

Affing
Attraktiv und landschaftlich schön gelegen

Affing ist mit dem Auto durch die 3 km entfernten Anschlussstellen der Autobahn A 8, sowie die Bundesstraßen B 2 im Westen und B 300 im Osten bequem zu erreichen. Affing liegt in unmittelbarer Nähe des Regionalflughafen Augsburg-Mühlhausen. Die Gemeinde ist durch den Augsburger Verkehrsverbund an den Öffentlichen Nahverkehr angeschlossen.

Zur Gemeinde Affing gehören die Ortsteile Affing, Anwalting, Aulzhausen, Bergen, Frechholzhausen, Gebenhofen, Haunswies, Katzenthal, Miedering, Mühlhausen und Pfaffenzell.

Erstmals urkundlich erwähnt wurde Affing im Jahr 1040. Im 14. Jahrhundert wurde Affing zur Hofmark.1816 kaufte die Adelsfamilie von Gravenreuth die Hofmark und ist bis heute Besitzer des Affinger Schlosses.

Sehenswürdigkeiten

Das denkmalgeschützte Schloss mit Schlosspark und Schlosshof am Schlossplatz in Affing wurde 1694 auf dem Platz des ehemaligen Wasserschlosses errichtet. Nach einem verheerenden Brand im Jahr 1928 wurde es in seiner ursprünglichen Form wieder aufgebaut.

Im Gemeindegebiet findet man in Mühlhausen, Miedering und Haunswies mittelalterliche Burgställe.

Affing ist reich an sehenswerten sakralen Bauten: Zu ihnen gehören die denkmalgeschützte Pfarrkirche „Zu den Sieben Zuflüchten – St. Peter und Paul" in Affing aus dem Jahr 1689, die Pfarrkirche „ St. Jakobus der Ältere" in Haunswies mit Rokokoausstattung. Die barocke Pfarrkirche „St. Laurentius und Elisabeth" in Aulzhausen,

Blick auf den Ortsteil Aulzhausen
(Bilder Gemeinde Affing)

424

Weihnachtsmarkt im Schlosshof

die Pfarrkirche „St. Johannes Baptist und Maria Magdalena" in Mühlhausen mit Ursprüngen um das Jahr 1000, die Pfarrkirche „Mariä Geburt" in Gebenhofen, die Filialkirche in Anwalting „St. Andreas" sowie eine Reihe von Kapellen.

Ein schöner etwa 13 Kilometer langer markierter Rundwanderweg führt vom Schlossplatz rund um Affing. Der Weg mit nur leichten Anstiegen führt vorbei am Sandholz durch das Birken, Grabenholz und Buchholz. Entlang des aussichtsreichen Weges findet man eine Reihe von sehenswerten Kirchen und Kapellen sowie gemütliche Einkehrmöglichkeiten.

Weitere Erholung finden Sie in Mühlhausen. Dort gibt es mehrere Seen, die man wunderbar zu Fuß umlaufen kann.

Veranstaltungen

Zu den Höhepunkten des Affinger Veranstaltungskalenders gehört ne-

ben Festen und kulturellen Veranstaltungen der weithin bekannte und beliebte Weihnachtsmarkt im Affinger Schlosshof am zweiten und dritten Adventswochenende.

Wichtige Adressen und Telefonnummern

Gemeinde Affing
Mühlweg 2
D-86444 Affing
Tel. +49 (0)8207 9600 0
Fax +49 (0)8207 8645
gemeinde@affing.de
www.affing.de

Aichach

Gut beinander

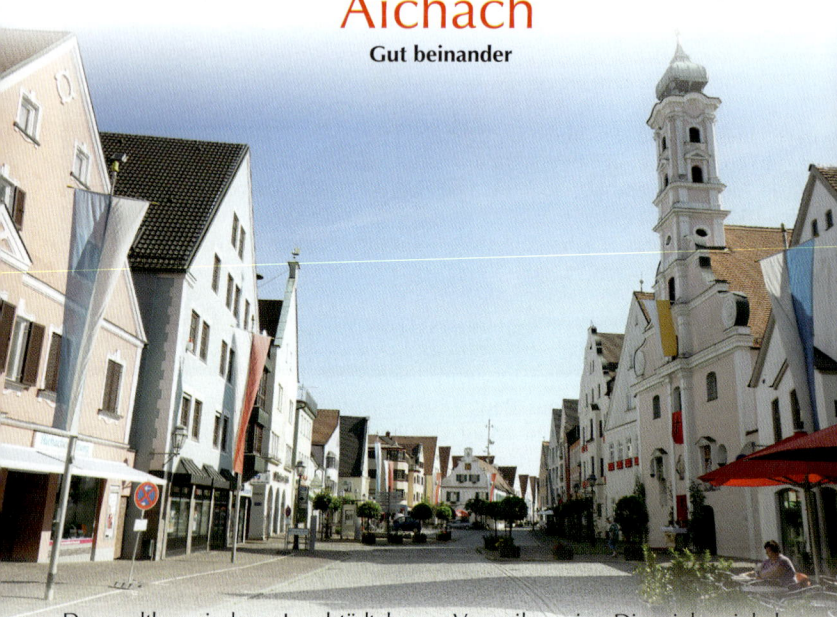

Das altbayerische Landstädtchen Aichach (rund 22.000 Einwohner) im Landkreis Aichach-Friedberg liegt ca. 25 km nordöstlich von Augsburg an der Paar.

Die traditionsbewusste, liebenswerte Kreisstadt mit hohem Wohn- und Freizeitwert zeichnet sich aus durch eine hervorragende Infrastruktur, vielfältige Freizeitmöglichkeiten und zahlreiche Sehenswürdigkeiten, was sich in steigenden Einwohner- und Gästezahlen widerspiegelt.

Am Stadtplatz schlägt das Herz der Kreisstadt mit zahlreichen Geschäften und Cafés. Der historische Charme der Altstadt lädt zum Bummeln und

Verweilen ein. Die vielen inhabergeführten Geschäfte bieten ausgezeichnete Beratung und ein breites Sortiment.

Der Maibelisk und andere moderne Kunstwerke im öffentlichen Raum sind Ausdruck für die Offenheit der Stadt und ihrer Bürger.

Kurzer Blick ins Geschichtsbuch

Aichach blickt auf eine lange Geschichte zurück. In der zweiten Hälfte des 11. Jahrhunderts wurde die Kirche von Aichach in einer Notiz des Klosters St. Ulrich und Afra in Augsburg erwähnt. 1331 wird erstmals in einer Urkunde der Bau einer Mauer um den Markt Aichach erwähnt.

1347 verlieh Kaiser Ludwig der Bayer Aichach das Münchener Stadtrecht. 1418 ließ er die Stadtbefestigung verstärken. Im Dreißigjährigen Krieg wurde Aichach während einer Belagerung 1634 durch einen Brand stark zerstört. 1704 wurde das herzogliche Schloss Opfer des Spanischen Erbfolgekrieges.

Im 18. Jahrhundert arbeiteten in Aichach 24 Uhrmachermeister für den Export. 10 % der Gewerbetreibenden waren Uhrmacher. Im Rahmen der Napoleonischen Feldzüge von 1796 bis 1809 hatte die Stadt unter den Durchzügen und Einquartierungen von Armeen stark zu leiden. 1875 wurde die Bahnlinie Augsburg – Aichach – Ingolstadt eröffnet.

Im Zuge der Gebietsreform in den 1970er Jahren wurden insgesamt 15 Gemeinden eingemeindet.

Sehenswürdigkeiten

In Aichach und seinen Stadtteilen findet man eine Reihe von Sehenswürdigkeiten, die einen Besuch lohnen. Die Altstadt erkundet man am besten bei einem beschaulichen Stadtrundgang.

1 Ensemble Stadtplatz mit Rathaus

Der Rundgang beginnt am lang gestreckten Stadtplatz, der von zwei Toren begrenzt wird. Der Platz ist ein Teil der alten Straße zwischen den Reichsstädten Augsburg und Regensburg, die durch Aichach führte. Die Gebäude des Platzes sind vorwiegend Bürgerhäuser aus dem 17. und 18. Jahrhundert. Hierzu gehört das 1705 im Barockstil erbaute Rathaus.

Rathaus
(Bilder: Stadt Aichach)

427

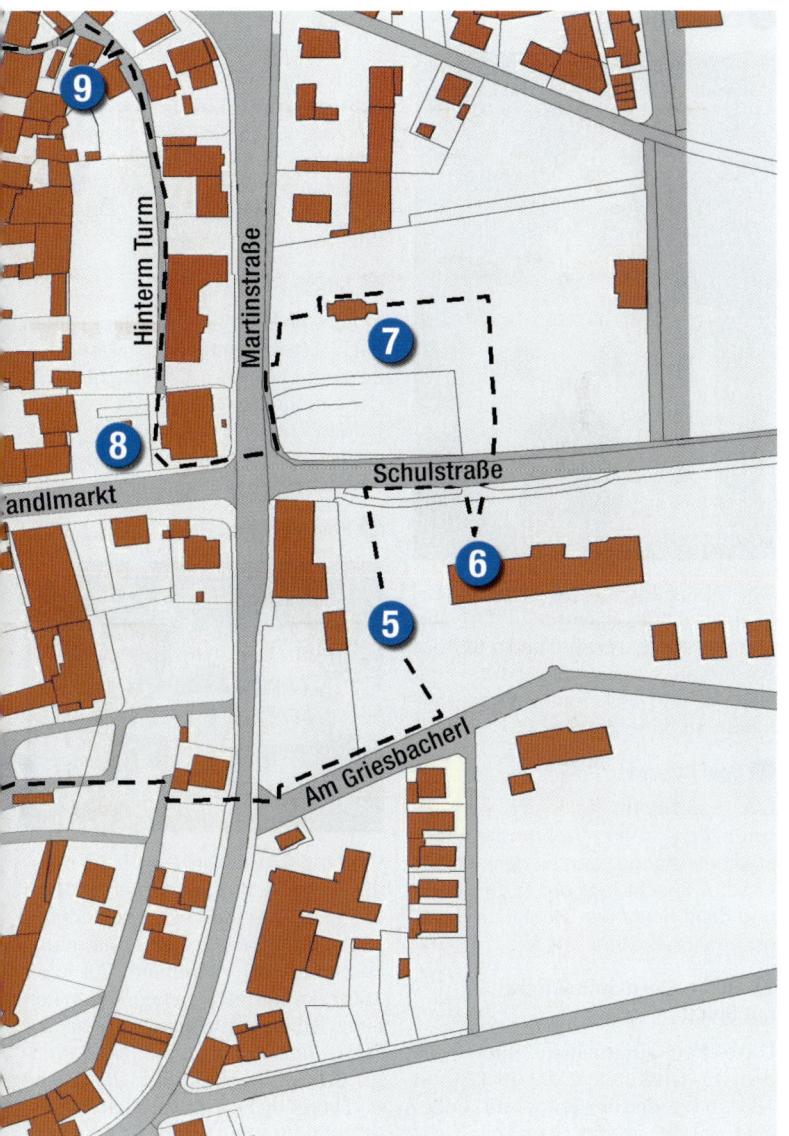

❷ Oberes Tor

Das Obere Tor war der südliche Zugang zur Stadt. Es wurde im Dreißigjährigen Krieg zerstört und 1697 im Barockstil wieder aufgebaut. Eine Inschrift und eine Kanonenkugel erinnern an diese Zeit.

❸ Spechtturm

Der Spechtturm ist einer von ursprünglich zehn Wehrtürmen der Stadtbefestigung. Hinter dem Hotel-Gasthof Specht lugt der Turm hervor und dient heute der „Königlich-Bayerischen Josefspartei" als Sitz.

❹ Heilig-Geist-Spitalkirche mit Spital

Die schön ausgestattete Kirche aus dem 15. Jahrhundert, die im 17. und 18. Jahrhundert im Barockstil umgebaut wurde, ist mit dem Spital ver-

bunden, das 1354 gegründet wurde. Im Spital ist ein Altersheim untergebracht. Im Inneren der Kirche befindet sich ein Fresko des Wittelsbacher Herzogs „Ludwig der Gebartete". 1418 ließ Ludwig der Gebartete die Stadtmauer verstärken und stiftete später den Wappenstein an der Außenfassade der Spitalkirche.

❺ Jahrtausendweg

Durch den Spitalhof gelangt man nach Überquerung der Martinstraße zum Weg „Am Griesbacherl". In der Grünanlage links findet man den Jahrtausendweg, dessen 2000 Betonplatten zum Jahrtausendwechsel von Aichacher Bürgern gestaltet wurden.

❻ Stadtmuseum

Weiter gelangt man zum Stadtmuseum in der Schulstraße, das 2008 im ehemaligen Städtischen Krankenhaus neu eröffnet wurde. Die Sammlung des Museums präsentiert auf über 1000 qm mit zahlreichen Exponaten einen Überblick über die Aichacher Kunst- und Kulturgeschichte. Sammlungsschwerpunkte sind bäuerliche und bürgerliche Kultur, religiöse Plastik und Malerei, Landes- und Stadtgeschichte, Handwerk und Handel, Napoleonische Zeit sowie Volkskunst und Trachten.

Stadtmuseum Aichach, Schulstraße 2, D-86551 Aichach, Tel. +49 (0)8251 827472, stadtmuseum@aichach.de Öffnungszeiten: Dienstag – Sonn- und Feiertag 14 – 17 Uhr, oder für Gruppen nach Vereinbarung

7 Alter Friedhof

Weiter geht es zum Alten Friedhof mit der St.-Michaels-Kapelle mit Grabmälern bedeutender Aichacher Familien.

8 Eichenhain am Tandlmarkt

Der 2014 neu gestaltete Tandlmarkt wird geprägt von den 27 Eichenstelen des überdachten „Eichenhains", der an die Wortherkunft Aichachs – „Siedlung am Eichenwald" erinnert. Auf dem Platz sind der ehemalige Verlauf der Stadtbefestigung und des historischen Flunkturmes zu sehen. Die zwei Wasserbecken erinnern an den einstigen Stadtgraben. Der Weg führt weiter über den Kiesweg „Hinterm Turm".

9 Köglturm und „Haus der Senioren"

Der Turm als Teil der ehemaligen Stadtbefestigung wurde 1997 saniert. Die Räume werden für wechselnde Kunstausstellungen genutzt. Im Erdgeschoss sind zwei Zinnfiguren-Dioramen mit Szenen aus dem Dreißigjährigen Krieg zu sehen. Das benachbarte „Niedermayr-Haus" aus dem Jahre 1808 wird seit der Renovierung 2006 als „Haus der Senioren" genutzt. Hierbei handelt es sich um

eine offene Freizeiteinrichtung der Stadt Aichach für Senioren.

10 Unteres Tor

Das Untere Tor im Norden des Stadtplatzes, ein Teil der mittelalterlichen Stadtbefestigung, beherbergt heute das „Wittelsbacher Museum". Schwerpunkte der Ausstellung in vier Geschossen sind Funde zur frühen Besiedelungsgeschichte des Wittelsbacher Landes, Ausgrabungen auf der Burg Wittelsbach und Mittelalterarchäologie. Vom Turm hat man eine schöne Aussicht auf Stadt und Umgebung. Das auch für Kinder interessante Museum ist Dienstag bis Sonntag von 14 bis 16 Uhr bei freiem Eintritt geöffnet. Führungen nach Vereinbarung.

⑪ Essiggasse

Die typische Altstadtgasse ist nach den „Essigsiedern" benannt, die aus Bier Essig herstellten.

⑫ Färberturm

Der mit gotischen Zinnen bewehrte Turm ist durch die Jahrhunderte unversehrt erhalten geblieben. Der ehemalige Stadtgraben wird als Garten genutzt.

⑬ Am Strudl

Am Strudl gehört zu den ältesten Stadtteilen. Der Name stammt vom ehemaligen Stadtbach, der hier einen „Strudel" bildete

⑭ Botengasse

In der Gasse mit den ältesten Häusern Aichachs lebten die „Münchner Boten", Spediteure vergangener Zeiten.

⑮ Stadtpfarrkirche

Die denkmalgeschützte spätgotische Katholische Stadtpfarrkirche „Mariä Himmelfahrt" mit Wurzeln im 12. Jahrhundert erhielt ihre heutige Form um 1450. Bei der Umgestaltung um 1770 wurde der prachtvolle Rokoko-Hochaltar mit dem Gemälde der Himmelfahrt Mariens von Ignaz Baldauf errichtet. Der Kirchturm gehört der Stadt und hat eine eigene Hausnummer.

⑯ Schlossplatz

Auf dem nahe gelegenen Schlossplatz stand das herzogliche Schloss, das 1704 im Spanischen Erbfolgekrieg zerstört wurde.

⑰ Steubhaus

Im Vorgängerhaus in der Steubstraße 6 wurde 1812 der bekannte Reiseschriftsteller Ludwig Steub geboren.

⑱ Maibelisk

Zurückgekehrt zum Stadtplatz kann man auf der Nordseite des Rathauses den von einheimischen Künstlern gestalteten „Maibelisk" bewundern, ein Maibaum aus Stahl in der Form eines Obelisken. Hier verbindet sich Tradition und Moderne in der Paar-Stadt Aichach.

Tipp:
Jeweils am zweiten Sonntag im Monat findet eine kostenlose Stadtführung statt. Treffpunkt ist um 14 Uhr am Unteren Tor, Eingang zum Wit-

telsbacher Museum. Die genauen Termine findet man auf der Website der Stadt Aichach.

Apokalypse-Museum

Im sehenswerten „Apokalypse-Museum" in der Zeller Straße 9 in Sulzbach kann man zwei Zyklen mit 64 Silberoxyd-Reliefs und 64 farbenprächtigen Glasfenstertafeln zur Geheimen Offenbarung des Johannes, gestaltet vom Friedberger Künstler Adolf Ziegler (†), bewundern.

Ruine der Wittelsbacher Stammburg

Auf dem Burghügel in Oberwittelsbach stand die namensgebende Burg der Wittelsbacher.

Nach dem Königsmord in Bamberg wurde die Burg 1209 geschleift. Von der Burganlage sind heute nur noch Mauerreste vorhanden, die Steine wurden teilweise zum Bau der Aichacher Stadtmauer verwendet. Nur die 1418 vergrößerte gotische Burgkapelle ist erhalten geblieben. Um 1509 schuf der Bildschnitzer Gregor Erhart die Madonnenfigur im Hochaltar. Die Muttergottes im rechten Seitenaltar, die von den 14 Nothelfern umgeben ist, stammt aus dem Jahr 1420.

Auf dem Burggelände steht das 1834 eingeweihte Nationaldenkmal, das in Form eines neugotischen Fialtürmchens an die Wittelsbacher erinnert.

Sisi-Schloss
Unterwittelsbach

Das Wasserschloss in Unterwittelsbach mit Ursprüngen aus dem 13. Jahrhundert wurde 1838 von Herzog Maximilian in Bayern erworben und war für etliche Jahre seine bevorzugte Sommerresidenz: er nannte es liebevoll „meine Burg". Der lebenslustige und leutselige Herzog brachte neues Leben in die alten Mauern. Er bestritt von hier aus Jagden, veranstaltete große Tafelrunden, komponierte für die Zither und frönte dem Genuss von Bier und Spargel.

Seine Tochter Elisabeth (Sisi), die spätere Kaiserin von Österreich und Königin von Ungarn, soll hier unbeschwerte Kindheitstage verbracht haben.

Veranstaltungen

Aichach bietet ein vielfältiges kulturelles Leben – das ganze Jahr über finden die unterschiedlichsten Veranstaltungen statt.

Jährlich lockt am ersten Augustwochenende das beliebte Stadtfest bis zu 20.000 Besucher in die Aichacher Innenstadt.

Alle drei Jahre verwandeln die Mittelalterlichen Markttage die historische Altstadt in ein mittelalterliches Spektakel mit Gauklern, Rittern und vielem mehr. Die nächsten Mittelalterlichen Markttage finden 2018 statt.

Die beliebten Aichacher Märkte ziehen zahlreiche Besucher an. Regionale Produkte gibt es jeden Freitag auf dem Wochenmarkt und jeden Samstag auf dem Bauernmarkt auf dem Stadtplatz. Jeden ersten Samstag im Monat findet auf dem Volksfestplatz an der Schrobenhausener Straße ein Flohmarkt statt.

Weitere Märkte sind der Veitsmarkt im Juni, der Bartholomäusmarkt im August und der Simon-und-Judäi-Markt im Oktober.

Im Sisi-Schloss Unterwittelsbach finden jährlich zwei Fachmärkte statt: auf dem Ostermarkt werden künstlerisch gestaltete Ostereier zum Kauf angeboten und auf dem Kunst-Antik-Markt im November kommen Antiquitätensammler und Kunsthandwerk-Liebhaber auf ihre Kosten.

In der Adventszeit findet auf dem Stadtplatz rund um das Rathaus ein stimmungsvoller Christkindlmarkt mit festlich beleuchtetem Rathausadventskalender statt.

Aktuelle Veranstaltungen findet man auf der Website der Stadt Aichach unter www.aichach.de/veranstaltungen

Mittelalterliche Markttage

435

Freizeit und Sport

Aichach verfügt über zwei beliebte Bäder. Das idyllisch an der Paar gelegene Freibad in der Franz-Beck-Straße ist von Mitte Mai bis zum Ende der Schulferien im September täglich geöffnet. Es ist mit zwei Schwimmbecken, Wasserrutsche und einer großen Liegewiese ausgestattet. Städtisches Freibad, Franz-Beck-Str. 2, D-86551 Aichach, Tel. +49 (0)8251 5940, Öffnungszeiten: Mai – August 9 – 20 Uhr, September (bis Schulanfang) 9 – 19.30 Uhr

Das Hallenbad in der Jahnstraße ist außerhalb der Freibadsaison von September bis April jeweils an den Wochenenden geöffnet.

Als besonderer Service stellt die Stadt Aichach Leihfahrräder gegen geringe Gebühr zur Verfügung. In Kooperation mit den Lechwerken bietet die Stadt auch den Verleih von E-Bikes an, mit denen man genussvoll die nähere Umgebung Aichachs erkunden kann (telefonische Reservierung der E-Bikes im Freibad wird empfohlen).

Sehr zu empfehlen ist der rund 40 km lange Paartal-Radwanderweg, der vom Bahnhof Aichach flussabwärts bis zum Gut Schenkenau führt. Entlang des Weges informieren zahlreiche Schautafeln über die Vielfalt des Lebensraums Paartal.

Wanderwege

Wanderfreunde haben die Auswahl an zahlreichen Wegen durch die schöne Hügellandschaft der Umgebung von Aichach mit Einkehrmöglichkeiten in zünftigen Biergärten und Sehenswürdigkeiten am Wege.

Sehr beliebt ist der Wanderweg vom Parkplatz „Sisi-Schloss" in Unterwittelsbach auf schattigen Waldwegen

zur ehemaligen Stammburg in Oberwittelsbach und zurück. Hier gibt
es zwei begleitende Themenwege.
Der Geschichtspfad informiert an
sechs Stationen über die Geschichte
der Wittelsbacher. Die Bayerisch-
Schwaben-Lauschtour „Rund ums
Sisi-Schloss" ist ein Audio-Guide, der
an sechs „Lauschpunkten" Geschichten über Sisi und die Wittelsbacher
erzählt.

Die Lauschtour kann als Smartphone-
App oder mit iPods, die im Schloss
kostenlos ausgeliehen werden, gehört
werden. Die App ist kostenlos erhältlich im App-Store und im Google
Play Store unter „Bayerisch-Schwa-
ben-Lauschtour".

Grünzug Paar

Außerdem sind noch die Wanderungen von Ecknach durch das romantische Ecknachtal nach Blumenthal,
der Weg von Oberschneitbach zum
Hieslinger Weiher sowie der Weg
vom Grubethaus bei Algertshausen
durch Hochwald und Stauden zum
Silberbrünnl im Bernbacher Wald
empfehlenswert.

Das „Grubet" gehörte zu den größten
Eisenerzschürffeldern im nördlichen
Alpenvorland. Im frühen Mittelalter
wurde Eisenerz im Tagebau abgebaut
und in sogenannten „Rennöfen" ver-
hüttet. Rund 3.500 „Pingen" (trichter-
förmige Vertiefungen) im Wald zeugen von diesem frühgeschichtlichen
Eisenerzabbau. Direkt neben dem
Grubethaus können sich Besucher
am Infopavillon über dieses bedeutende Bergbaudenkmal informieren.

Wanderweg zum Silberbrünnl

Der 2 km lange Walderlebnispfad in
der reizvollen Landschaft im „Aichacher Grubet" zeigt an 15 Stationen
Besonderheiten des Waldes. Verschiedene Erlebnisstationen am Weg
wie Sprunggrube, Barfußpfad und
Wasserstation sorgen für unterhaltsa-

Stadtfest

me Abwechslung. Am Wochenende besteht Einkehrmöglichkeit im Grubethaus mit Biergarten.

Im Rahmen des Hochwasserschutzes ist mit dem „Grünzug Paar" ein Naherholungsgebiet mit einem gut ausgebauten Rad- und Wanderweg mit Ruhebänken und Wasserspielplätzen entstanden.

Wochenmarkt

Tipp:
Die Wanderbroschüre „Aichach erwandern" stellt 15 Spaziergänge und Wanderwege vor, die zum Wandern und Genießen einladen. Die Broschüre ist kostenlos in der Stadtverwaltung erhältlich oder kann auf der Website der Stadt Aichach heruntergeladen werden.

Die Radkarte mit 14 gut ausgeschilderten Touren zu den schönsten Plätzen im Wittelsbacher Land ist in der Stadtverwaltung Aichach sowie im Buchhandel erhältlich („Radtouren im Wittelsbacher Land. Die schönsten Routen auf einen Blick").

Verkehrsverbindungen

Aichach ist durch die Bundesstraße 300 von Augsburg und der Anschlussstelle der A 8 nach Ingolstadt sowie der Anschlussstelle der A 9 mit dem Fernstraßennetz verbunden. Der Bahnhof Aichach liegt an der Bahnlinie Augsburg - Ingolstadt.

Aichach ist an das Öffentliche Nahverkehrsnetz des Augsburger Verkehrs- und Tarifverbundes angeschlossen, das mit zahlreichen Busverbindungen für gute Erreichbarkeit sorgt.

Lebensqualität

Aichacher Bürger fühlen sich in ihrer Stadt wohl. Zahlreiche Vereine jeglicher Ausprägung sorgen für ein lebendiges Miteinander. Die günstigen Einkaufsbedingungen und die vielfältigen Freizeitmöglichkeiten in der reizvollen Umgebungslandschaft sorgen für Zufriedenheit.

Gäste finden eine Reihe von attraktiven Übernachtungsangeboten in verschiedenen Kategorien und ein breit gefächertes gastronomisches Angebot mit bayerischen Spezialitäten und zünftigen Biergärten.

Wichtige Adressen und Telefonnummern

Stadt Aichach
Stadtplatz 48
D-86551 Aichach
Tel. +49 (0)8251 902 0
Fax +49 (0)8251 902 70
rathaus@aichach.de
www.aichach.de

439

Ein Gewinn für Auge und Verstand

Stadtmuseum Aichach

Als historische Sammlung der Stadt Aichach blickt das Museum auf eine lange Geschichte zurück, die im Jahr 1906 ihren Anfang nahm. Schon zu dieser Zeit waren sich die Stadtväter ihrer Verantwortung bewusst, die Geschichte der Stadt und ihrer Umgebung für die Nachwelt zu dokumentieren.

Im Lauf der Jahrzehnte standen der Sammlung mehrere Umzüge innerhalb der Stadt bevor, während sie ständig mit neuen Exponaten erweitert wurde. In den 1970er Jahren schließlich erhielt sie einen festen Platz im ehemaligen städtischen Krankenhaus, das 1864 errichtet und während des Ersten Weltkriegs baulich erweitert worden war. Nach einer grundlegenden Sanierung bildet das Gebäude den passenden Rahmen für die Präsentation der Geschichte der Stadt Aichach und ihres Umlandes auf rund 1.000 m2 Ausstellungsfläche. Die neukonzipierte Dauerausstellung konnte am 17.10.2008 eröffnet werden. Das Gebäude beherbergt zudem auch das Archiv der Stadt.

Dauerausstellung
Stadt und Land Aichach

Der Museumsbesuch lässt sich mit allen Sinnen erleben. Durch zahlreiche Exponate und verschiedene Tonstationen erhält der Interessierte wertvolle Informationen rund um die Geschichte der Stadt im Wittelsbacher Land. So geht man auch bis auf das 12. Jh. zurück, als die Grafen von Scheyern ihren Stammsitz auf die oberhalb von Aichach gelegene Burg Wittelsbach verlegten, ehe sie 1180 die bayerische Herzogswür-

de erlangten. 738 Jahre lang sollten die Wittelsbacher von da an Bayern regieren.

In weiteren Abteilungen erlebt man dank Exponaten, Klapptafeln und geheimnisvollen Schubladen Zeugnisse sakraler Kunst und die Entwicklung der Stadt vom Mittelalter bis in die 1970er Jahre des 20. Jahrhunderts. Einen besonderen Schwerpunkt bildet dabei die Zeit der Napoleonischen Kriege, von der eine 15 m lange und 1 m hohe Collage an Einquartierungszetteln berichtet. Nicht zu kurz kommen in der Ausstellung auch die Tracht und das bäuerliche Leben der Menschen im Umland von Aichach. Sachliche Bezüge werden durch Filmvorführungen und interaktive Terminals erlebbar gemacht.

Neben der Dauerausstellung finden auch Sonderausstellungen statt, die sich ausgewählten Aspekten der Regionalgeschichte und der Kunst widmen. Regelmäßige Führungen, Vorträge, Symposien usw. vertiefen den Zugang zur Geschichte.

Öffnungszeiten:

Das barrierefrei zugängliche Museum ist von Dienstag bis Sonntag, jeweils von 14 bis 17 Uhr geöffnet.

Stadtmuseum Aichach

Schulstr. 2
D-86551 Aichach
Tel. +49 (0)8251 82 74 72
stadtmuseum@aichach.de
www.stadtmuseum-aichach.de

Stadtmuseum

Mit dem wohl schönsten Blick über die Altstadt

Wittelsbacher Museum

Das Museum im Unteren Stadttor, ein Zweigmuseum der Archäologischen Staatssammlung München, bietet auf insgesamt vier Ausstellungsebenen eine Fülle an Wissenswertem über die frühe Geschichte des Wittelsbacher Landes – von der Urgeschichte über die Zeit der Römer bis ins Mittelalter. Im Fokus steht die Dokumentation der Ausgrabungen auf Burg Wittelsbach, dem Stammsitz der bayerischen Herrscherdynastie.

Zwei Ebenen sind der Familiengeschichte und dem machtpolitischen Aufstieg der frühen Wittelsbacher sowie der Baugeschichte der namengebenden Burg Wittelsbach gewidmet. Von der Mitte des 11. Jh. bis zum Jahr 1208 war diese Burg der Hauptsitz der pfalzgräflichen Linie der Wittelsbacher, bevor sie 1209 zerstört wurde. Eindrucksvolle Exponate und hochwertige Rekonstruktionen veranschaulichen die Bauphasen der Burg sowie die Bautechnik des Mittelalters.

So bestaunt der Besucher die Nachbildung einer mittelalterlichen Mörtelmischmaschine. Außerdem gewähren die Funde spannende Einblicke in das Alltagsleben von Adligen, Handwerkern und Bauern auf der hochmittelalterlichen Burganlage.

Auf zwei weiteren Ebenen gibt das Museum eine kurze Einführung in die Geologie. Fossilienfunde und graphische Nachbildungen erwecken die Tier- und Pflanzenwelt des urzeitlichen Landkreises Aichach-Friedberg zu neuem Leben. Desweiteren zeichnen zahlreiche aussagekräftige Fundstücke die frühe Besiedelungsgeschichte des Wittelsbacher Landes nach, die bereits in der Steinzeit begann und sich

Antennendolch
(Hallstattzeit)

Schlüssel, Spinnwirteln, Webgewicht,
Knochenkamm, Bronzenadel, Spielstein, Maultrommel

über die Bronze- und Eisenzeit bis hin zur Römerzeit und ins Frühmittelalter fortsetzt. Anhand von ausgewählten Beispielen werden auf allen Ebenen verschiedene Methoden der archäologischen Arbeit erklärt.

Von der 4. Ausstellungsebene aus genießt man zudem einen spektakulären Blick auf die Stadt und das Umland.

Mittelalterliche Mörtelmischmaschine

Bügelkannen

Jungsteinzeitlicher Feuersteindolch

Öffnungszeiten

Das Wittelsbacher Museum ist bei freiem Eintritt von Dienstag bis Sonntag sowie an Feiertagen jeweils von 14 bis 16 Uhr geöffnet. Führungen nach Vereinbarung.

Wittelsbacher Museum

Zweigmuseum der Archäologischen Staatssammlung München
Stadtplatz 2, D-86551 Aichach
Tel. +49 (0)8251 827471
wittelsbachermuseum@aichach.de
www.aichach.de/Freizeit/Museen/
Wittelsbacher-Museum

Im Sisi-Schloss Unterwittelsbach

Bereits um 1126 wird das Wasserschloss Unterwittelsbach urkundlich erwähnt. Es liegt mit seiner naturbelassenen Parkanlage im Aichacher Stadtteil Unterwittelsbach und wird liebevoll Sisi-Schloss genannt.

Für den geselligen Herzog Max in Bayern, Sisis Vater, wird es ab 1838 zur Sommerresidenz, die er „meine Burg" nannte. Das riesige Jagdrevier im Wittelsbacher Land besuchte er gerne und häufig. Die junge Sisi verlebte hier unbeschwerte Kindheitstage, durfte die Hofetikette außer acht lassen und spielen. Im Wittelsbacher Land konnte die spätere Kaiserin von Österreich nach Herzenslust ein Kind der Natur sein und sich frei und ungezwungen bewegen. Vor allem die Reitübungen im Schlosspark bescherten der jungen Sisi unbekümmerte Stunden.

Eine wechselhafte und bewegte Geschichte hat das Wasserschloss, das von 1838 bis 1958 im Familienbesitz des Hauses „in Bayern" war. 1999 kaufte die Stadt Aichach die Anlage mit dem dazugehörenden Areal und sanierte das Schloss behutsam.

Ausstellungen über die schönste Frau ihrer Zeit

Sisi, die aus Geschichte, Literatur und Film bekannte Kaiserin von Österreich und Königin von Ungarn, galt als schönste Frau ihrer Zeit. Im Wasserschloss in Unterwittelsbach erinnern von Mai bis Ende Oktober wechselnde Sonderausstellungen an die Kaiserin und das bayerische Geschlecht der Wittelsbacher, die Bayern 738 Jahre lang regierten. Zudem sind in dem Schloss die „Schwanthaler Figuren" des bayerischen Bildhauers Ludwig Michael von Schwanthaler zu besichtigen. Diese 14 gipsummantelten Holzfiguren, die das Wittelsbacher Geschlecht darstellen, standen ein Jahrhundert lang in der im neugotischen Stil errichteten Schlosskapelle mit einem außergewöhnlichen orientalischen Altar. Nach einer grundlegenden Restaurierung fanden die Statuen 2016 ihren gebührenden Platz im Schloss. Darüber hinaus finden hier Konzerte und Lesungen, Kunstausstellungen sowie ein Kunst-Antik-Markt und ein Ostermarkt im romantischen Schlossambiente statt.

Die naturbelassene Parkanlage rund um das Wasserschloss mit seinen drei Weihern umfasst eine Gesamtfläche von 56.500 qm und lädt zum Verweilen ein. Von Unterwittelsbach führen

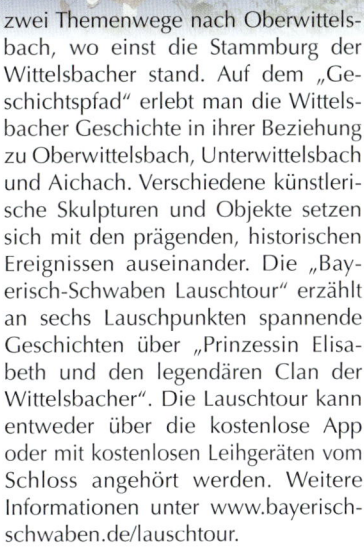

zwei Themenwege nach Oberwittelsbach, wo einst die Stammburg der
Wittelsbacher stand. Auf dem „Geschichtspfad" erlebt man die Wittelsbacher Geschichte in ihrer Beziehung
zu Oberwittelsbach, Unterwittelsbach
und Aichach. Verschiedene künstlerische Skulpturen und Objekte setzen
sich mit den prägenden, historischen
Ereignissen auseinander. Die „Bayerisch-Schwaben Lauschtour" erzählt
an sechs Lauschpunkten spannende
Geschichten über „Prinzessin Elisabeth und den legendären Clan der
Wittelsbacher". Die Lauschtour kann
entweder über die kostenlose App
oder mit kostenlosen Leihgeräten vom
Schloss angehört werden. Weitere
Informationen unter www.bayerisch-
schwaben.de/lauschtour.

Sisi-Schloss Unterwittelsbach

Klausenweg 1, D-86551 Aichach
Tel. +49 (0)8251 8918 69
wasserschloss@aichach.de
www.aichach.de/tourismus/
sehenswertes/sisi_schloss

Historischer Charme & moderne Lebensart

Hotel, Gasthaus, Seminarbetrieb
Schloss Blumenthal in Aichach-Klingen

Die Lage könnte malerischer nicht sein: Schloss Blumenthal liegt am Fluss Ecknach zwischen dem Aichacher Ortsteil Klingen und der Gemeinde Sielenbach mit dem bayerischen Wallfahrtsort Maria Birnbaum (siehe S. ???) im Landkreis Aichach-Friedberg. 1296 wurde die Anlage, die als vierflügeliges Wasserschloss im Stil der Renaissance mit einem großen Wirtschaftshof angelegt worden war, erstmals urkundlich erwähnt. Nach einer wechselvollen Geschichte, in der die Fugger und der Deutsche Orden eine bedeutsame Rolle spielten, wird das denkmalgeschützte Schloss heute durch ein außergewöhnliches Konzept mit Leben erfüllt.

Das 2006 gestartete „Blumenthaler Gemeinschaftsprojekt" ruht auf vier Säulen: einem Gasthaus, einem Seminarbetrieb für Tagungen, Seminare und Workshops sowie einem Hotel, die von den Mitgliedern der Gemeinschaft geführt werden.

Treffpunkt Lounge-Bar

Herzlich willkommen darf sich jeder auf Schloss Blumenthal fühlen – ganz gleich, ob er als Seminargast anreist, ein Krimidinner oder Konzert besucht, ein Fest feiert oder im Gasthaus einkehrt. Übernachten lohnt sich auf jeden Fall, denn in dem mit Designpreisen ausgezeichneten Hotel erwartet die Gäste ein rundum wohnliches Ambiente, das

durch den Mix aus historischem Charme und moderner Optik besticht. In der großzügigen, offenen Lounge-Bar mit Wohnzimmerflair können sich Hotelgäste und Seminarteilnehmer den ganzen Tag über aufhalten. Das beginnt mit dem Frühstück, setzt sich mit dem Getränke- und Snackangebot fort und reicht bis hin zum gemütlich Ausklang am Abend.

Natur, Kultur und Design in den Zimmern

Die 40 individuellen Zimmer sind mit viel Liebe zum Detail gestaltet und tragen fantasievolle Namen wie „Orientexpress", „Baumhöhle", „Indien" und „Liebesbrücke". Jedes Zimmer ist in Form, Aufteilung, Farbgebung und Möblierung ein Unikat, sodass es selbst für Stammgäste immer et-

was Neues zu entdecken gibt – sei es die Wand in dramatischem Rot im Zimmer „Maravilla", der Hirsch im Zimmer „Waldeslust" oder das aus massivem Holz gefertigte Bett im Zimmer „Natur". Bei der Einrichtung waren kreative Blumenthaler/Innen – von der Innenarchitektin bis zur Goldschmiedin – sowie Künstler der Region am Werk. Mit Sorgfalt restaurierte antike Möbelstücke als Hommage an die Historie runden das Gesamtbild ab.

Köstliches in Bioqualität

Schmackhaftes und gesundes Essen hält Leib und Seele zusammen. Im gepflegten und heimeligen Ambiente des Gasthauses können die Gäste nach Herzenslust schlemmen und genießen – von der zünftigen Brotzeit über fantasievolle Fleisch- und Fischgerichte bis hin zu leichter vegetarischer und veganer Kost.

Wunderschöner Biergarten

Im Sommer ist der Biergarten zu empfehlen – einer der schönsten der Region: Unter schattigen Kastanien schmeckt es noch mal so gut; die Kinder toben sich in Sichtweite auf dem Spielplatz aus. Zubereitet werden die Speisen aus frischen, biologischen Zutaten, wobei auf Regionalität ebenso geachtet wird wie auf eine hohe Qualität. Im Rahmen der Solidarischen Landwirtschaft werden auf Schloss Blumenthal alte und außergewöhnliche Gemüsesorten kultiviert.

Stilvoller Rahmen für Feste aller Art

Durch seine malerische Kulisse und das vielseitige Raumangebot ist Schloss Blumenthal der perfekte Ort für Feste aller Art – von der Taufe über Jubiläen und Firmenevents bis hin zu Hochzeiten. Das Ja-Wort gibt man sich in der mit Stuck verzierten Barockkirche oder im Schlosspark; für das festliche

Menü oder Buffet steht der reich dekorierte Hochzeitssaal zur Verfügung, für Partys eignet sich der Tangosaal.

Öffnungszeiten Gasthaus:
Mo – Fr 18 – 22 Uhr
Sa, So & Feiertag 11 – 22 Uhr

Öffnungszeiten Biergarten:
Im Sommer bei schönem Wetter:
Mo – Fr 15 – 22 Uhr
Sa, So & Feiertag 11 – 22 Uhr
Warme Küche bis 21 Uhr.
Für Gruppen ab 20 Personen
öffnen wir auch außerhalb
unserer regulären Öffnungszeiten.

Schloss Blumenthal
Blumenthal 1
D-86551 Aichach
info@schloss-blumenthal.de
www.schloss-blumenthal.de
Tel. Hotel: 0 82 51-8 90 43 00
Tel. Gasthaus: 08251-8 90 41 40
Tel. Hochzeiten/Feiern: 0 82 51-8 90 41 27

449

Ein Apokalypse-Museum
im Bauernhaus

Sulzbach, ein Dorf im „Wittelsbacher Land" nahe Aichach, beherbergt ein Museum, das seinesgleichen sucht.

Das letzte Buch des Neuen Testaments „Die Offenbarung des Johannes" oder die „Apokalypse" ist eine Trost- und Hoffnungsschrift für die im Römischen Reich unterdrückten Christen. Der Friedberger Künstler Adolf Ziegler, der sich als Kunstmaler und Designer bis weit über die Grenzen Friedbergs hinweg einen Namen gemacht hatte, schuf hier eine Ausstellung, die mit 128 großen Bildtafeln die geheime Offenbarung des Johannes präsentiert.

64 Silberoxyd-Reliefs und 64 farbenprächtige Glasfenstertafeln dokumentieren inmitten der historischen Mauern eines alten Bauernhofes diese faszinierende künstlerische Darstellung mit geistigem Hintergrund.

Den Exponaten sind originale Textpassagen und kurze wissenschaftliche Erläuterungen beigefügt, die von dem Naturwissenschaftler Bernhard Philbert und Albert Geiger, Pfarrer und Studienprofessor, stammen.

Mit der Arbeit für diese einzigartige Interpretation der Apokalypse, begann Ziegler bereits im Jahr 1980. Zunächst aus Skizzen entstanden bis 1987 die aufwendigen Silberoxid-Reliefs. Die Oxidation mit Silber bot sich dem Künstler an, verdeutlichen doch die vielfältigen Farbnuancen die Aussage der Offenbarung.

Der zweite Zyklus des Werkes entstand in der Zeit von 2005 bis 2007. Hier entschied sich Adolf Ziegler für bemalte Bildtafeln, die wie farbige Glasfenster wirken und so die Visionen über den Zusammenbruch der Welt erleichtern.

Öffnungszeiten

Das Apokalypse-Museum in Sulzbach ist von März bis November jeden 1. Sonntag im Monat von 13 bis 17 Uhr geöffnet. Führungen sind das ganze Jahr hindurch nach telefonischer Vereinbarung möglich.

Apokalypse-Museum

Zellerstraße 9
D-86551 Aichach-Sulzbach
Tel. +49 (0)821 60 17 97
georg-martin.ziegler@t-online.de
www.objekt-design-ziegler.de

Aindling
Familienfreundlicher Ort zum Wohlfühlen

Aindling
(Bilder Markt Aindling)

Der Markt Aindling (rund 4.400 Einwohner) im Wittelsbacher Land liegt etwa 15 km nördlich von Augsburg und wird vom Litzlbach durchflossen.

Zu Aindling gehören die Ortsteile Binnenbach, Gaulzhofen, Hausen, Pichl, Stotzard, Arnhofen, Edenhausen, Eisingersdorf, Neßlach und Weichenberg, die im Rahmen der Gebietsreform in den 1970er Jahren eingemeindet wurden.

Aindling wird geprägt durch die reizvolle Hügellandschaft mit hohem Freizeitwert sowie die sehr gute Infrastruktur mit vorbildlichen Einrichtungen für Familien.

Kurzer Blick ins Geschichtsbuch

Aindling entstand als alemannisch-bayerische Siedlung im 6./7. Jahrhundert. Urkundlich erwähnt wurde Aindling erstmals in einer Kaiserur-

kunde aus dem Jahr 1033. 1479 wurde Aindling zum Markt erhoben.

Sehenswürdigkeiten

Sehenswerte Bauten im Markt Aindling sind das ehemalige Wasserschloss in Pichl aus dem 18. Jahrhundert sowie die Pfarr- und Filialkirchen im Hauptort Aindling, sowie den Ortsteilen Arnhofen, Eisingersdorf, Hausen, Pichl, Stotzard und Weichenberg.

Freizeit und Sport

Die schöne Landschaft mit Hügeln, Wiesen und Wäldern bietet Gelegenheit zu genussvollen Wanderungen und Radtouren. Im Sommer ist das Naherholungsgebiet Sander Seen mit dem Badesee Lechfeld ein beliebtes Ausflugsziel.

Im Gemeindegebiet findet man eine Reihe von Sportanlagen mit Möglichkeiten für Fußball, Tennis, Volleyball,

Stockschießen, Gymnastik und vieles mehr.

Eine Vielzahl von Vereinen im Markt Aindling bietet ein breites Spektrum an Möglichkeiten für aktive Freizeitgestaltung. Sie tragen mit ihren Festen und Veranstaltungen zum abwechslungsreichen Veranstaltungsprogramm in Aindling bei.

Orts- und Infrastruktur

Aindling ist durch die nahe Bundesstraße 2 von Augsburg nach Donauwörth mit dem Auto gut erreichbar. Durch den Öffentlichen Personennahverkehr ist Augsburg schnell zu erreichen. Auch die nächste Anschlussstelle zur A 8 ist nur 15 km entfernt.

Familien schätzen die umfassende Betreuung der Kinder mit Krippe, Kindergarten, Hort, sowie einer Grund- und Mittelschule mit über 400 Schülern und Ganztagesbetreuung.

Der tägliche Bedarf wird in Aindling von Supermärkten, Fachgeschäften, Banken, Ärzten und Apotheken abgedeckt.

Wichtige Adressen und Telefonnummern

Markt Aindling
Marktplatz 1
D-86447 Aindling
Tel. +49 (0)8237 9607-0
info@aindling.de
www.aindling.de

Marktplatz

Baar

Altes Dorf an der kleinen Paar

Die Gemeinde Baar (Schwaben) hat rund 1220 Einwohner, liegt im Norden des schwäbischen Landkreises Aichach-Friedberg und ist Mitglied der Verwaltungsgemeinschaft Pöttmes. Durch Baar fließt die kleine Paar. Die Gemeinde besteht aus den Ortsteilen Ober- und Unterbaar, Heimpersdorf und Lechlingszell.

Kurzer Blick ins Geschichtsbuch

Das Gemeindegebiet war bereits lange vor Christus von Kelten besiedelt. Nach der Römerzeit kamen seit dem 5. Jahrhundert Alemannen und Bayern als Land suchende Bauern in die Region.

Im 11. Jahrhundert wurde in Oberbaar eine Burg errichtet an die heute noch der Burgstall erinnert. Im Jahr 1510 wurde in Unterbaar ein eindrucksvolles Wasserschloss gebaut, das im frühen 18. Jahrhundert barockisiert wurde.

Nachdem Baar 1978 nach Thierhaupten zwangseingemeindet worden war, wurde Baar 1994 nach jahrelangem politischem Kampf wieder selbstständig. Die damalige Gemeinde Heimpersdorf mit Lechlingszell wurde in Baar eingegliedert.

Sehenswürdigkeiten

Neben dem Schloss in Unterbaar gibt es im Gemeindegebiet 5 sehenswerte Kirchen.

Die Katholische Pfarrkirche St. Johannes der Täufer in Heimpersdorf stammt aus dem 16. Jahrhundert. Die Katholische Filialkirche zur Schmerzhaften Muttergottes in Lechlingszell wurde 1727/28 erbaut. Die Katho-

Heimpersdorf und Baar
(Bilder Gemeinde Baar)

Kirche Unterbaar

lische Pfarrkirche St. Laurentius in Oberbaar von 1715/16 sowie die Katholische Filialkirche St. Margareta in Unterbaar von 1727 sind mit Maria im Elend einen Besuch wert.

Zur Wallfahrtskapelle Maria im Elend im Baarer Gemeindegebiet an der Straße nach Thierhaupten wurden seit dem 18. Jahrhundert regelmäßig Wallfahrten durchgeführt. 1958 wurde eine neue Kapelle geweiht, da die alte Kapelle baufällig war. Im Innenraum findet man zahlreiche Votivgaben.

Die Kapelle ist heute ein beliebtes Ausflugsziel. Sie wird auch für Hochzeiten genutzt.

Neben der alljährlichen Krieger- und Soldatenwallfahrt finden im Mai sonntägliche Maiandachten statt.

Freizeit und Sport

Achtzehn Vereine unterschiedlichster Art sorgen für ein breites Freizeitangebot in Baar.

Der Baarer Sportverein besteht aus den Abteilungen Fußball, Gymnastik, Volleyball und Hapkido.

Veranstaltungen

Das abwechslungsreiche Veranstaltungsprogramm in Baar wird mit aktiver Unterstützung der ortsansässigen Vereine durchgeführt.

Das größte Fest im weiten Umkreis ist das Brauereifest über Pfingsten.

Orts- und Infrastruktur

Baar hat eine gute Anbindung an Augsburg durch den AVV und ist durch die Staatsstraße 2045 von Meitingen über Thierhaupten nach Pöttmes leicht erreichbar.

Die Gemeinde verfügt über einen Kindergarten und eine Grundschule. Zwei Gasthäuser sorgen für das leibliche Wohl der Gäste in Baar.

Wichtige Adressen und Telefonnummern

Verwaltungsgemeinschaft Pöttmes
Marktplatz 18
D-86554 Pöttmes
Tel. +49 (0)8253 9998 0
Fax +49 (0)8253 9998 50
poststelle@vg-poettmes.de
www.baar-schwaben.de

Wasserschloss

Dasing

Beliebter Wohnort für Pendler

Dasing
(Bilder Gemeinde Dasing)

Die Gemeinde Dasing (rund 5600 Einwohner) im Landkreis Aichach-Friedberg etwa 14 Kilometer östlich von Augsburg ist Sitz der gleichnamigen Verwaltungsgemeinschaft. Dasing besteht aus 19 Ortsteilen und liegt in einer landschaftlich reizvollen, ländlichen Umgebung mit schönen Radwanderwegen.

Kurzer Blick ins Geschichtsbuch

Archäologische Funde einer Ziegelei und einer Römerstraße haben eine römische Besiedlung des Gebiets nachgewiesen. Die im Paartal ebenfalls

entdeckte Wassermühle von 110/120 n. Chr. ist eine der ältesten römischen Wassermühlen in den damaligen Nordwestprovinzen. Eine zweite Mühle aus dem Jahr 696 gehört zu den ältesten entdeckten frühmittelalterlichen Wassermühlen in Europa.

Ein Zweig der Herren von Massenhausen ließ sich im 14. Jahrhundert in Dasing nieder. Nach deren Aussterben gehörte Dasing wechselnden Besitzern und das Ortsbild veränderte sich.

Während des 30-jährigen Krieges brannte 1632 das prachtvolle Schloß

Neben zahlreichen Kapellen und Wegkreuzen in der Gemeinde findet man in den Ortsteilen Bitzenhofen, Laimering, Rieden, St. Franziskus, Taiting, Tattenhausen, Wessiszell und Zieglbach sehenswerte Kirchen, die in den vergangenen Jahrhunderten erbaut wurden.

Reste des Burgstalls Dasing, vor allem den gut erhaltenen Gewölbekeller, findet man in St. Franziskus.

Freizeit und Sport

Dasing hat vielfältige Freizeiteinrichtungen zu bieten. Die großzügige Sport- und Freizeitanlage An der Brandleiten verfügt über drei Schwimmbecken, drei Fußballfelder, vier Stockschützenbahnen, einen Allwetterplatz, Leichtathletikanlagen, sechs Tennisplätze und zwei Kegelbahnen. Der Indoor-Funpark ist bei Kindern sehr beliebt.

auf den Höhen von St. Franziskus nieder. Seit 1803 gehörte Dasing zum Königreich Bayern. Erst danach nach Aufhebung der Leibeigenschaft und der Zehentsteuer entstanden die groß angelegten Bauernhöfe rund um die Pfarrkirche St. Martin, die das Ortsbild bestimmten.

In den Jahren nach dem 2. Weltkrieg ist die Bevölkerungszahl stark angewachsen. Vor allem durch die Eingliederung von Gemeinden in den 1970er Jahren zählt Dasing heute zu den größten Gemeinden des Landkreises.

Sehenswürdigkeiten

Die sehenswerte Kirche St. Martin wurde 1756 erbaut und beeindruckt mit einem prachtvoll ausgestatteten Innenraum im Rokokostil.

Das gesellige Leben in Dasing wird von den zahlreichen aktiven Vereinen geprägt.

Hierzu gehören der Sportverein mit vielen Abteilungen, der Schützenverein, der Musikverein, die Feuerwehr, der Krieger- und Soldatenverein, der Katholische Frauenbund und der Tennisclub.

Der Freizeitpark Fred Rai Western-City in Dasing bietet eine Reihe von Shows und Attraktionen für Jung und Alt. Er ist von Mitte April bis Mitte Oktober geöffnet.

Veranstaltungen

Die Süddeutschen Karl-May-Festspiele in der Western-City in Dasing von Ende Juni bis Mitte September mit bekannten Künstlern ziehen viele Besucher an und sind ein Höhepunkt im Dasinger Veranstaltungskalender. Die aktiven Dasinger Vereine tragen mit ihren zahlreichen Wettbewerben und Festen zum abwechslungsreichen Jahresprogramm bei.

Orts- und Infrastruktur

Dasing hat eine sehr gute Infrastruktur mit hervorragenden Verkehrsverbindungen durch die Anschlussstelle der Autobahn A 8 Augsburg – München und der nahen Bundesstraße B 300 nach Ingolstadt. Der Dasinger Bahnhof wird halbstündlich von Regionalbahnen angefahren.

Dasing verfügt über mehrere Kindertagesstätten und eine Grund- und Mittelschule.

In Dasing findet man gute Einkaufsmöglichkeiten für den täglichen Bedarf und zahlreiche Dienstleistungsbetriebe z. B. im Bereich der Gesundheitsversorgung.

Der große Bauernmarkt mit Gastronomie in der Markthalle an der Autobahnausfahrt ist ein bedeutendes Selbstvermarktungsprojekt und bietet eine reiche Auswahl an regionalen Produkten.

Wichtige Adressen und Telefonnummern

Gemeinde Dasing
Kirchstr. 7
D-86453 Dasing
Tel. +49 (0)8205 9605 0
Fax +49 (0)8205 9605 30
info@vg-dasing.de
www.dasing.de

Rathaus und Kirche

Frisches aus der Region
Bauernmarkt Dasing

Ganz auf heimische Produkte setzt der Bauernmarkt Dasing. Verkehrsgünstig an der B 300 (auf halber Höhe zwischen Friedberg und Aichach) und der Autobahnausfahrt Dasing an der A 8 gelegen, wird dort nach dem Prinzip „aus der Region für die Region" gearbeitet. Im Jahr 2000 schlossen sich 11 Landwirte aus dem Landkreis Aichach-Friedberg zusammen und eröffneten nach über einem Jahr Bauzeit das größte bäuerliche Direktvermarktungskonzept in Bayern. Ihr erklärtes Ziel war es, die regionale (Land-) Wirtschaft zu fördern.

364 Tage im Jahr von 8 bis 20 Uhr geöffnet
Heute werden im Bauernmarkt Dasing 364 Tage im Jahr (außer am 25.12.), täglich (also auch an Sonn- und Feiertagen) von 8 bis 20 Uhr auf 1.200 Quadratmetern hochwertige Lebensmittel im Handel zum Einkaufen oder in der Gastronomie für den direkten Verzehr angeboten.

Einkaufen im Handel

Im Handel versorgen sich die Kunden etwa mit frischen Produkten der Saison, vom erntefrischen Obst und Gemüse bis hin zu ofenfrischen Backwaren, die in der hauseigenen Backstube hergestellt werden.

Das Warensortiment umfasst auch Fleisch- und Wurstwaren sowie Käsespezialitäten, welche an der großen Metzgereitheke angeboten werden.

Eier- und Molkereiprodukte, von den Bäuerinnen selbst Eingemachtes sowie Biere und alkoholfreie Getränke aus der Brauerei Kühbach runden die Auswahl ab. Über 80 Prozent aller Produkte, die im Bauernmarkt Dasing verkauft oder verarbeitet werden, stammen aus dem Wittelsbacher Land.

Einkehren in der Gastronomie

Auf der Karte der Gastronomie im Bauernmarkt Dasing findet sich so allerlei für Leib und Seele. Ob eine kleine, bayerische Brotzeit oder ein köstliches Tagesgericht – für jeden Geschmack findet sich hier das Richtige. Gespeist wird in den großzügigen Gasträumen, aus denen der Blick auf das Marktgeschehen schweift. Doch auch im Biergarten, der während des Sommerhalbjahres zu einem beliebten Treffpunkt geworden ist, kann man sich mit den Köstlichkeiten aus Küche und Keller des Bauernmarktes Dasing verwöhnen lassen.

Die Räumlichkeiten in der Markthalle (300 Sitzplätze) dem kleinen Saal (150 Sitzplätze) und dem Stüberl (45 Sitzplätze) bieten darüber hinaus den geeigneten Rahmen für private oder geschäftliche Veranstaltungen jeder Art. Besonders attraktiv ist neben der günstigen Verkehrsanbindung die vorhandene Präsentationstechnik, die für Tagungen und Seminare zur Verfügung gestellt wird.

**Bauernmarkt Dasing
Betriebs-GmbH & Co.KG**

An der Brandleiten 6
D-86453 Dasing
Tel. +49 (0)8205 95 99 10
Fax +49 (0)8205 95 99 120
info@bauernmarkt-dasing.de
www.bauernmarkt-dasing.de

Filmreife Western-Welt

Fred Rai Western-City Dasing

„Komm hol das Lasso raus, wir spielen Cowboy und Indianer…", heißt es im bekannten Schlager von Olaf Henning. In der Fred Rai Western-City in Dasing macht man dies und vieles mehr, denn auf dem weitläufigen Areal befindet sich eine filmreife Western-Welt. Dazu gehören der zentrale Stadtplatz, der Pferde-Corral, eine eigene Kirche, der Boothill-Friedhof, Tipis und Blockhäuser, ein großes Soldatenfort und die Festspielarena, in der seit 2005 die Süddeutschen Karl May-Festspiele stattfinden. In direkter Nachbarschaft liegt das Reitzentrum für RAI-Reiten, in dem man das Wanderreiten nach Fred Rai erlernen kann – ganz ohne Peitsche, Trensen und Sporen. Der 2015 verstorbene Gründer und Namenspatron erfüllte sich mit der Gründung des Themen- und Erlebnisparks vor mehr als 35

Jahren seinen ganz eigenen Kindheitstraum von Lagerfeuer-Romantik, Pferden und Cowboyliedern. Heute begeistert die Western-City Erwachsene, Jugendliche und Kinder gleichermaßen. Sie ist als Ferienlager ebenso beliebt wie als Schauplatz ungewöhnlicher Firmenevents. Hier kann jeder auf seine Weise Kindheitsträume Wahrheit werden lassen – bei einem erlebnisreichen Tagesausflug oder auch bei einem längeren Aufenthalt. Zu sehen gibt es spannende Shows, darunter die Buffalo Bill- und die Cavalry-Show.

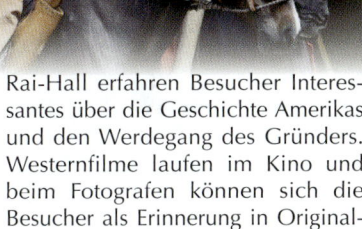

Selbst ausprobieren kann man Disziplinen wie das Messer- und Hufeisenwerfen, Rodeo, Indianertanz oder das Bogenschießen. Eine Rundfahrt durch das Areal mit dem Western-City-Express vermittelt einen ersten Eindruck von den vielfältigen Angeboten. Im Museum oder in der Fred Rai-Hall erfahren Besucher Interessantes über die Geschichte Amerikas und den Werdegang des Gründers. Westernfilme laufen im Kino und beim Fotografen können sich die Besucher als Erinnerung in Original-Western-Kostümen ablichten lassen.

Karl May-Festspiele

Highlight im Veranstaltungskalender der Western-City sind jedes Jahr die Süddeutschen Karl May-Festspiele. Das authentische Ambiente der Western-City bietet die perfekte Kulisse für eine actionreiche, spannende und humorvolle Show, die von Juni bis September läuft. Rund 80 Mitwirkende haben – abhängig vom aktuell aufgeführten Karl May-Stück – ihren großen Auftritt und über 25 Pferde tragen zur passenden Westernstimmung bei. Stuntmen bringen die Zuschauer mit waghalsigen Tricks zum Staunen. Im Preis für die Festspielkarten ist der Eintritt in den Themenpark Western-City inbegriffen. Wahlweise kann das Westernbuffet dazugebucht werden.

Spielzeiten:
Gespielt wird samstags um 16 und um 20 Uhr sowie sonn- und feiertags um 17 Uhr. Die aktuellen Termine, Eintrittspreise und der Titel der Show finden sich im Internet:
www.western-city.de und
www.karlmay-festspiele.de

Cowboyfrühstück im Saloon
Übernachtet wird in der Western-City stilecht in rustikalen Blockhäusern mit Blick auf die Pferdekoppeln. Die Doppelzimmer sind mit Fernseher, Dusche, WC und Heizung ausgestattet. Das Frühstück wird im Saloon serviert, wo es tagsüber eine Auswahl an verschiedenen Westernspezialitäten gibt. Am Stadtplatz befindet sich neben dem Generalstore die Buffet-Bar, wo das Westernbuffet aufgebaut wird.
Im Mexiko-Café werden außerdem Kaffee und Kuchen angeboten. Übernachtungsgäste haben freien Eintritt in den Erlebnispark Western-City mit allen Shows und Aktivitäten.

**Paradies für Kinder –
Kulisse für Events**
Die Western-City ist ein Paradies für Kinder, die ihrer Fantasie und dem Bewegungsdrang freien Lauf lassen möchten. Hier lassen sich spannende Ferientage verbringen und unvergessliche Kindergeburtstage feiern.
Bei der Pferde- und Reitershow, beim Kinderreiten oder beim Wandern mit den Alpakas werden die Kids zudem an den Umgang mit Tieren herangeführt. Abenteuer pur bietet das Ferienlager für Cowboys und Indianer zwischen sieben und 14 Jahren, das

unter professioneller Betreuung steht. Ebenso beliebt ist der Themenpark als Kulisse für Firmenevents und Vereinsausflüge der etwas anderen Art. Für größere Kongresse arbeitet Western-City mit der regio Augsburg und dem Kongresszentrum Kongress am Park zusammen. Kleinere Tagungen und Seminare können im „Trapper Inn" organisiert werden.

Öffnungszeiten/Eintrittspreise:
Saison ist von Mitte April bis Mitte Oktober. Die aktuellen Öffnungszeiten und Eintrittspreise finden sich unter www.western-city.de

Fred Rai Western-City
Neulwirth 3, D-86453 Dasing bei Augsburg
Tel. 08205-225, Fax 08205-1084, info@western-city.de, www.western-city.de

Spiel & Spaß auf 3.500 Quadratmetern

Jimmy's Fun Park, Dasing

Rennen, Hüpfen, Toben, Klettern, Balancieren – davon bekommen Kinder nie genug. Allerdings haben die wenigsten im Alltag Gelegenheit, diesem natürlichen und gesunden Bewegungsdrang nachzukommen. Ein Paradies für abenteuerlustige Kids und ihre Eltern ist Jimmy's Fun Park in Dasing mit 3.500 Quadratmetern Spielfläche. Der vielfach ausgezeichnete Indoor-Erlebnis-Park liegt gut erreichbar zwischen München und Augsburg an der A8.

Vom Tiefseilgarten zur XXL-Carrerabahn

Während die Kinder sich auf dem Kletter-Vulkan, dem Tiefseilgarten und in den Bumpercars amüsieren oder bei „Magic Wheel" und dem Beamerspiel ihre Geschicklichkeit trainieren, müssen sich die Eltern nicht langweilen. Für sie stehen Massagestühle, Billard, Kicker, Tischtennis und Airhockey bereit. Und natürlich dürfen sie auch das ein oder andere Spielgerät ausprobieren. An der FCA- oder Riesen-Torwand zeigen Väter gern, dass das Runde in das Eckige passt und sie noch passable Fußballer sind. Mütter stellen auf dem Riesentrampolin fest, dass Hüpfen auch Erwachsenen Spaß machen kann. Apropos Spaß: Eine Carrerabahn mit vier Spuren und 16 Metern Länge – davon hat so mancher in Kindertagen geträumt. Da Spielen hungrig und durstig macht,

Da es bei Jimmy's nicht nur wilde Piraten, sondern auch zart besaitete Prinzessinnen gibt, werden auch andere Themen-Geburtstags-Partys mit passender Deko und Torte angeboten. Für ein schönes Andenken oder Mitbringsel nach einem ereignisreichen Tag lohnt ein Abstecher in den Kinder-Mode- und Bücher-Shop oder die Geschenkboutique. Gratis-WLAN gibt es auch – aber bei so vielen attraktiven Angeboten hat das Handy Sendepause.

gibt es im Restaurant eine Auswahl an leckeren Speisen, Desserts und erfrischenden Getränken. Bei schönem Wetter geht es raus in den Biergarten.

Fertig zum Entern der Piratenwelt

„Ahoi ihr Landratten!" heißt es im Piratenland. Ein 350 Quadratmeter großer Raum wurde mit Piratenschiff und Beibooten für muntere Geburtstagsmeutereien umgestaltet – inklusive Kanonen an der Reling und einer Spiralrutsche zum schnellen Abtauchen.

Öffnungszeiten/Eintrittspreise:

Mo., Mi. bis Fr.: 14 bis 19 Uhr,
Di. Ruhetag (nur an Schultagen),
Sa, So, Ferien, Feiertage: 10 bis 19 Uhr,
Pfingst- u. Sommerferien: 10 bis 20 Uhr.
Schließtage und Eintrittspreise siehe:
www.jimmys-funpark.de

Jimmy's Funpark

Laimeringer Straße 1
D-86453 Dasing
Tel. 08205-969492
info@jimmys-funpark.de
www.jimmys-funpark.de

Eurasburg

Beliebter Wohnort in waldreicher Landschaft

Die Gemeinde Eurasburg (rund 1670 Einwohner) mit ihren 11 Ortsteilen liegt etwa 9 km östlich von Friedberg umgeben von großen Waldgebieten.

Durch die günstige Lage zwischen Augsburg und München, eine gute Infrastruktur und eine breite Palette an Freizeitmöglichkeiten hat sich Eurasburg zum bevorzugten Wohngebiet entwickelt.

Kurzer Blick ins Geschichtsbuch

Eurasburg war bereits vor Christus besiedelt, was zahlreiche verstreut liegende Hügelgräber im Gemeindegebiet belegen. Der Ort Eurasburg entstand vermutlich im Frühmittelalter.

1280 wurde Eurasburg erstmals schriftlich erwähnt. Der Ort gehört bis zum Gemeindeedikt 1818 zum Rentamt München und wurde dann selbständige Gemeinde.

Bedeutung und Wachstum erlangte Eurasburg durch die Einrichtung einer Posthalterei im Jahr 1760 an der Straße von München über Dachau nach Augsburg. Belegt sind Besuche in der Poststation von Wolfgang Amadeus Mozart 1777, von Papst Pius VI. im Jahr 1782

Dorfplatz Eurasburg
(Bilder Gemeinde Eurasburg)

470

St. Peter und Paul

und von Max Joseph I., König von Bayern. 1911 fuhr die letzte Postkutsche.

Sehenswürdigkeiten

Die Kirchen im Gemeindegebiet sind einen Besuch wert.

Die auf dem Kirchberg stehende, weithin sichtbare Katholische Filialkirche Hl. Kreuz in Eurasburg stammt mit ihrem romanischen Kern aus dem Ende des 13. Jahrhunderts. Um 1550, 1875 und 1923 wurde die Kirche erweitert, umgestaltet und renoviert. Der sehenswerte Innenraum ist im Barockstil gestaltet.

Die Katholische Pfarrkirche St. Peter und Paul im Ortsteil Rehrosbach ist im Kern gotisch und wurde in späteren Jahrhunderten mehrfach erweitert und umgestaltet. Die drei Altäre stammen aus der Zeit um 1680. Der reich ausgestattete Innenraum wurde 1730 vollendet. Er birgt wertvolle Figuren der beiden Kirchenpatrone aus der Zeit um 1500.

Die Kirche im Ortsteil Freienried wurde 1817 an stelle einer Kapelle aus dem 14. Jahrhundert auf eigene Kosten des Freienrieder Bürgers Anton Fesenmayr erbaut.

Freizeit und Sport

Die reizvolle Landschaft der Umgebung von Eurasburg ist ein schönes Wandergebiet mit gut ausgebauten Wegen, die ausgedehnte Wanderungen ermöglichen.

Gemeindezentrum

Empfehlenswert ist die rund 10 km lange Wanderroute durch den Eurasburger Forst vorbei an zahlreichen Hügelgräbern, die am Kirchplatz in Eurasburg beginnt.

Die aktiven Vereine in Eurasburg bieten eine Reihe von Möglichkeiten der sportlichen Betätigung und der sinnvollen Freizeitgestaltung.

Drei Schützenvereine, zwei Feuerwehren und der Sportverein mit den Abteilungen Fußball, Tennis, Ski, Stockschießen und Kindertanzsport bieten eine reiche Palette an Angeboten für alle Altersgruppen. In der Mehrzweckhalle sind außerdem die Hallensportarten Basketball, Volleyball und Tischtennis möglich. Die Halle wird auch für gesellschaftliche und kulturelle Veranstaltungen genutzt.

Die Theatervereine in Eurasburg und Freienried tragen zum kulturellen Programm von Eurasburg bei.

Der vorbildlich angelegte Skaterplatz neben den Sportanlagen ist ein beliebter Freizeittreff für Jugendliche.

Orts- und Infrastruktur

Durch die nahe Anschlussstelle der Autobahn A 8 von München nach Augsburg ist Eurasburg gut zu erreichen.

Für Kinder stehen ein 3-gruppiger Kindergarten mit integrierter Kinderkrippe und eine Grundschule zur Verfügung.

Die Gesundheitsversorgung ist durch zwei Arztpraxen, eine für Allgemein-

und Sportmedizin und eine Praxis für Allgemeinmedizin gewährleistet.

Eine Reihe von Gewerbebetrieben in den Bereichen Dienstleistungen, Handwerk und Handel bieten Arbeits- und Ausbildungsplätze. Neben der Landwirtschaft spielt auch die Wald- und Forstwirtschaft eine wichtige Rolle in Eurasburg.

Geschäfte für den täglichen Bedarf sind vorhanden. Mehrere gemütliche

Gaststätten sorgen mit einem vielfältigen Angebot für das leibliche Wohl ihrer Gäste.

Wichtige Adressen und Telefonnummern

Gemeinde Eurasburg
Schulstraße 14, D-86495 Eurasburg
Tel. +49 (0)8208 1410
Fax +49 (0)8208 1087
info@gemeinde-eurasburg.de
www.gemeinde-eurasburg.de

473

Chr. -v-Schmid-Linde

Friedberg
an der Romantischen Straße

Den Charme einer Stadt, in der es sich zu leben lohnt – dieses Gefühl vermittelt Friedberg inmitten des geschichtsträchtigen „Wittelsbacher Landes". Schon von Weitem erkennt man die markante Silhouette der Stadt mit dem hoch aufragenden Turm der Stadtpfarrkirche. Das einmalige Ambiente der Stadt, die exponierte Lage auf der Lechleite, die zahlreichen Möglichkeiten der Naherholung und das kulinarische Angebot versüßen das Leben der Bewohner und der Gäste.

Friedberg ist mit ca. 30.000 Einwohnern die sechstgrößte Stadt Schwabens und liegt auf einer Anhöhe am Lechrain.

Die verkehrsgünstige Lage von Friedberg an der „Romantischen Straße", Deutschlands bekanntester Ferienroute, und zudem an Jakobs-, Oxen- und Jesuitenweg gelegen, bietet ein beliebtes Ziel für Auto- und Busreisende ebenso wie für Fahrradtouristen und Wanderer. Sie alle genießen die Streifzüge durch die historische

Stadtansicht mit Stadtmauer
(Bilder Reinhold Ratzer)

474

Altstadt, in der es reichlich zu entdecken gibt: Man schlendert gemütlich durch malerische Gassen mit Uhrmacherhäusern aus dem 17. und 18. Jh. Überall begegnen einem verspielte Giebel, Erker und Türmchen, die der Altstadt ihren besonderen Reiz verleihen. Die Besichtigung des im Renaissancestil erbauten Rathauses sollte ebenso zum Pflichtprogramm eines Besuches gehören wie ein Abstecher zum Wittelsbacher Schloss und der prächtigen Barock-Wallfahrtskirche Herrgottsruh. Der Ausblick von der noch gut erhaltenen Stadtmauer mit ihren Rundtürmen und Backsteinmauern auf die Lechebene ist überwältigend.

In gemütlichen Ecken oder auf belebten Plätzen inmitten der historischen Altstadt wird man von ausgezeichneten Gastronomien mit regionalen Schmankerln verwöhnt.

Rathaus mit Marienbrunnen

Friedberg West

Friedberger See

B300

Joseph-

Pappelweg

Seestr.

Richtung AB

Richt. AB

La-Crosse-Ring

Augsburger Str.

Wertstoff-sammelstelle

Augsburger Str.

Richtung Augsburg

TV Friedberg

Hans-Böller-Str.

Pettenkofer-str.

Afrastr.

Untern Berg

Gerber-weg

Schulrat-Will-Str.

Liebigstr.

Röntgenstr.

Steiner

Berg

Metzstr.

Chippenham Ring

Mittl. Lechfeldweg

Afrastr.

Albrecht-str.

Am Pfladerlach

Herzog-Rudolf-Str.

Afrasee1

Ach

Afrasee2

Afrastr.

Hochgrasweg

Afrastr.

Bressuire Ring

Schützenstr.

Schützenstr.

Robert-

Ach

Stadtmauer

Jesuiteng.

Friedberger Berg

Marien Platz

Ludv

Bauernbräustr.

Achstr.

Am S

St-Benedikt-

K

Wohnmobilstellplatz
1 Herrgottsruh
2 Friedberger See
3 Entsorgung EVA.Station

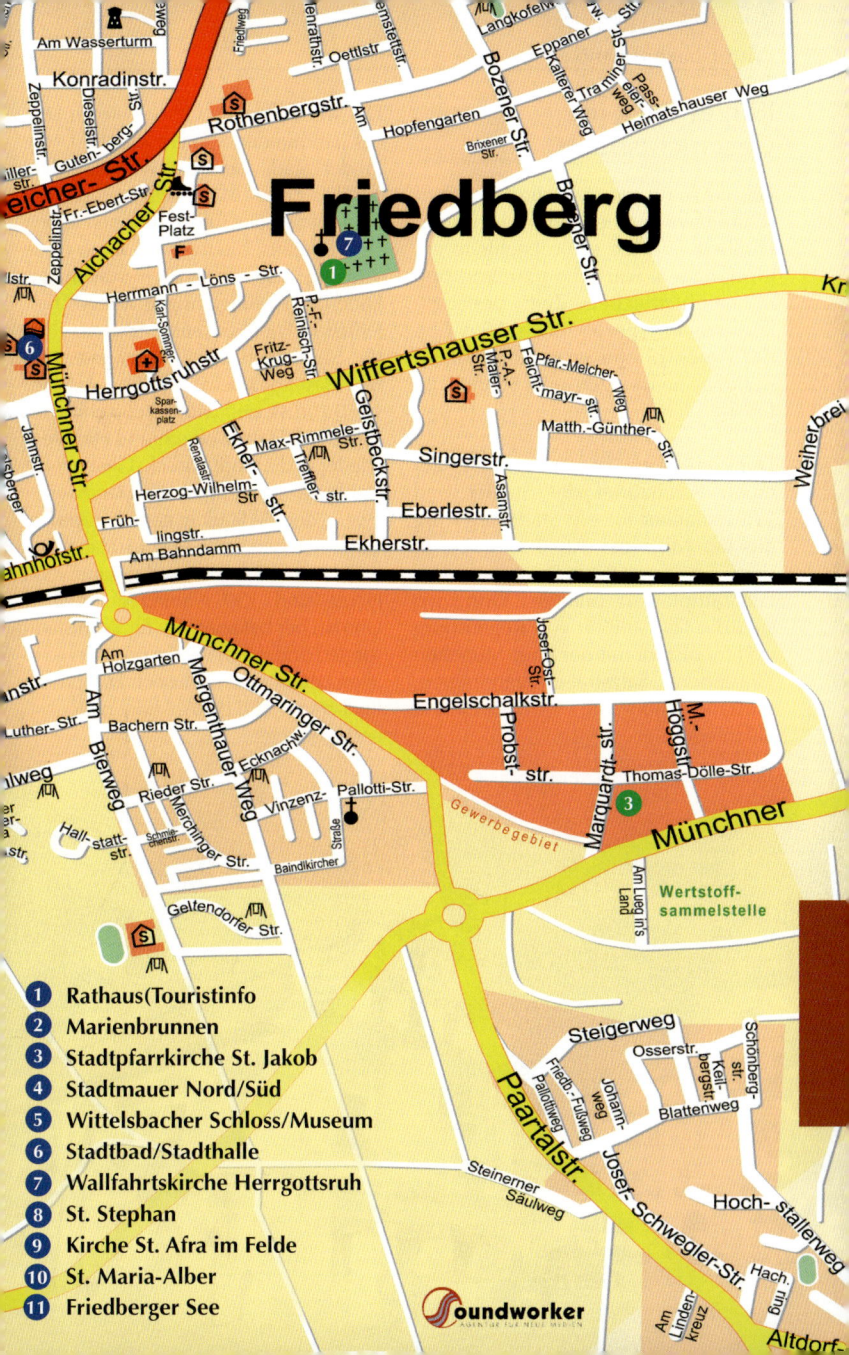

Friedberg

1 Rathaus(Touristinfo
2 Marienbrunnen
3 Stadtpfarrkirche St. Jakob
4 Stadtmauer Nord/Süd
5 Wittelsbacher Schloss/Museum
6 Stadtbad/Stadthalle
7 Wallfahrtskirche Herrgottsruh
8 St. Stephan
9 Kirche St. Afra im Felde
10 St. Maria-Alber
11 Friedberger See

Soundworker
AGENTUR FÜR NEUE MEDIEN

Kurzer Blick ins Geschichtsbuch

Der Lechrain, dort wo die Gletscherschmelzwasser des Lech ein breites Flußbett und die steile Lechleite geformt haben, war schon zu vor- und frühgeschichtlicher Zeit besiedelt. Die Römer, die ab etwa 15 v.Chr. das Alpenvorland eroberten, bauten Kastelle, Siedlungen und Straßen im Ortsbereich.

Die Gründung Friedbergs geht auf einen Schutzbrief der Staufer und Wittelsbacher für die Stadt Augsburg aus der Mitte des 13. Jh. zurück, in dem sie eine neue Stadt auf dem Lechrainplateau planten. Dort, wo sich die Fernstraßen von Regensburg und Ingolstadt mit der über München führenden Salzstraße vereinigten, entstand schon bald eine bedeutende Salzniederlage.

Der wechselvollen Geschichte im Lauf der Jahrhunderte folgte die Pest, die in der Stadt furchtbar wütete. Zeugnis dieser Zeit ist die Mariensäule mit dem später beigefügten Brunnen neben dem Rathaus, die noch heute an diese schwere Zeit erinnert. Und auch das Ende des Dreißigjährigen Krieges hinterließ in Friedberg seine Spuren, glich die Stadt doch einer Steinwüste. Der Bau des Rathauses geht auf das Jahr 1670 zurück und allmählich kehrte das Leben mit Handwerkern und Händlern wieder in die Stadt zurück. Gleichzeitig etablierte sich ein neuer Handwerkszweig, der die Stadt in ganz Europa bekannt machen sollte und 150 Jahre Bestand hatte: Das Uhrmacherhandwerk. Heute sind 350 Namen Friedberger Uhrmacher bekannt, die für Wohlstand sorgten und deren Werke noch heute in allen bedeutenden Museen Europas zu finden sind und bei Auktionen Höchstpreise erzielen.

Rathaus
(Bild Reinhold Ratzer)

Historischer Brauereikeller
(Bild Reinhold Ratzer)

Ebenso bekannt und teuer bezahlte Antiquitäten sind heute die Friedberger Fayencen. Sie entstanden Mitte des 18. Jh. nachdem der bayerische Kurfürst Max III. Joseph im Friedberger Schloss eine Fayencenmanufaktur betreiben ließ.

Die zentrale Lage der Stadt brachte im 19. Jh. die Industrialisierung und Handel und Gewerbe florierten. So trugen auch die Augsburger Maschinen- und Baumwollfabriken dazu bei, dass schon damals Fabrikarbeiter in Friedberg wohnten und nach Augsburg pendelten.

Sehenswürdigkeiten

Die altbayerische Herzogstadt bietet durch ihre wechselvolle Geschichte und ihr kulturelles Erbe eine Vielzahl beachtenswerter Sehenswürdigkeiten. Am besten lässt sich die Stadt auf einer der zahl- und abwechs-lungsreichen Führungen entdecken. Man begibt sich unter fachkundiger Leitung auf die Spuren der Wittelsbacher, der Uhrmacher oder z.B. besonderer Frauen und wird an die schönsten Plätze und Winkel der Stadt geführt.

Friedbergs „Unterwelt" entdeckt man bei einem Rundgang durch historische Brauereikeller, die je nach Belieben mit einer kleinen Bierverkostung enden können.

Natürlich lässt sich Friedberg auch mobil erleben: Eine „Lauschtour" führt die Gäste per iPod, der ausgeliehen werden kann, oder nach Download der App auf das eigene Smartphone durch die malerische Altstadt. Bei dem besonderen Hörerlebnis erfährt man mehr zu weißem Gold, tickenden Uhren und singenden Nachtwächtern!

Museum im Wittelsbacher Schloss

Tischuhr für den türkischen Markt

Das Museum im Wittelsbacher Schloss Friedberg zählt zu den frühen Museumsgründungen in Bayern und blickt als Schwerpunktmuseum der Region auf eine bereits über 130-jährige Geschichte zurück. Seine internationale Bedeutung hängt insbesondere mit der großen Sammlung Friedberger Uhren zusammen. Das Museum wird momentan komplett neu konzipiert und neu gestaltet. Die Wiedereröffnung ist für Mitte 2018 vorgesehen. Mitmachstationen und Medienangebote – sowie das neue Museumscafé mit Zugang zum Schlossgarten – machen den Besuch zu einem Erlebnis für alle Sinne.

Die Themen:

Neben der Friedberger Schlossgeschichte und einem Überblick über die 750-jährige wechselvolle Stadtgeschichte liegt ein Schwerpunkt des Museums auf der Präsentation der Friedberger Uhren: Friedberg war vom 16. bis Anfang des 19. Jahrhunderts ein Zentrum der Uhrmacherei und exportierte seine Preziosen in das gesamte Heilige Römische Reich Deutscher Nation, nach Polen, in die Republik Venedig und das Osmanische Reich.

Im 18. Jahrhundert entwickelte sich in Friedberg neben der Uhrenherstellung für kurze Zeit ein weiterer Wirtschaftszweig: Kurfürst Maximilian III. Joseph von Bayern ließ 1754 in den Räumen des Friedberger Schlosses eine Manufaktur für Fayencen (Tonware mit weiß deckender Glasur) einrichten. Da die Manufaktur jedoch nur wenige Jahre Bestand hatte, sind die Friedberger Fayencen von hoher Seltenheit.

Weitere Höhepunkte der neuen Ausstellung bietet die Abteilung für Archäologie mit überregional bedeutsamen Funden von der Stein- und Bronzezeit bis hin zu den Römern und dem frühen Mittelalter.

Friedberger Teekännchen

Auch das Thema „Wallfahrt und sakrale Kunst" wird im Museum präsentiert: Die Stadt verfügt mit gleich drei Wallfahrtskirchen über eine erstaunliche Dichte an Wallfahrtsorten. Im Museum wird dieser Zusammenhang am Beispiel der Herrgottsruhwallfahrt und der Wallfahrt zu St. Afra im Felde veranschaulicht.

Im Bereich der modernen Kunst werden Friedberger Künstler des 20. Jahrhunderts vorgestellt: Fritz Schwimbeck (1889-1977) schuf in den 1910er/20er Jahren Buchillustrationen zur schwarzen Romantik und Phantastik. Zu den von ihm illustrierten Büchern zählen Gustav Meyrinks Roman „Der Golem" oder Literaturklassiker wie „Macbeth" oder „Hamlet" von William Shakespeare. Darüber hinaus entwarf er grafische Zyklen, die ihre Prägung in den Schrecken des Ersten Weltkriegs, aber auch in Krankheit, Schmerz und Begegnung mit dem Tod erhalten haben.

Von Reinhart Heinsdorff (1923-2002) wiederum könnte europaweit jedermann ein Werk besitzen: Er entwarf beispielsweise die 2-DM-Münzen mit dem Porträt Konrad Adenauers sowie die deutschen Cent-Stücke des EURO mit dem Brandenburger Tor.

Stadtmauer und Rathaus

Auf das 15. Jh. geht der Bau der Stadtmauer zurück, deren Türme noch vollständig erhalten sind. Durch verwinkelte Gassen erreicht der Gast den Marienplatz, an dem das markante Rathaus das Stadtbild prägt. Die Pläne für den Bau stammen von einem Schüler Elias Holls, dem Erbauer des berühmten Augsburger Rathauses. 1674 wurde das Gebäude mit Spätrenaissance- und Barockelementen auf der Fassade erbaut. Besonders sehenswert ist der Rathaussaal – jetzt Sitzungssaal des Stadtrates und Ort für besondere Konzerte – mit seiner hölzernen Kassettendecke und Fresken aus dem 17. Jahrhundert.

Der Marienbrunnen im Zentrum der Stadt, neben dem historischen Rathaus

Es war Dankbarkeit, die die Friedberger Bürger veranlasste, im Jahr 1599 die Mariensäule zu errichten: Die Pest war vorbei. Die Brunnenanlage

481

Marienbrunnen

wurde 1788 erbaut, die flankierenden Figuren, die die Apostel Petrus und Jakobus darstellen, kamen in diesem Jahrhundert hinzu.

Stadtpfarrkirche St. Jakob

St. Jakob
(Bild Reinhold Ratzer)

Der markante Turm dieser Kirche, die um 1871/72 erbaut wurde, nachdem der Kirchturm der Vorgängerkirche eingestürzt war, prägt die Silhouette der Stadt. Vorbild für den neuen Bau im neuromanischen Stil war San Zeno in Verona. Wer Friedberg besucht, sollte die Gelegenheit zum Besuch eines der zahlreichen Orgelkonzerte oder Gottesdienste wahrnehmen. Hier kommt man in den Genuss einer Metzler-Orgel, auf der die Klänge des Barock zu einem wahren Ohrenschmaus werden.

Wallfahrtskirche Hergottsruh

Monumental präsentiert sich die prächtige Kirche „Unseres Herrn Ruhe" nach außen, gehört aber doch durch einen stiltypischen Gleichklang aus Architektur, Plastik und Malerei zu den schönsten Werken des bayerischen Rokoko. Zwischen 1731 und 1753 wurde die Kirche erbaut, die Wandmalerein, Fresken und Stuckarbeiten berühmter Kunsthandwerker der damaligen Zeit enthält.

St. Afra im Felde

Der Kirchenbau geht auf die Märtyrerin, die Heilige St. Afra zurück. Sie soll an dieser Stelle im Jahr 304 dem Flammentod erlegen sein. Die Barockkirche hat eine bewegte Geschichte, diente sie doch Anfang des 19. Jh. gar als Munitionslager.

Einen weiteren Besuch und Abstecher wert, wenn man Friedberg besichtigt, sind auch die wunderschön gestalteten Kirchlein St. Stephan und Maria Alber.

Freizeit und Sport

Die sanfte Hügellandschaft des Wittelsbacher Landes mit ihren zahlreichen Wäldern lädt Sportbegeisterte und Naturliebhaber zu Ausflügen und Aktivitäten ein.

Durch das Hügelland um Friedberg führen zahlreiche gut ausgeschilderte Rundwanderwege, ein besonderes Erlebnis für Aktive und Naturliebhaber! Der Pilgerweg rund um die Wallfahrtskirche Herrgottsruh lädt ein zu Besinnung und Entschleunigung.

Abgerundet wird das Angebot für Spaziergänger und Wanderer durch

einen Lehrpfad: Der Geo-Biologi-
sche-Lehrpfad durch das Metzger-
wäldchen gibt auf neun Stationen
Einblick in die Strahlenfühligkeit der
Natur und zeigt dem Laien den Ar-
beitsbereich der modernen Radiäpsie
auf. Außerdem kann man an einem
Lehrbienenstand im Süden der Stadt
viel Wissenswertes über die nützli-
chen Tiere erfahren.

Auch Nordic Walker kommen in
Friedberg auf ihre Kosten: Zwischen
vier und 12 Kilometer lang sind die
Parcours, die dem Anfänger wie auch
dem Profi durch die verschiedenen
Längen und Schwierigkeitsgrade der
Strecken ein ideales Trainingsterrain
versprechen.

Für Fahrradbegeisterte und Radtouristen ist das Wittelsbacher Land ein wahres Eldorado mit zahlreichen, gut ausgeschilderten, Radwegen. Zwischen
sieben und 179 Kilometern kann der
Radler wählen und dabei Schwerpunkte auf seine Interessen legen.

Stadtbad Friedberg

Im Stadtbad und der angegliederten
Sauna finden Erwachsene und Kinder
ebenso wie sportlich ambitionierte
Gäste einen Ort für Spaß, Sport und
Erholung. Vom Schwimmerbecken
bis Kleinkinder-Planschanlage ist einiges geboten. So ist beispielsweise
jeden Sonntagnachmittag Familien-
tag mit Großspielgeräten. Angebote
wie Candle-Light-Schwimmen bieten
Entspannung und Wohlfühlambiente
für Erwachsene.

Aktivpark Lechleite

Der Friedberger See ist ein Naherholungsgebiet vom Feinsten. Hier
warten die schönsten Freizeitaktivitäten wie Wasserskilaufen, Schwimmen und Stockschießen (im Sommer
auf Asphalt und im Winter auf Eis).
Das gepflegte Rad- und Wandernetz
rund um den See wird durch eine
abwechslungsreiche   Gastronomie
ergänzt, in der der Gast seine Seele
baumeln lassen kann.

483

Friedberger See
(Bild Franz Scherer)

Kultur und Veranstaltungen, Feste und die Friedberger Zeit

Themenbezogene Stadtrundgänge, Märkte, Theater und Musik sorgen während des gesamten Jahres für ein vielfältiges kulturelles Angebot in Friedberg. So erinnert das historische Altstadtfest „Friedberger Zeit" an die Glanzzeit der Stadtgeschichte im 17. und 18. Jh. als Zentrum der Uhrmacherkunst, das alle drei Jahre stattfindet. 10 Tage lang währt das stilvoll-festliche Treiben vor der Altstadtkulisse, in Original-Gewändern und -Darbietungen sowie mit Speisen und Getränken aus jener prunkvollen Zeit.

Umgeben von den Barock-Fassaden und inmitten der engen Uhrmacher-Gässchen und romantischen Winkel Friedbergs ist die Stadt eine ideale Kulisse für das stilechte und prachtvolle historische Treiben, das die Augen, Ohren und Gaumen der Besucher verwöhnt.

Fête de la Musique – immer am 21. Juni

Jedes Jahr zum Sommeranfang am 21. Juni findet diese besondere musikalische Veranstaltung statt. Zu hören gibt es Musik aller Stilrichtungen auf den Plätzen und in den Höfen der Innenstadt bei freiem Eintritt. Auch das neue kulturelle „Markenzeichen" – die fantastische Bühne am Friedberger Berg wird dabei bespielt.

Kunst- und Kulturkalender

Vielfältige kulturelle Angebote bieten sich für Interessierte im Jahreskalender der Stadt. Die Themen reichen über Kunstausstellungen , Vernissagen und Lesungen bis zu Konzerten im stilvollen Ambiente des historischen Rathaussaales.

Bergbühne
(Bild Herbert Heim)

Friedberger Halbmarathon
(Bild Thorsten Franzisi)

Feste

Von Anfang bis Mitte August lockt das „Friedberger Volksfest" Besucher in die Stadt. Bereits seit 1928 gibt es das Fest, das zu einem der führenden Volksfeste Schwabens gehört. Bier- und Weinzelt laden zu kulinarischen Leckereien ein und die Fahrgeschäfte sorgen für spannende und unterhaltsame Momente.

Musikalische Leckerbissen bieten sich dem Musikfreund jedes Jahr Anfang September. Beim „Friedberger Musiksommer" ist für jeden musikalischen Geschmack etwas geboten, stehen doch Klassik, Jazz, eine Matinee oder ein Kammerkonzert auf dem Programm der Veranstalter. Preisgekrönte Solisten und sogar Staatsorchester verwöhnen die Besucher an besonderen Orten der Stadt wie der Stadtpfarrkirche St. Jakob, der Wallfahrtskirche St. Afra oder etwa der Remise des Wittelsbacher Schlosses.

Ob Fasching oder Karneval – der traditionelle „Friedberger Faschingsumzug", der am Faschingsdienstag durch die historische Altstadt zieht, ist für die Friedberger Narren und ihre Gäste und Besucher der Höhepunkt der fünften Jahreszeit.

Rein sportlich und mittlerweile in Läuferkreisen zum Kult geworden ist der „Friedberger Halbmarathon". Dabei meistern die Sportler vier Runden durch die historische Altstadt und absolvieren die Halbmarathondistanz. Eine besondere Herausforderung stellt hier der Friedberger Berg dar, der mit seinen 13% Steigung bewältigt werden muss.

Wochenmarkt
(Bilder Reinhold Ratzer)

Märkte

Töpfermarkt
(Bilder Reinhold Ratzer)

Neben den Wochenmärkten, die jeweils Freitag und Samstag am Marienplatz abgehalten werden und auf denen viele regionale Spezialitäten angeboten werden, haben sich der „Judikamarkt" (Sonntag vor Palmsonntag), der „Laurentiusmarkt" (Sonntag vor Laurentius), der „Matthäusmarkt" (Sonntag vor Matthäus)

und der „Martinimarkt" (Sonntag vor Martini) im Veranstaltungsprogramm des Jahres etabliert. Das Markttreiben in der Altstadt zieht jedes Jahr zahlreiche Besucher an. Nicht zu vergessen ist der „Sonnwend-Töpfermarkt", der am Wochenende zur Sonnenwende im Juni veranstaltet wird und mit seinem ausgesuchten, hochwertigen Angebot weit über die Grenzen der Region bekannt ist.

Weihnachtsmärkte

In der Adventszeit ist die Innenstadt weihnachtlich geschmückt und lädt die Besucher aus nah und fern zum vorweihnachtlichen Bummeln ein. Rund um die Stadtpfarrkirche und im Archivhof hat sich der „Friedberger Advent" zu einem Besuchermagneten entwickelt. Auf dem

„Weihnachtsmarkt mit Atmosphäre" werden nur kunsthandwerklich hochwertige Waren angeboten und finden kulinarische Leckerbissen aus dem Wittelsbacher Land ihre Genießer. Begleitet wird die vorweihnachtliche Stimmung, die am 1. Adventwochenende beginnt, von weihnachtlicher Musik, einer Nacht der Sterne und hochkarätigen Konzerten.

Advent in Friedberg

Stimmungsvoll und ausschließlich gemeinnützigen Aufgaben gewidmet, präsentiert sich der „Karikative Christkindlmarkt" jeweils Ende November. Verschiedene Gruppierungen aus dem städtischen Leben stimmen die Besucher auf die Weihnachtszeit ein.

Gastlichkeit in Friedberg

Friedberg und seine Umgebung sind bekannt für bayerisch-schwäbische Spezialitäten. In den traditionellen Gasthäusern mit ihren lauschigen Biergärten werden die Gäste mit all den Köstlichkeiten verwöhnt, die das Wittelsbacher Land zu bieten hat. Regionale Kochkunst fertigt aus den Rohstoffen ein reichhaltiges, schmackhaftes Angebot. Die hausgemachte Tellersulz findet sich auf den Speisenkarten ebenso wie ofenfrische Schweinshaxen, Spargeldelikatessen oder die Spezialitäten vom Wittelsbacher Landoxen.

Spezialitätenwirte im Wittelsbacher Land

Hier haben sich Gastronomen zusammengeschlossen, die oberste Priorität auf Qualität und Verarbeitung regionaler Zutaten legen. Dafür wurde Ihnen der „Bayerische Innovationspreis" der BayTM verliehen.

(Bild fs-eventfoto)

Orts- und Infrastruktur

Friedberg zeigt sich heute dynamisch, aktiv und gastfreundlich. Die geschichtsträchtige Stadt, in deren Kernstadt und ihren 13 Stadtteilen etwa 30.000 Einwohner leben, präsentiert sich modern und zukunftsorientiert.

Der Ausbau der A8 mit einem eigenen Autobahnanschluss für Friedberg brachte viele neue Gewerbeansiedlungen, die im Business-Park am Friedberger See und im Friedberg Park an der A8 zahlreiche Arbeitsplätze schaffen.

Verkehrswege

Auf der Schiene:

Friedberg ist über den regionalen Anbieter, die Paartalbahn, an die Bahnlinie Augsburg-Ingolstadt und damit an das überregionale Bahnnetz angeschlossen. Über die Linie 6 des Augsburger Verkehrs- und Tarifverbunds verkehrt die Straßenbahn im 8-Min.-Takt zwischen Friedberg und Augsburg.

Am Marienplatz
(Bild fs-eventfoto)

Auf der Straße:

Friedberg liegt direkt an der BAB 8 Stuttgart-München und verfügt über eine eigene Anschlussstelle „Friedberg in Bayern". Zudem führt die „Romantische Straße", Deutschlands bekannteste Ferienstraße, die B2, die Würzburg mit Füssen verbindet sowie die B300 Augsburg-Aichach-Schrobenhausen unmittelbar durch die Stadt.

In der Region sorgt das Streckennetz von AVA und VGA dafür, dass man mit dem Linienbus seine Ziele erreichen kann.

Wohnmobilstellplätze

Reisende, die mit ihrem Wohnmobil unterwegs sind, finden in Friedberg kostenfreie Stellplätze für ihre Fahrzeuge: Der „Stellplatz am Friedberger See" (GPS: N 48°21'55.129" E 10°57'54.769" / N 48°21.918' E 10°57.912') bietet vier Reisemobilen Platz. Nur 15 Gehminuten von der Innenstadt entfernt, bieten sich am See attraktive Freizeitangebote wie Wasserskifahren, Beachvolleyball und vieles andere mehr. Der „Stellplatz an der Wallfahrtskirche Herrgottsruh" (GPS: N 48°21'27.526" E 10°59'26.539" / N 48°21.458' E 10°59.442') verfügt über drei Plätze direkt neben der Kirche und die Innenstadt lockt hier in nur 400 m Entfernung mit Einkaufsmöglichkeiten und ihrem Gastronomieangebot.

Eine Tag und Nacht anfahrbare Ent- und Versorgung der Mobile ist in der Marquartstr. 2 a auf dem Gelände der Landmaschinen Pfundmeir möglich (GPS: N 48°20'52.516" E 10°59'50.332" / N 48°20.875' E 10°59.838').

Historische Stadtmauer
(Bild wikipedia, Reinhard Hauke CC BY-SA 3.0)

Weltoffen wohnen

Durch die zentrale Lage Friedbergs und ihrer Nähe zu Augsburg entwickelte sich die Stadt zu einem wirtschaftlichen Standort, an dem es sich angenehm leben lässt. Die vielschichtige Ausrichtung der angesiedelten Unternehmen schafft Arbeits- und Ausbildungsplätze.

Schulen

Neben mehreren Grundschulen stehen den Heranwachsenden der Stadt eine Mittel- und eine Realschule sowie ein Gymnasium, eine Fachoberschule, eine Berufsoberschule und eine Förderschule zur Verfügung. Berufsschule und die Landwirtschaftsschule Friedberg runden das Angebot ab, das durch die Friedberger Schule für Musik ebenso ergänzt wird wie durch die Kunstschule Friedberg.

Gesundheit und Soziales

Für Senioren konnten in Friedberg zahlreiche Einrichtungen geschaffen werden, die den Alltag im Alter erleichtern. Neben Senioren- und Pflegeheimen gibt es Einrichtungen für betreutes Wohnen. Darüber hinaus sorgt das Angebot an medizinischer Versorgung für Sicherheit mit einem Krankenhaus und vielen niedergelassenen Fachärzten.

In einer Vielzahl von Vereinen und Gruppierungen der Stadt finden sich vielseitige Beschäftigungsangebote um das Leben gesellig und unterhaltsam zu gestalten.

Wichtige Adressen und Telefonnummern

Stadt Friedberg
Marienplatz 5, D-86316 Friedberg
Tel. +49 (0)821 60 020
Fax +49 (0)821 60 02 190
info@friedberg.de, www.friedberg.de

Radeln in der Natur
(Bild Brigitte Straub)

Natur um Friedberg
(Bild Julia Allweiler)

Rokoko-Juwel im Wittelsbacher Land

Wallfahrtskirche Herrgottsruh, Friedberg

Kunstvoll gestaltete Fresken in leuchtenden Farben, Verzierungen aus schimmerndem Gold und üppiger Stuck an Decke und Wänden: Die Wallfahrtskirche Herrgottsruh in Friedberg ist ein spätbarockes Juwel, das nach Abschluss der über zehn Jahre dauernden Renovierung seit 2007 wieder in voller Pracht und Herrlichkeit erstrahlt. Zu den besonderen Sehenswürdigkeiten im lichtdurchfluteten Kirchenraum gehört das Hochaltarfresko des berühmten Barockmalers und Architekten Cosmas Damian Asam. Die Ursprünge der Wallfahrt Herrgottsruh gehen bis ins Mittelalter zurück, die Grundsteinlegung der heutigen Wallfahrtskirche erfolgte 1731 in Anwesenheit von Kurfürst Karl Albrecht von Bayern, dem späteren Kaiser Karl VII. Ein weiterer Meilenstein in der Geschichte von Herrgottsruh ist die feierliche Einweihung im Jahr 1753 durch den Weihbischof Franz Xaver Reichsfreiherr von Adelmann. Schon 1738 wurde die Ausmalung der Chorkuppel durch Asam fertiggestellt – dies ist das vorletzte Werk des Meisters und dadurch von besonderer kunstgeschichtlicher Bedeutung.

Auf den Spuren der Pilger

Ruhe und Besinnung finden Besucher nicht nur in der prachtvollen Kirche, sondern auch in der Natur unter freiem Himmel. So wurde 2011 der Pilgerweg Herrgottsruh eröffnet, der an der Wallfahrtskirche beginnt und endet. Auch hier wird Geschichte lebendig, denn Teile des Weges werden seit Jahrhunderten von Menschen auf der Wallfahrt nach Herrgottsruh und zurück nach Hause gegangen. Die fünf Tafeln, die den Pilgerweg in Stationen unterteilen, erzählen von der Wallfahrt Herrgottsruh und laden darüber hinaus zum Innehalten und Nachsinnen ein. Die erste Tafel steht vor der Wallfahrtskirche, es folgt die Tafel des Michelbauern auf der Straße nach Heimatshausen, eine Tafel steht am Waldrand bei Ottoried, die nächste nahe dem Waldrand nördlich von Heimatshausen, die letzte findet

sich am Wegkreuz unterhalb des Ortes. Die barrierefrei erreichbare Wallfahrtskirche ist durchgehend geöffnet, sodass sich Besucher ohne Anmeldung den prächtigen Innenraum anschauen können. Mehr über die Geschichte und Kunst erfährt man bei einer Kirchenführung, die von April bis September jeweils am 1. Sonntag im Monat um 15 Uhr stattfindet. Abwechselnd werden sie vom Wallfahrtsdirektorat und vom Tourismusbüro der Stadt Friedberg gestaltet. Eine Anmeldung ist nicht erforderlich; die Teilnahme ist kostenlos.

Öffnungszeiten:
April bis Okt.: sonn-/feiertags 6.30 bis 19.30 Uhr; werktags ca. 7.15 bis 20 Uhr; im Okt. bis 19 Uhr.
Nov. bis März: sonn-/feiertags: 6.30 bis 18 Uhr; werktags ca. 7.15 bis 18 Uhr.
Bei Abendgottesdiensten und Konzerten bleibt die Kirche entsprechend länger geöffnet.

Wallfahrtskirche Herrgottsruh
Herrgottsruhstraße 29
86316 Friedberg/Bayern
Telefon 08 21-60 15 11
Fax 08 21-60 80 411
wallfahrt.herrgottsruh@pallottiner.org
www.herrgottsruh.de

Ein Juwel der Wallfahrt
St. Afra im Felde

Erbaut auf eine der ältesten Märtyrerstätten nördlich der Alpen: St. Afra im Felde. Erstmals urkundlich bestätigt am 6.8.1177 von Papst Alexander III. in Venedig, dem Kloster St. Ulrich in Augsburg.

Südwestlich von Friedberg gelegen, soll an der Stelle, an der die Kirche steht, um 304 die heilige Afra von Augsburg den Märtyertod in einer spätkeltischen Viereckschanze gefunden haben. Nicht weit von hier wurde übrigens 955 die epochale „Schlacht auf dem Lechfeld" gegen die Ungarn geschlagen. Während des Dreißigjährigen Kriegs wurde die Kirche von den Schweden geplündert und später vollkommen verwüstet. Dort auf dem Lechfeld errichtete man 1701 bis 1709 den heutigen Bau.

Die Kirche wurde am 17.5.1712 neu eingeweiht. Schon Ende des 18. Jahrhunderts nutzte man die Kirche für militärische Zwecke, so auch nach der Säkularisation offiziell als Munitionslager. Die beiden Türme wurden abgebrochen und die Fenster zugemauert. Bis zu 20.000 Zentner Pulver waren im Gebäude gelagert. Wegen der Gefahr für die Umgebung wurde das Pulver gegen Ende des 19. Jahrhunderts weggebracht, das Gebäude sollte verkauft werden. Es wurde vom Friedberger Wallfahrtsdirektor Alois Melcher erworben. 1877 begannen die Arbeiten, um das Gotteshaus wieder instand zu setzen. Am 1. Juli 1878 wurde dann die Kirche und der

Altar erneut geweiht. Im Innern der Kirche besticht der schlichte Barock. Die Orgel von St. Afra im Felde hat 500 Pfeifen und stammt aus dem Jahr 1961. 1964 ersetzte man den früheren Hochaltar durch eine Afra-Skulptur des Weßlinger Bildhauers Georg Chorherr. Zu Füssen dieser Skulptur steht ein Marmoraltar. Die Kirche gehört zum Bischöflichen Stuhl von Augsburg und wird von der Pfarrei St. Jakob in Friedberg betreut. Die Wallfahrt zur Heiligen Afra findet jährlich am 7. August statt, was immer groß gefeiert wird.

Jeden Sonntag, außer im August bis Mitte September, findet um 9 Uhr eine heilige Messe statt.

Nach telefonischer Vereinbarung mit Familie Ritter, Tel +49 (0)821-2 62 14 71, kann die Kirche geöffnet werden.

Eine kurze Führung ist ebenfalls möglich. Neben den beiden Wallfahrtskirchen St. Afra im Felde und Unseres Herrn Ruhe gibt es noch einen weiteren Sakralbau von herausragender kunsthistorischer Bedeutung in Friedberg, die Stadtpfarrkirche St. Jakob am St.-Jakobs-Platz.

1871 im neuromanischen Stil nach Vorbildern in Verona und Ravenna erbaut und mit Fresken des bedeutenden Malers Ferdinand Wagner ausgestattet.

Katholisches Stadtpfarramt Sankt Jakob

Eisenberg 2
D-86316 Friedberg
Tel. +49 (0)821 58 86 80
info@sankt-jakob-friedberg.de
www.sankt-jakob-friedberg.de

Gutes vom Land

Gasthof zum Schloss

Ein bayerischer Landgasthof, in dem die Chefin die Kochlöffel noch selber schwingt – so präsentiert sich der Gasthof zum Schloss in Friedberg-Stätzling.

Als Mitglied bei den „Spezialitätenwirten im Wittelsbacher Land", kommen hier regionale Spezialitäten auf den Tisch. Mit viel Liebe und frischen Zutaten wird gekocht und auf die saisonale Zusammenstellung der Speisen geachtet.

So genießen die Gäste im Januar und Februar den Grünkohl nach nord-

deutscher Art, im Mai und Juni Spargel-köstlichkeiten und im Herbst leckere Kürbisgerichte. Natürlich fehlt auch der Wittelsbacher Weideoxe nicht auf der Karte, der zu den Hochgenüssen in der Region zählt. Samstags und sonntags sowie an Feiertagen werden die Gäste mit leckeren hausgemachten Kuchen verwöhnt.

Das „Steckenpferd" der Wirtin, die hausgemachten feinen Fruchtaufstri-che sollte man sich nicht entgehen lassen und mit nach Hause nehmen. Gegessen und getrunken wird in ge-mütlich eingerichteten Gaststuben, in denen man sich heimisch fühlt.

Ein Kellergewölbe und ein Festsaal stehen Gästen für private oder ge-schäftliche Feiern zur Verfügung. Und wer sich ein wenig sportlich betäti-gen möchte, dem sei der Besuch der

Kegelbahnen angeraten. Und was wä-re ein schwäbisch-bayerischer Gast-hof ohne Biergarten. Hier spendet ein Ahornbaum Schatten und während die Gäste sich an einem frisch gezapften Bier erfreuen und mit den kulinari-schen Köstlichkeiten aus der Küche verwöhnt werden, amüsieren sich die Kinder in einer eigens für sie einge-richteten Spielecke.

Gasthof zum Schloss

Pfarrer-Bezler-Str. 7
D-86316 Friedberg-Stätzling
Tel. +49 (0)821 78 34 84
gasthofzumschloss@t-online.de
www.gasthof-zum-schloss.de

Hier wird Kochen zu einer Liebesgeschichte

Landgasthof zum Herzog Ludwig

Mal gut bürgerlich, mal Haute Cuisine – so präsentiert sich die Kochkunst im Landgasthof zum Herzog Ludwig. In den gemütlich eingerichteten Gasträumen inmitten von Harthausen bei Friedberg, lässt es sich vorzüglich speisen und feiern.

Wie wäre es heute mit einem Loup de mer aus Wildfang, der mit confiertem Fenchel, Babymais und Blattspinat serviert wird? Oder würde heute der Rücken vom Salzwiesenlamm in Kichererbsenkruste, mit Aubergine und Kardamomsoße besser schmecken? Im Gourmetrestaurant „Speisezimmer" im Landgasthof zum Herzog Ludwig werden die Gaumen der Gäste mit Feinstem, was Küche und Keller zu bieten haben, verwöhnt. Nicht umsonst wurde die Küche des Hauses von dem Gastronomieführer „Gusto 2017", dem „Guide Michelin" sowie dem „Varta-Führer" ausgezeichnet und empfohlen.

Wer lieber auf die bayerische Hausmannskost setzt, ist hier ebenso willkommen wie der Feinschmecker. Denn im Wirtshaus setzt die Betreiberfamilie Prencipe auf eine gelungene Kombination aus gut bürgerlicher Küche, die mit einem gewissen Etwas gewürzt wird. Vor allem saisonal wird gekocht und klassische Schmorgerichte finden sich auf der Karte ebenso wie bewährte Klassiker und Köstlichkeiten aus der mexikanischen Küche.

Begleitet werden die Leckereien von den Bierspezialitäten und einem erlesenen Weinangebot der Brauerei Kühbach, die das Objekt 2011 erworben und in der Folgezeit saniert hat.

Die gediegene Atmosphäre in den Gasträumen und der gastfreundliche Charme der Betreiber bilden auch den geeigneten Rahmen für eine Festlichkeit. Ob Hochzeit, Firmenevent oder Konzert – die Räumlichkeiten des Landgasthofs zum Herzog Ludwig eignen sich für alle Veranstaltungen, steht doch ein großer, teilbarer Saal zur Verfügung. Die professionelle Unterstützung der Wirtsleute bei der Planung ist für jeden Veranstalter eine große Hilfe und die Begleitung persönlich zusammengestellter Menüs, Patisserie sowie hausgemachter Kuchen und Torten lassen die Feier zu einem unvergesslichen Erlebnis werden.

Landgasthof zum Herzog Ludwig
Ringstraße 9
D-86316 Friedberg-Harthausen
Tel. +49 (0)8205 96 96 938
info@zumherzogludwig.de
www.zumherzogludwig.de

Die Kunst der süßen Verführung

Altstadtcafé Weißgerber, Friedberg

Feinblättrige Plunderteilchen, fruchtig-frische Obstkuchen, luftig-cremige Torten, leckere Windbeutel und Sahneteilchen, zart schmelzende Trüffel und vieles mehr... Das Altstadtcafé Weißgerber in der Friedberger Altstadt lässt keine süßen Wünsche offen.

Genießer finden hier eine umfangreiche Auswahl an hochwertigen Konditoreierzeugnissen – zum Mitnehmen, zum Verschenken oder zum Verzehr vor Ort in Kombination mit einer Kaffee- oder Teespezialität.

Mit einem Blick in die „Gläserne Backstube" können sich die Kunden davon überzeugen, dass hier noch nach allen Regeln der modernen sowie der klassischen Konditorenkunst gearbeitet wird – und das ganz ohne Zusatzstoffe und „Hilfsmittel". Das beginnt bei den im Kupferkessel gekochten Füllungen für Pralinen und Trüffel, reicht über aufwendig hergestellten Plunder- und Blätterteig bis hin zu den aus feinster Kuvertüre von Hand gegossenen Osterhasen und Nikoläusen. „Wir lieben unser Handwerk – und leben es!" heißt das Motto von Willi Weißgerber und seinem Team. Der Konditormeister führt bereits in fünfter Generation die

Familientradition fort, die bis ins Jahr 1887 zurückreicht.

Wer im Altstadtcafé Weißgerber einkehrt, hat die Wahl – nicht nur in Hinblick auf die vielfältigen Leckereien. Je nach Jahreszeit und Laune gibt es verschiedene Möglichkeiten zum Verweilen. Das untere Café ist modern und behaglich eingerichtet; hier sitzt man bequem auf Lloyd-Loom-Chairs und schaut dem bunten Treiben auf der Ludwigsstraße zu. Im oberen Café mit originalen Stuckdecken und traditioneller Kaffeehaus-Einrichtung haben die Gäste einen Logenplatz mit Blick auf die St. Jacobskirche und den Kirchvorplatz. Ein Highlight in der warmen Jahreszeit ist das Freiluft-Café. Vor der malerischen Kulisse der Stadtpfarrkirche und im Schatten der Bäume werden Frühstücksvariationen, warme und kalte Gerichte, Snacks, Kaffee und Kuchen sowie hausgemachtes Eis serviert. Klein und idyllisch ist der Innenhof mit 20 Sitzplätzen – eine Alternative für alle, die es ruhig und abgeschieden mögen. Ebenso wie bei den Konditoreierzeugnissen steht beim Frühstück und den weiteren Angeboten aus der Küche die Qualität an erster Stelle – durch die Verwendung bester Zutaten und die frische Zubereitung der Gerichte. Auf der Karte stehen sowohl Speisen für den kleinen Hunger zwischendurch als auch sättigende Mittagsgerichte wie das „Knusper-Schnitzel" im Cornflakes-Mantel.

Öffnungszeiten:

Montag bis Samstag 8 bis 18 Uhr,
Sonntag 10 bis 18 Uhr

Altstadtcafé Weißgerber

Ludwigstr. 10, D-86316 Friedberg
Tel. +49 (0)821-6080222
cafe-weissgerber@t-online.de
www.cafe-weissgerber.de

Hollenbach

Familienfreundliche Gemeinde in naturnaher Umgebung

Die Gemeinde Hollenbach (rund 2500 Einwohner) nahe Aichach liegt 20 km nordöstlich von Augsburg. Die vormals selbständigen Gemeinden Hollenbach, Igenhausen, Mainbach, Motzenhofen und Schönbach wurden in den 1970er Jahren zur Gemeinde Hollenbach zusammengefasst. Die Gemeinde mit sehr guter Infrastruktur hat ihren ländlich-idyllischen Charakter bewahrt.

Kurzer Blick ins Geschichtsbuch

Die einzelnen Ortsteile wurden bereits vom 10. bis 12. Jahrhundert erstmals urkundlich erwähnt. Alle Orte wurden 1818 im Rahmen der bayerischen Verwaltungsreform selb- ständige Gemeinden.

Sehenswürdigkeiten

Die sehenswerten Kirchen im Hollenbacher Gemeindegebiet sind einen Besuch wert.

Die Katholische Pfarrkirche St. Peter und Paul in Hollenbach hat ihre Ursprünge im 15. Jahrhundert.

Die Katholische Pfarrkirche St. Michael in Igenhausen mit imposantem Turm aus dem 16. Jahrhundert wurde im 18. und 19. Jahrhundert ausgebaut.

Rathaus
(Bild Gemeinde Hollenbach)

St. Michael
(Bild Wikipedia Marusmmm CC BY-SA 4.0)

Die Katholische Filialkirche Mariä Heimsuchung in Motzenhofen wurde um 1716 errichtet.

Die Katholische Filialkirche St. Ulrich in Schönbach stammt im Kern aus dem 15. Jahrhundert.

Freizeit und Sport

Die schöne, naturnahe Umgebung von Hollenbach bietet gute Freizeitmöglichkeiten, vor allem das beliebte Naherholungsgebiet Silberbrünnerl.

28 Vereine bieten vielfältige Möglichkeiten der sportlichen und geselligen Freizeitgestaltung.

Orts- und Infrastruktur

Die familienfreundliche Gemeinde Hollenbach ist begünstigt durch die zentrale Lage nahe Aichach, das gute Einkaufsmöglichkeiten und wichtige Einrichtungen und Behörden bietet. Regelmäßige Verbindungen mit öffentlichen Verkehrsmitteln sind vorhanden.

Eine große Anzahl von gewerblichen Betrieben bietet eine Reihe von Arbeits- und Ausbildungsplätzen in der Gemeinde.

Für Kinder stehen die Grund- und Mittelschule Hollenbach sowie eine Kindertagesstätte zur Verfügung.

Mehrere Gaststätten sorgen für das leibliche Wohl der Gäste Hollenbachs.

Wichtige Adressen und Telefonnummern

Gemeinde Hollenbach
Hauptstr. 93
D-86568 Hollenbach
Tel. +49 (0)8257 9996 0
Fax +49 (0)8257 9996 40
info@gemeinde-hollenbach.de
www.gemeinde-hollenbach.de

(Bild Gemeinde Hollenbach)

Inchenhofen

Familienfreundliche Gemeinde in malerischer Hügellandschaft

Der Markt Inchenhofen (rund 2500 Einwohner) nördlich von Aichach liegt auf einem Landrücken zwischen dem Donaumoos und dem Paartal. Zum Markt gehören der Hauptort Inchenhofen sowie die Ortsteile Ainertshofen, Arnhofen, Ingstetten, Oberbachern, Ried, Reifersdorf, Sainbach, Schönau, Taxberg und Unterbachern.

Das ländlich geprägte Inchenhofen mit weitläufigen Moor- und Wiesenflächen und Wäldern bietet ein Leben mit hohem Erholungswert.

Inchenhofen gehört zu den bedeutendsten Wallfahrtsorten Bayerns. Die Wallfahrtskirche St. Leonhard ist das Wahrzeichen von Inchenhofen.

Kurzer Blick ins Geschichtsbuch

Inchenhofen wurde erstmals im 11. Jahrhundert urkundlich erwähnt. Um 1250 gab es in Inchenhofen fünf Güter, ein Pfarrwiddum und eine kleine Leonhardskapelle. Durch ein Wunder im Jahr 1266 begann eine bedeutende Wallfahrtsbewegung zum hl. Leonhard in Inchenhofen.

Von 1283 bis zur Säkularisation 1803 wurde durch das Zisterzienserkloster Fürstenfeld die Dorfobrigkeit und die Betreuung der Wallfahrt durchgeführt. Durch die Wallfahrt wurde die bäuerliche Struktur durch die Ansiedlung von Gewerbe, Handwerk

Inchenhofen
(Bild Hubert Echerer)

504

und Kleinhandel verändert. Um 1400 erhielt Inchenhofen das Marktrecht. Im Zuge der Verwaltungsreformen in Bayern entstand 1818 die heutige Gemeindestruktur.

Sehenswürdigkeiten

Wallfahrtskirche St. Leonhard

Die weithin sichtbare Wallfahrtskirche St. Leonhard wurde in den Jahren 1450-1457 im spätgotischen Stil erbaut. Sie wurde mehrfach umgestaltet, bis sie nach einem Brand im Jahr 1704 die barocke Gestaltung und in den 1750-er und 1760-er Jahren die prachtvolle Rokokoausstattung erhielt.

Prunkstück der Kirche ist der riesige, überwältigende Hochaltar mit dem von zwei Säulenpaaren flankierten Gnadenbild des hl. Leonhard, der von dem Schrobenhausener Kunstschreiner Anton Wiest geschaffen wurde.

Das großformatige Deckenfresko mit Themen aus dem Leben des hl. Leonhard wurde von dem bedeutenden Inchenhofener Maler Ignaz Baldauf (1715-1795) geschaffen, der Hofmaler beim Augsburger Fürstbischof war.

Ein Besuch der überaus beeindruckenden Kirche ist empfehlenswert.

Weitere sehenswerte Kirchen in der Gemeinde sind die dem Bischof Nikolaus von Myra geweihte Kirche in Sainbach, die Filialkirche Mariä Verkündigung in Ainertshofen, die 1494 geweihte Kapelle St. Ulrich an der Straße nach Pöttmes sowie die

Leonhardiritt
(Bild Hubert Echerer)

Lourdeskapelle (die ursprüngliche St. Leonhardskapelle).

Das Wallfahrtsmuseum „St. Leonhard" im Obergeschoss des ehemaligen Klosters der Franziskanerinnen am Klosterberg kann nach Vereinbarung mit dem Katholischen Pfarramt besichtigt werden, Tel. +49 (0)8257 1220.

Freizeit und Sport

Die Umgebung von Inchenhofen ist ein Naturparadies mit Bächen, weitläufigen Wiesen, Wäldern und Mooren. Das Inchenhofener Rossmoos ist mit 160 ha Fläche eines der größten Niedermoore im Landkreis und ein ideales Naherholungsgebiet.

Zahlreiche markierte Wanderwege führen durch die idyllische Landschaft. Bei den geführten Erlebniswanderungen im Rossmoos kann man seltene Tiere und Pflanzen entdecken.

Zu den schönsten Wanderungen zählt die 7 km lange Strecke von der Wallfahrtskirche durch das Rossmoos hinauf auf den 485 Meter hohen Fuchsberg mit herrlicher Aussicht. Entlang des Weges laden mehrere Tafeln mit Infos über die Wallfahrtsgeschichte zum Rasten und Innehalten ein.

Inchenhofen ist Station auf dem Jakobus-Pilgerweg.

Veranstaltungen

Seit 1457 findet jährlich, jeweils am Sonntag, der zeitlich näher am 6. November liegt, der traditionelle Leonhardiritt in Inchenhofen statt. Rund

200 Pferde, Musikkapellen, Trachtengruppen und ein Dutzend Festwagen stellen die Geschichte des hl. Leonhard in lebenden Bildern dar.

Alle 5 Jahre finden im Sommer die viel besuchten Mittelalterlichen Markttage statt, das nächste Mal voraussichtlich im Jahr 2020.

Beliebt ist auch der jährlich am 2. Sonntag im Juli durchgeführte St.-Margarethen-Markt.

Orts- und Infrastruktur

Inchenhofen ist durch die nahe Bundesstraße 300 von Aichach nach Ingolstadt gut zu erreichen.

In Inchenhofen stehen ein Kindergarten, eine Grundschule und ärztliche Versorgung zur Verfügung. Weiterführende Schulen findet man im nahen Aichach. Für den täglichen Bedarf sorgen ein Metzger, zwei Bäcker, ein Lebensmittelgeschäft und mehrere Hofläden von direkt vermarktenden Landwirten, die unter anderem während der Saison Spargel anbieten.

Für Gäste stehen Privatzimmer und Ferienwohnungen zur Verfügung. Für das leibliche Wohl sorgen mehrere Gasthöfe im Ort.

Wichtige Adressen und Telefonnummern

Markt Inchenhofen
Zisterzienserplatz 2
D-86570 Inchenhofen
Tel. +49 (0)8257 9997 0
Fax +49 (0)8257 9997 20
info@inchenhofen.de
www.inchenhofen.de

Sainbacher Weiher
(Bild Markt Inchenhofen)

Eine der größten,
dem heiligen Leonhard geweihten Kirchen

Pfarrgemeinde St. Leonhard in Inchenhofen

Die Wallfahrtskirche St. Leonhard in Inchenhofen ist eine der größten dem heiligen Leonhard geweihten Kirchen und der wohl bedeutendste Wallfahrtsort des Heiligen in Deutschland. Die weithin sichtbare Kirche bestimmt das Ortsbild von Inchenhofen. Sie wurde 1450-57 im spätgotischen Stil errichtet und im 18. Jahrhundert mehrfach im Barock- und Rokokostil umgestaltet.

Ein Besuch der prachtvoll ausgestatteten Kirche ist überaus lohnend und hinterlässt einen überwältigenden Eindruck. Blickfang ist der großartige Hochaltar des Schrobenhausener Kunstschreiners Anton Wiest mit dem Gnadenbild des Hl. Leonhard, das von zwei Säulenpaaren umrahmt wird. Das riesige Deckenfresko mit Themen aus dem Leben des Heiligen stammt vom bekannten Inchenhofener Maler Ignaz Baldauf (1715–1795), der Hofmaler beim Augsburger Fürstbischof war. Sehenswert sind auch die beiden großen Seitenaltäre der Schmerzhaften Muttergottes und des hl. Martin im Stil der Spätrenaissance.

Inchenhofen hat vermutlich den ältesten Leonhardiritt. Er wurde 1459 vom Fürstenfelder Abt Paul Herzmann eingeführt. Das große Wallfahrtsfest mit

Tausenden Pilgern und Besuchern zu Ehren des Heiligen findet alljährlich an dem Sonntag statt, der dem 6. November (Gedenktag des Heiligen) am nächsten liegt. Zum Fest gehören mehrere Gottesdienste und eine große Lichterprozession am Vorabend. Am Leonhardiritt nehmen etwa 200 Pferde, mehrere Musikkapellen und Trachtengruppen teil. Dabei stellen prächtige Festwagen in „lebenden Bildern" Szenen aus dem Leben des hl. Leonhard dar.

Zur Kirchengemeinde gehört auch das Wallfahrtsmuseum, das im Obergeschoss des Hauses St. Leonhard, dem ehemaligen Brauereigebäude der Zisterzienser, untergebracht ist.

Schwerpunkt des Museums ist die Darstellung der Verehrung des hl. Leonhard mit Exponaten und erläuternden Texten zur Geschichte der Wallfahrt.

Der bayrische Herzog Ludwig II. („Der Strenge") stiftete nach einem Fehlurteil (seine Ehefrau wurde zu Unrecht wegen Ehebruchs geköpft) auf Veranlassung des Papstes im Jahr 1258 das Kloster Fürstenfeld, dem er die Pfarrei Hollenbach schenkte, wozu auch Inchenhofen mit einer kleinen Kapelle gehörte. Ab 1283 übernahmen die Fürstenfelder Zisterziensermönche die Wallfahrtspflege und führten diese zur Blüte. Inchenhofen gehörte im späten Mittelalter zu den bedeutendsten Wallfahrtsorten in Europa. Es heißt sogar, dass Inchenhofen nach Jerusalem, Rom und Santiago de Compostela an vierter Stelle kam.

Zu sehen sind im Museum eine Tafel mit der Lebensgeschichte des hl. Leonhard, hintergrundbeleuchtete Großdias der Deckengemälde der Wallfahrtskirche

und Urkunden. Votivgaben wie Pflugscharen, Hufeisen sowie Votivtafeln sind Zeugen der großen Verehrung des Heiligen. In einem Requisitensaal sind Gewänder zu sehen, die beim alljährlichen Umzug benötigt werden, darunter originalgetreu nachgeschneiderte Papst-, Kaiser- und Herzogsgewänder.

Das Museum hat keine geregelten Öffnungszeiten. Nach telefonischer Anmeldung bei der Pfarrgemeinde bekommen Interessenten gerne eine Führung, bei der eine Reihe von spannenden Geschichten zur Wallfahrt erzählt werden.

Pfarrgemeinde St. Leonhard

Zisterzienserplatz 1
D-86570 Inchenhofen
Tel. +49 (0)8257 1220
st.leonhard.inchenhofen@
bistum-augsburg.de
www.pfarrei-inchenhofen.de

Kissing
Eine fortschrittliche Gemeinde

Gut Mergenthau
(Bilder Gemeinde Kissing)

Die Gemeinde Kissing (rund 11.500 Einwohner) im Landkreis Aichach-Friedberg liegt ca. fünf Kilometer südlich von Augsburg und besteht aus den Ortsteilen Kissing, Mergenthau, Ottomühl und Gut Lindenau.

Kissing zeichnet sich durch die günstige Lage nahe Augsburg, bedeutende Sehenswürdigkeiten und vielseitige Freizeitmöglichkeiten aus.

Kurzer Blick ins Geschichtsbuch

Erstmals schriftlich erwähnt wurde Edelfreie Herrn von Kissing im 11. Jahrhundert. Nach wechselvoller Geschichte war Kissing von 1602 bis zur Aufhebung des Ordens im Jahr 1776

als Hofmark im Besitz des Jesuitenkollegs in Augsburg. Der berühmte Räuberhauptmann Mattheus Klostermair, genannt der Bayrische Hiasl, wurde 1736 in Kissing geboren und 1771 in Dillingen hingerichtet. Seit 1803 gehörte Kissing zum Königreich Bayern.

Sehenswürdigkeiten

Hiasl Erlebniswelt auf Gut Mergenthau

Das barocke Schloss Mergenthau mit Ursprüngen im 11. Jahrhundert liegt etwa einen Kilometer nördlich von Kissing am Lechrain. Das Schlossgut wird von den Wallanlagen einer großen hochmittelalterlichen Burganlage umschlossen.

In der Hiasl Erlebniswelt auf Gut Mergenthau wird in acht aufwändig gestalteten Themen-Inseln der tragische Lebenslauf des Bayrischen Hiasl, der auch als der deutsche Robin Hood bezeichnet wird, vom Jagdgehilfen zum Wilderer und Räuberhauptmann in Auflehnung gegen die Obrigkeit im Zeitalter des Absolutismus mit seinen Taten und Untaten bis zu seinem Ende auf dem Blutgerüst erzählt.

Der Besuch der Erlebniswelt ist nicht nur für Geschichtsinteressierte lohnend. Führungen für Schulklassen sind nach Voranmeldung möglich (Tel. +49 (0)8233 600652).

Die Erlebniswelt ist von Mai bis Oktober am Samstag, Sonntag und Feiertagen von 14 bis 19 Uhr geöffnet.

Kirchen und Kapellen

Die Kapelle zur schmerzhaften Muttergottes auf dem Kissinger Burgstall wurde 1685 im barocken Stil errichtet und ist das Wahrzeichen von Kissing. Die mit Fresken, Skulpturen und Stuck reich geschmückte, kunstgeschichtlich bedeutende Kapelle war bis ins 19. Jahrhundert Ziel zahlreicher Wallfahrer.

Die Katholische Pfarrkirche St. Stephan wurde erstmals um das Jahr 1200 urkundlich erwähnt. Sie wurde nach Zerstörung im 13. Jahrhundert zwischen 1400 und 1450 als Wehrkirche im gotischen Stil wieder aufgebaut und im 18. Jahrhundert im barocken Stil umgestaltet. Im sehenswerten Innenraum findet man

unter anderem einen wertvollen aus Sandstein gehauenen romanischen Taufstein mit eingemeißelten Evangelistensymbolen aus der Mitte des 12. Jahrhunderts.

Weitere sehenswerte Kirchen und Kapellen sind die Peterskirche im alten Ortskern mit Ursprüngen im Mittelalter sowie die Kapelle der sieben Zufluchten an der Bahnhofstraße.

Freizeit und Sport

In der Umgebung von Kissing stehen eine Reihe von schönen Wanderwegen zur Verfügung.

Für Familien gut geeignet ist der Hiasl Wanderweg, ein beschilderter Rundweg von 6 km, der von Kissing über das Gut Mergenthau (Hiasl Erlebniswelt) zurück nach Kissing führt.

Für tüchtige Wanderer empfiehlt sich der 4-stündige große Wanderweg vom neuen Friedhof durch den Hailachwald, Erlauholz, Mergenthau und zurück.

Bei Naturliebhabern wegen vieler seltener Pflanzen sehr beliebt ist die unter Naturschutz stehende Kissinger Heide, die zu den Lechtalheiden gehört.

Westlich von Kissing liegt der durch Kiesabbau entstandene Weitmannsee, eine weitläufige Erholungslandschaft mit hohem Freizeitwert. Der See bietet Bademöglichkeiten, Liegewiesen, einen großen Kinderspielplatz, Wanderwege, eine Gaststätte, WC-Anlage, Beachvolleyballfeld, DLRG-Station und einen großen Parkplatz.

Die Paartalhalle am Mergenthauer Weg bietet Raum für verschiedene Hallensportarten und ist Heimat für Kissinger Sportvereine. In der perfekten Freizeitanlage stehen neben der großen Veranstaltungshalle ein Restaurant, Kegelbahnen und Fitnessräume zur Verfügung.

Die zahlreichen Vereine in Kissing sorgen für ein abwechslungsreiches Veranstaltungsprogramm in Kissing.

Orts- und Infrastruktur

Kissing ist durch die Bundesstraße 2 von Mering nach Augsburg sehr gut erreichbar. Kissing liegt mit einem Bahnhof an der Bahnstrecke Augsburg-München mit viertelstündigen Verbindungen nach Augsburg zur Hauptverkehrszeit.

Weitmannsee

Paartalhalle

Acht Kindertagesstätten sowie eine Grund- und Mittelschule sorgen für eine optimale Kinderbetreuung und Schulbildung.

Schule

Die Gesundheitsversorgung ist durch eine Reihe von Arztpraxen, zwei Apotheken und die nahen Kliniken in Augsburg gewährleistet.

Eine Reihe von Einkaufsmärkten, Einzelhandelsgeschäften und Dienst-leistungsbetrieben sorgen für die De-ckung des täglichen Bedarfs.

Die zahlreichen Betriebe in Kissing haben ein umfangreiches Arbeits- und Ausbildungsplatzangebot.

Durch die gute Infrastruktur, die Lage nahe Augsburg und den hohen Freizeitwert ist Kissing ein beliebter Wohnort.

Wichtige Adressen und Telefonnummern

Gemeinde Kissing
Pestalozzistr. 5
D-86438 Kissing
Tel. +49 (0)8233 7907 0
gemeinde@kissing.de
www.kissing.de

Kühbach

Liebenswerte moderne Marktgemeinde

Die Marktgemeinde Kühbach (rund 4230 Einwohner) im Osten des Landkreises Aichach-Friedberg liegt geschützt zwischen dem Paartal und den Wäldern im Süden. Zur Gemeinde gehören neben dem Hauptort die Ortsteile Unterbernbach, Haslangkreit, Paar, Großhausen, Radersdorf, Stockensau, Winden, Ober-/Unterschönbach, Mangelsdorf und Rettenbach.

Kurzer Blick ins Geschichtsbuch

Um das Jahr 1000 wurde im Ort Kühbach das Benediktinerinnenkloster gegründet. 1127 wurde die Pfarrei erstmals urkundlich erwähnt. Im Jahr 1405 wurde Kühbach zum Markt erhoben. Nach der Auflösung des Klosters im Rahmen der Säkularisation im Jahr 1803 entstand durch das Gemeindeedikt des Königreichs Bayern 1818 die heutige Gemeinde.

Sehenswürdigkeiten

Das Zentrum der Gemeinde bildet der Marktplatz mit Schloss und Pfarrkirche.

Die ehemalige Klosterkirche St. Magnus wurde 1687/88 weitgehend neu erbaut mit sehenswerter barocker Innenausstattung. Das benachbarte Schloss Kühbach ist aus den ehemaligen Konventgebäuden des Klosters hervorgegangen. Es ist in Privatbesitz.

Auch die barocke Dreiflügelanlage des Schlosses Haslangkreit ist der Öffentlichkeit leider nicht zugänglich.

Kühbach
(Bilder Helene Monzer)

Schloss Kühbach

Freizeit und Sport

Der Radersdorfer Badesee mit großer Liegewiese, öffentlichen Toiletten, Gaststätte, Minigolfanlage und Campingplatz ist im Sommer ein beliebtes Ausflugsziel.

Der Sportpark des TSV Kühbach verfügt über mehrere Fußballplätze, eine Stockschützenhalle, Tischtennis und Luftgewehrschießstände in der gemeindlichen Mehrzweckhalle und ein Sportheim. Am östlichen Ortsausgang von Kühbach befinden sich die Tennisplätze des TSV Kühbach.

Die 23 aktiven Vereine bieten zahlreiche Möglichkeiten für attraktive Freizeitgestaltung.

Sie tragen mit ihren sportlichen Wettbewerben, Festen, Konzerten und Theateraufführungen zu einem abwechslungsreichen Veranstaltungsprogramm bei.

Orts- und Infrastruktur

Kühbach liegt verkehrsgünstig an der Bundesstraße B 300 von Augsburg nach Ingolstadt.

In Radersdorf besteht eine Zugverbindung zur Bayerischen Regiobahn.

Für Kinder stehen in der Gemeinde mehrere Kindertageseinrichtungen sowie eine Grund- und Mittelschule zur Verfügung.

Kühbach hat sich zu einem lebendigen Regionalzentrum nördlich von Aichach mit allen notwendigen Versorgungseinrichtungen entwickelt mit mehrere Arztpraxen, Supermarkt und Einzelhändler sowie verschiedenen Dienstleistungsbetrieben. Gaststätten und Pensionen sind ebenfalls vorhanden.

Sportpark Kühbach

Wichtige Adressen und Telefonnummern

Markt Kühbach
Marktplatz 3, D-86556 Kühbach
Tel. +49 (0)8251 8785 0
Fax +49 (0)8251 8785 29
info@markt-kuehbach.de
www.markt-kuehbach.de

Ein Biergarten wie er sein soll

Biergarten im Schlosspark

Weit über 100 Jahre alt sind die Bäume, die im Kühbacher Schlosspark den Schatten spenden, wenn sich die Menschen in einem der beliebtesten Biergärten des Wittelsbacher Landes verwöhnen lassen.

Früher war dies der private Park der Familie von Beck-Peccoz, welche sich im Jahr 1999 dazu entschloss, durch die Eröffnung des größten Biergartens der Region diesen der Öffentlichkeit zugänglich zu machen.

Hier werden so typische Speisen wie Spare Ribs und Schweinebraten sowie deftige Brotzeiten serviert, begleitet von frisch gezapften Bierspezialitä-ten, die direkt aus der angrenzenden Brauerei Kühbach stammen.

Eine Bierhütte, deren Eingang aus nur einem riesigen Stück Wurzelholz gefertigt ist, erlaubt den Besuch auch bei unsicherer Wetterlage. Diese kann auch für Gesellschaften von bis zu 40 Personen gebucht werden.

Die hinter der Hütte liegende Sonnenterrasse mit Blick in die Landschaft bietet einen attraktiven Kontrast zu dem ansonsten angenehm beschatteten Park. Für die jüngsten Gäste gibt es einen Spielplatz, der ihren Aufenthalt zu einem spannenden Erlebnis werden lässt.

Öffnungszeiten

Der Biergarten im Schlosspark ist bei
schönem Wetter Montag bis Freitag ab
16 Uhr, am Samstag ab 14 Uhr und
Sonn- und Feiertags ab 10 Uhr geöffnet.

Biergarten im Schlosspark

Großhausener Str. 3
D-86656 Kühbach

Bräustüberl neben Schloss und Kirche

Peterhof mit Gästehaus

Das unter Denkmalschutz stehende Gebäude des Peterhofs stammt aus dem 17. Jahrhundert und war früher sogar eine eigene Brauerei. Nach deren Schließung wurde es in das Schlossgut Kühbach integriert, welches seit 1862 im Besitz der Freiherren von Beck-Peccoz steht. So wurde aus dem Peterhof, der sich vis-à-vis des Schlosses und der herrlichen Barockkirche St. Magnus befindet, zum Bräustüberl der Brauerei Kühbach.

Das altehrwürdige Wirtshaus versprüht auch heute noch einen ganz besonderen Charme: Viel Holz sorgt für eine gemütliche Atmosphäre. Die Speisen, die den Gästen serviert werden, sind vor allem bayerische Schmankerl, aber mit dem gewissen Etwas. Ausgeschenkt werden natürlich die gleich gegenüber gebrauten Kühbacher Biere, deren 14 Sorten hier ausgiebig verkostet werden können.

Ein Nebenzimmer, das bis zu 50 Personen Platz bietet, und ein Saal im ersten Obergeschoß, in dem bis zu 150 Gäste bewirtet werden können, sind die idealen Räumlichkeiten für private Feiern und Veranstaltungen.

In dem benachbarten Gästehaus, das 2017 in der ehemaligen Schloss-Schmiede eingerichtet wurde, finden sich 14 komfortabel und behaglich eingerichtete Gästezimmer, die zu einem Aufenthalt in Kühbach einladen. Jedes Zimmer ist einer der Kühbacher Bierspezialitäten gewidmet. Für das Frühstück und das sonstige leibliche Wohl der Übernachtungsgäste in fester und flüssiger Form wird im Peterhof nebenan gesorgt.

Bräustüberl Peterhof und Gästehaus

Aichacher Str. 1
D-86656 Kühbach
Tel. +49 (0)8251 3488
Fax +49 (0)8251 894506
peterhof-kuehbach@gmx.de

Ein Paradies für Groß und Klein

TyroToys

Auf das Jahr 1980 geht die in Europa einzigartige und sehenswerte Modellausstellung TyroToys in Kühbach-Radersdorf zurück. Heute zählt die Sammlung von Land- und Bautechnik in Miniatur mit über 5.000 Modellen zu den umfangreichsten in Deutschland.

Hier kommen alle jene auf ihre Kosten, auf die landwirtschaftliche Traktoren mit ihren Gerätschaften sowie schwere Bau- und Landmaschinen einen Reiz ausüben. Maßstabsgetreu und detailreich präsentieren sich die Modelle aus aller Welt, die von dem eigenem Produktionsprogramm ergänzt werden. Die Eigenmarke TyroToys, unter der zahlreiche, jedes Jahr ergänzte Modellvarianten hinzu kommen, werden im Maßstab 1:32 in reiner Handarbeit und mit Materialien wie Aluminium und Messing produziert.Vertrieben werden die Modelle direkt im Museum sowie über den eigenen Onlineshop.

Die Sammlung ist für Modellbauliebhaber ein Muss und umfasst mittlerweile etwa 5.000 Modelle, die ganzjährig täglich von 9-12 und 14-18 Uhr (Samstag 9-12 Uhr) zu bestaunen sind.

Maislabyrinth

Mal als Dinosaurier, mal als Tiger. Im nächsten Jahr als riesiger Traktor, das Jahr darauf als Märchenschloss – so präsentiert sich jedes Jahr aufs Neue das Maislabyrinth der Familie Tyroller in Kühbach-Radersdorf.

Seit vielen Jahren ist dieser Freizeitspaß in der Natur von Mitte Juli bis Anfang Oktober ein Anziehungspunkt für die ganze Familie. Und während die großen und kleinen Labyrinthbesucher noch umherirren, freuen sie sich bereits auf den Abenteuerspielplatz am Rande des Maisfelds wo Karussell und Wippe, Kletterturm und Seilbahn warten, um ausgiebig darauf herum toben zu können. Ein besonderes Schmankerl bieten die Tyrollers Anfang August und Anfang September: Dann nämlich finden die beiden Geisternächte statt, in der es spukt und vielfältige Überraschungen auf die Gäste warten.

TyroToys und Maislabyrinth
Raiffeisenstraße 14
D-86556 Kühbach-Radersdorf
Tel. +49 (0)8257 660
mail@tyrotoys.de
www.tyrotoys.de
www.maislabyrinth-radersdorf.de

Maibaum
(Bild Gemeinde Merching)

Merching

Am Mandichosee gelegen

Die Gemeinde Merching (rund 3300 Einwohner) liegt rund 20 km südöstlich von Augsburg und besteht aus den Ortsteilen Hochdorf, Merching , Steinach und Brunnen.

Merching ist durch die günstige Lage, eine gute Infrastruktur und das Naherholungsgebiet Mandichosee ein bevorzugtes Wohngebiet.

Kurzer Blick ins Geschichtsbuch

Archäologische Funde haben erste Besiedlungen der Region von Merching bereits in der Jungsteinzeit um 2500 v. Chr. nachgewiesen. Der Ort Merching wurde im 6. Jahrhundert durch den Bajuwarenführer Mandicho gegründet. Urkundlich erwähnt wurde Merching erstmals im 12. Jahrhundert. Merching wurde im Rahmen der bayerischen Verwaltungsreform 1818 zur selbständigen Gemeinde. In den 1970er Jahren wurden Hochdorf und Steinach eingemeindet.

Sehenswürdigkeiten

Sehenswerte Kirchen im Gemeindegebiet sind die Katholische Pfarrkirche St. Peter und Paul in Hochdorf von 1663 mit gotischen Ursprüngen, die Katholische Pfarrkirche St. Martin in Merching aus dem Jahr 1705 mit gotischem Chor und der Anna-Kapelle, die vermutlich ursprünglich im 14. Jahrhundert errichtet wurde sowie die Katholische Pfarrkirche St. Gangulf von 1760 mit romanischen Wurzeln.

Pfarrheim mit Brunnen
(Bilder Gemeinde Merching)

St. Martin

Freizeit und Sport

Die Gemeinde verfügt mit dem Mandichosee westlich von Merching, einem
Stausee des Lechs, über ein Naherholungsgebiet von Rang. Der See bietet
Möglichkeiten zum Baden, Segeln
und Surfen, Badestrände, Liegewiesen, Spielplatz, Beachvolleyballfeld
und Kiosk. Schön angelegte Wege für
Wanderer und Radfahrer findet man
am See und in den Auwäldern.

40 Vereine aus unterschiedlichen Bereichen sorgen für eine breite Palette
an Möglichkeiten für sinnvolle Frei-

zeitgestaltung. Für sportliche Betätigung stehen Sportanlagen und eine
Mehrzweckhalle zur Verfügung.

Orts- und Infrastruktur

Merching ist durch die Bundesstraße 2
von Augsburg nach München gut zu erreichen. Die Gemeinde ist an den Augsburger Verkehrsverbund mit Schienenverkehr und Buslinie angeschlossen.

Für Kinder steht ein Katholischer
Kindergarten mit Kinderkrippe sowie
eine Grund- und Mittelschule zur
Verfügung, weiterführende Schulen
findet man in den Nachbargemeinden Mering und Kissing.

Eine Reihe von Gewerbe-, Hand-
werks- und Dienstleistungsbetrieben
sowie Geschäfte für den täglichen Bedarf und landwirtschaftliche Hofver-
marktungsbetriebe sind vorhanden.

Die Gesundheitsversorgung ist durch
Arztpraxen und eine Apotheke gewährleistet.

Die Merchinger Gaststätten sorgen
mit regionalen Spezialitäten für das
Wohl ihrer Gäste.

Wichtige Adressen
und Telefonnummern

Gemeinde Merching
Hauptstr. 26, D-86504 Merching
Tel. +49 (0)8233 7441 0
Fax +49(0)8233 7441 28
rathaus@gemeinde-merching.bayern.de
www.merching.de

Sommerserenade

Mering

Aufstrebende Gemeinde in günstiger Lage

Mering
(Bilder Markt Mering)

Der Markt Mering (rund 14.500 Einwohner) liegt am Rande des Lechfeldes, etwa 15 km südöstlich von Augsburg. Zur Gemeinde gehören die Ortsteile St. Afra, Baierberg, Meringerzell und Reifersbrunn. Die Region gehört zur Landschaft des Lechrains, westlich der Gemeinde fließt der Lech und befindet sich die Lechstaustufe 23. Durch das Gemeindegebiet fließt die Paar.

Der Markt Mering zeichnet sich durch hervorragende Verkehrsverbindungen und eine gute Infrastruktur aus. Dies spiegelt sich in der wachsenden Bevölkerungszahl und der wachsenden Zahl der Gewerbeansiedlungen wider.

Kurzer Blick ins Geschichtsbuch

Ein 1966 im Gemeindegebiet bei archäologischen Ausgrabungen entdecktes Dorf aus der Jungsteinzeit beweist die Besiedlung der Region schon vor mehr als 5.000 Jahren. Am 14.11.1021 wurde in Mering von Kaiser Heinrich II. eine Schenkungsurkunde einer Donauinsel zu Gunsten eines Klosters ausgestellt. Dies ist der erste schriftliche Nachweis von Mering.

1492 erhielt Mering das Marktrecht. Während des Spanischen Erbfolgekrieges wurde Mering 1704 völlig

niedergebrannt. Hiervon erholte sich der Ort nicht, weshalb im Jahr 1803 das Meringer Hochgericht, das über 500 Jahre bestanden hatte, aufgelöst wurde und zu Friedberg hinzukam. Seit dem Bau der Eisenbahnlinie 1840 begann der wirtschaftliche Aufstieg von Mering.

Sehenswürdigkeiten

Mering hat eine Reihe von Sehenswürdigkeiten zu bieten.

Im Ortskern findet man in der Herzog-Wilhelm-Straße ein reizvolles Ensemble mit einem ehemaligen Benefiziatenhaus aus dem frühen 18. Jahrhundert, einem um 1800 errichteten Wohnhaus, einem kleinen Torbau aus dem 17. Jahrhundert und der katholischen Pfarrkirche St. Michael.

Ortskern

Die Kirche wurde 1741 im Barockstil erbaut. Der reich geschmückte Innenraum birgt unter anderem Fresken von Ignaz Baldauf aus dem Jahr 1779.

Weitere sehenswerte Kirchen sind die Filialkirche St. Castolus in Baierberg aus dem Jahr 1681, die Filialkirche Mariä Himmelfahrt in St. Afra sowie die Filialkirche St. Johannes Baptist in Meringerzell mit Ursprüngen um das Jahr 1000, in der mittelalterliche Fresken mit Darstellungen des Jüngsten Gerichts zu bewundern sind.

Im Gemeindegebiet findet man mehrere Kapellen aus den vergangenen Jahrhunderten, so St. Franziskus, die Leonhardskapelle und die Samerkapelle in Mering sowie St. Peter und Paul in Reifersbrunn.

Der Marktplatzbrunnen und der Sperlingsbrunnen zieren das Ortsbild. Sehenswert ist auch das Schloss Mering direkt an der Paar gelegen mit Ursprüngen aus dem Jahr 1060. Es wird heute privat genutzt.

Wichtige Zeugnisse aus der Geschichte findet man im Hartwald sowie in den frühmittelalterlichen Burgwallanlagen des Vorderen und Hinteren Schlossberges.

Das Heimatmuseum in der ehemaligen Schlossmühle in der Bouttevillestraße zeigt Zeugnisse aus der Vor- und Frühgeschichte, der Ortsgeschichte, dem Handwerk in vergangenen Zeiten und vieles mehr. Das Museum ist an allen Marktsonntagen

sowie in den Monaten ohne Märkte jeweils am 1. Sonntag im Monat von 14.00 – 17.00 Uhr geöffnet. In den Monaten August und September bleibt das Museum geschlossen.

Freizeit und Sport

Die vom Meringer Alpenverein betreuten Wanderwege im Meringer Gemeindegebiet durch die Lechauen sowie die Naturschutzgebiete Lechtalheiden und die Feuchtwiesen im Meringer Zwanzger bieten zu jeder Jahreszeit Gelegenheit zu ausgedehnten Wanderungen.

Rund um Mering stehen gut ausgebaute Radwege für schöne Touren zur Verfügung, wie der Radweg entlang der Paar über Friedberg nach Aichach. Kurze Ausflüge sind möglich zum Mandichosee oder zum Weitmannsee. Diese laden auch im Sommer zum Baden ein, ebenso wie das örtliche Freibad an der Zettlerstraße.

Ca. 100 Vereine in Mering bieten reichlich Gelegenheit für Freizeitgestaltung in den unterschiedlichsten Bereichen. Für fast jedes Interesse

Freibad

gibt es ein Angebot.

Im Markt Mering findet man eine breite Auswahl an Sporteinrichtungen. Zur Verfügung stehen Mehrzweckhalle, Eduard-Ettensberger-Halle, Fußballplatz mit Tribüne, Trainingsplätze, Tennisanlagen, Skateranlage, Beachvolleyballfeld und viele mehr. Besonders erholsam ist die Parkanlage Badanger, mitten in Mering an der Paar. Hier treffen sich Alt und Jung zum Spazierengehen oder am Wasserspielplatz. Im Sommer gibt es dort einen Biergarten. Im Winter einen Schlittenberg und Eislaufplatz.

Veranstaltungen

Zu den beliebten kulturellen Veranstaltungen in Mering gehören die Aufführungen der Volksbühne, des Neuen Theaters, der Theatergruppe des Heimat- und Trachtenvereins, die Konzerte der zahlreichen Musikgruppierungen und das alljährlich stattfindende Volksfest an der Reifersbrunner Straße.

Die Pfarrkirche St. Michael bietet anspruchsvolle Kirchenmusikkonzerte.

Die Marktsonntage in Mering vor Ostern, am Sonntag vor Christi Himmel-

Weihnachtsmarkt

Orts- und Infrastruktur

Mering ist mit dem Auto durch die nahe Bundesstraße 2 nach Augsburg leicht erreichbar.

Zwei Bahnstationen in Mering an der Strecke von Augsburg nach München und der Anschluss an den Augsburger Verkehrsverbund mit sieben Buslinien sorgen für gute öffentliche Verkehrsverbindungen.

Die Gesundheitsversorgung in Mering wird durch das Gesundheits- und Sozialzentrum, zahlreiche niedergelassene Ärzte und die nahen Kliniken in Friedberg und Augsburg gesichert.

fahrt, am Sonntag vor Kirchweih und am Sonntag vor dem Volkstrauertag ziehen zahlreiche Besucher an.

Im Laufe des Advents findet auf dem vorweihnachtlich geschmückten Marktplatz der romantische Christkindlmarkt statt.

In Mering findet man insgesamt 10 Kindertageseinrichtungen. Zwei Grundschulen, eine Realschule und ein staatliches Gymnasium sind vorhanden.

Die Angebote in den Bereichen Handel, Handwerk und Dienstleistungen im Ortskern von Mering sorgen für sehr gute Einkaufsmöglichkeiten mit dem Vorteil der kurzen Wege. In den Gewerbegebieten im Norden und Süden bieten Großmärkte eine reiche Auswahl.

Volksfest

Wichtige Adressen und Telefonnummern

Markt Mering
Kirchplatz 4, D-86415 Mering
Tel. +49 (0)8233 3801 0
Fax +49 (0)8233 3801 28
info@mering.bayern.de
www.mering.de

Obergriesbach
Wohnen mit hohem Freizeitwert

Die Gemeinde Obergriesbach (rund 2500 Einwohner) im Landkreis Aichach-Friedberg ist Mitglied der Verwaltungsgemeinschaft Dasing und grenzt im Norden an die Kreisstadt Aichach. Zu Obergriesbach gehören die Ortsteile Zahling und Weidachmühle.

Kurzer Blick ins Geschichtsbuch

Obergriesbach wurde in der ersten Hälfte des 12. Jahrhunderts vom Geschlecht derer von Griezpach gegründet. Die erste urkundliche Erwähnung stammt aus dem Jahr 1101. In den folgenden Jahrhunderten hatte die geschlossene Hofmark Obergriesbach verschiedene Besitzer.

Sehenswürdigkeiten

Sehenswerte Kirchen in der Gemeinde sind die Katholische Pfarrkirche St. Stephan in Obergriesbach und St. Gregor in Zahling. Weithin bekannt ist die Kapelle Unserer Lieben Frau ob der Au aus dem Jahre 1714, die zahlreiche Votivtafeln beherbergt, die von Wundern zeugen, die in der Kapelle auf Bittgebete geschehen sein sollen.

Freizeit und Sport

In Obergriesbach steht mit dem Gemeinschaftshaus eine großzügig angelegte Freizeiteinrichtung zur Verfügung. Im Gebäude sind Vereinseinrichtungen, eine Mehrzweckhalle, zwei Kegelbahnen und eine Gastwirt-

Kirche Obergriesbach
(Bilder Gemeinde Obergriesbach)

Gemeinschaftshaus

schaft mit Terrasse und Biergarten untergebracht. Zur Anlage gehören ein Sportplatz mit Tribüne, ein Bolzplatz, ein Trainingsplatz, drei Tennisplätze und ein Beachvolleyplatz. Das Haus wird genutzt für Veranstaltungen, sportliche Wettbewerbe und für Familienfeste. In den 19 Vereinen im Ort sind unter anderem vertreten: Fußball, Tennis, Musikverein, Schützenvereine, der Krieger- und Soldatenverein, die Feuerwehrvereine sowie Obst- und Gartenbauverein, Männergesangsverein, Kirchenchor und Trachtengruppe.

Am nahen Waldrand im Westen befindet sich der Gedenkstein für den Landkreismittelpunkt. In Zahling wird die ehemalige Schule als Bürgerhaus genutzt. Es steht für Feierlichkeiten aller Art zur Verfügung und in der Vorweihnachtszeit wird auf der großen Bühne Theater gespielt.

Orts- und Infrastruktur

Obergriesbach verfügt über sehr gute Verkehrsanbindungen mit der nahen A8 und der Bundesstraße 300 sowie einem Haltepunkt der Bahn von Augsburg nach Ingolstadt. Für Kinder stehen eine Kindertageseinrichtung sowie eine Grundschule im nahen Griesbeckerzell und eine Mittelschule in Dasing zur Verfügung.

Die dörflich strukturierte Gemeinde bietet Leben und Wohnen mit hohem Freizeitwert. Für den täglichen Bedarf ist durch ein Lebensmittelgeschäft, eine Metzgerei, eine Poststelle und eine Bank gesorgt. Eine Reihe von kleineren Betrieben bieten Arbeitsplätze am Ort.

Wichtige Adressen und Telefonnummern

Gemeindeverwaltung Obergriesbach
Tannenweg 1
D-86573 Obergriesbach
Tel. +49 (0)8251 2980
Fax +49 (0)8251 52335
gemeinde@obergriesbach.de
www.obergriesbach.de

Petersdorf

Petersdorf-Alsmoos
(Bilder Gemeinde Petersdorf)

Die Gemeinde Petersdorf (rund 1700 Einwohner) im Landkreis Aichach-Friedberg ist Mitglied der Verwaltungsgemeinschaft Aindling. Zur Gemeinde gehören die Gemarkungen Alsmoos, Petersdorf, Schönleiten und Willprechtszell. Petersdorf liegt etwa 20 km nordöstlich von Augsburg.

Kurzer Blick ins Geschichtsbuch

Petersdorf gehörte früher zum Kurfürstentum Bayern. Im Rahmen der Verwaltungsreformen im Königreich Bayern entstanden 1818 die Gemeinden Alsmoos, Petersdorf, Schönleiten und Willprechtszell. Sie wurden in den 1970er-Jahren zur Gemeinde Petersdorf vereinigt.

Sehenswürdigkeiten

Im Gemeindegebiet gibt es sehenswerte Kirchen aus vergangenen Jahrhunderten in allen Ortsteilen. Weithin sichtbar ist der Kirchturm in Hohenried, einer der höchsten Punkte im Landkreis.

Freizeit und Sport

Die 23 Vereine in der Gemeinde aus verschiedenen Bereichen tragen zu einem aktiven Dorfleben bei.

Die herrlich gelegene Sportanlage in der Hohenrieder Straße (zwischen Petersdorf und Hohenried) bietet Einrichtungen für Fußball, Tennis, Stockschießen und Gymnastik.

Kirche Hohenried

Wandern

Eine reizvolle 7,5 km lange Wanderung rund um Hohenried beginnt beim dekorativen Feldkreuz mit einer Bank unmittelbar hinter dem Sportplatz (freier Parkplatz vorhanden) und führt durch das Klenkbauernholz nach Willprechtszell und weiter über den aussichtsreichen Schindelberg in Schönleiten zurück nach Hohenried. Der Weg bietet mehrere schöne Raststellen und die Gelegenheit, Kirchen zu besichtigen.

Der 4,5 km lange Wald- und Obstlehrpfad rund um den Hohenrieder Kirchberg stimmt teilweise mit oben beschriebener Wanderung überein. Der Pfad bietet Besuchern eine abwechslungsreiche Wanderung mit wissenswerten Infos auf Schautafeln über heimische Lebensräume in Wald und Feld, Umwelt- und Naturschutz.

Orts- und Infrastruktur

Durch die Staatsstraßen 2035 Augsburg – Neuburg/Donau und 2047 München – Ried/Lech, die sich in der Gemeinde kreuzen, ist Petersdorf gut erreichbar.

Für Kinder stehen in Petersdorf eine Kindertageseinrichtung und eine Grundschule in Willprechtszell zur Verfügung.

Wichtige Adressen und Telefonnummern

Gemeinde Petersdorf
Aichacher Straße 1
D-86574 Petersdorf
Tel. +49 (0)8237 952530
buergermeister@petersdorf.de
www.petersdorf.de

Gemeindezentrum

Hohenried

Pöttmes

Idyllischer Ort in reizvoller Landschaft

Umgeben von einer reizvollen Wald- und Hügellandschaft liegt zwischen Lech und Donau der beschauliche Markt Pöttmes (rund 6900 Einwohner). Weitab von der Großstadthektik und Industrie ist Pöttmes, direkt an der Staatsstraße zwischen Augsburg und Neuburg an der Donau gelegen, die nördlichste Gemeinde des Landkreises Aichach-Friedberg. Der Ort wird geprägt von hoher Wohn- und Lebensqualität, vielfältigen Erholungs- und Freizeitmöglichkeiten, günstig liegenden Einkaufsmöglichkeiten und einem regen Vereinsleben. Im Juli 2016 erhielt Pöttmes als erste Gemeinde im Landkreis Aichach-Friedberg die Auszeichnung „Fairtrade-Gemeinde".

Neben dem Hauptort Pöttmes gehören zahlreiche Ortsteile zum Markt Pöttmes:

Ebenried liegt südwestlich von Pöttmes abseits vom Verkehrslärm mitten im schönen Ebenrieder Forst. In diesem Ortsteil wurde die berühmte „Schützenliesl", Coletta Möritz, geboren.

Echsheim liegt auf einem Hochplateau rund 6 km westlich von Pöttmes. Es wurde bereits im Jahr 1265 erstmals urkundlich erwähnt. Während des 30-jährigen Krieges wurde es fast vollständig zerstört.

Grimolzhausen mit den Ortsteilen Au, Eiselsried und Pertenau liegt östlich von Pöttmes. Es wurde vermutlich bereits um das Jahr 1000 gegründet. Die Burg und Hofmark Pertenau war im Hochmittelalter ein Rittersitz.

Marktplatz und Johanneskapelle (Bilder Gemeinde Pöttmes)

Pöttmes von oben

Gundelsdorf, mit dem markanten hohen Kirchturm im Südwesten von Pöttmes, wurde 1270 erstmals urkundlich erwähnt.

Handzell, ebenfalls westlich von Pöttmes, erstmals 1187 urkundlich erwähnt, ist ein so genanntes Haufendorf mit zahlreichen Ortsteilen. Auf dem Gebiet von Handzell liegt der Mandlachsee, ein beliebter Badesee.

Immendorf liegt unmittelbar südlich von Pöttmes und war 1971 der erste Ort, der nach Pöttmes eingemeindet wurde.

Kühnhausen, mit der 1750 erbauten Kapelle St. Josef, westlich von Pöttmes zwischen den Wäldern des Ebenrieder- und Gumppenberger Forstes, wurde im Jahr 1214 erstmals urkundlich erwähnt.

Osterzhausen, am westlichen Rand des Pöttmeser Gemeindegebietes, wurde 1230 erstmals erwähnt.

Reicherstein, als nordwestlichster Ortsteil, wurde bereits im 7. Jahrhundert gegründet und zählt zu den ältesten Siedlungen im Lech-Donau-Winkel.

Schnellmannskreuth, im Südosten von Pöttmes, liegt in landwirtschaftlich geprägter Landschaft umgeben von ausgedehnten Wäldern.

Schorn, unmittelbar nördlich von Pöttmes, mit dem Schloss auf einer kleinen Anhöhe wurde 1217 erstmals urkundlich erwähnt.

Wiesenbach, im Westen von Pöttmes, wird vom gleichnamigen Bach durchflossen.

Kürbisfest auf Schloss Schorn

Kurzer Blick ins Geschichtsbuch

Pöttmes hat eine über 1.500-jährige Geschichte aufzuweisen. Der Name geht vermutlich auf den bajuwarischen Sippenführer „Peto" zurück, der im 6. Jahrhundert den Ort gründete. Das Gebiet war aber schon in der Jungsteinzeit 2.000 v. Chr. besiedelt. Urkundlich erstmals erwähnt wurde Pöttmes im Jahre 820.

Seit dem Jahr 1280, als der Freiherr von Gumppenberg das Dorf kaufte, ist die Familie von Gumppenberg bis heute auf das engste mit Pöttmes verbunden. Im Jahr 1324 erhielt der Ort das Marktrecht. Durch das Gemeindeedikt von 1818 entstand die heutige Gemeinde.

Die Eingemeindungen der Ortsteile fanden in den 1970er-Jahren statt.

Sehenswürdigkeiten

Unbedingt sehenswert ist das einzigartige Ensemble des historischen Marktplatzes von Pöttmes, einer der schönsten Plätze im Landkreis, der in den letzten Jahren aufwendig restauriert wurde und heute in neuem Glanz erstrahlt. Der im Süden des Ortes gelegene ursprünglich von Mauern und Wassergräben befestigte innere Markt erstreckt sich von Osten nach Westen und wird von zwei mittelalterlichen Tortürmen aus dem 15./16. Jahrhundert mit Zeltdach und spitzbogiger Durchfahrt begrenzt. Auf dem westlichen Oberen Tor nistet seit vielen Jahren ein Storchenpaar.

Der Süden des Marktplatzes wird geprägt durch den Schlosstrakt der Freiherren von Gumppenberg. Ihm schließen sich Amtsgebäude, Rathaus, Wirtschaftsgebäude und denkmalgeschützte Bürgerhäuser an. Die geschlossene Bebauung des Platzes ist durch die feudale Geschichte geprägt. Vor dem östlichen Torturm ist der Platz durch die um 1700 errichtete Kapelle St. Johannes der Täufer geteilt.

Die denkmalgeschützte Schlossanlage ist ein zweigeschossiger lang gestreckter Dreiflügelbau aus dem 17. Jahrhundert. Die Anlage gruppiert sich um einen Hof mit Marienbrunnen.

Die Räume des Schlosses sind teilweise mit Stuckarbeiten verziert und mit wertvollen Möbeln aus vergangenen Jahrhunderten ausgestattet. Schloss und Schlosspark sind der Öffentlichkeit nicht zugänglich.

Historisches Tor

Der ursprüngliche Sitz des Geschlechtes befand sich auf dem Gumppenberg. Die Burg brannte jedoch 1704 nieder und wurde daraufhin ganz abgerissen. Erhalten geblieben ist das versteckt im Wald gelegene ehemalige Gerichtsgebäude. Vom Gumppenberg hat man einen herrlichen Rundblick über die Marktgemeinde bis zum Donaumoos.

Nördlich und außerhalb des Marktplatzes findet man am Kirchplatz die katholische Pfarrkirche St. Peter und Paul. Die Kirche mit romanischen Ursprüngen wurde mehrfach umgebaut und erweitert. Im Jahr 1650 wurde die Kirche im barocken Stil ausgestattet. Etliche Grabsteine der Freiherrn von Gumppenberg aus dem 15. bis 18. Jahrhundert sind in der Kirche zu sehen.

In den Ortsteilen der Marktgemeinde findet man eine Reihe von sehenswerten Kirchen.

Das Schloss Schorn, mit Walmdach, Freitreppe und Terrasse, Ende des 18. Jahrhunderts erbaut, liegt im gleichnamigen Ortsteil. Es ist häufig Ort kultureller Veranstaltungen.

Zwiebelbrunnen

Freizeit und Sport

Mandlachsee

Der 14.000 qm große Mandlachsee in Handzell, der in den 1970er-Jahren als Stausee entstanden ist, ist im Sommer ein viel besuchter Badesee. Das 6,5 ha große Freizeitgelände in reizvoller Lage verfügt über Parkplatz, WC, Liegewiese, Kiosk und Kinderspielplatz. Hier beginnen mehrere Rundwanderwege.

Wandern

Die weite Hügellandschaft mit Wald und Wiesen sowie die Ausläufer des Donaumooses in der Umgebung von Pöttmes sind ein ideales Wandergebiet mit vielen Naturschönheiten und Sehenswürdigkeiten.

Gut ausgeschilderte Wandertouren beginnen an der Wandertafel auf dem Marktplatz.

Die 9,5 km lange Drei-Schlösser-Tour führt über den Gumppenberg und weiter durch den Wald nach Schorn zum idyllischen Schloss. Zurück geht es am Galgenberg mit Sühnekapelle vorbei.

Ein in Handzell beginnender 11 km langer Rundwanderweg führt um das Sedlbrunner Holz, durch Sedlbrunn und dem Ortsteil Schnellmannskreuth mit seiner sehenswerten Kirche.

Pöttmes liegt in einem bekannten Spargelanbaugebiet und lockt jährlich während der Spargelsaison zahl-reiche Feinschmecker in die Region, die sich in den attraktiven Gastwirtschaften und Biergärten von Pöttmes verwöhnen lassen.

Veranstaltungen

Historisches Marktfest

Die beliebten Brauchtumsfeste in Pöttmes werden von den örtlichen Vereinen aktiv mitgestaltet. Hierzu gehören das stimmungsvolle Adventssingen vor der Johanneskapelle, das jährliche Oldtimertreffen mit mehreren tausend Besuchern, der alle zwei Jahre stattfindende Faschingsumzug, das traditionelle Volksfest und das jährliche Marktfest. Beim alle drei Jahre gefeierten historischen Marktfest sind die alten Gassen von Rittern, Edelleuten, Gauklern und Handwerkern bevölkert.

Im historischen Kultursaal des Rathauses finden eine Reihe von kulturellen Veranstaltungen wie Chor- und Kammerkonzerte statt.

Orts- und Infrastruktur

Pöttmes liegt verkehrsgünstig an der Staatsstraße 2035 von Neuburg an der Donau nach Augsburg. Verschiedene Buslinien des öffentlichen und privaten Nahverkehrs sichern die Verbindungen nach Neuburg, Aichach und Augsburg.

Pöttmes erhält von seinen Bewohnern in Bezug auf Lebensqualität nur beste Noten.

Für Neubürger hält die Gemeinde ein breites Angebot an Wohnmöglichkeiten bereit.

Der familienfreundliche Ort verfügt über fünf Kindertageseinrichtungen, bestehend aus vier Kindergärten und einem Kinderhort sowie eine Grund- und Mittelschule. Seit 2011 ist eine staatlich anerkannte 3-jährige Wirtschaftschule in Pöttmes angesiedelt.

Zahlreiche Haus- und Fachärzte, Heilpraktikerinnen und Physiotherapeuten, zwei Apotheken und zwei Seniorenheime garantieren eine gute medizinische Versorgung.

Im Ort sind Handwerksbetriebe aller Art, verschiedene Supermärkte und Fachgeschäfte, Läden für Leder- und Trachtenmode sowie mehrere Autowerkstätten ansässig.

Für Feriengäste stehen Unterkünfte mit insgesamt 125 Betten zur Verfügung.

Wichtige Adressen und Telefonnummern

Markt Pöttmes
Marktplatz 18, D-86554 Pöttmes
Tel. +49 (0)8253 9998 0
Fax +49 (0)8253 9998 50
poststelle@vg-poettmes.de
www.markt-poettmes.de

Mandlachsee

Regionale Esskultur

Ochsnwirt

Zu den engagierten Wirten in der Region gehört auch der Ochsnwirt in Pöttmes. Als einer der „Spezialitätenwirte im Wittelsbacher Land", die vorwiegend Zutaten aus der heimischen Region verarbeiten, kann sich der Gast hier auf die frische Zubereitung der Speisen verlassen. Genießer, die gerne und gut essen, sind hier bestens aufgehoben, steht doch das Ochsenfleisch auf der Karte, das mit seinem feinfasrigen, saftigen und zarten Fleisch für ein „G'schmoxerlebnis" sorgt. Herzhafte Küche, die mit ordentlichen Portionen Hausmannskost aufwartet, findet man im Ochsnwirt ebenso wie bayerische Spezialitäten und eine Auswahl an vegetarischen Gerichten.

Ländlich und gemütlich geht es in dem familiär geführten Traditionsgasthof zu, in dem der Wirt ein offenes Ohr für sein Gäste hat. Die urige Atmosphäre in den Gasträumen sorgt für gemütliche Stunden, in denen man genießen darf und die zu einem Gespräch mit Freunden bei einem frisch gezapften Bier einlädt.
Wie es sich für einen Dorfgasthof gehört, treffen sich hier auch die Einheimischen. Ob am Stammtisch oder zu einer privaten Feier im Festsaal – der Aufenthalt im Ochsnwirt ist für jeden ein geselliges Vergnügen, das von feinem Speis und Trank begleitet wird.

Übernachtungsgäste finden im Ochsnwirt komfortabel und gemütlich eingerichtete Gästezimmer vor. Die mit
viel Holz ausgestatteten Räume verfügen über Dusche/WC und Fernseh-
gerät sowie kostenfreies Wlan und
das abwechslungsreiche Frühstück
am nächsten Morgen sorgt für den
richtigen Start in den Tag.

Ochsnwirt

Georg Krammer
Augsburger Str. 20
D-86554 Pöttmes
Tel. +49 (0)8253 253
Fax +49 (0)8253 6487
info@ochsnwirt.de
www.ochsnwirt.de

Rehling

Gemeinde mit einem attraktiven Ortskern

Die Gemeinde Rehling (rund 2.500 Einwohner) im Landkreis Aichach-Friedberg liegt etwa 15 km nordöstlich von Augsburg in einer reizvollen Landschaft am Lechrain. Zur Gemeinde gehören die Ortsteile Au, Allmering, Gamling, Kagering, Rehling, Rohrbach, Sägmühl, Scherneck, St. Stephan, Oberach und Unterach. Das Ortsbild wird geprägt durch eine Reihe von landwirtschaftlichen Höfen und einem attraktiven Ortskern mit Rathaus, Kirche und Gasthof.

Kurzer Blick ins Geschichtsbuch

Urkundlich erwähnt wurde Rehling erstmals im Jahr 1085. Im Rahmen der bayerischen Verwaltungsreform entstand 1819 die selbständige Gemeinde Rehling mit ihren Ortsteilen.

Sehenswürdigkeiten

Im Gemeindegebiet findet man sehenswerte vier Kirchen und neun Kapellen.

Die katholische Pfarrkirche St. Vitus und Katharina auf dem markanten, sagenumwobenen Kirchberg bildet den Mittelpunkt von Rehling. Die ursprünglich gotische Kirche wurde Anfang des 18. Jahrhunderts im Barockstil umgestaltet und erweitert. Ende des 18. Jahrhunderts wurde die Kirche neu gebaut. Der prächtig geschmückte Innenraum mit zwei Seitenkapellen beherbergt insgesamt fünf Altäre und beeindruckende Fresken im Chor.

Das Schloss Scherneck ist ein weithin bekanntes und beliebtes Ausflugsziel mit einer Fülle von Freizeitmöglichkeiten.

*Pfarrkirche St. Vitus und Katharina
(Bilder Gemeinde Rehling)*

540

Schloss Scherneck

Neben der weitläufigen Parkanlage mit schöner Lindenallee laden ein traditionelles Schlossbräustüberl mit Biergarten und der Bögenhof zum Verweilen ein.

Das Schloss bietet eine Reihe von Veranstaltungen wie Konzerte, Ausstellungen und einen mittelalterlichen Markt an.

Einen Besuch wert ist der Tiefblick Kletterwald auf dem Schlossgelände, einer der größten Kletterwälder in Bayern.

Freizeit und Sport

Im Ortsteil Au lädt der Soccerpark Rehling von April bis Oktober zum Fußballgolf, eine unterhaltsame Mischung von Fußball und Golf auf 18 über 200 Meter langen Spielbahnen.

Das Taglilienfeld bei St. Stephan liegt im Naturschutzgebiet der Urlandschaft der Lechauen und ist als Naturdenkmal geschützt. Die 50 m x 50 m große Wiese ist das größte Taglilienfeld in Europa.

Ein lohnender Rundwanderweg mit 14 km Länge und einer Gehzeit von

3,5 Stunden beginnt in St. Stephan und führt zum Taglilienfeld, den Lechauen und weiter zum Schloss Scherneck mit der Möglichkeit der Besichtigung von sechs Kirchen und Kapellen.

Orts- und Infrastruktur

Rehling ist durch die nahen Anschlussstellen der Autobahn A 8 und die nahe Bundesstraße B 2/B 17 mit dem Auto bequem zu erreichen. Die Gemeinde ist durch den Augsburger Verkehrsbetriebe an den öffentlichen Nahverkehr angeschlossen.

Mehrere Gasthöfe sorgen mit einem breit gefächerten gastronomischen Angebot für das Wohl ihrer Gäste.

Wichtige Adressen und Telefonnummern

Gemeinde Rehling
Hauptstr. 1
D-86508 Rehling
Tel. +49 (0)8237 9605 0
Fax +49 (0)8237 9605 50
info@gemeinde-rehling.de
www.gemeinde-rehling.de

Rathaus

Ried

In einer flachen Hügellandschaft gelegen

Blick auf Ried
(Bilder Gemeinde Ried)

Die Gemeinde Ried (rund 3100 Einwohner) im Landkreis Aichach-Friedberg 25 km östlich von Augsburg besteht aus den Ortsteilen Baindlkirch, Eismannsberg, Hörmannsberg, Ried, Sirchenried und Zillenberg, die im Rahmen der Gebietsreform in den 1970er Jahren zur Gemeinde Ried vereinigt wurden.

Ried liegt in einer flachen Hügellandschaft mit kleinen Bachtälern. Der westliche Gemeinde-bereich ist landwirtschaftlich geprägt, im östlichen Teil bestimmt der ausgedehnte Högelwald das Landschaftsbild.

Sehenswürdigkeiten

Im Gemeindegebiet sind mehrere Kirchen einen Besuch wert. Die frühklassizistische Pfarrkirche St. Martin in Baindlkirch mit Ursprüngen im 16. Jahrhundert wurde 1808/09 errichtet. Sie liegt auf einem Hügel in der Ortsmitte und ist vom Gemeindefriedhof umgeben. Der Innenraum ist mit wertvollen Decken- und Wandfresken reich geschmückt. Die Malereien gehören zu den bedeutendsten Arbeiten der Augsburger Freskomalerei in der Tradition des 18. Jahrhunderts.

Weitere sehenswerte Kirchen sind die Katholische Filial- und Wallfahrtskirche Maria Hilf im Dorf Holzburg im Ortsteil Eismannsberg aus dem 14./15. Jahrhundert, die Katholische Filialkirche St. Peter und Paul in Hörmannsberg mit Wurzeln im 11. Jahrhundert sowie dieKatholische Wallfahrtskirche Mariä Heimsuchung in Ried von 1683.

Freizeit und Sport

Schützenheim

In Ried steht eine Reihe von Freizeiteinrichtungen zur Verfügung. Hierzu gehören die Sportplätze und die Schulturnhalle in der Sportheimstraße, die Rathausturnhalle in der Sirchenrieder Straße und die Bolzplätze in Baindlkirch, Eismannsberg und Zillenberg.

Über 40 Vereine mit sportlicher oder geselliger Ausprägung oder gesellschaftlichem Engagement bieten vielfältige Freizeitmöglichkeiten und tragen mit abwechslungsreichen Festen und Veranstaltungen zum aktiven Gemeindeleben bei.

Orts- und Infrastruktur

Ried verfügt über gute Verkehrsverbindungen mit der nahen Autobahn A 8 von Augsburg nach München und der Bundesstraße B 17 von Augsburg nach Landsberg.

Die familienfreundliche Gemeinde verfügt über ein Kinderhaus (Kinderkrippe mit Kindergarten) in Ried sowie einem Kindergarten in Baindlkirch. Die Grundschule befindet sich in Ried.

Über 250 Gewerbebetriebe bieten eine Reihe von Arbeits- und Ausbildungsplätzen.

Ried ist überregional bekannt für seine ausgezeichnete Gastronomie mit zwei Landhotels und Gaststätten. Bayernweit bekannt ist das Donnerstags-Weißwurstessen in Baindlkirch.

Wichtige Adressen und Telefonnummern

Gemeinde Ried
Sirchenrieder Str. 1
D-86510 Ried
Tel. +49 (0)8233 7899 10
Fax +49 (0)8233 7899 18
info@gemeinde-ried.de
www.gemeinde-ried.de

Weiher Ortseingang Baindlkirch

Schiltberg

In einer reizvollen Landschaft gelegen

Die Gemeinde Schiltberg (rund 1950 Einwohner) im Osten des Landkreises Aichach-Friedberg wurde in den 1970er Jahren aus den ehemals selbständigen Gemeinden Allenberg, Aufhausen, Rapperzell, Ruppertszell und Schiltberg geformt.

Das gesamte Gemeindegebiet zeichnet sich durch eine reizvolle Landschaft aus. Eingebettet in sanfte Hügel und Täler sind Felder und Wiesen. Auf den Höhenzügen entlang der Weilach und ihren Zuflüssen erstrecken sich ausgedehnte Wälder. Sie und das Landschaftsschutzgebiet Weilachtal bieten Raum für erholsame Spaziergänge.

Kurzer Blick ins Geschichtsbuch

Zahlreiche Funde wie Keramikscherben und Steinwerkzeuge belegen die Besiedlung des Gebietes seit der Jungsteinzeit. Hausgrundrisse der Kelten wurden im Westen Schiltbergs archäologisch nachgewiesen. Im Mittelalter stand bis ca. 1450 eine Ritterburg auf dem Hofberg, Sitz der mächtigen Marschalken von Schiltberg. Nach dem Dreißigjährigen Krieg erlebte die Region eine Blütezeit. In den sich vergrößernden Dörfern wurden neue Kirchenbauten errichtet und im barocken Stil ausgestaltet. Die Verwaltungsreform 1818 machte die Hauptorte des Umlandes zu eigenständigen Landgemeinden, die Gebietsreform der 1970er Jahre vereinte sie zur Gemeinde Schiltberg.

Sehenswürdigkeiten

Die Katholische Pfarrkirche St. Maria Magdalena in Schiltberg, erbaut bis 1773, wurde mit Altären im Rokokostil und qualitätvollen Deckenfresken ausgestattet. Das Patrozinium der Kirche St. Johannes Baptist in Aufhausen verweist auf eine frühere Taufkirche. Kunstführer empfehlen außerdem die Kirchen in Rapperzell und Metzenried.

Das Schloss Rapperzell wurde Ende des 17. Jahrhunderts errichtet. Es liegt mit Ober- und Unterwittelsbach und Kühbach auf der „Sisi-Tour". Herzog

Schiltberg
(Bilder Gemeinde Schiltberg)

Hofberg-Freilichttheater

Max in Bayern, Sisis Vater, war von 1838 bis 1863 Schlossherr und Jagdpächter zu Rapperzell.

Freizeit und Sport

37 Vereine unterschiedlichster Art bieten viele Möglichkeiten zur sportlichen Betätigung, zu gesellschaftlichem Engagement und unterhaltsamer Freizeitgestaltung. Regen Betrieb verzeichnen die Sportanlage Schiltberg und Peters Ponyhof in Höfarten.

Veranstaltungen

Höhepunkte im Schiltberger Veranstaltungsprogramm sind die weitbekannten Aufführungen klassischer Schauspiele des Hofberg-Freilichttheaters. Naturfreunde schätzen die Wandertage im Holzland (Ruppertszell). Zu den festen Bräuchen zählen ferner die Maibäume und die Weihnachtsmärkte.

Orts- und Infrastruktur

Schiltberg ist für Autofahrer durch die nahe B 300 gut zu erreichen. Der nächste Bahnhof der Bahnstrecke Augsburg-Ingolstadt liegt in der Kreisstadt Aichach.

Die Gemeinde verfügt über Kinderhort, Kindergarten und Grundschule. Modernes Handwerk garantiert die Grundversorgung, gemütliche Gasthäuser laden ein zur Einkehr.

Wichtige Adressen und Telefonnummern

Gemeinde Schiltberg
Obere Ortsstraße 13
D-86576 Schiltberg
Tel. +49 (0)8259 331
Fax +49 (0)8259 1756
info@schiltberg.de
www.schiltberg.de

Schmiechen

Die Gemeinde Schmiechen (rund 1270 Einwohner) im Süden des schwäbischen Landkreises Aichach-Friedberg ist Mitglied der Verwaltungsgemeinschaft Mering. Zur Gemeinde gehört das Dorf Unterbergen. Schmiechen liegt etwa sechs Kilometer südlich von Mering.

Zu den Sehenswürdigkeiten des Ortes gehört die im Rokokostil reich geschmückte Wallfahrtskirche Maria Kappel und das Fuggerschloss Schmiechen, ein ehemaliges Wasserschloss aus dem 16. Jahrhundert.

Die aktiven Vereine in Schmiechen sorgen mit ihrem breiten Angebot für vielfältige Freizeitmöglichkeiten.

Schmiechen ist mit einer Buslinie und einem Haltepunkt an der Eisenbahnstrecke Augsburg – Schongau an den Augsburger Verkehrsverbund (AVV) angeschlossen.

Wichtige Adressen und Telefonnummern

Gemeinde Schmiechen
Ringstr. 42
D-86511 Schmiechen
Tel. +49 (0)8206 903768
www.schmiechen.de

Steindorf

Die Gemeinde Steindorf (rund 930 Einwohner) liegt am südöstlichen Rand des schwäbischen Landkreises Aichach-Friedberg und ist Mitglied der Verwaltungsgemeinschaft Mering.

Steindorf besteht aus den Ortsteilen Steindorf, Eresried, Hausen bei Hofhegnenberg, Hofhegnenberg und Putzmühle. Die Gemeinde liegt ca. 20 Kilometer südöstlich von Augsburg.

Das gut erhaltene vierflügelige Schloss Hofhegnenberg (im Privatbesitz) war ursprünglich eine hochmittelalterliche Burganlage, die 1557 zum Schloss umgebaut wurde. Zum Schloss gehört die ehemalige Wallfahrtskapelle St. Maria mit Gnadenbild aus dem 15. Jahrhundert und Fresken aus dem 18. Jahrhundert.

Auch die barocke Pfarrkirche St. Stephan in Steindorf aus dem Jahr 1700 ist einen Besuch wert.

Wichtige Adressen und Telefonnummern

Gemeinde Steindorf
Schulstraße 7, D-82297 Steindorf
Tel. +49 (0)8202 8735
Fax +49 (0)8202 8735
www.steindorf.eu

Altarraum der Wallfahrtskirche Maria Birnbaum, Sielenbach
(Bild Wikipedia CCBY23.0 Gliwi)

Sielenbach

Im Tal der Ecknach

Sielenbach
(Bilder Gemeinde Sielenbach)

Die Gemeinde Sielenbach (rund 1650 Einwohner) im Landkreis Aichach-Friedberg liegt im Tal der Ecknach mitten in einer Hügellandschaft etwa sieben Kilometer südlich von Aichach und ist Teil der Verwaltungsgemeinschaft Dasing. Sie besteht aus den Ortsteilen Gollenhof, Heilbach, Holzgrub, Morabach, Oberhaslach, Raderstetten, Schafhausen, Schönberg, Sielenbach, Stunzberg, Tödtenried, Unterhaslach und Unterschröttenloh. Sielenbach als längstes Straßendorf im Landkreis ist bekannt als Sonnendorf mit beispielhafter Erzeugung regenerativer Energie sowie durch die berühmte Wallfahrtskirche Maria Birnbaum.

Kurzer Blick ins Geschichtsbuch

Erste urkundliche Erwähnungen von Sielenbach stammen aus dem 11. und 12. Jahrhundert.

Sielenbach hatte vom Mittelalter bis zur Säkularisation 1803 verschiedene Besitzer und wurde dann selbständige Gemeinde.

Sehenswürdigkeiten

Die Katholische Pfarrkirche St. Peter und Paul in Sielenbach ist im Kern spätgotisch und wurde im 18. Jahrhundert im Barockstil umgestaltet.

Die Katholische Filialkirche St. Martin in Sielenbach stammt aus dem 13. Jahrhundert und wurde im 16. Jahrhundert erweitert.

Die barocke Wallfahrtskirche Maria Birnbaum in Sielenbach ist weithin bekannt. Sie wurde 1661/68 vom Komtur des Deutschen Ordens Philipp Jakob von Kaltenthal erbaut. Die Wallfahrt entstand aus einer Legende über ein Gnadenbild in einem hohlen Birnbaum.

Maria Birnbaum

Der Bau der Kirche mit Kuppeln und Türmen ähnelt orthodoxen Gebäuden. Der überaus reich ausgestattete Innenraum beherbergt zahlreiche wertvolle Gemälde und Plastiken.

Freizeit und Sport

Über 30 Vereine aus unterschiedlichen Bereichen bieten vielfältige Möglichkeiten zur abwechslungsreichen Freizeitgestaltung. Als Sporteinrichtungen stehen eine Sportanlage, eine Turnhalle und zwei Schießanlagen zur Verfügung.

Sielenbach ist Mitglied im Projekt Echnachtal, das zum Ziel hat, das Tal mit Auen, Niedermoorböden und vielgestaltigem Ufersaum zu schützen und zu erhalten.

Orts- und Infrastruktur

Sielenbach liegt an der Staatsstraße 2338, der Verbindung von Aichach zur Autobahn A 8 von München nach Stuttgart.

In Sielenbach gibt es zwei Kindertagesstätten und eine Volksschule.

Sielenbach ist seit Jahren weithin, inzwischen sogar international, bekannt als Sonnendorf, das durch Photovoltaik und Biomasse wesentlich mehr regenerativer Energien erzeugt, als die Gemeinde verbraucht. Die Wärmeversorgung mit erneuerbaren Energien durch Pellets, Hack-schnitzel und Biogas wird fast in der gesamten Gemeinde durchgeführt.

In Sielenbach ist eine Photovoltaik-Firma ansässig.

Mehrere gemütliche Gaststätten sorgen für das Wohl ihrer Gäste.

Wichtige Adressen und Telefonnummern

Gemeinde Sielenbach
Schwaigstr. 16
D-86577 Sielenbach
Tel. +49 (0)8258 9140
Fax +49 (0)8258 9142
info@sielenbach.de
www.sielenbach.de

Schmuckstück der bayerischen Baukunst

Wallfahrtskirche Maria Birnbaum

Es begann – wie bei vielen großartigen Dingen – im Kleinen. Im Falle der Wallfahrtskirche Maria Birnbaum gab ein Vesperbild den Anstoß, welches um 1600 herum in einem Weinberg, später in einem hohlen Birnbaum neben der Straße aufgestellt wurde.

Nach ersten Wunderheilungen setzte die Wallfahrt zu „Unseren Lieben Fraw im Pürnbaum" ein. Philipp Jakob von Kaltenthal, Komtur der Deutschordenskommende Blumenthal, auf deren Grund das Bild stand, ließ in Folge eine „ansehnlich große Kirche" rund um den Baum mit dem Gnadenbild bauen. So nahm die Geschichte ihren Lauf.

Einer der ersten Kuppelbauten nördlich der Alpen

Ansehnlich ist die Deutschordens- und Wallfahrtskirche „Unserer

Lieben Frau im Birnbaum" in Sielenbach im Landkreis Aichach-Friedberg heute noch – sie gilt als ein besonderes Schmuckstück der bayerischen Baukunst des 17. Jahrhunderts. So gehört sie zu den wenigen Bauten der europäischen Architekturgeschichte, bei denen ein Phantasieentwurf tatsächlich ausgeführt werden konnte. Mit ihrer Kuppel erinnert sie an das Pantheon in Rom und ist zugleich der erste größere barocke Zentralbau in Bayern sowie einer der ersten Kuppelbauten nördlich der Alpen. Im Inneren eröffnet sich für Besucher ein einzigartiges Raum- und Lichterleben.

Auch jenseits des Sicht- und Greifbaren hat sie nichts von ihrer einstigen Faszination eingebüßt. Die Mutter Gottes, deren sieben Schmerzen die Kirche geweiht ist, ist für Gläubige nach wie vor eine mächtige Fürsprecherin, an die sie sich mit seinen Nöten und Ängsten wenden. Viele Pilger haben im Lauf der Jahrhunderte diese Erfahrung gemacht und auch heute noch ist jeder eingeladen, in Maria Birnbaum eine Rast einzulegen und zur Ruhe zu kommen.

Kreuzweg mit 14 Stationen

Unmittelbar hinter der Wallfahrtskirche befindet sich der Kreuzweg mit 14 Stationen. Er erinnert den Besucher an die Via Dolorosa – die Straße der Schmerzen – in Jerusalem und bietet die Möglichkeit eines ganz eigenen Erlebens der Passion. Darüber hinaus gibt es zahlreiche Möglichkeiten für kleinere und größere Wanderungen in der Umgebung (Beschreibungen auf der Kloster-Website). Eine Einkehr in der wiedereröffneten Klostergaststätte ist ein lohnenswerter Abschluss eines Besuchs. Kirchenführungen können nach Bedarf vereinbart werden. Anmeldungen werden im Wallfahrtsbüro entgegengenommen.

Wallfahrtskirche Maria Birnbaum

Maria-Birnbaum-Straße 51-53
D-86577 Sielenbach
Tel. +49 (0)8258-9985230
Fax +49 (0)8258-998510
maria-birnbaum@deutscher-orden.de
www.maria-birnbaum.de

Todtenweis

In eine sanfte Hügellandschaft eingebettet

Die historisch gewachsene Gemeinde Todtenweis (rund 1400 Einwohner) liegt am westlichen Rand des Landkreises Aichach-Friedberg und ca. 18 km nordöstlich von Augsburg. Mit ihren beiden Ortsteilen Sand und Bach ist sie Mitglied der Verwaltungsgemeinschaft Aindling.

Eine sanfte Hügellandschaft am östlichen Lechrain mit einer Talöffnung zum Lechfeld bietet den Einwohnern die Voraussetzung für eine hohe Lebensqualität in der rührigen Gemeinde.

Kurzer Blick ins Geschichtsbuch

Archäologische Fundstellen belegen die Anwesenheit von Menschen im Gemeindegebiet bereits zur Jungsteinzeit (4500 v. Chr.) Durch Ausgrabungen aus der Kelten- und Römerzeit ist eine seit über 3000 Jahren ununterbrochene Siedlungstätigkeit

dokumentiert. Der Ort wird erstmals 1033 in einer Kaiserurkunde genannt. Kaiser Konrad II. bestätigte dem Kloster St. Ulrich und Afra zu Augsburg die Schenkung des Gutes Teitinwich, das die verstorbene Kaiserin Kunigunde gestiftet hatte. Bis zur Säkularisation 1803 gehörte Todtenweis mehrheitlich dem Kloster. 1818 wurde Todtenweis eine selbstständige Gemeinde.

Sehenswürdigkeiten

Die 1737 erbaute barocke Pfarrkirche St. Ulrich und Afra mit Fresken des Augsburger Malers Christoph Scheffler, insbesondere das Deckenfresko des Langhauses mit der Feuerprobe der Kaiserin Kunigunde, sind sehenswert.

Im Nordwesten der Gemeinde befindet sich eine der eindrucksvollsten Ungarnschutzburgen im Augsburger Umland. Im Jahre 2012 wurde im

Hauptort mit Blick in das Lechfeld über die sogenannte Todtenweiser Pforte
(Bilder Gemeinde Todtenweis)

Das Heimatmuseum in der St.-Ulrich-Str. 18

Gemeindegebiet das erste archäologische Zeugnis (Fürstliches ungarisches Pferdegeschirr) der Lechfeldschlacht von 955 gefunden. Todtenweis wurde deshalb 2015 als Station des Geschichtspfades „955 – Schlacht auf dem Lechfeld" ausgewählt.

Freizeit und Sport

Zu den Freizeitanlagen in Todtenweis gehört der Scaterplatz an der Sander Straße, sowie das beliebte Naherholungsgebet „Sander Seen" mit dem Badesee Lechfeld.

Die 10 aktiven Vereine in der Gemeinde fördern musische, sportliche und kulturelle Betätigungen und tragen mit traditionsbewussten Festen, Veranstaltungen und Wettbewerben zum abwechslungsreichen Jahreslauf bei.

Orts- und Infrastruktur

Todtenweis verfügt durch die Nähe zu Augsburg und Aichach über gute Verkehrsverbindungen.

Im Ort befindet sich eine Grundschule, eine hervorragend ausgestattete katholische Kindertagesstätte und jeweils eine Filiale der Raiba Aindling und einer Bäckerei. Weiterführende Schulen sind die Mittelschule im nahen Aindling und Schulen in Augsburg und Aichach.

Wichtige Adressen und Telefonnummern

Gemeinde Todtenweis
St.-Afra-Straße 18
D-86447 Todtenweis
Tel. +49 (0)8237 959156
buergermeister@todtenweis.de
www.todtenweis.de

Dampfer Herrsching auf dem Ammersee
(Bild Tourismusverband Ammersee-Lech)

Ausflugsziele

Freizeitvergnügen mit der längsten Riesenrutsche Deutschlands

Freizeitpark Mammendorf

Verkehrsgünstig direkt an der B2 liegt der Freizeitpark mit Freibad und Badesee, der längsten Hang-Riesenrutsche Deutschlands sowie einem Jugendzeltplatz, einem Kiosk und einem Paradies für Kinder.

Von Grün umgeben, abseits der Straße, liegen die Parkplätze des Freizeitparks, dessen Eingangsbereich die Badegäste während der Saison von Mai bis Oktober freundlich empfängt.

Dem barrierefreien Duschen folgt das Badevergnügen in dem kristallklaren Badesee oder im Freibad, in dem auch Nichtschwimmer ihr Terrain finden. Hier kommt jeder Geschmack auf seine Kosten, ist doch das Freibad beheizt und bietet mit Strömungskanal und Liegewiesen sowie mit Beach-Volleyballplätzen Orte für Bewegung und Spaß oder für entspannende Stunden. In dem Kinderparadies mit Sonnensegel und Schatten, mit Wasserpilz und Sandspielplatz sowie einer Naturstein-Badelandschaft haben die Kids ihren Spaß und können spielen und sich austoben, während die Eltern genüsslich auf der Sonnenterrasse des Badekiosks „Seeblick" eine Erfrischung oder ein warmes oder kaltes Schmankerl zu sich nehmen.

Für richtige Unterhaltung sorgen im Freizeitpark Mammendorf die Edelstahl-Breitrutsche, die über eine große Welle direkt ins Erlebnisbecken führt, und Deutschlands längste Hang-Riesenrutsche. Über 173 m verläuft diese durch die Gras- und Heckenlandschaft des Freizeitparks flott einen Hang hinab, bevor sie in einer 180°-Kurve und einem schnellen Rechts- und Links-Wechsel in einem Auslaufbecken endet. Auf dem ebenfalls zum Freizeit-

park gehörenden Jugendzeltplatz finden bis zu 300 Personen Platz. Das großzügig angelegte Gelände bietet mit einem neu erbauten Sanitärgebäude, in dem barrierefreie Duschen, neue Waschkabinen und Toiletten sowie Geschirrspülmöglichkeiten Platz fanden, gehobenen Komfort. Spielwiese, Skaterpark, Lagerfeuerplatz mit Grillstelle, sorgen auf dem Jugendzeltplatz für ausreichend Bewegungs- und Beschäftigungsmöglichkeiten.

Für vier Wohnmobile stehen auch Stellplätze bereit, die mit einer Ver- und Entsorgungsstation ausgestattet sind.

Freizeitpark Mammendorf

Freibad 3
D-82291 Mammendorf
Tel. +49 (0) 8145 94 363
info@fzp-mammendorf.de
www.fzp-mammendorf.de

Technisches Museum, Mühle, Denkmal und Café

Furthmühle

Unmittelbar an der Landkreisgrenze am Südufer der Glonn stehen die Gebäude der Getreide- und Schneidmühle Furthmühle. Bereits 1158, der ersten urkundlichen Erwähnung von Pfaffenhofen, ist die Mühle genannt und war der dortigen Pfarrei bis 1828 zugehörig. Aus dieser Zeit stammen die heutigen Bauwerke an der Straße nach Egenhofen, die der Weyherner Hofmarksherr Karl Ludwig von Lotzbeck vom Mühlenbauer Johann Anton Lindt aus Grafing ausstatten ließ.

Die Wasserkraft der Glonn wurde damals nicht nur zum Mahlen und Sägen, sondern auch zum Brechen von Malz und zum Pressen von Öl genutzt und kann deshalb durchaus als Gewerbegebiet des frühen 19. Jahrhunderts angesehen werden.

Seit 1900 bewirtschaftet die Familie Aumüller das Anwesen in der dritten Generation. Beide Gebäude wurden als seltene ländliche Profanbauten des Klassizismus in die Denkmalliste aufgenommen, gemäß des Denkmalschutzgesetzes im Zeitraum von 1984 bis 89 renoviert und werden heute, als Besonderheit, im funktionierenden Betrieb, der Öffentlichkeit gezeigt. Die Besucher werden von drehenden Mahlwerken, laufenden Förderbändern, rüttelnden Sieben und schneidenden Sägegattern in die Zeit von 1890 bis 1920 zurückversetzt. 2004 ist im Mühlengebäude ein Museumsraum für eine Dauerausstellung

sowie wechselnde Sonderausstellungen und das Cafe Mahlgang entstanden. Jung und Alt gewährt man hier Einblick in die Welt vor über hundert Jahren mit ihren damaligen Arbeits- und Lebensbedingungen. Es wird aber auch Wissen über, für diese Zeit hochentwickelte Technik zur Industrialisierung, vermittelt. Außerdem finden etliche Kulturveranstaltungen im Rahmen der Brucker Kulturnacht, KULT A8, den Kreiskulturtagen oder dem Förderverein für Baierische Sprache und Dialekte im historischen Ensemble der Furthmühle statt, die als ansprechende, einmalige Kulisse für diese Events dient.

Furthmühle Egenhofen

Furthmühle 1
D-82281 Egenhofen
Tel. +49 (0)8134 99 191
Fax +49(0)8134 99 193
info@furthmuehle.de
www.furthmuehle.de

Die Seele baumeln lassen

Jexhof

Der Jexhof, das auf einer Waldlichtung im Naturschutzgebiet Wildmoos gelegene Bauernhofmuseum des Landkreises Fürstenfeldbruck, lädt westlich von München am nördlichen Rand des Fünf-Seen-Landes zur Zeitreise, zum Verweilen und zum Wandern in herrlicher Natur ein. Der Hof bietet die einzigartige Verbindung von idyllischer Lage und aktivem Museum mit abwechslungsreichem Kulturprogramm.

Der Jexhof ist ein alter Dreiseithof, der bereits 1433 schriftlich erwähnt wurde. Im Gegensatz zu anderen Freilichtmuseen wurden hier keine Häuser transferiert, sondern die Besucher erleben ein authentisches Gebäudeensemble. Bis 1980 war der Hof bewohnt, zuletzt von einer ehemaligen Dienstmagd der Bauernfamilie Riedl. Die hervorragend erhaltene Innenausstattung des Wohnhauses gibt einen realistischen Einblick in die Lebenssituation der Bauern zu Beginn des 20. Jahrhunderts.

In den Dauerausstellungen „Ländliche Vorratshaltung" und „Vom Flachs zum Leinen" erfahren die Besucher noch mehr über das Leben auf dem Land.

Alles, was zu einem großen Bauernhof in der Region gehörte, ist vorhanden: Wohnhaus mit Rossstall, Stadel mit Göpelhaus sowie zahlreiche landwirtschaftliche Geräte und Maschinen, Backhaus mit Backofen und angebauter Remise, Bienenhaus, Weiher, Obst- und Bauerngarten. Kinder freuen sich über die seltenen Waldschafe und Hühner auf dem Hof und über den Spielplatz am Kellerbach.

Im 1931 erbauten ehemaligen Kuhstall ist heute das Eingangsgebäude des Museums untergebracht. Hier können sich die Besucher in der Wirtsstube im Stil einer alten Dorfwirtschaft mit Ausschank stärken.

Der Jexhof bietet ein umfangreiches museumspädagogisches Programm für Kinder und Jugendliche mit Aktionstagen, Märchenführungen und Naturerlebnistagen, das von Schulen, Kindergärten und Gruppen gern genutzt wird. Die Kinder werden beim Buttern, Kochen, Waschen oder Brot backen selbst aktiv. Die Umgebung mit Wald, Wiesen und Wasser bietet viele Möglichkeiten, die Umwelt spielerisch zu erforschen. Ungemein beliebt sind die Kindergeburtstage, die räuberwild, steinzeitlich, naturnah oder bäuerlich gefeiert werden können. Auch Erwachsene haben neben den Führungen im Programm „Museum aktiv" Gelegenheit, die bäuerliche Vergangenheit hautnah zu erleben. Das abwechslungsreiche Veranstaltungsprogramm mit Theater, Kabarett, Musik, Lesungen, Handwerkervorführungen und Märkten verwandelt das Museum immer wieder in ein beliebtes Kulturzentrum. Überregionales Interesse erwecken die attraktiven Sonderausstellungen zur Kulturgeschichte.

Öffnungszeiten:
Das Museum ist vom Palmsonntag-Wochenende an bis zum Ende der Allerheiligenferien täglich außer Montag geöffnet.

Bauernhofmuseum Jexhof
D-82296 Schöngeising
Tel. +49 (0)8153 9325 0
Fax +49 (0)8153 9325 25
info@jexhof.de, www.jexhof.de

Schongauer Märchenwald und Tierpark

Es war einmal…

Der Schongauer Märchenwald ist der einzige Märchenwald, der von Hänsel und Gretel gegründet wurde (Hans und Gretl Schmid).

Im wahrsten Sinne des Wortes märchenhaft wird es, wenn man auf dem Rundweg durch den Park dem Gestiefelten Kater, Dornröschen, dem Froschkönig, den Bremer Stadtmusikanten oder Rotkäppchen quasi hautnah begegnet. Jedem dieser Märchen ist ein eigenes kleines Häuschen gewidmet, bei dem auf Knopfdruck das Licht angeht und die Puppen lebendig werden. Schneewittchen, die sieben Raben, der Wolf und die 7 Geißlein, Tischlein deck dich – all diese Märchen werden in Kurzform erzählt und die Kinder bekommen dabei große leuchtende Augen und lassen sich gerne mitnehmen in diese Märchenwelt.

Tiere

Die zahlreichen exotischen und heimischen Tiere machen den Schongauer Märchenwald zum idealen Ausflugsziel für die ganze Familie. Auf dem Areal finden sich Wildschweine und Vogelvolieren mit bunten Papageien, Hühnern, Sittichen, Tauben und Pfauen, man geht vorbei am Hasen- und Meerschweinchendorf zum Bahnhof Märchenwald, wo die Miniatureisenbahn auf kleine und große Gäste wartet und ihre Runden dreht. Dabei lässt sich immer wieder etwas Neues entdecken. Der Oldtimerzug fährt auch durch einen märchenhaften Berg zum… das wird hier nicht verraten.

Im malerischen Teich tummeln sich Enten und Goldforellen. Schafe und Ziegen, Esel und Ponys freuen sich auf ihre Streicheleinheiten. Die meisten Tiere dürfen auch gefüttert werden. Spezielles Tierfutter ist am Kiosk erhältlich. Neu gestaltete Spielplätze für jedes Alter laden mit zahlreichen attraktiven Geräten zum Rumturnen ein: Kleinkinderklettergarten „Zauberwald", Spieleturm und Seilbahn. Der Park wurde um eine Balancierstrecke erweitert. Dieser „Pfad der Königskinder" ist eine sehr beliebte Herausforderung für Groß und Klein. Ein besonderes Erlebnis für die Füße verspricht der Barfußpfad. Viel Wissenswertes zum Thema Wald und Natur erfährt der Besucher in diesem „Erlebniswald". Eine Liegewiese mit Sonnenliegen steht auf dem Gelände kostenlos zur Verfügung. Der Schongauer Märchenwald ist auch für Rollstuhlfahrer gut geeignet!

Restaurant

In angenehmer Atmosphäre werden im Restaurant mit 100 Sitzplätzen – im Sommer auch auf der Terrasse mit 150 Sitzplätzen – regionale Gerichte, Kaffee und Kuchen, deftige Brotzeiten, verführerische Eisbecher und erfrischende Getränke serviert. Das Lokal ist mit seinem Angebot auch auf Kinder und Senioren eingestellt. Und wenn Papa und Mama, Opa und Oma bequem auf der Terrasse sitzen, haben sie dennoch ihre Kleinen im Auge.

Anfahrt

Man folgt der Umgehungsstraße bis zur Ausfahrt Peiting West, fährt durch den Ort Peiting in Richtung Schongau und kommt direkt zur Abzweigung Märchenwald / "Industriegebiet Ost". Der Weg ist beschildert.

Schongauer Märchenwald

Susanne Hallmann (Inhaberin)
Dießener Str. 6, 86956 Schongau
Tel. 08861-7527, Fax 08861-200509
info@schongauer-maerchenwald.de
www.schongauer-maerchenwald.de

Innovativ, modern, vielseitig und noch cooler

Allgäu Skyline Park, der Freizeitpark für die ganze Familie

Der Allgäu Skyline Park in Rammingen (A96 München Richtung Lindau, Ausfahrt Bad Wörishofen oder Bahnhalt Rammingen) – direkt vor den Toren Münchens – ist ein beliebter Freizeitpark für Jung und Alt. Auf 31 Hektar

grüner Parklandschaft werden über 60 Attraktionen für die ganze Familie bereitgestellt, unter anderem die höchste Überkopf-Achterbahn Europas – der Sky Wheel. Weitere Highlights sind die Wildwasserbahn, Wasserrutschen-Spaßbad – besonders an heißen Sommertagen beliebt, Formel 1-Autoscooter und viele echte Nostalgie-Klassi-

ker wie Riesenrad und Krinoline. Der Skyline Park wurde auch in 2016 zum wiederholten Male vom unabhängigen Freizeitpark-Tester Team e.V. in den Kategorien „Bestes Preis-Leistungs-Verhältnis" und „Beste Gastronomie" ausgezeichnet und zählt damit zu den Spitzenreitern in Europa. Erstmals erhielt der Skyline Park ein Prädikat „besonders empfehlenswert für Kinder" für die neue Kids Farm – einzigartige Bauernhof Spielinsel.

Mega-Neuheiten im Skyline Park: 7 auf einen Streich

Mit gleich sieben neuen Fahrattraktionen schmückt sich der Park, die mit der größten Erweiterung seit Bestehen einhergehen. Zum einen entstand auf einem drei Hektar großen Gelände ein kom-

plett neu angelegter Bereich. Das entspricht einer Fläche von 6 Fußballfeldern. Highlight ist hier der neue Sky Dragster, der erste Motorrad-Coaster der Welt, bei dem man selber die Geschwindigkeit bestimmen kann. Nur einen Katzensprung entfernt, thront die größte transportable Wasserbahn der Welt. Zum anderen legte Eigentümer, Joachim Löwenthal, Wert auf einen neuen Anstrich im bestehenden Park. Hierzu wurden fünf weitere Fahrgeschäfte in den Kategorien Kinderhits, Familienspaß und Adrenalin neu integriert. Unter anderem auch Zero Gravity – eine riesige angetriebene Zentrifuge – bei der die Fahrgäste den Boden unter den Füßen verlieren. Nur durch die entstehenden Kräfte werden die Fahrgäste an die Außenwände gedrückt und bleiben an diesen regelrecht kleben.

Allgäu Skyline Park

Skyline-Park-Str. 1
D-86871 Rammingen
Tel. +49 (0)8245 96 690
Fax +49 (0)8245 96 69 12
service@skylinepark.de
www.skylinepark.de

Landsberg
Sonnige Stadt im Süden Bayerns

Landsberg am Lech an der Romantischen Straße rund 40 Kilometer südlich von Augsburg ist mit der gut erhaltenen, sehenswerten Altstadt, zahlreichen Kunstschätzen und gemütlichen Traditionsgasthäusern ein attraktives Ausflugsziel.

Sehenswürdigkeiten

Bei einem gemütlichen Rundgang durch die Stadt gibt es viel zu entdecken. Empfehlenswert ist die Teilnahme an einer Stadtführung, die von Mai bis Oktober regelmäßig jeden Mittwoch, Samstag und Sonntag um 14:30 Uhr stattfindet, Treffpunkt Marienbrunnen. Bei den Führungen erfährt man wahre Geschichten und Anekdoten aus der Geschichte von Landsberg.

Einen Stadtrundgang beginnt man am besten auf dem dreieckigen Hauptplatz, der mit dem imposanten Schmalzturm am östlichen Eingang, seinen stattlichen Bürgerhäusern, dem Marienbrunnen und dem Rathaus mit prachtvoller Rokokofassade die reiche Geschichte der Stadt präsentiert, die nach dem Dreißigjährigen Krieg ihre Blütezeit erlebte.

Die Besichtigung des Rathauses, das in mehreren Bauabschnitten zwischen 1700 und 1721 entstand, lohnt sich. Es wurde von Dominikus Zimmermann (1685-1766), einem der bedeutendsten deutschen Rokokobaumeister und Bürgermeister von Landsberg, errichtet, der am Bau von vielen Häusern in Landsberg beteiligt war.

Zu sehen sind beeindruckende Stuckdecken, Gemälde von bedeutenden Landsberger Bürgern, großformatige Monumentalgemälde, wertvolle Ka-

Hauptplatz
(Bilder Tourismusverband Ammersee-Lech)

chelöfen und im Festsaal im 3. Stock
vier Fresken aus der Stadtgeschichte.

Vom Schmalzturm aus führt die Alte
Bergstraße hinauf auf das östliche
Hochufer mit der Häuserzeile des
romantischen Hexenviertels und dem
Schlossberg.

Die Altstadt ist bis heute fast vollständig von der alten Stadtmauer mit
einer Reihe von Türmen eingerahmt.
Zu den Türmen gehören der Dachl-
turm und das Sandauer Tor im Norden, Bäckertor und Färbertor im Westen, Nonnentörl und Jungfernsprung
im Süden sowie am östlichen Eingang
zur Altstadt das spätgotische Bayertor
aus dem Jahr 1425, das als schönstes
Stadttor Oberbayerns gilt.

Bayertor

Ursulinenkloster

Kirchen

Heilig-Kreuz-Kirche

Die Heilig-Kreuz-Kirche mit ihren zwei Rokoko-Haubentürmen steht weithin sichtbar auf einer Anhöhe über der Altstadt. Sie wurde 1752-54 von dem Jesuiten Ignatius Merani erbaut.

Die Gewölbe überspannenden, reich gestalteten Deckenfresken stammen von Christoph Thomas Scheffler. Der prachtvolle Hauptaltar zeigt Plastiken aus der Weilheimer Bildhauerwerkstatt und ein Gemälde mit der Kreuzigung Christi.

Klosterkirche

Auch die um 1719 erbaute Kirche Zur Hl. Dreifaltigkeit im ehemaligen Ursulinenkloster mit wertvoller Rokokoausstattung ist sehenswert.

Johann Baptist Bergmüller schuf die Gemälde im Saalraum, Chor und Empore. Von seinem Vater Johann Georg Bergmüller stammt das Hochaltarbild von 1748 mit der Hl. Dreifaltigkeit in Form von drei männlichen Gestalten.

Stadtpfarrkirche Mariä Himmelfahrt

Nördlich des Hauptplatzes beherrscht die mächtige Stadtpfarrkirche Mariä Himmelfahrt das Bild der Landsberger Altstadt. Der spätgotische Bau der Kirche aus dem 15. Jahrhundert wurde ab 1678 im barocken Stil umgestaltet.

Im Innenraum beeindruckt die überwältigende Pracht des Hochbarock der reich ausgestatteten Kirche mit zahlreichen Skulpturen und reizvoll verziertem Wessobronner Stuck. Sehenswert sind vor allem der Hochaltar von 1680 mit dem Gemälde der Verehrung Mariens durch die vier

Erdteile, die wertvollen spätgotischen Glasmalereien in fünf Fenstern im Chor, darunter ein Passionsfenster von Hans Holbein d. Ä. sowie die Statue von einer Maria mit Kind von 1430/40 in einem Stuckmarmoraltar von Dominikus Zimmermann.

Johanniskirche

Auch am Bau der Katholischen Filialkirche St. Johannes am Vorderanger im Norden der Altstadt aus dem mittleren 18. Jahrhundert hat Dominikus Zimmermann mitgewirkt.

Die einstige Friedhofskirche ist kunstvoll ausgestattet mit Fresken von Carl Joseph Thalheimer, einem zierlichen Hochaltar mit der Taufe Christi vor gemaltem Landschaftshintergrund und Seitenaltären mit Figuren und Gemälden von Johann Luidl.

Ebenfalls sehenswert ist die ehemalige Klosterkirche St. Benedikt, die mit karolingischen Ursprüngen zu den ältesten Kirchen Bayerns gehört.

Im Nordosten des Stadtteils Pitzling liegt das Schloss Pöring mit der Schlosskirche Maria von der Versöhnung, die 1764-66 von Dominikus Zimmermann erbaut wurde.

Museen

Das neue Stadtmuseum ist im barocken Gebäude des ehemaligen Gymnasiums im Osten der Altstadt gegenüber der Heilig-Kreuz-Kirche untergebracht. Im Erdgeschoß finden wechselnde Ausstellungen statt.

Das neu eröffnete Herkomer Museum mit Mutterturm und Parkanlage am westlichen Lechufer ist dem englischen Maler Sir Hubert von Herkomer gewidmet, der sich oft in Deutschland aufhielt.

Den Mutterturm ließ er in den 1880er Jahren zu Ehren seiner in Landsberg verstorbenen Mutter errichten. Er ist ein Beispiel für den historistischen Stil und beeindruckt mit seiner kunsthandwerklichen Innenausstattung.

Das Weiß-Egger-Anwesen in Ellighofen ist eine Außenstelle des Stadtmuseums. Das Haus aus dem 17. Jahrhundert mit weitgehend erhaltenem hölzernem Wohnteil zeigt hautnah bäuerliche Wohnkultur aus drei Jahrhunderten.

Mutterturm

LechErlebnisWeg

Freizeit und Sport

Wandern

Landsberg und Umgebung bietet eine
Fülle von Möglichkeiten, sich bei Spa-
ziergängen und Wanderungen in der
idyllischen Flusslandschaft des Lechta-
les mit Seen und Wäldern zu erholen.
Der Fernwanderweg LechErlebnisWeg
nach Füssen beginnt in Landsberg.

Lechpark

Nur wenige Minuten südlich vom
Landsberger Hauptplatz entfernt
liegt zwischen dem Lech und dem
Lechsteilhang der Lechpark Pössinger
Au, ein ideales Naherholungsgebiet.
Das landschaftlich reizvolle Waldge-
biet mitten im Stadtgebiet zwischen
Landsberg im Norden und dem Stadt-
teil Pinzling im Süden ist bei Familien
sehr beliebt.

Der Park als Teil des Landschafts-
schutzgebietes Lechtal-Süd ist als
wichtiger Lebensraum für selten ge-
wordene Tiere und Pflanzen von großer Bedeutung für den Naturschutz.
Beim Spaziergang durch den Park
passiert man ein Damwildgehege mit
Wildfütterungsanlage, ein Kneippbad
und ein Schwarzwildgehege.

Inselbad

Unter den zahlreichen Freizeitanlagen in Landsberg ist das Inselbad besonders beliebt. Das beheizte Freibad
zwischen Altstadt und Lech bietet
neben einem Zugang zum Fluss mit
natürlichem Kies-Badestrand puren
Badespass mit einem Sportbecken,
Wellenbecken, Sprungbecken und
einem Kinderbadebereich. Nervenkitzel verspricht die 10 Meter hohe
Freefallrutsche und die Breitbahnrut-
sche mit 4 Metern Höhe.

Gastronomie

In den gemütlichen Traditionsgasthäusern warten bayerische Schmankerl wie deftige Schweinshaxen mit Knödeln oder Krautwickel sowie leckeres frisch gezapftes Bier auf die Gäste. Das Erlebnis eines Sonnenuntergangs in einem Biergarten am Lechufer beschließt einen schönen Ausflugstag in Landsberg.

Veranstaltungen

Der abwechslungsreiche Veranstaltungskalender in Landsberg bietet hochwertige Kultur- veranstaltungen wie die Orgelkonzerte in der Stadtpfarrkirche im Sommer mit berühmten Interpreten, die Kammerkonzerte im Festsaal des Rathauses uvm.

Feste und Märkte

Snowdance, das independent Filmfestival, das jährliche Stadtfest und das alle vier Jahre stattfindende Ruethenfest (wieder 2019), mit dem Landsberg seine über 800-jährige Geschichte mit einem Festumzug in historischen Kostümen feiert, gehören

Ruethenfest

zu den Höhepunkten im umfangreichen Festkalender.

Zu den beliebten Märkten zählen die beiden Jahrmärkte Veitsmarkt und Kreuzmarkt, der Süddeutsche Töpfermarkt und natürlich der stimmungsvolle Christkindlmarkt.

Wichtige Adressen und Telefonnummern

**Tourist-Information
im Historischen Rathaus**
Hauptplatz 152
D-86899 Landsberg
Tel. +49 (0)8191 128 246
Fax +49 (0)8191 128 160
info@landsberg.de
www.landsberg.de

Lechwehr

Der Ammersee

Das westliche Ufer

Der Ammersee, nach dem Chiemsee und dem Starnberger See der drittgrößte See Bayerns, ist der nördlichste Voralpensee. Er ist ein beliebtes Ausflugsziel für Münchner und Augsburger und gehört im Sommer zu den wichtigsten Tourismusgebieten Bayerns.

Der See bietet unzählige Freizeitmöglichkeiten für Wassersportler und Erholungssuchende im und auf dem Wasser sowie rund um den See mit attraktiven Rad- und Wanderwegen. Vier Fahrgastschiffe laden zu einer beschaulichen Schiffstour ein.

Die Orte am Westufer des Sees bieten außerdem interessante Sehenswürdigkeiten, Kulturveranstaltungen und ein breites gastronomisches Angebot.

(Bilder Edgar Maginot)

Dießen

Der bezaubernde Luftkurort Dießen am Südwestufer des Sees mit seinen Ortsteilen Dettenhofen, Dettenschwang, Obermühlhausen, Rieden und St. Georgen ist umgeben von Hügeln, ausgedehnten Mischwäldern, Hochmooren und Naturschutzgebieten. Im historisch bedeutenden Markt Dießen haben Gäste Gelegenheit, Handwerk, Kunst und Kultur zu erleben.

Marienmünster

Die zahlreichen Kirchen und Kapellen im Gemeindegebiet sind einen Besuch wert. Die bedeutendste Kirche ist das überregional bekannte Marienmünster des Baumeisters Johann Michael Fischer, das 1739 geweiht wurde. Sie gilt als einer der großartigsten Barockkirchen Süddeutschlands. Der spätbarocke Bau mit wertvoller Rokokoausstattung beeindruckt mit seiner prachtvollen Westfassade. Der reich ausgestattete Innenraum birgt Deckengemälde von Johann Georg Bergmiller, vier Seitenaltäre mit Gemälden der Venezianer Tiepolo und Pittoni und viele weitere Kunstwerke.

Schacky-Park

Ein besonders schönes Ausflugsziel ist der Schacky-Park, ein großer Landschaftspark am südlichen Ortsrand von Dießen, der um 1900 vom Freiherrn von Schacky angelegt wurde.

Wichtige Adressen und Telefonnummern

Tourist-Info Dießen
Bahnhofstr. 15
D-86911 Dießen am Ammersee
Tel. +49 (0)8807 1048
info@tourist-info-diessen.de
www.tourist-info-diessen.de

Marienmünster Dießen
(Bild Tourismusverband Ammersee-Lech)

573

Schondorf

Die Gemeinde Schondorf am westlichen Ufer des Ammersees gehört mit ihrem vielfältigen Freizeitangebot zu den beliebten Ausflugszielen in Bayern.

Die beiden Kirchen im Ort sind einen Besuch wert.

Die weithin sichtbare ehemalige Pfarrkirche St. Anna auf einem Berg im Norden von Schondorf stammt aus dem Jahr 1499. Sie ist von einem Friedhof mit alten Grabsteinen umgeben.

Die romanische Kirche St. Jakobus stammt aus dem 12. Jahrhundert und gilt als eine der bedeutendsten hochmittelalterlichen Kleinkirchen in Bayern.

Auf dem 1,5 km langen Skulpturenweg präsentieren Künstlerinnen und Künstler, die am Ammersee leben und arbeiten ihre Werke, die durch Einblicke, Durchblicke und Lichtblicke der Skulpturen im Einklang mit der Natur überraschen.

Neben unbeschwertem Badespaß im Schondorfer Strandbad ist die Minigolfanlage an der Seepromenade sehr beliebt. Wanderfreunde schätzen den 12 km langen aussichtsreichen Rundweg, der an der St. Anna Kirche beginnt.

Wichtige Adressen und Telefonnummern

Rathaus Schondorf
Rathausplatz 1
D-86938 Schondorf
Tel. +49 (0)8192 9335 0
vg@schondorf.de
www.schondorf.de

St. Jakobus
(Bild Tourismusverband Ammersee-Lech)

Künstlerhaus Gasteiger
(Bild Gemeinde Utting)

Utting

Die idyllische Gemeinde Utting am westlichen Ammersee zieht als ideales Naherholungsgebiet zahlreiche Besucher und Urlaubsgäste an. In Utting haben seit langer Zeit Schriftsteller, Maler und Bildhauer eine Heimat gefunden, die das Lebensgefühl am See schätzen.

Zu den Sehenswürdigkeiten des Ortes gehören die barocke Wallfahrtskirche St. Leonhard aus dem Jahr 1712, die Pfarrkirche Mariä Heimsuchung, das Seeschlössl im neugotischen Stil von 1890 sowie die gut erhaltene Keltenschanze aus dem 2. Jh. V. Chr.

Einen Besuch wert ist auch das Künstlerhaus- und garten Gasteiger. Das romantische Haus wurde 1910 im Münchner Jugendstil errichtet und zeigt historische Fotografien sowie Skulpturen und Gemälde des Künstlerehepaars Gasteiger. Es ist von April bis Oktober an Sonntagen geöffnet.

Beliebte Freizeiteinrichtungen sind das Strandbad mit dem alten hölzernen 10 Meter hohen Sprungturm, Liegewiese und traditionellem Biergarten, der Klettergarten mit einem 13 Meter hohen alten Piratenschiff sowie ein schön angelegter Minigolfplatz.

Im Sommer verkehrt die Ammersee-Dampfbahn zwischen dem Bahnpark Augsburg und Utting am Ammersee.

Wichtige Adressen und Telefonnummern

Gemeinde Utting am Ammersee
Eduard-Thöny-Str. 1
D-86919 Utting am Ammersee
Tel. +49 (0)8806 9202 0
Fax +49 (0)8806 9202 22
info@utting.de, www.utting.de

Tourismusverband Ammersee-Lech e.V.
Hauptplatz 152, D-86899 Landsberg
Tel. +49 (0)8191 128 247
Fax +49 (0)8191 128 160
info@ammerseelech.de
www.ammerseelech.de

Schacky-Park Dießen am Ammersee

Zu Besuch bei Baron Schacky

Lange Jahre war der Schacky-Park als verwilderte Gartenanlage zu sehen und firmierte als „schönste Kuhweide Oberbayerns". Es ist einem Glücksfall der Denkmalpflege zu verdanken, dass heute der Park am südlichen Ortsrand von Dießen als neue Sehenswürdigkeit zu erleben ist. Ein Förderkreis hat das Kunststück zustande gebracht, eine der wenigen noch erhaltenen Parkanlagen aus der Gründerzeit am Ammersee aus dem Dornröschenschlaf zu erwecken.

Von 1903 bis zu seinem Tod 1913 schuf der königliche Kämmerer und Oberstleutnant a.D. aus München, zusammen mit seiner Frau Julia, den „Englischen Garten" von Dießen.

Willkommen zu einem Spaziergang im Schacky-Park

Ausgangspunkt ist das schmiedeeiserne Eingangstor neben der Villa Diana. Der Kutschenweg führt am Apfelbaumspalier vorbei zum Entenhaus als Platz der ländlichen Idylle des Parks. Umgeben von einem Balusterrondell sieht man den Delphin-Brunnen im Zentrum des Wegekreuzes mit einem verspielten Putto. Viele Podeste und Skulpturen der Anlage verweisen auf die griechische Mythologie und zeugen von der Ideenwelt des Freiherrn. Als Kulminationspunkt schließlich die Monopteros mit einem grandiosen Ausblick über die oberbayerische Landschaft bis zu den Alpen. Gehemnisvoll versteckt liegt ein asiatisch anmutendes Teehaus.

gungen im Park. Das Tee-
haus und Entenhaus kann für
kleine private Feste gemietet
werden. Immer im Mai und
im September genießen die
Besucher um 11 Uhr sonntägliche Matineen am Monopteros. Auf bereitgestellten Stühlen
oder mitgebrachten Decken erfreuen
sie sich an den Darbietungen in dieser
einzigartigen Parkanlage.

Jeden 2. Samstag des Monats gibt es
um 15 Uhr (in den Wintermonaten um
14 Uhr) eine Führung durch den Park.
Treffpunkt ist der Eingang Süd in der
Vogelherdstraße, 50 m vor dem SOS-
Kinderdorf. **www.schacky-park.de**

Auf verschlungen Wegen entlang des
Teiches gelangt man in diesen entfernten Teil des Parks. Auf dem Rückweg
über die Streuobstwiesen trifft man
auf den mächtigen Flussgott. Ehemals
unter einer rosenumrankten Pergola
sitzt die Marmorfigur umgeben von
einer kunstvollen Brunneneinfassung
auf einem Tuffsteinfelsen. Alleen und
mächtige alte Bäume bieten die Kulisse für die steingewordenen Fantasien
des Freiherrn von Schacky.

Heute werden dort an Ostern tausend
Ostereier versteckt und die Besucher
erfreuen sich an Konzerten, Lesungen,
Kutschfahrten und vielfältigen Vergnü-

Der Ammersee
Das östliche Ufer im Starnberger Fünf-Seen-Land

Herrsching

Die Gemeinde Herrsching a. Ammersee (rund 10.400 Einwohner) im oberbayerischen Landkreis Starnberg besteht aus den Ortsteilen Herrsching, Breitbrunn und Widdersberg.

Das ehemalige Fischerdorf unterhalb des berühmten Klosters Andechs ist beliebtes Ausflugsziel nicht nur der Münchner, die Herrsching mit der S-Bahn erreichen können.

In Herrsching erwartet die Gäste mit rund 10 km die längste Seeuferpromenade Deutschlands mit Picknick- und Spielplätzen, Cafés, Biergärten und Minigolfplatz.
Für Wanderer und Radfahrer stehen eine Reihe aussichtsreicher Wanderwege am See und in Wald und Feld zur Verfügung.

Wahrzeichen von Herrsching sind das Kurparkschlösschen und der Kurpark, das ideale Gelände für Sportler, Spaziergänger und Erholungssuchende. Im Sommer finden im Kurpark eine Reihe von Festen und Konzerten statt, darunter das beliebte Schlossgartenfest am letzten Wochenende im Juli mit Festumzug, Fischerstechen, Sautrogrennen und vielem mehr.

Zu den sehenswerten Kirchen in der Gemeinde gehören die barocke St. Martins-Kirche aus dem 18. Jahrhundert, die ihre Ursprünge im 11. Jahrhundert hat sowie die St. Nikolaus-Kirche aus dem 12. Jahrhundert mit wertvoller Innenausstattung.

Wichtige Adressen und Telefonnummern

Gemeinde Herrsching
Bahnhofstraße 12
D-82211 Herrsching a. Ammersee
Tel. +49 (0)8152 3740
Fax +49 (0)8152 5218
info@herrsching.de
www.herrsching.de

Herrschinger Bucht
(Bild Siegfried Polednik)

Kaiserhaus und Kirche
(Bild Gemeinde Inning)

Inning

Die Gemeinde Inning a. Ammersee (rund 4.100 Einwohner) mit seinen Ortsteilen Inning, Stegen und Buch am Ammersee sowie Bachern und Schlagenhofen am Wörthsee liegt in landschaftlicher reizvoller Umgebung mit ausgedehnten Wäldern. Inning gehört zu den beliebten Ausflugszielen der Bevölkerung von München, Augsburg und Landsberg.

Die Gemeinde bietet vielfältige Freizeitmöglichkeiten vor allem im und auf dem Wasser mit Baden, Segeln und Angeln. Wanderwege in der herrlichen Natur und an den Seen stehen ebenso zur Verfügung wie Einrichtungen zum Kegeln, Minigolf, Reiten und Tennis.

Gemütliche Wirtshäuser und Biergärten laden zur Einkehr.

Zu den sehenswerten Kirchen in Inning zählt vor allem die Kirche St. Johannes-Baptist mit ihrem doppelten Zwiebelturm. Sie wurde in der zweiten Hälfte des 18. Jahrhunderts an Stelle einer spätgotischen Vorgängerkirche errichtet. Der reich geschmückte Innenraum beeindruckt mit wertvollem Rokoko-Stuckdekor, Deckenfresken und kunstvoll gestalteten Altären.

Wichtige Adressen und Telefonnummern

Gemeinde Inning a. Ammersee
Pfarrgasse 13
D-82266 Inning a. Ammersee
Tel. +49 (0)8143 921 0
gemeinde@inning.de
www.inning.de

579

Der „Heilige Berg" am Ammersee

Kloster Andechs

Durch seine Lage auf einer Höhe von 700 m ü.M. ist der „Heilige Berg" mit seinem Kloster schon von Weitem zu sehen. Schon im frühen 12. Jh. war die damalige Nikolauskapelle in der Andechser Burg das Ziel der Wallfahrer. Das Kloster Andechs zählt damit zu den ältesten Wallfahrten in ganz Bayern. Seit den Jahren 1423-27 steht die Kirche auf dem „Heiligen Berg", die heute ein Juwel des Rokoko darstellt. Lichtdurchflutet zeigt sich der Charakter des Innenraumes, der zumeist hauptsächlich von dem berühmten Maler und Stukkateur Johann Baptist Zimmermann um 1755 geschaffen wurde. Für die Benediktinermönche, die noch heute das Kloster bewirtschaften, steht die Gastfreundschaft an ers-

ter Stelle. Schließlich heißt es in der Regel des hl. Benedikt, „... dass alle Fremden, die kommen, aufgenommen werden sollen wie Christus ..." Und an diesem Leitmotiv hat sich bis heute nichts geändert. Nachdem Klöster schon immer Zentren spiritueller, kultureller und ökonomischer Zusammenkünfte waren, ist auch Kloster

Andechs ein Ort der Geselligkeit. So ist die Klosterbrauerei das größte, von einer noch existierenden Ordensgemeinschaft geführte Brauhaus in Deutschland. Bier gilt als Botschafter benediktinischer Gastfreundschaft und mit den Bierspezialitäten aus dem Kloster Andechs lässt sich die barocke Kultur und die bayerische Lebensart „erschmecken".

Speis und Trank im Bräustüberl

Neben dem Klostergasthof spielt das gemütlich und urig bayerisch eingerichtete Andechser Bräustüberl seine Rolle als Pilgergaststätte, indem es sich seiner jahrhundertealten Tradition bewusst ist. Eine Vielzahl bayerischer Brotzeiten und regionaler Schmankerl findet sich auf der Speisekarte, zu denen die süffigen Andechser Klosterbiere vorzüglich munden. Doch nach altem, bayerischem Brauch kann sich der Gast seine Brotzeit auch selber mitbringen, die er zu einem frisch gezapften Bier verspeist. Auf den Bräustüberl-Terrassen wird er darüber hinaus mit einem herrlichen Ausblick auf die Voralpenlandschaft verwöhnt.

Zur Tradition einer Pilgergaststätte gehört es auch, dass der klösterliche Tagesrhythmus die Schankzeiten im Bräustüberl bestimmt. So endet der Ausschank mit dem Nachtgebet der Mönche um 20 Uhr.

Kloster Andechs

Bergstraße 2
D-82346 Andechs
Tel. +49 (0)8152 3760
Fax +49 (0)8152 37 61 43
info@andechs.de
www.andechs.de

582

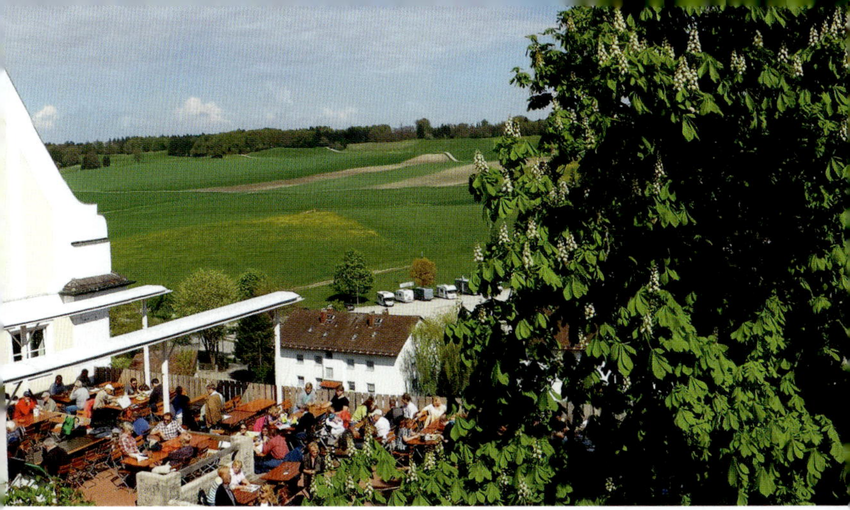

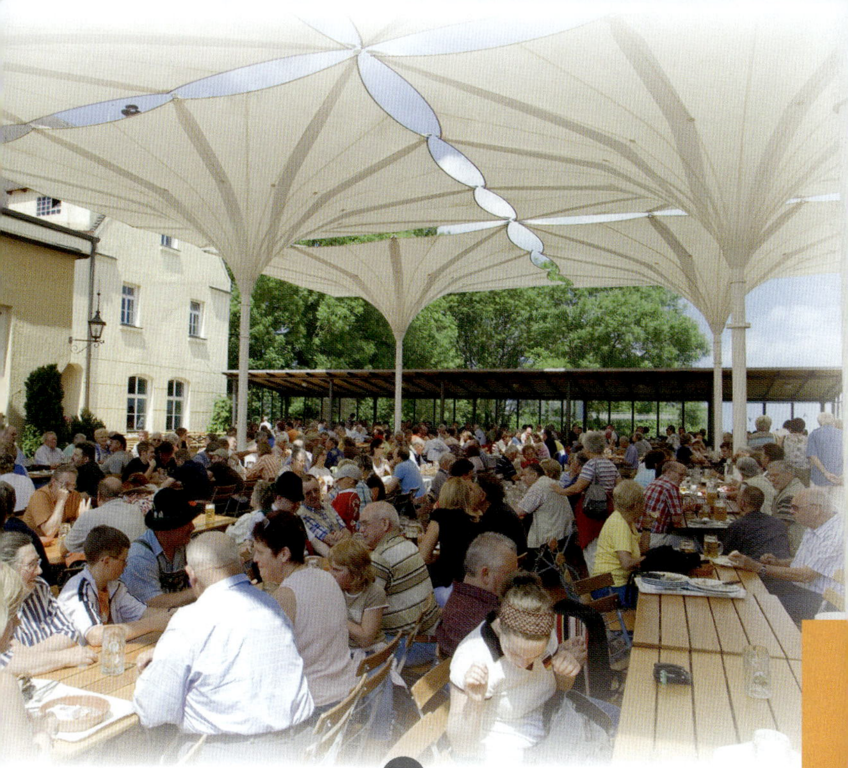

Angrenzende Städt

Dillingen siehe Seite 592

Lauingen siehe Seite 596

Gundelfingen siehe Seite 594

Höchstädt

Dillingen

Lauingen

Donau

Gundelfingen

Günzburg

Günzburg siehe Seite 590

Donau

Ulm

Ulm siehe Seite 586

n Lech und Donau

Donauwörth
siehe Seite 604

Neuburg an der Donau
siehe Seite 610

Donauwörth

Donau

Rain

Lech

Donau

Neuburg

Rain siehe Seite 606

Höchstädt
siehe Seite 602

Donautal
(Bild Wikipedia CC BY-SA 2.0, Zotia)

Ulm und Neu-Ulm
Die Doppelstadt an der Donau

Die Doppelstadt an der Donau ist mit einer Reihe von Sehenswürdigkeiten wie dem weltberühmten Ulmer Münster, attraktiven Freizeiteinrichtungen, weithin bekannten Veranstaltungs-Highlights, einem vielfältigen gastronomischen Angebot sowie Übernachtungsmöglichkeiten jeder Kategorie und hervorragenden Einkaufsmöglichkeiten ein beliebtes Städtereiseziel. Die romantischen Gassen der Ulmer Innenstadt mit einer breiten Auswahl an individuellen Fachgeschäften und zahlreichen Cafés und Restaurants laden zu einem gemütlichen Shopping-Bummel und zur Einkehr ein.

Ulm ist durch die Lage am Autobahnkreuz der A 7 und A 8 mit dem Pkw gut zu erreichen.

Der Ulmer Hauptbahnhof liegt an der ICE/IC-Strecke von Stuttgart nach München.

Sehenswürdigkeiten

Beim Rundgang durch die Ulmer Altstadt kann man auch heute noch zahlreiche sehenswerte historische Baudenkmäler entdecken, die erhalten geblieben sind oder restauriert wurden wie das Rathaus, das Schwörhaus und das Kornhaus. Das heutige Stadtbild Ulms präsentiert sich mit reizvollen Kontrasten zwischen historischen Bauwerken und moderner Architektur. Ein Beispiel ist die imposante 23 Meter hohe gläserne Pyramide der Zentralbibliothek neben dem historischen Rathaus, das mit seiner astronomischen Uhr die Blicke auf sich zieht. Die Teilnahme an einer Stadtführung, bei der viel Interessantes und Wissenswertes vermittelt wird, empfiehlt sich.

Das vorbildlich restaurierte Fischer- und Gerberviertel direkt an der Donau mit seinen schmalen, maleri-

Die Altstadt von Ulm von der Donau aus
(Bild UNT/Homburg)

Fischerviertel
(Bild UNT/Homburg)

schen Wegen und Brücken bezaubert durch schöne Fachwerkhäuser wie das „Schiefe Haus", das laut Guinness-Buch schiefste Hotel der Welt. Empfehlenswert ist auch der Promenadenweg entlang der Stadtmauer an der Donau mit den ehemaligen Stadttoren Gänsturm und Metzgerturm. Er führt von der Bastion Lauseck bis zum Naherholungsgebiet Friedrichsau.

Zahlreiche weitere bemerkenswerte Gebäude sind in beiden Städten zu entdecken. Hierzu gehören in erster Linie die Bauten der Neuen Mitte mit dem Kaufhaus Münstertor und dem Sparkassengebäude sowie das strahlend weiße Stadthaus auf dem Münsterplatz und die Kunsthalle Weishaupt.

Außer dem berühmten Münster sind zahlreiche weitere Sakralbauten in der Doppelstadt sehenswert. Einen Besuch des Klosters in Ulm-Wiblingen darf man nicht versäumen. Das einstige Benediktinerkloster glänzt mit einem im Rokokostil ausgestalteten Bibliothekssaal mit wertvollen Schnitzfiguren des Bildhauers Dominikus Herberger und einem prächtigen Deckenfresko. Sehenswert ist

auch die spätbarocke St.-Martin-Basilika und das „Museum im Konventsbau", das die Besucher in die Welt des barocken Klosterlebens entführt.

Museen

Die vielfältige Museumslandschaft von Ulm und Neu-Ulm bietet ein sehenswertes Spektrum an attraktiven Ausstellungen von der Urgeschichte über mittelalterliche Meisterwerke bis zur Kunst der Moderne. Hierzu gehören das Ulmer Museum am Marktplatz für Kunst, Archäologie, Stadt- und Kulturgeschichte, die Kunsthalle Weishaupt mit hochkarätigen Werken zeitgenössischer Kunst sowie das einzigartige Museum der Brotkultur im 1592 erbauten Salzstadel.

Das Naturkundliche Bildungszentrum in der Ulmer Kornhausgasse bietet als „lebendiges Museum" zahlreiche Exponate zum Anfassen aus den Themengebieten Mineralogie, Geologie, Paläontologie, Botanik, Zoologie und Ökologie.

Rathaus und Bibliothek
(Bild UNT/Braunwarth)

Das Ulmer Münster

Ulm ist weltbekannt für sein gotisches Münster, das mit 161,53 Metern den höchsten Kirchturm der Welt besitzt. Die weithin sichtbare Kirche prägt als größte evangelische Kirche Deutschlands seit Jahrhunderten das Ulmer Stadtbild.

Der Grundstein wurde 1377 gelegt. 1530 entschieden sich die Ulmer Bürger in einer Abstimmung für den evangelischen Glauben. Das Ulmer Münster wurde so zur evangelischen Kirche. Das heutige Gotteshaus wurde im 19. Jahrhundert fertig gestellt, der Turm erst im Jahr 1890. Als Baumaterialien wurde Backstein und Sandstein verwendet.

Das Münster präsentiert sich mit einer für eine evangelische Kirche ungewöhnlich reichen und wertvollen Ausstattung. Nach dem Passieren der prächtig gestalteten Portale sind Besucher von der Größe und Höhe des Innenraums überwältigt. Sehenswert sind die über 15 Meter hohen Chorfenster, die zum Teil aus dem 14. und 15. Jahrhundert stammen. Aufmerksamkeit verdient auch das prächtige Chorgestühl aus dem 15. Jahrhundert mit zahlreichen, aus Eichenholz geschnitzten filigranen Figuren. Berühmte Baumeister und Künstler der damaligen Zeit schufen ein einzigartiges Gesamtkunstwerk.

Die Kirche birgt zahlreiche weitere Meisterstücke wie die Kanzel mit Schalldeckel, den Schmerzensmann von Hans Multscher sowie die Kapellen und Altäre.

Nicht versäumen sollte man den Aufstieg über 768 Stufen zur Aussichtsplattform des Turms in 143 Metern Höhe mit prächtiger Fernsicht, bei klarem Wetter sogar bis zur Alpenkette.

Ulmer Münster
(Bild UNT/ARC)

(Bild UNT/bildwerk89)

Freizeit und Veranstaltungen

Zu den attraktiven Freizeiteinrichtungen in der Doppelstadt gehören unter anderem die sparkassendome DAV Kletterwelt, die einstein boulderhalle, die Indoor-Kartbahn Ecodrome und die Trampolinhalle Xtreme Jump.

Ulm und Neu-Ulm bieten eine Fülle von vielfältigen Veranstaltungen. Hierzu gehören sportliche Wettbewerbe, Feste und Märkte, Konzerte und kulturelle Events.

Zur Ulmer Theaterlandschaft gehören das älteste Stadttheater Deutschlands mit breitem Repertoire sowie viele kleine Theater mit abwechslungsreichem Programm. Musikliebhaber kommen in Ulm und Neu-Ulm voll auf ihre Kosten, eine Reihe von Konzerten und Musikfesten ist Bestandteil des Jahresprogramms. Beim in geraden Jahren stattfindenden Landesposaunentag im Sommer treffen sich über 8000 Bläser aus Württemberg zum gemeinsamen Musizieren. Dann erleben die Besucher den größten Bläserchor der Welt.

Die zahlreichen Feste, Märkte und kulturellen Events in Ulm/Neu-Ulm sind sehr beliebt.

Hierzu gehören der Schwörmontag, das Stadtfest Neu-Ulm im Mai mit kulinarischen Angeboten und musikalischer Unterhaltung und das Ulmer Volksfest im Juli auf dem Volksfestplatz Friedrichsau.

In der Adventszeit bieten der Neu-Ulmer Mittelalterliche Weihnachtsmarkt und der Ulmer Weihnachtsmarkt im stimmungsvollen Ambiente den zahlreichen Besuchern Weihnachtsschmuck, Glühwein und kulinarische Köstlichkeiten.

Wichtige Adressen und Telefonnummern

Ulm/Neu-Ulm Touristik GmbH (UNT)
Münsterplatz 50
D-89073 Ulm
Tel. +49 (0)731 161 2830
Fax +49 (0)731 161 1641
info@tourismus.ulm.de
www.tourismus.ulm.de

Nabada
(Bild UNT/Horger)

Günzburg

Traumhafte Urlaubstage mit historischem Flair

Günzburg liegt auf halbem Weg zwischen den beiden Landeshauptstädten München und Stuttgart und den beiden Oberzentren Augsburg und Ulm. Die Große Kreisstadt mit ihren rund 20.000 Einwohnern ist durch eine wechselvolle Geschichte geprägt, in der mehr als 300 Jahre römische Kultur ebenso ihre Spuren hinterlassen haben wie die 500-jährige Zugehörigkeit zum Hause Habsburg. So sind zahlreiche historische Sehenswürdigkeiten in der Stadt zu finden, die in den vergangenen Jahren allesamt liebevoll restauriert worden sind.

Kurzer Blick ins Geschichtsbuch

Kulturelle Blütezeiten erlebte die Stadt bereits zu Zeiten der Römer, die mit einem Kastell den Donauübergang und damit den wesentlichen Straßenkreuzungspunkt sicherten. Auch unter den Habsburgern erlebte Günzburg goldene Zeiten: Das österreichische Adelsgeschlecht erkannte die verkehrsgünstige Lage der Stadt und legte im 14. Jh. eine exakt geplante Oberstadt an. Viele Sehenswürdigkeiten stammen aus dieser Zeit.

Sehenswürdigkeiten

Der Marktplatz bildet das Herzstück der Stadt und gilt als längstes Freiluftcafé nördlich der Alpen. Dort werden Gäste mit Cappuccino, schwäbischen Schmankerln und internationalen Gerichten verwöhnt. Pflichtprogramm für jeden Besucher ist die von Dominikus Zimmermann erbaute Frauenkirche, die die Günzburger liebevoll als „Rokokojuwel"

Frauenkirche und Maria-Ward-Institut
(Bilder Tourist-Information Günzburg-Leipheim)

Marktplatz und Frauenkirche

bezeichnen. Auch das Wahrzeichen der Stadt, der Stadtturm ist einen Abstecher wert, erschließt sich doch von oben ein wunderbarer Weitblick auf die Stadt und über das Donaumoos bis hin zu den Alpen. 17 unterhaltsame Themenführungen laden Gäste ein, die Stadt und ihre vielfältige Geschichte mit all ihren Sehenswürdigkeiten kennenzulernen.

Freizeit und Sport

Neben dem Bürgerpark, in dem es sich wie zur Zeit seiner Entstehung im Jahr 1814 wunderbar flanieren lässt, lädt das Waldbad mit beheizten Schwimmbecken zu entspannten Stunden in der Natur ein. Für Fahrradfahrer ist der Donauradweg und die Flusstalradwegen an Günz, Kammel und Mindel ein wahres Eldorado, um die reizvolle Landschaft rund um Günzburg zu erkunden.

Wichtige Adressen und Telefonnummern

Tourist-Information Günzburg-Leipheim
Schlossplatz 1
D-89312 Günzburg
Tel. +49 (0)8221 20 04 44
tourist-information@guenzburg.de
www.guenzburg.de/gast

Marktplatz

Abenteuer für Groß und Klein

LEGOLAND® Deutschland Resort

Tage voller Spaß und Abenteuer verspricht der Besuch im LEGOLAND® Deutschland Resort in Günzburg. 55 Attraktionen sind mit über 56 Millionen LEGO® Steinen auf neun Themenbereiche aufgeteilt. Achterbahnfahrten und spannende Reisen durch einzigartige LEGO Welten über und unter Wasser erwarten die Besucher. Unglaublich faszinierend ist der komplett neue Themenbereich LEGO® NINJAGO® WORLD. Auf 7.000 Quadratmetern stehen der interaktive 4D-Fahrspaß LEGO NINJAGO The Ride sowie viele weitere Ninja-Abenteuer und LEGO Modelle bereit. Unterhaltsam und lehrreich trainiert man dort die Ninja-Fähigkeiten wie Gleichge-

wichtssinn, Reaktionsfähigkeit und LEGO Bau-Geschicklichkeit.

Das Herzstück des LEGOLAND Parks ist das MINILAND, in dem die Liebe zum Detail steckt. In nur wenigen Schritten geht man von Berlin nach Venedig oder in die Schweiz.

Einmal umgedreht und schon steht man vor der berühmten Münchner Allianz Arena oder der beeindruckenden Frankfurter Skyline.

Einen perfekten Ausblick auf den Park genießt der Besucher aus dem 65 Meter hohen Aussichtsturm. Von dort sieht man die vielen weiteren Attraktionen wie den Feuerdrachen in der LEGOLAND Burg oder den Flying NINJAGO, in dem die Fahrgäste sich in 22 Metern Höhe um 360 Grad drehen. 18 Meter steil hinauf und wieder hinab geht es mit dem Project X. Der Power Builder begeistert die Gäste mit aufregenden Loopings. Darüber hinaus gibt es im LEGOLAND noch mehr zu entdecken: eine Rundfahrt mit dem LEGOLAND Express oder einer Entdeckungstour durch die LEGO Fabrik.

Eine Erkundungsreise durch das LEGOLAND macht hungrig. Die LEGO thematisierten Restaurants bieten genau das Richtige für den kleinen und großen Hunger – von internationalen und regionalen Spezialitäten bis zu speziellen Angeboten für Allergiker ist für jeden etwas dabei. Leckere Kindermenüs, frische Salate und Obstbecher runden das vielfältige Angebot ab.

Das LEGOLAND Feriendorf bietet – auch nach Parkschluss – noch viel **Action:** Minigolf, Hochseilgarten, Piraten-Bowling, Abenteuer-Spielplätze, Dreiradparcours und einen Bolzplatz. Übernachtet wird in majestätischen Burgzimmern, Themenzimmern, Campingfässern oder auf dem Campingplatz.

Tipp: Bei Buchung einer Übernachtungspauschale sind zwei Tage LEGOLAND Parkeintritt inklusive. Zur Abrundung des Besuches im LEGOLAND findet man im LEGO City Shop

eine riesige Auswahl an LEGO Produkten, in der LEGO Boutique die aktuelle LEGO Kollektion und in der LEGO Fabrik europaweit die größte Auswahl an LEGO Einzelsteinen.

**LEGOLAND
Deutschland Freizeitpark GmbH**

LEGOLAND Allee 1
D-89312 Günzburg
Tel. +49 (0) 1806 700 757 01*
info@LEGOLAND.de
www.LEGOLAND.de

* 20 Cent pro Anruf, Mobilfunk
max. 60 Cent pro Anruf; Auslandsgebühren variieren je nach Betreiber

593

Gundelfingen a.d.Donau

Lebenswerte Vielfalt an der Donau

Die Stadt Gundelfingen a.d.Donau (rund 8.000 Einwohner) zwischen Günzburg und Dillingen wird geprägt vom historischen Stadtbild und der Donaulandschaft mit ausgedehnten Auen-, Ried- und Mooslandschaften. Sie wird von drei Armen der Brenz durchflossen, die hier in die Donau mündet. Gundelfingen liegt verkehrsgünstig nah am Kreuzungspunkt der Autobahnen A 7 und A 8.

Kurzer Blick ins Geschichtsbuch

Gundelfingen wurde um 750 erstmals urkundlich erwähnt und erhielt 1220 die Stadtrechte.

Zu dieser Zeit wurde die auch heute noch gut erhaltene Stadtmauer mit drei Toren errichtet, von denen das „Untere Tor" erhalten ist. Im Jahr 1462 wehrte die Stadt eine Belagerung des kaiserlichen Heeres ab und erhielt zum Dank von Herzog Ludwig dem Reichen Steuervergünstigungen und Ländereien.

Sehenswürdigkeiten

Beim Rundgang durch die Altstadt sind viele historische Gebäude mit Infotafeln zu entdecken. Zu ihnen gehört das Rathaus, ein Renaissancebau aus dem 17. Jahrhundert, das Untere Tor und das Schloss Schlachtegg mit Schlosskapelle.

Der gotische Bau der Stadtpfarrkirche St. Martin mit Ursprüngen im 7. Jahrhundert ist eine der ältesten Kirchen

Schloss Schlachtegg
(Bilder Stadt Gundelfingen a.d.Donau)

594

in der Umgebung. Sie wurde im 18. Jahrhundert im Barockstil umgestaltet. Der prächtige Innenraum ist mit wertvollen Gemälden ausgestattet.

Auch die Katholische Spitalkirche „Maria Himmelfahrt" aus dem 18. Jahrhundert beeindruckt mit prachtvoller Barockausstattung.

Freizeit und Sport

In Gundelfingen stehen zahlreiche Rad- und Wanderwege vor allem an der Donau für Radfreunde und Wanderer zur Verfügung. Empfehlenswert ist die Fahrt auf dem Donau- Radwanderweg bis Donauwörth. Zurück kann die Bahn genutzt werden, die entlang der Strecke verläuft.

Veranstaltungen

Die Stadt Gundelfingen ist bekannt für ihre mittelalterlichen Feste, die viele Besucher aus nah und fern anziehen. Zu den traditionellen Festen gehört auch das „Schnellefest" der Stadtkapelle, das alljährlich im Juli gefeiert wird.

Torturm

Historisches Fest

Wirtschaftsstandort Gundelfingen

Die Gundelfinger sind stolz auf ihre Betriebe, die mit modernsten Technologien maßgeblich an internationalen Projekten beteiligt sind. Zu ihnen gehört die Firma Josef Gartner GmbH, Weltmarktführer bei innovativen Fassadenkonstruktionen.

Wichtige Adressen und Telefonnummern

Stadt Gundelfingen a.d.Donau
Professor-Bamann-Straße 22
D-89423 Gundelfingen a.d.Donau
Tel. +49 (0)9073 999 0
Fax +49 (0)9073 999 169
stadt@gundelfingen-donau.de
www.gundelfingen-donau.de

Lauingen (Donau)

Die Albertus Magnus Stadt

Zukunftsorientiert, traditionsreich, geschichtsträchtig – die Albertus-Magnus-Stadt Lauingen (Donau). Das spätgotische dreischiffige Martins-münster, einer der schönsten Markt-plätze Schwabens mit Rathaus und Schimmelturm – benannt nach einem sagenhaften weißen Ross, interessan-te Sammlungen im Heimathaus, den Museumszellen und in der Minerali-ensammlung sind nur einige Höhe-punkte. Vor dem imposanten, klassi-zistischen Rathaus steht das Denkmal des größten Sohnes der Stadt, des Heiligen Albertus Magnus (um 1200 – 1280), der Theologie und Naturwis-senschaften miteinander verbunden hat. Er gilt als Universalgelehrter des Mittelalters. Wer etwas über Leben und Werk Alberts des Großen erfah-ren will, begibt sich am besten selbst von dessen Denkmal aus auf Wander-schaft auf dem Albertus-Weg. Dieser naturkundlich-historische Rundweg durch Alberts Geburtsstadt führt den Besucher durch die Altstadt Lauin-gens, vorbei an zahlreichen Sehens-würdigkeiten.

Der teilrekonstruierte römische Apollo-Grannus-Tempel im Stadt-teil Faimingen bietet Einblick in die Geschichte der römischen Besiede-lung in der Region. Schautafeln an den einstigen Grenzen des antiken „Phoebiana" – der Siedlung in der das gallo-römische Doppelheiligtum und ein Kastell lagen – veranschau-lichen dem Besucher die Größe der Anlage in römischer Zeit.

Sehenswürdigkeiten

Der Schimmelturm mit der Ausstel-lung „Wächter & Wahrzeichen" – elf Kirchen – die Hicret Moschee – das Brunnental – der Apollo-Grannus-Tempel – das Museum über den Dichter Heinz Piontek – die Mu-seumszellen mit Albertusabteilung

Lauingen
(Bilder Stadt Lauingen)

596

Marktplatz

– das Heimathaus – die Mineralien-sammlung – das Fasnachtsmuseum.

Näheres hierzu in der Broschüre „Lauingen entdecken".

Freizeit und Sport

In Lauingen und Umgebung

Wander- und Fahrradwege – Römer-Themenweg Via Danubia – Lausch-tour – Quiztour – Seenlandschaft des Schwäbischen Donautals

Erlebenswertes

Zahlreiche Radwandermöglichkei-ten im Landkreis – Erholungsgelände „Auwald-Anlagen" mit Auwaldsee und Naturlehrpfad – Rathauskon-zerte, Aufführungen im Stadeltheater – „Sommergarten"-Konzerte im Kannenkeller – Kabarett- und Klein-

kunstabende im Theater in Frauen-riedhausen (TiF) – Faschings- und Fas-nachtsveranstaltungen in der „fünften Jahreszeit" – Hallenbad, Sportveran-staltungen in der Stadthalle, Stadt-führungen – Aktivitäten von über 100 Vereinen – Veranstaltungen und Angebote der Volkshochschule Lau-ingen und der Stadtbücherei.

Essen & Trinken in über 20 Restau-rants, Gaststätten, Cafés, Bars und Imbissen.

Wichtige Adressen und Telefonnummern

Stadt Lauingen (Donau)
Herzog-Georg-Straße 17
D-89415 Lauingen (Donau)
Tel. +49 (0)9072 998 0
Fax +49 (0)9072 998 190
stadt@lauingen.de, www.lauingen.de

Dillingen a.d.Donau

Das Schwäbische Rom

Die Große Kreisstadt Dillingen (rund 19.000 Einwohner) liegt in Nordschwaben am Nordufer der Donau im Donauried. Dillingen wird wegen der zahlreichen Kirchen und Klöster auch das „Schwäbische Rom" genannt. Die Stadt zeichnet sich neben attraktiven Sehenswürdigkeiten durch eine Reihe von beliebten Kulturveranstaltungen und Festen aus. Zudem gibt es vielfältige Einkaufsmöglichkeiten in der Innenstadt. Die schöne Landschaft rund um die Stadt, ein Freibad und ein Hallenbad tragen zur hohen Lebensqualität bei. Besucher werden von der Dillinger Gastronomie mit einheimischen Spezialitäten wie Maultaschen, Spätzle und weiteren schwäbischen Schmankerln verwöhnt.

Über die Bundesstraße B 16 ist Dillingen gut zu erreichen. Die nächsten Autobahnanschlüsse bei Giengen an der Brenz (A 7) und Günzburg (A 8) sind ca. 25 km entfernt.

Kurzer Blick ins Geschichtsbuch

Dillingen gehörte seit 1257 zum Hochstift Augsburg und war ab 1537 bis zur Säkularisation der Jahre 1802/03 Residenzstadt der Fürstbischöfe von Augsburg sowie Regierungssitz für das Hochstift Augsburg. Die Gründung der Universität ab 1549 förderte die kulturelle Entwicklung der Stadt, die zum Zentrum der Gegenreformation wurde. Von hier

Dillingen a.d.Donau

598

Heinrich-Roth-Platz mit Akademie

gingen bis ins 19. Jahrhundert wichtige Impulse der katholischen Geistesgeschichte aus. Die Stadt hatte eine besondere Stellung im Geistes- und Kulturleben Südwestdeutschlands.

Im ehemaligen Universitätsgebäude ist heute die Akademie für Lehrerfortbildung und Personalführung untergebracht.

Sehenswürdigkeiten

Um die wichtigsten Sehenswürdigkeiten Dillingens näher kennen zu lernen, empfiehlt sich die Teilnahme an einer informativen öffentlichen Stadtführung. Die Führungen finden von April bis Oktober jeden Sonntag um 14:00 Uhr statt, Treffpunkt vor dem Rathaus in der Königstraße. Außerdem können individuelle Führungen über das Bürgerbüro gebucht werden.

Zahlreiche Kirchen in Dillingen bergen wertvolle Kirchenschätze und Kostbarkeiten von kunstgeschichtlicher Bedeutung: Darunter die Studienkirche, eine ehemalige Jesuiten- und Universitätskirche, ein im Stil des Rokoko kunstvoll umgestalteter

Renaissancebau. Die Kirche diente über Jahrhunderte als Weihestätte für Priester. Der bedeutende Dillinger Sakralbau aus den Jahren 1610-1617 gilt als Vorläufer vieler süddeutscher Barockkirchen.

Die Stadtpfarrkirche St. Peter von Anfang des 17. Jahrhunderts war während der bischöflichen Residenzzeit Kathedralkirche des Bistums. 1979 wurde sie von Papst Johannes Paul II. zur Basilika minor erhoben und trägt seitdem am Eingang das Wappen des amtierenden Papstes.

Die Klosterkirche Mariä Himmelfahrt der Dillinger Franziskanerinnen wurde 1736-1740 errichtet und ist mit dem Wessobrunner Stuck im Innenraum ein Kleinod des Rokoko.

Die Spitalkirche Heilig Geist, ein spätgotischer Bau aus der Zeit um 1500, wurde Ende des 17. Jahrhunderts im Stil des Barock umgestaltet und mit Wessobrunner Stuck ausgestattet.

Das Gebäude der ehemaligen Universität, das 1688/89 erbaut wurde, beeindruckt mit prunkvoller Rokokoausstattung im Goldenen Saal, den ein großes Deckengemälde aus den Jahren 1761-64 von Johannes Anwander schmückt.

Das Schloss ist das mächtigste Gebäude in Dillingen mit Ursprüngen aus der frühen Stauferzeit im 10. Jahrhundert. Es wurde im 15. und 16. Jahrhundert zu einem Burgschloss umgebaut und diente über Jahrhunderte als Residenz

Straßenkünstlerfest

der Fürstbischöfe von Augsburg. Den westlichen Eingang ziert eine gotische Madonnenfigur. Heute ist im Schloss das Finanzamt untergebracht. Im Schlossgarten steht die Ulrichskapelle aus dem 14. Jahrhundert, die 1740 umgestaltet wurde.

Das Stadt- und Hochstiftmuseum am Hafenmarkt veranschaulicht in über 30 Räumen auf vielfältige Weise die Geschichte der Stadt und der Region. Beachtlich ist die umfangreiche Sammlung vor- und frühgeschichtlicher Bodenfunde. Schwerpunkte bilden zudem die große geistliche und geistige Vergangenheit der Stadt, bedeutende Dillinger Persönlichkeiten, wie z.B. der U-Boot-Erfinder Wilhelm Bauer und Pfarrer Sebastian Kneipp, sowie das Dillinger Handwerk. Das Museum ist bei freiem Eintritt mitt-

wochs sowie jeden 1. und 3. Sonntag im Monat jeweils von 14 – 17 Uhr geöffnet.

Veranstaltungen

Dillingen hat mit seinen zahlreichen Marktveranstaltungen in der einmaligen Atmosphäre des historischen Stadtzentrums eine zentrale Bedeutung für die Region. Das breite Angebot wird an Marktsonntagen durch die geöffneten Fachgeschäfte ergänzt. Zu den Marktsonntagen gehören der Georgimarkt am zweiten Sonntag nach Ostern, der Gallimarkt am zweiten Sonntag im Oktober und der Nikolaimarkt am letzten Sonntag im November. Immer am letzten Wochenende im September präsentieren beim Töpfermarkt im Schlossgarten zahlreiche Töpfereien, Handwerksbetriebe und Keramikwerkstätten ihre selbstgeformten Kunstwerke aus Ton und Keramik. Der Dillinger Christ-kindlesmarkt im Schlosshof und Schlossgarten am dritten Adventswochenende zieht jedes Jahr tausende begeisterte Besucher an.

Auf der Wirtschafts-, Informations- und Regionalausstellung „WIR" auf dem Festplatz „Donaupark" informieren Aussteller aus den regionalen Wirtschaftsvereinigungen mehr als 50.000 Besucher über ihre Erzeugnisse. Die Ausstellung findet in geraden Jahren Anfang März statt.

Auch das große Volksfest „Dillinger Frühling" auf dem Festplatz „Donaupark" Ende April bzw. Anfang Mai mit Festzelt, attraktivem Vergnügungspark und vielfältigen kulinarischen Angeboten erfreut sich großer Beliebtheit.

Am zweiten Juliwochenende feiert Dillingen im Taxispark ein Familien- und Kinderfest mit buntem Programm, Spielenachmittag, Lampionumzug und Feuerwerk.

Eine Woche später zieht das Dillinger „Schloss Open Air" mit Live-Konzerten, der Open Air Disco „Schlossbeben" und dem großen Straßenkünstlerfest die Besucher in seinen Bann.

Der alle zwei Jahre im Fasching stattfindende „Narrensprung" mit „Bärentreibern und Biberstehlern" soll zusammen mit Narrenzünften aus der gesamten Region an alte Dillinger Sagen erinnern.

Der große Nachtumzug am letzten Freitag im Fasching lädt jedes Jahr zahlreiche Faschingswägen, Garde- und Showtanzgruppen, Hofnarren und viele Faschingsbegeisterte in die Dillinger Innenstadt ein.

Der Kulturring Dillingen präsentiert jedes Jahr ein breites Kulturprogramm mit Theateraufführungen, Konzerten und Events. Nähere Infos gibt es unter www.kulturring-dillingen.de

Wichtige Adressen und Telefonnummern

Touristen-Information Dillingen a.d.Donau
(im Rathaus)
Königstraße 37/38
D-89407 Dillingen
Tel. +49 (0)9071 54 210
Fax +49 (0)9071 54 199
touristinfo@dillingen-donau.de
www.dillingen-donau.de

Rathaus Dillingen

Höchstädt a.d.Donau

Schwäbische Gastlichkeit und bayerisches Brauchtum

Die Stadt Höchstädt an der Donau liegt sieben Kilometer nordöstlich von Dillingen zwischen Ulm und Donauwörth. Die Stadt ist berühmt durch die Schlacht von Höchstädt im Jahr 1704. Diese war die entscheidende Schlacht im Spanischen Erbfolgekrieg. Wahrzeichen der Stadt ist das prachtvolle Renaissanceschloss.

Sehenswürdigkeiten

Das Höchstädter Schloss wurde von 1589 bis 1603 von Pfalzgraf Philipp Ludwig von Pfalz-Neuburg errichtet. Es gehört zu den wertvollsten Bauten der deutschen Spätrenaissance. Das dreigeschossige Gebäude hat mehr als 120 Zimmer und vier runde Ecktürme. Die Räume des Schlosses werden für Veranstaltungen und Konzerte genutzt. Sehenswert sind unter anderem der Rittersaal, der Schlosskeller, der Schlosshof und die Schlosskapelle mit beeindruckenden Deckenfresken.

Lohnend ist der Besuch des Schlossmuseums, das in zwei Dauerausstellungen Exponate zu den Themen „1704 – Brennpunkt Europas" und „Über den Tellerrand", eine Keramikausstellung mit einzigartigen Fayencen, zeigt. Es ist von April bis September von Dienstag bis Sonntag von 9 bis 18 Uhr geöffnet.

Von Mai bis Oktober findet jeden dritten Sonntag im Monat um 13:30 Uhr (Treffpunkt Schloss) eine empfehlenswerte Stadtführung durch die romantischen Altstadtgassen statt, die viel Interessantes aus der Stadtgeschichte vermittelt.

Zu den sehenswerten Sakralbauten gehören die gotische Stadtpfarrkirche Mariä Himmelfahrt aus dem 15. Jahrhundert mit barocker Ausstattung, die katholische Pfarrkirche St. Peter und

Marktplatz und Stadtpfarrkirche Mariä Himmelfahrt
(Bild Studio-E.GmbH, Florian Imberger)

Höchstädter Schloss
(Bild Benjamin Wilde)

Paul im Stadtteil Sonderheim mit Deckengemälden und Stuckdekor aus dem 18. Jahrhundert sowie die ehemalige Wallfahrtskirche Maria Immaculata im Stadtteil Schwennenbach mit Rokokoausstattung.

Das Heimatmuseum im neugotischen Alten Rathaus von 1863 zeigt Exponate aus Kunsthandwerk, Volkskunst, Orts- und Familiengeschichte, Handwerk und Landwirtschaft sowie ein handgefertigtes Diorama der Schlacht von 1704 mit über 9.000 handbemalten Zinnsoldaten. Es ist von April bis September sonntags von 14 bis 17 Uhr geöffnet.

Freizeit und Sport

Erholung findet man in Höchstädt im Stadtpark oder im Auwald an der Donau. Im Sommer bieten mehrere Baggerseen die Möglichkeit zu einem erfrischenden Bad.

Gastronomiebetriebe rund um den Marktplatz und in der Altstadt bewirten Gäste mit kulinarischen Köstlichkeiten.

Veranstaltungen

Höchstädt bietet im Jahreslauf eine Reihe von Veranstaltungen wie Hofball, Faschingsumzug, Stadtfest oder Christkindlmarkt. Im Rahmen des Kulturforums der Stadt Höchstädt erwarten die Besucher und Gäste im Schloss viele musikalische und kulturelle Highlights.

Wichtige Adressen und Telefonnummern

Stadt Höchstädt a.d.Donau
Herzog-Philipp-Ludwig-Str. 10
D-89420 Höchstädt a.d.Donau
Tel: +49 (0)9074 44 0
Fax +49 (0)9074 44 55
info@hoechstaedt.de
www.hoechstaedt.de

Donauwörth

Die Bayerisch-schwäbische Donauperle an der Romantischen Straße

Am Zusammenfluss von Donau und Wörnitz liegt die ehemals Freie Reichsstadt Donauwörth. Bei einem Stadtrundgang lässt sich die Stadt erkunden. Der Rundgang beginnt auf der Altstadtinsel Ried, der „Keimzelle" der Stadt. Hier befindet sich das Heimatmuseum im Hintermeierhaus. Durch das Rieder Tor, das einzig erhaltene Tor der früheren Stadtmauer, gelangen die Besucher zur Innenstadt und zum eindrucksvollen Gebäude des Rathauses, dessen älteste Teile aus dem 13. Jahrhundert sind. Hier beginnt die Reichsstraße, die Bestandteil der Straße des Heiligen Römischen Reiches von Nürnberg nach Augsburg war. Die breite aufsteigende Straße mit vielen stattlichen, schmucken Bürgerhäusern erinnert an die stolze Vergangenheit und gilt als eine der schönsten Straßen Süddeutschlands.

Im oberen Verlauf der Straße beherrscht das gotische Liebfrauenmünster das Bild. Die dreischiffige Backstein-Hallenkirche birgt im Innenraum wertvolle Kunstwerke wie den Christus von 1513 über dem Hochaltar, eine Pieta von 1508 über dem rechten Seitenaltar und eine Steinmadonna über dem Sakristei-Eingang aus dem Jahr 1425. Im Turm hängt mit 131 Zentnern die „Pummerin", die größte Turmglocke Schwabens.

Reichsstraße
(Bilder Tourist-Information Donauwörth)

604

Wallfahrtskirche Heilig Kreuz

Unweit des Liebfrauenmünsters liegt die spätbarocke Kloster- und Wallfahrtskirche Heilig Kreuz, sie gilt als Musterbeispiel der „Wessobrunner Schule" und beherbergt den wohl berühmtesten Kirchenschatz, den Donauwörth zu bieten hat, Splitter vom Kreuz Christi, die Kreuzpartikel. Seit jeher genießt die Kirche Heilig Kreuz in Donauwörth großes Ansehen. Nicht nur die Kreuzpartikel, sondern auch dem Gnadenbild der Schmerzhaften Mutter Gottes galt frühzeitig eine weit verbreitete Verehrung und Wallfahrt.

Im Norden der Altstadt empfängt das Käthe-Kruse-Museum mit der weltweit größten Sammlung der Puppenkünstlerin Käthe Kruse seine Besucher. Liebevoll ausgestellte Puppen, Schaufenster- und Puppenstubenfiguren der weltbekannten Künstlerin lassen die Herzen der Kinder und Erwachsenen höher schlagen.

Donauwörths attraktive Feste verzeichnen zahlreiche begeisterte Besucher: Der „Schwäbischwerder Kindertag" wird alle zwei Jahre am Ende eines Schuljahres mit dem großen Historienspiel und einem farbenprächtigen Festzug durch die historische Altstadt gefeiert (2018, 2020 etc.). Das „Donauwörther Reichsstraßenfest" findet gleichfalls im zweijährigen Turnus statt (2017, 2019 etc.) und der Brauch des Fischerstechens wird 2018, 2020 etc. veranstaltet. Die Freilichtbühne am Mangoldfelsen bietet alljährlich von Juni bis August ansprechende Aufführungen für Erwachsene und Kinder an.

Wichtige Adressen und Telefonnummern

Städtische Tourist-Information Donauwörth

Rathausgasse , D-86609 Donauwörth
Tel. +49 (0)906 789 151
Fax +49 (0)906 789 159
tourist-info@donauwoerth.de
www.donauwoerth.de

Käthe-Kruse-Museum

605

Rain

Die Blumenstadt an der Romantischen Straße

Rain, die Blumenstadt an der Romantischen Straße, liegt idyllisch in der Donau-Lech-Region und besticht durch ihre zahlreich angelegten Parks und Gärten. Einzigartig ist der „Rainer Grüngürtel", der die gesamte Altstadt umschließt und die Besucher zu einem sehenswerten Rundgang durch die blühenden Parkanlagen der Stadt einlädt.

Ein besonderes Highlight ist der ganzjährig geöffnete Dehner Blumenpark (Eintritt kostenlos), dessen Park- und Schauanlagen jährlich rund eine Million Gäste anzieht.

Sehenswürdigkeiten

Hauptstraße

Sie ist das Herzstück der Altstadt und fasziniert durch ihr einzigartiges denkmalgeschütztes Ensemble mit Bürgerhäusern aus dem 17. und 18. Jahrhundert. Die belebte Straße führt den Besucher vorbei am Marienbrunnen und dem Tilly-Denkmal hin zum eindrucksvollen Rathaus. Sie lädt vor allem im Sommer durch charmante Blumenarrangements, vielfältige Einkaufsmöglichkeiten sowie einer abwechslungsreichen Gastronomie zu einem ausgedehnten Stadtbummel ein.

Tilly-Denkmal

Die überlebensgroße Feldherrngestalt des Johann Tserclaes Graf von Tilly, aufgestellt 1914, erinnert an die Schlacht bei Rain am 14. und 15. April 1632. Hier trafen im Dreißigjährigen Krieg Protestanten unter König Gustav Adolf auf Katholiken unter Oberbefehlshaber Tilly. Nachdem Donauwörth von den protestantischen Heeren überrannt worden war, versuchte Tilly bei Rain – mit deutlich geringerer Truppenstärke –

606

den Übergang des damals noch rei-
ßenden Flusses Lech zu verhindern.
Nach zwei Tagen Gefecht wurde Tilly
schließlich besiegt und Gustav Adolf
stand das Kurfürstentum Bayern offen.
Bei einem Erkundungsritt traf Tilly hierbei eine Kugel am Oberschenkel. Der
im bayerischen Dienst stehende Heer-
führer erlag zwei Wochen später in Ingolstadt dieser schweren Verletzung.

Schloss und Schlossgarten

Das herzogliche Schloss in der Nord-
ostecke der Stadt ist ein spätgotischer
Bau aus dem 15. Jahrhundert. Der
Wittelsbacher Herzog Stefan II. begann ihn nach der Zerstörung der
zuvor im südöstlichen Stadtbereich
gelegenen Burg. Sein Sohn, Herzog
Ludwig der Bärtige von Bayern-In-
golstadt, vollendete ihn nach 1421.
Neben dem heutigen Eingang sind
Fundamente eines runden Turms er-
kennbar. Den Charakter eines Wasserschlosses mit Zugbrücke über einem Graben verlor es 1960 mit der
Verschüttung der Gräben. Das Schloss
diente hauptsächlich als Amtssitz des
Rainer Landrichters, seit 1880 des
Amtsgerichtsdirektors. Später diente es Vertriebenen und Schulklassen
als Unterkunft und nunmehr als Ver-

einsgebäude. Der Schlossgarten lockt
mit einem romantischen Ambiente
aus Blumen und stilvoll angelegten
Beeten, die sich durch abgestimmte
Farbakzente wunderbar der historischen Mauer anpassen.

Auf dem Schlossgelände findet alljährlich am dritten Advents-Wochenende auch die beliebte „Rainer
Schlossweihnacht" statt.

Wasserturm

Der alles überragende Wasserturm wurde Anfang des 20. Jahrhunderts anstelle des alten Feldhüterturms, des letzten
Turms aus der ehemaligen Stadtbefestigung, für die damals moderne Wasserversorgung erbaut. In seinem ausladen-
den Aufbau fasst der neoklassizistische
Rundbau 100 m^3 Wasser.

Wichtige Adressen
und Telefonnummern

Stadt Rain
Hauptstr. 60, D-86641 Rain
Tel. +49 (0)9090 70 33 33
Fax +49 (0)9090 70 33 19
tourismus@rain.de, www.rain.de

Das Haus mit persönlichem Stil

Gasthof Lutz

Das historische und unter Denkmalschutz stehende Haus im Herzen der Blumenstadt Rain am Lech bietet die ideale Unterkunft für Reisende. Zu den Sehenswürdigkeiten der Stadt ist es dank der zentralen Lage nicht weit, und diese macht sie auch zum idealen Stützpunkt für Ausflüge in die nähere Umgebung.

Im Gasthof Lutz, der 2009 komplett saniert und 2016 von der Brauerei Kühbach erworben wurde, stehen Gästezimmer zur Verfügung, die liebevoll und individuell eingerichtet sind und einen ganz eigenen Charme haben. Durch die farbliche Gestaltung der Räume, mal in kräftigem Rot, mal in sanften Pastelltönen, heben sie sich wohltuend vom Einheitslook vieler Standardhotels ab.

Mit passenden Bildern und Accessoires sind die 10 Zimmer des familiär geführten Hauses berühmten Rainer Persönlichkeiten wie den Gebrüdern Lachner oder dem Grafen von Tilly gewidmet.

Die Zimmer sind mit allen komfortablen Ausstattungsdetails (Bad, Dusche und WC, Fön, Schreibtisch, Fernseher und kostenfreies WLAN) ausgestattet. Hell und freundlich präsentiert sich auch der Frühstücksraum, in dem die Gäste sich nach einer erholsamen Nachtruhe für den kommenden Tag stärken können. Das reichhaltige und abwechslungsreiche Frühstücksbuffet hat schon manchen Gast angenehm überrascht. Ab 2019 stehen im Rückgebäude, einem großen ehemaligen Stadel mit

einem böhmischen Gewölbe im Erdgeschoß, weitere 25 Zimmer auf drei Stockwerken zur Verfügung.

Italienisches Flair im Restaurant „Sapori d'Italia"

Südländisch geht es im Speiselokal des Gasthof Lutz zu. Hier werden feine italienische Gerichte serviert, die von Pizza und Pasta bis hin zu ausgewählten Fleisch- und Fischspezialitäten reichen und so manchen Liebhaber italienischer Kulinarik begeistern wird. Neben den Bierspezialitäten der Brauerei Kühbach kommen nur hochwertige Weine aus Bella Italia auf den Tisch.

Gasthof Lutz

Hauptstr. 52, D-88641 Rain am Lech
Tel. +49 (0)9090 70 57 100
Fax +49 (0)9090 70 57 10 39
info@gasthof-lutz.de
www.gasthof-lutz.de

Neuburg an der Donau

Renaissancestadt an der Donau

Die Stadt Neuburg (rund 30.000 Einwohner) mit ihrer historischen Innenstadt, einer der schönsten Altstädte Bayerns, wurde durch die Donaulandschaft geprägt.

Jährlich kommen tausende Gäste nach Neuburg, um die faszinierenden Sehenswürdigkeiten aus der Renaissancezeit zu bewundern. Die weithin sichtbare prachtvolle Schlossfassade mit den beiden imposanten Rundtürmen bestimmt das Stadtbild. Viele Besucher werden auch von beliebten Veranstaltungen mit Festen, Märkten und hochwertigen kulturellen Events angezogen. Zahlreiche Läden sowie Cafés, gemütliche Gaststätten und Biergärten laden in den romantischen Gassen der Stadt zum Flanieren, genussvollen Shopping und zur Einkehr ein.

Neuburg liegt im landschaftlich reizvollen Donautal zwischen Fränkischer Alb im Norden und dem Donaumoos und Hügelland im Süden. Augsburg im Südwesten und Ingolstadt im Osten sind nicht weit entfernt.

Kurzer Blick ins Geschichtsbuch

Im Jahr 1505 wurde Neuburg Residenzstadt des neu entstandenen Herzogtums Pfalz-Neuburg. Mit dem ersten Pfalzgrafen Ottheinrich, einem typisch weltoffenen Renaissancemenschen, wurde eine neue Ära von Architektur, Kunst, Politik und Wirtschaft eingeleitet. In der ersten Hälfte des 16. Jahrhunderts entstanden das prächtige Residenzschloss, Schlosskapelle und das Jagdschloss Grünau. Die nachfolgenden Fürsten setzten die Entwicklung der Stadt mit der Errichtung weiterer eindrucksvoller Gebäude fort.

Sehenswürdigkeiten

Besucher von Neuburg haben eine große Auswahl an Möglichkeiten, eindrucksvolle Museen und prächtige Gebäude wie Kirchen oder das Schloss zu entdecken. Bei der Teilnahme an

Palz-Neuburger-Residenzschloss
(Bilder Stadt Neuburg an der Donau)

610

Karlsplatz mit Rathaus und Hofkirche

einer interessanten Stadtführung wird viel Wissenswertes vermittelt.

Eine Sehenswürdigkeit ersten Ranges ist die Hofkirche „Zu Unserer Lieben Frau" auf dem Karlsplatz, ein bedeutendes Bauwerk des Manierismus in der Übergangsphase von Spätrenaissance zu Barock, das 1607/08 errichtet wurde. Der prachtvoll gestaltete Innenraum mit kunstvoller Stuckierung beherbergt viele wertvolle Gemälde. Das von Peter Paul Rubens 1617 für die Kirche gemalte Hochaltarbild „Das Große Jüngste Gericht" befindet sich heute in der Alten Pinakothek in München.

Weitere bedeutende Sakralbauten sind die frühbarocke Stadtpfarrkirche St. Peter und die zwischen 1927 und 1930 erbaute Christuskirche.

Das Pfalz-Neuburger Residenzschloss geht auf eine Burganlage aus dem 13.

Jahrhundert zurück. Zwischen 1530 und 1545 wurde es im Stil der Frührenaissance von Pfalzgraf Ottheinrich umgebaut. Die Schlosskapelle, ältester protestantischer Kirchenbau Bayerns, beeindruckt mit Fresken von Hans Bocksberger d.Ä.. Sehenswert ist auch die Sgraffitifassade im Schlosshof mit Szenen aus dem Alten Testament. Der monumentale Ostflügel mit zwei Rundtürmen wurde unter Kurfürst Philipp Wilhelm im barocken Stil umgestaltet.

Im Schloss sind mehrere Museen untergebracht. Im Ostflügel zeigt das Schlossmuseum Exponate zu den Themenbereichen „Vor- und Frühgeschichte", „Kirchlicher Barock" und „Fürstentum Pfalz-Neuburg". Im Nordflügel ist der Rittersaal sehenswert, ein Renaissance-Saal mit mächtigen Kalksteinsäulen, prächtiger Holzdecke und umlaufender Holzvertäfelung.

Fischerstechen

Höhepunkt der Schlossbesichtigung ist die Bayerische Staatsgalerie für Flämische Barockmalerei im Westflügel, die 160 Bilder bedeutender Flämischer Meister zeigt, unter anderem von Peter Paul Rubens, Anthonys van Dyck, Jacob Jordaens, Gérard Douffet und Jan Brueghel dem Älteren.

Das Stadtmuseum im Weveldhaus, einem barocken Adelspalais in der Amalienstraße, ist der Stadtgeschichte gewidmet. Das geschützte Baudenkmal des Rathauses am Karlsplatz, das Anfang des 17. Jahrhunderts erbaut wurde, beherbergt im Erdgeschoss die städtische Kunstgalerie.

Veranstaltungen

Ein Besuch in Neuburg bedeutet Erleben und Genießen. Die Stadt hat sich seit Jahren weit über die Region hinaus einen Ruf als Kultur- und Erlebniszentrum erworben. Der Neuburger Veranstaltungskalender bietet eine Fülle von bedeutenden kulturellen Angeboten. Die Theater der Stadt haben ein reichhaltiges Repertoire an attraktiven Aufführungen. Hierzu gehören das Stadttheater mit klassischen Stücken, Kabarett, Ballett und buntem Kindertheater, das Marionettentheater „Die Fadenspieler" mit lustigen Aufführungen für Kinder, das Kinder- und Jugendtheater „papp&klapp" und die überregional bekannte Kammeroper.

Jazzfreunde besuchen die Internationalen Sessions des Birdland Jazzclubs sowie die jährlichen Jazzfestivals. Die Neuburger Barockkonzerte in der stimmungsvollen Atmosphäre des Residenzschlosses mit international renommierten Künstlern erfreuen sich großer Beliebtheit. Die jährliche Sommerakademie bietet Kunst- und Musikinteressierten die Möglichkeit, an Kursen in Bildender Kunst, Alter Musik, Jazz und Theater teilzunehmen, die von internationalen Dozenten durchgeführt werden.

Das Neuburger Schlossfest, das in ungeraden Jahren am letzten Juni- und am ersten Juliwochenende mit über 100.000 Besuchern gefeiert wird, erinnert mit Markttreiben in der malerischen Altstadt und farbenprächtigem Umzug in historischen Kostümen an die Renaissancezeit.

Beim Volksfest Ende Juli bis Anfang August laden auf dem Volksfestplatz Fahrgeschäfte und ein Festzelt mit Essbuden und Weißbier zum Besuch ein.

Das Fischergasslerfest ist ein traditionelles, geselliges Fest mit kulinarischen Speisen und dem spannenden Fischerstechen auf der Donau.

Neben weiteren Festen und Märkten gehört der Neuburger Weihnachtsmarkt am Schrannenplatz in der unteren Altstadt vom Donnerstag vor dem 1. Advent bis zum 23. Dezember zu den beliebten Märkten der Stadt. Der Neuburger Christkindlmarkt in der oberen Altstadt und dem Schloss, immer am 2. und 3. Adventswochenende, stimmt mit seiner romantischen Kulisse auf die Neuburger Weihnacht ein.

Ein besonderes Ereignis ist das Neuburger Donauschwimmen am letzten Samstag im Januar. Beim größten Winterschwimmen in Europa legen zahlreiche Teilnehmer bei eisigen Temperaturen eine Strecke von rund vier Kilometern vor den staunenden Zuschauern zurück.

Wichtige Adressen und Telefonnummern

Tourist-Information
Ottheinrichplatz A 118
D-86633 Neuburg an der Donau
Tel. +49 (0)8431 55 240 oder 241
Fax +49 (0)8431 55 242
tourist@neuburg-donau.de
www.neuburg-donau.de

613

Altstadt in der Dämmerung

Auf einer kulinarischen Reise in Neuburg

Rennbahn Restaurant – Vinothek – Festsaal - Bar

Lange Jahre war die Rennbahn Dreh- und Angelpunkt des gesellschaftlichen Lebens in Neuburg. Der Name des Anwesens mit der markanten Jugendstilfassade geht auf einen mittelalterlichen Turnierplatz zurück, der für Pferderennen genutzt wurde.

Mit dem Erwerb des Hauses durch die Brauerei Kühbach, die bereits seit 1862 im Besitz der Freiherren von Beck-Peccoz ist, wurde das Traditionshaus im Herzen von Neuburg 2013 wieder zu neuem Leben erweckt.

Heute empfängt den Gast im Restaurant ein stilvolles Ambiente, in dem er mit bayerischer Küche und saisonalen Gerichten mit mediterranen Anklängen sowie mit den gepflegten Bierspezialitäten der Brauerei Kühbach verwöhnt wird.

Im Hinterhof der Rennbahn lädt der „Hopfengarten" an warmen Sommertagen zu einem Besuch ein. Das gepflegte Ambiente mit viel gestaltetem Grün macht den Innenhof zu einer kleinen Oase inmitten der Stadt.

Die „Vinothek" empfiehlt sich für Weinkenner und jene, die es werden möchten: Über 60 verschiedene Weine mit Schwerpunkten aus Italien und Deutschland warten hier auf eine Verkostung, die mit den feinen Speisen aus dem Restaurant ebenso kombinierbar ist wie mit köstlichem, luftgetrocknetem Schinken aus dem Aosta-Tal.

614

Die im Stil eines alten Lichtspieltheaters eingerichtete „Kino-Bar" ist die richtige Location für einen Empfang, ein Treffen mit Freunden oder einfach nur um sich an einem frisch gemixten Cocktail zu erfreuen.

Eine Familienfeierlichkeit oder eine Firmenveranstaltung finden den idealen Rahmen im „Festsaal" der Rennbahn. Beeindruckend ist die Lichtdecke, die den Raum in der gewünschten Licht-stimmung erstrahlen lässt. Platz bietet der Saal – je nach Bestuhlung – für 80 bis 250 Personen.

Rennbahn
Restaurant – Vinothek – Festsaal - Bar

Pfalzstraße 63
D-86633 Neuburg an der Donau
Tel. +49 (0)8431 90 78 100
info@rennbahn-neuburg.de
www.rennbahn-neuburg.de

Das Tänzelfest in Kaufbeuren

Das älteste Kinderfest Bayerns –
Kinder spielen die Geschichte ihrer Stadt

Das Tänzelfest in Kaufbeuren ist nicht nur das älteste Kinderfest Bayerns, es ist ein Fest für die ganze Familie. Tradition wird hier über Generationen hinweg weitergegeben und nur wer das Fest und seine besondere Atmosphäre selbst erlebt hat, kann erahnen, wie tief verwurzelt die Kaufbeurer mit ihrer Geschichte und ihrem Tänzelfest sind.

Die Gründung des Festes liegt im Dunkeln der Vergangenheit. Erstmals schriftlich erwähnt wurde es im Jahre 1567. Damals hat ein Schullehrer die Feier auf ganze 10 statt auf drei Tage ausgedehnt und wurde deshalb zu Gefängnis verurteilt. Geschichtsforscher vermuten, dass sich das Kinderfest aus den Zunftfesten, den sog. Dinzel- oder Tänzeltagen entwickelt hat. Bereits zu Zeiten Kaiser Maximilians I (1459 – 1519) wurden die Dinzeltage „seit alters her" gefeiert und manchmal sogar für ein Jahr wegen zu üblen Treibens verboten.

Heute steht das Tänzelfest unter dem Motto „Kinder spielen die Geschichte ihrer Stadt". Wenn 1.650 Kinder in ihren historischen Kostümen als bunter Geschichtsreigen durch die Stadt ziehen, dann nehmen sie die Besucher mit durch viele Jahrhunderte ihrer Stadt Kaufbeuren.

Schon bei der Eröffnung, jeweils Donnerstag vor den Haupttagen, wird durch Spiel, Tanz und viel Musik auf das Fest eingestimmt. Und seit Jahren gibt es immer wieder ein neues Thema. Da war der Herold des König Rudolf und hat Kaufbeuren das Marktrecht gebracht; da hat die Tänzelfest-Knabenkapelle Geburtstag gefeiert und alle großen Figuren

des Festes haben gratuliert; da durfte endlich einmal die Kaiserin Bianca von ihren Problemen mit dem kaiserlichen Gatten sprechen; da hatten die kleinen Räte der Stadt ihre liebe Not, dem Kaiser einen gebührenden Empfang zu bereiten oder die Kinder von heute trafen auf Buronia, den Schutzgeist der Stadt und die Kinder einer fernen Vergangenheit. Viele dieser Eröffnungen wurden im Tänzelfest-Rondell gefeiert.

Sogar Kaufbeurens Partnerstädte Ferrara (Italien) und Sombathely (Ungarn) waren mit eigenen Darbietungen zu Besuch. Das Fest für die Erwachsenen, das Lagerleben wurde 1990 ins Leben gerufen und erfreut sich besonderer Beliebtheit. Freitag- und Samstagabend können sie ins Mittelalter eintauchen und Ritter, edle Damen, Vagabunden und Bettler erleben. Lauschige Ecken, fantasievolle Brotzeiten, der Geruch des Feuers, das Dröhnen der Trommeln und Fanfaren, Lustbarkeiten, ob in der Badstube oder beim fröhlichen Tanze, all das lässt das Lagerleben mit allen Sinnen genießen. In romantischen Hinterhöfen und versteckten Winkeln unserer wunderschönen Altstadt wird der Besucher in die Vergangenheit versetzt, mal laut, mal leise – ganz nach seinem Geschmack.

Am Samstag findet im Festzelt der traditionelle Bieranstich statt. Ein stattlicher Zug von Schützen- und Trachtenvereinen aus unserer Stadt und der Umgebung, zieht vom Rathaus zum Festplatz. Viele Musikkapellen und prachtvolle Gespanne ergeben ein stimmungsvolles Bild.

Beim Häfelesmarkt am Samstag/Sonntag und Montagvormittag sind die Tänzelfestkinder mit Leib und Seele begeistert dabei. Dürfen sie hier so manches ausprobieren, das für Kinder der heutigen Generation schon nicht mehr alltäglich ist. Ob das der Brotteig oder die Wurstmasse, das Leder der Gerber oder die Farbe beim Färberstand ist. Ganz besonders begehrt ist der Schmiede-Stand und der Stand der Münze, bei dem richtig draufgehauen werden darf und der Wochenmarkt, bei dem lautstark verkauft wird. Weber, Bäcker, Metzger, Schmiede, Brauer, Töpfer, sie alle werden ermahnt vom Marktmeister der um 10 Uhr den Markt eröffnet. Und natürlich freuen sich die kleinen Handwerker besonders über ganz viel kauflustiges Publikum.

Sonntag und Montag können die Besucher um 13.3o Uhr den Einzug Kaiser Maximilian I mit seinem Gefolge vor dem Rathaus miterleben. Mit Glockengeläut zieht Seine Majestät auf einem prächtigen Pferd in seine „vielliebe" Stadt ein und nimmt vor dem Rathaus den Treueeid seiner Bürger und die Geschenke der Zünfte entgegen. Mit diesem Einzug wird einer der 14 Besuche Kaiser Maximilians I in der Reichsstadt Kaufbeuren nachgestellt. Alle dargestellten Personen sind historisch belegt. Anschließend beginnt der große Festzug, bei dem 1.650 Kinder in stilreinen Kostümen, 35 geschmückten Festwagen und 150 Pferden durch die Stadt ziehen.

Der Festzug gibt einen Überblick über die Stadtgeschichte von der Karolingerzeit bis ins 2o. Jahrhundert. Erleben muss man die Begeisterung der Kinder, mit der sie ihre Rolle spielen. Ob als Kaiserin, als Hofdame, als Nonne oder schwedischer Landsknecht, als Fähnrich zu Pferde, als Kettenpanzer oder als kleiner Bürgerbub, der seiner Schwabenliesl den Kranz tragen hilft. Und es macht auch gar nichts, wenn die kleinen Biedermeierkinder manchmal auf der Kutsche mitten im Winken einschlafen. Es hat ihnen trotzdem gefallen.

Danach können die Besucher auf dem Tanzplatz des Tänzelfestrondells noch die historischen Tänze der Kinder bewundern. Mit viel Trainingsfleiß und Freude werden monatelang die Tänze einstudiert. Von den kleinen Bürgerkindern aus der ersten Grundschulklasse bis hin zu den Abschlussklassen der Gymnasien und Realschulen üben die jungen Tänzer die schwierigen Schritte ein. Den jeweiligen Abschluss der bei-

618

gemütlich, erfüllen die Wünsche der Besucher. Zuckerwatte, gebrannte Mandeln, Fischsemmeln, Bratwürste und das Kinderkarusell für die Allerkleinsten dürfen natürlich auch nicht fehlen. Der Abschluss des Festes wird durch ein großes Feuerwerk verkündet. Am letzten Sonntag können die Besucher über die glitzernden Sterne, die sich am Nachthimmel entladen, die glänzenden Fontänen, die mit langen Fingern Richtung Erde greifen und die bunten geheimnisvollen Blüten, die laut krachend in die Nacht bersten, freuen. Und manch einer wird sagen: „Schade, dass das Fest schon vorbei ist."

den Haupttage bildet der große Zapfenstreich, der von der Tänzelfestknabenkapelle jeweils um 21 Uhr vor dem Rathaus gespielt wird. Kaum eine Gruppe des Festes ist so oft im Einsatz wie die Tänzelfestknabenkapelle.
Ob bei der Eröffnung, beim Gottesdienst am Sonntag, beim Umzug Sonntag und Montag, beim Fahnenschwingen, bei den Tänzen im Rondell oder eben beim Zapfenstreich, immer sind die Jungs dabei. Die Kapelle wurde 1867 gegründet und umfasst ca. 80 Musiker zwischen 10 und 20 Jahren. Ihre schmucken Uniformen sind der Kaufbeurer Bürgerwehr von 1850 nachgeschneidert. Der Tänzelfestverein ist sehr stolz auf seine „Buben", denn auch bei Auftritten im In- und Ausland konnte die Kapelle das Publikum durch musikalische Leistung überzeugen.
Doch was wäre ein Fest dieser Größenordnung ohne Rummelplatz und Festzelt. Seit über 50 Jahren verwöhnt der Festzeltbetrieb Römersperger-Richter die Gäste mit zünftigen Brotzeiten und einer kühlen Maß Bier. Die Abende im Zelt werden von namhaften Kapellen gestaltet. Viele Fahrgeschäfte, wild oder

Die Verantwortlichen laden die Besucher herzlich ein, mit den Kaufbeurer Kindern, vielen jungen Musikanten, kleinen Tänzern und Schauspielern ein fröhliches und stimmungsvolles Fest zu feiern. Ein Fest, das Geschichte bewahrt, sie aber lebendig, farbig und mit Herz weitergibt.

Tänzelfestverein e.V. Kaufbeuren

Spitaltor 5, 87600 Kaufbeuren
Tel. +49 (0)8341 28 28
Fax +49 (0)8341 10 11 78
info@taenzelfest.de
www.taenzelfest.de

Festspielort Altusried
Natur und Kultur im Herzen des Allgäus

Wandern im Frühling, Sommer, Herbst und Winter über Täler und Höhen, entlang der Iller, über die Naturlehrpfade, durch Wald und Wiesen. Zu jeder Jahreszeit gibt es faszinierende Bilder der Natur zu entdecken. Ob im Frühling gelb blühende Löwenzahnwiesen, im Sommer eine Vielzahl von Blumen entlang der Bäche, im Herbst die bunt gefärbten Wälder und im Winter verschneite Tannen: Ein Ausflug nach Altusried bietet immer etwas Besonderes.

„Wandertrilogie Allgäu – Im Dreiklang mit der Natur" ist ein über 800 Kilometer langes Fernwanderwegenetz durch das gesamte Allgäu. Wandern neu erleben: Das verspricht die Wandertrilogie Allgäu und wartet dabei mit der ganzen Vielfalt der Urlaubsregion und drei untereinander verbundenen Hauptrouten auf. Die Wandertrilogie Allgäu führt durch 33 Orte und erzählt in den verschiedenen Themengebieten die Gesamtgeschichte des Allgäus. Altusried ist Etappenort im Trilogieraum „Heimatstätten" auf der Route „Wiesengänger", und natürlich steht im Ort der Allgäuer Freilichtbühne und des Allgäuer Theaterkästles die Welt des Theaters als Thema im Vordergrund.

Bekannt ist Altusried nämlich vor allem durch seine Theaterleidenschaft, die von Generation zu Generation weitergegeben wird und die Altusried nicht mehr loslässt. Seit 1879 haben die Freilichtspiele ihren festen Platz. „Der bayerische Hiasl" wurde in diesem Jahr erstmalig aufgeführt. Viele weitere traditionelle Freiheitshelden reihten sich in das Repertoire der Freilichtspiele ein: „Wilhelm Tell", „Götz von Berlichingen", „Andreas Hofer", „Anno 1525 – Bauernkrieg im Allgäu", „Die Jungfrau von Orleans"

Freilichtbühne
(Bilder Kulturamt Altusried

Altusried

und zuletzt konnte man die Abenteuer von Don Quijote und Sancho Pansa erleben sowie die Geschichte, die sich um die Gestalt von Robin Hood rankt und auch das Musical „Die 3 Musketiere" kam zur Aufführung. Künftig werden die Altusrieder in Kooperation mit anderen Theatern auch eigenproduzierte Opern auf die Bühne bringen. Daneben werden die seit Jahren beliebten Märchenproduktionen im Wechsel aufgeführt. Doch damit nicht genug. Auch die unterschiedlichsten Gastproduktionen machen in Altusried Station. Die Palette reicht von Volksmusik, Rock- und Pop-Veranstaltungen, Musicals, bis zu großen Konzerten.

Die 1999 neu gebaute Freilichttribüne – eine imposante Holzkonstruktion mit geschwungenem Dach – ist ein architektonisches Schmuckstück und eine Attraktion weit über das Allgäu hinaus. Unter dem Tribünendach finden 2500 Zuschauer geschützt Platz – mit bester Sicht auf die großflächige Naturbühne. Die Bühnenfläche bietet mit 4500 qm Platz für eindrucksvolle Inszenierungen, unterstützt von einer ausgefeilten digitalen Licht- und Tontechnik.

Neben der herrlichen Freilichtbühne besitzt Altusried wohl eines der kleinsten Theater in Bayern – das Allgäuer Theaterkästle. Schaut man sich die Theaterverrücktheit durch die Geschichte an, so scheint es nur konsequent, dass sich die Marktgemeinde vor 30 Jahren einen Traum erfüllte und ein eigenes kleines Theater baute. Darüber hinaus erreichen die Altusrieder Spielzeit für Spielzeit nahezu 100 Prozent Auslastung. Möglich wird dies einmal mehr durch das Herzblut, das sie in ihr „Kästle" investieren. Für Theaterfreunde, und solche, die es werden wollen, allemal ein lohnender Weg.

Wichtige Adressen und Telefonnummern

Gästeinformation/Kulturamt Altusried
Hauptstr. 18, D-87452 Altusried
Tel .+49 (0)8373 7051
Fax +49 (0)8373 7054
gaesteinformation@altusried.de
www.altusried.de

Skifahren, Wandern, Erleben, Genießen
Ski- und Bergregion Oberstdorf/Kleinwalsertal

Während des Sommers locken blühende Bergwiesen und schroffe Felsen und im Winter reizen schneebedeckte Hänge und Gipfel, die in der Wintersonne leuchten – so präsentiert sich die Bergwelt um Oberstdorf und das Kleinwalsertal. Und die Oberstdorfer und Kleinwalsertaler Bergbahnen befördern die Na-turliebhaber sicher und komfortabel hinauf auf Söllereck, Fellhorn/Kanzelwand, Nebenhorn und Walmendingerhorn/Heuberg/Ifen.

Die schneesichere Lage in der 2-Länder-Region bietet eine vitale und moderne Welt der Bergbahnen. 130 Pistenkilometer und ein beträchtliches Freeride-Angebot im Winter sowie gepflegte und bestens beschilderte Wanderwege im Sommer haben für Familien, für Groß und Klein, während des ganzen Jahres jede Menge Abwechslung und Unterhaltung im Angebot. So ist der „Allgäu Coaster" eine familienfreundliche Rodelbahn, auf der es im Sommer wie im Winter rasant durch Kurven und über Wellen und Sprünge ins Tal geht. Oder wie wäre es mit einem „400-Gipfel-Brunch" am Nebelhorn? Im Gipfel-Restaurant locken kulinarische Köstlichkeiten, die mit einem einmaligen Ausblick auf die Gipfel der Allgäuer und Tiroler Bergwelt garniert sind. Auch der „Nordwandsteig" am Nebelhorn sorgt mit 600m Tiefblick für Nervenkitzel.

Während der Wintermonate ist die Übernachtung in der „IgluLodge" eine einzigartige Erfahrung. Der funkelnde Sternenhimmel, polare Romantik und der atemberaubende Blick auf 400 Gipfel der Alpen machen diese Nacht zu einem unvergesslichen Erlebnis.

Familien mit Kindern machen in den Erlebniswelten an Nebelhorn, Fellhorn/Kanzelwand und Söllereck faszinierende Erfahrungen: So beim „Burmi-

wasser", dem spritzigen Erlebnispfad der über Fellhorn und Kanzelwand zum Riezler Alpsee führt. Und Geschichten und Geschichte der Alpwirtschaft wird mit viel wissenswerten Eindrücken über den König der Lüfte, den Adler, auf den Erlebnispfaden „Uff d'r Alp" und „Höfatsweg" am Nebelhorn vermittelt.

Oberstdorf/Kleinwalsertal Bergbahnen

D-87651 Oberstdorf/
A-6991 Riezlern
Tel. +49 (0)8322 96 000
Fax +49 (0)8322 96 00 30 01
info@das-hoechste.com
www.das-hoechste.com